SPANISH THE EASY WAY

Fourth Edition

Ruth J. Silverstein
Heywood Wald, Ph.D.
Allen Pomerantz, Ph.D.

General Editor

Nathan Quiñones

BARRON'S

All inquiries should be addressed to:
Barron's Educational Series, Inc.
250 Wireless Boulevard
Hauppauge, New York 11788
http://www.barronseduc.com

ISBN-13: 978-0-7641-1974-3
ISBN-10: 0-7641-1974-5

Library of Congress Cataloging-in-Publication Data

Silverstein, Ruth J.
        Spanish the easy way / Ruth J. Silverstein, Allen Pomerantz, Heywood Wald.—4th ed.
            p.   cm.
        Includes indexes.
        ISBN 0-7641-1974-5 (alk. paper)
        1. Spanish language—Self-instruction.   I. Pomerantz, Allen.   II. Wald, Heywood.
    III. Title.
    PC4112.5 .S49   2003
    468.2'421—dc21

                                                                                2002028318

PRINTED IN THE UNITED STATES OF AMERICA
20 19 18 17 16 15 14 13 12 11 10 9 8

Table of Contents

About the Authors ix
Note to the Student and to the Teacher x
A Word About Oral Proficiency x
Introduction xi
How to Use This Book xii
A Basic Pronunciation Guide xiii
Conversación Preliminar xv
Lecciones Preparatorias 1
   I.   La casa *The House (Home)* 2
   II. Una escuela *A School* 4
   III. La ciudad *The City* 6
   IV. Los alimentos *Foods* 8
   V. Acciones *Actions* 10
   VI. Descripciones *Descriptions* 11
   VII. El cuerpo humano *The Human Body* 13

Part One: Structures and Verbs 15

Work Unit 1. ¡La televisión es muy importante! 17
    The Noun and the Definite Article (Singular)
    Uses and Omissions

Work Unit 2. Todo es rápido en la ciudad 27
    The Noun and the Definite Article (Plural)
    Uses and Omissions

Work Unit 3. El cumpleaños de Joselito 37
    The Present Indicative Tense: Regular AR
    Conjugation

Work Unit 4. La carta misteriosa 47
    The Present Indicative Tense: Regular ER and
    IR Conjugations

Work Unit 5. ¿Conoce usted historia? 59
    Simple Negative; Interrogative Words

Work Unit 6.   El trabajo de la mujer es fácil   67
                The Indefinite Articles: *Un, Una, Unos, Unas,*
                Alguno, Ninguno

Work Unit 7.   Vamos a un país tropical   75
                Cardinal Numbers 1–31;
                    Time: Days, Months; Seasons

Work Unit 8.   Así es la vida   89
                Irregular Verbs of the Present Indicative Tense

Work Unit 9.   Una excursión por la ciudad   99
                Uses of the Preposition *a*

Work Unit 10.   ¿De quién es este hueso?   107
                Uses of the Preposition *de*

Work Unit 11.   ¿Quién soy yo?   119
                Ser (to be)

Work Unit 12.   Una enfermedad imaginaria   129
                Estar (to be); Contrasting Uses of *Estar*
                    and *Ser*; The Present Progressive Tense

Work Unit 13.   El consultorio sentimental   139
                Descriptive Adjectives and Limiting
                    Adjectives; use of *tan . . . como*

Work Unit 14. **El hombre más viejo del mundo**   149
Cardinal Numbers: 31 to 3 billion, *Más.
menos, tanto,* comparisons

Work Unit 15. **Queridos mamá y papá**   159
Ordinal Numbers, Shortening of Adjectives
bueno and *malo, primero* and *tercero.*
More comparisons

Work Unit 16. **Si está perdido, ¡llame a un policía!**   167
Formation and Use of the Direct Commands
for "You" singular (*Usted*), "You" plural
(*Ustedes*), and "Ourselves" (*Nosotros*)

Work Unit 17. **Su hija es una alumna excelente**   177
Possessive Adjectives

Work Unit 18. **Casa a la venta**   185
Demonstrative Adjectives

Work Unit 19. **¡Qué dientes tan grandes tienes!**   195
Common Adverbs; Exclamatory *¡Qué...!*

Work Unit 20. **¿Qué dice el horóscopo?**   203
Stem-Changing Verbs of *ar* and *er* Infinitives
(Class I)

Work Unit 21. **Quiero ser rico**   215
The Complementary Infinitive: After
Prepositions. *Para, por* uses

Work Unit 22.   ¡Qué vida tan cruel!   223
               Prepositional Pronouns

Work Unit 23.   ¡Vamos a construir una casa!   231
               Direct Object Pronouns

Work Unit 24.   Un hombre moral   241
               Indirect Object Pronouns

Work Unit 25.   No me gustan las hamburguesas   251
               Gustar (to be pleasing, to like)

Work Unit 26.   Una noticia confusa   261
               The Preterite Indicative: Regular Verbs

Work Unit 27.   ¡Los muchachos de hoy son   269
               horribles!
               The Preterite Indicative: Irregular Verbs

Work Unit 28.   La justicia siempre triunfa   279
               Nunca, nada, nadie, ni…ni, ninguno,
                  tampoco in Emphatic and
                  Unemphatic Negation

Work Unit 29.   ¿Loco o cuerdo?   291
               The Imperfect Tense

Work Unit 30. Luna de miel   299
                The Future Tense and the Conditional Tense

Work Unit 31. ¡Número equivocado!   305
                Reflexive Verbs

Work Unit 32. Mi nieto, el médico   311
                Stem-Changing Verbs of IR Infinitives
                  (Class II and Class III)

Work Unit 33. ¡Festival en la calle Ocho!   323
                The Present Perfect Tense

Work Unit 34. Puesto vacante   329
                The Familiar Commands for *Tú*

Part Two: Idioms and Dialogues   335

Fórmulas de cortesía   336
Expressions of Courtesy; Greetings; Welcomes; Introductions;
    General Inquiries; Taking Leave

El tiempo, la edad, las sensaciones   345
The Weather; Age; Sensations

La hora, la fecha   353
Telling Time; the Date

En la clase   361
In the Classroom

Un sábado en el parque 369
A Saturday in the Park

La cita 377
The Appointment; Expressions of Time

Spanish-English Vocabulary 384
English-Spanish Vocabulary 398
Verb Reference Chart 406
Answer Key 409
Index 431

About the Authors

Ruth J. Silverstein is the former Chairperson of the Department of Foreign Languages at the Richmond Hill High School, New York City, and an early vigorous proponent of a foreign language study requirement for the high school diploma, which is today embodied in the New York City diploma. A specialist in Spanish and its teaching, she has been Assistant Professor of Applied Linguistics, NDEA; Assistant Professor of Spanish (Adjunct), New York University; and Lecturer of Foreign Language Methodology at Hunter College and of Spanish at Queens College, City University of New York. She has also taught secondary-school students of Spanish from beginners to Advanced Placement in both the Junior High School and Senior High School Divisions. Her postgraduate course work was taken at Teachers College, Columbia University, and at the University of Mexico, Mexico. She has lived and traveled in Mexico, Puerto Rico, and Spain; and has participated in innovative programs for teaching Spanish, and in writing foreign language syllabi for the New York City Board of Education.

In Memoriam. Allen Pomerantz, Ph.D., was a valued coauthor of *Spanish the Easy Way* and *Spanish Now,* and Professor Emeritus of the Modern Language Department at the Bronx Community College (C.U.N.Y.). In earlier years Professor Pomerantz taught at the University of Wisconsin, for the U.S. armed forces, and for several years in local high schools. He received a Fulbright-Hayes scholarship to study at the Universidad de Valladolid, Spain, and completed his graduate studies at New York University. Allen passed from this life in March of 1998. "Nos dejó harto consuelo su memoria"—Jorge Manrique, Spanish poet.

Heywood Wald, Ph.D., is the former Chairman of the Department of Foreign Languages and Bilingual Programs at the Martin Van Buren High School, New York City. He has served as center director of the Intensive Spanish Language Development Program of the New York City Board of Education to teach members of the teaching and administrative staff basic, functional Spanish. A foreign language specialist, Dr. Wald has taught Spanish, French, and Italian in both junior and senior high schools and is coauthor of *Aventuras en la ciudad*, an extremely popular supplementary reader currently in use throughout the United States and abroad, and of several other popular foreign language textbooks. Dr. Wald has done graduate work at the National University of Mexico and has studied at the universities of Madrid, Barcelona, and Havana.

General Editor

Nathan Quiñones is the former Chancellor of the New York City Board of Education. He was a member of the Board of Examiners in New York City. He served as Chairman of the Foreign Language Department at Benjamin N. Cardozo High School, New York City. He has also taught Spanish and Puerto Rican Orientation as Adjunct Professor at York College. He has served as consultant for textbooks and materials for secondary schools and college courses in the areas of foreign languages and bilingual education.

Note to the Student and to the Teacher

Part One provides 34 Work Units. Each begins with a humorous story, vocabulary and questions, followed by the presentation of a basic element of the Spanish language. The topic is stated simply. Contrasting illustrative sentences follow in Spanish and English. They lead you to think, to form your own rule, and to compare it with the rule in the book. Each exercise begins with a model sentence in Spanish and English showing exactly how the exercise is done. The practice material is graded and varied. It provides skills-building practice for communication in reading, writing, understanding, and speaking. In a classroom setting, role-playing is encouraged to socialize class activities. The teacher may select some exercises for testing. Special opportunities for guided extended speech are found in the Oral Proficiency practice at the end of each Work Unit.

In **Part Two** you will see Spanish idiomatic expressions used in conversations and everyday settings. Parallel columns give you an English translation and a brief explanation. The idioms are easily learned. You can immediately use snatches of the conversations in your daily life.

Spanish-English and English-Spanish Glossaries, a Verb Reference Chart, and an Answer Key give you handy references. An Index puts the contents of the book at your fingertips.

A Word About Oral Proficiency

"What is oral proficiency?"      **"It's speaking Spanish easily."**

Developing your ability to *speak* Spanish is easy. Here are some suggestions that show you how to take advantage of the many speaking opportunities offered by this book.

- Begin with your Pronunciation Guide. Practice the Spanish examples aloud. Speak some Spanish immediately by learning the *Conversación preliminar* that appears after the Pronunciation Guide.
- Use your new ability to read Spanish correctly in reading aloud and answering the Lecciones Preparatorias, which begin on page 1.
- Read aloud everything you see in Spanish in this book, including the stories, which you can dramatize alone or with a friend. Read aloud all models, examples, and rules. Say each answer before you write.
- Do the composition exercise orally before you write it. Oral composition is learning how to express several ideas in an organized, mature way. You can say it aloud again after you write the composition, for smoother, more confident oral expression.
- Do the Oral Proficiency exercise at the end of each Work Unit to build your extended speaking power. You may do the Oral Proficiency practice alone, or you may invite a friend to take the minor role while you take the major role. Your friend may also prompt your responses by using the clues or suggestions given in the exercise.
- Read aloud dramatically the idioms and dialogues, which begin on page 341, either alone or with a friend. Memorize several practical, short dialogues for daily use.
- Listen to Spanish being spoken by friends, on the radio, on television, and in films.
- Speak Spanish at every opportunity with friends and Spanish-speaking people you meet—and even to yourself when alone. Practice with the cassette set called *Spanish Now, Level 1*, available from Barron's and at bookstores.

The Authors

Introduction

¡ Hola !

Hola is a word that is used more than 340 million times a day. Yes, that's right. *Hola* is the Spanish word for *hello*, and millions of Spanish-speaking people use that word to greet their friends and relatives each day. Spanish is the native language for over 340 million people throughout the world. It is, in fact, one of the most widely used languages in the world. Spanish is a principal means of communication in Spain, Mexico, Central and South America, the Caribbean, and parts of Asia and Africa. It is also the first or second language for over 35 million people in the United States.

Do you work for a multinational organization? Are you planning a career in international business? Are you preparing yourself in Spanish for government service here or abroad? Do you wish to travel? Are you interested in communicating with Spanish speakers? Would you like to broaden your knowledge of the world and of mankind?

Learning Spanish is a challenging and exciting experience!

SPANISH THE EASY WAY is a valuable tool to help you achieve that goal. It offers a comprehensive presentation of all the essential elements of the first level of Spanish language study. SPANISH THE EASY WAY is for beginning students who need to learn the fundamental skills of the language. SPANISH THE EASY WAY is for more advanced students who need a refresher course in basic elements of the language. SPANISH THE EASY WAY is for students enrolled in bilingual programs designed to strengthen the native speaker's use of Spanish. SPANISH THE EASY WAY is for the student in the individualized classroom and for students following a program of self-instruction. SPANISH THE EASY WAY is for anyone seeking practice in the essentials of the language.

Your book gives you a natural and easy way to learn through "discovering and conceptualizing," that is to say, through "getting the idea yourself" from the numerous illustrations in Spanish followed by their meanings in English. The rules need not always be memorized. You will understand almost immediately from the examples given in Spanish and English.

And now a word on how to use the book.

How to Use This Book

Part One

The Story

Step 1: Reading and Understanding

a. Imagine yourself in the same situation as the character(s) in Lecciones Preparatorias (pages 1–14) and the Work Units (pages 17–340).
b. Study the Palabras Nuevas or "New Words" a few at a time. Read one word at a time silently, and repeat it aloud. Try to associate its meaning with that of a similar word you know. Copy some of the words as you say them.
c. Test your word memory. Cover the English first, then the Spanish.
d. You are ready to read. Read silently, then aloud. Read to understand the main idea. Reread for details. Dramatize, role-play (with a friend or alone) and aloud.
e. Consult the Palabras Nuevas and the Spanish-English Glossary as needed.

Step 2: Completing the Exercises (Ejercicios)

a. Read the instructions carefully. Consult the story if you need to do so.
b. Check your answers with the Answer Key at the back of the book when you finish each exercise. Write corrections. Review Palabras Nuevas and the story to redo an exercise.
c. Proceed to the next exercise when 80 percent of your writing is correct. You have done well!

The Structure of the Language (Estructuras de la Lengua)

Step 1: Studying

a. Appreciate why the grammar topic is important for your communication.
b. Carefully read each point of grammar, as well as illustrative sentences given in Spanish with their English meanings. Discover the rules as you study the illustrative sentences. Read aloud or role-play those that are conversational.
c. Learn the forms and uses in Section A, before you learn Section B, etc.
d. Now study the rules that follow the examples. Do they match your concepts?
e. Review the complete presentation. Now you are ready to begin the exercises.

Step 2: Completing the Exercises

a. Read the instructions. Study the Spanish model(s) that illustrate how to do the exercise.
b. Complete the exercise without referring to the material you have just studied.
c. Consult the Spanish-English Glossary as needed.
d. Check your answers with the Answer Key. Note the number of correct responses.
e. Cross out any incorrect answer, and write the correct one. If many of your responses are not correct, restudy the appropriate section of the lesson and redo the exercise.
f. Proceed to the next exercise when 80 percent of your writing is correct. You have done well!
CAUTION: Consult the Answer Key only when you have finished the exercise. In this way, you will find out whether you have really learned the lesson well.

Part Two

Idioms and Dialogues

  a. Read the parallel column of English dialogue, to clue you into the Spanish.
  b. Read the Spanish dialogue dramatically for enjoyment. Act it out, role-play with a friend.
  c. Notice the use of the Spanish idioms in the conversations. See the idioms' explanation in the last column.
  d. Learn interesting snatches of conversation. Record them to replay often.
  e. Write the exercises to learn the idioms. Check answers with the Key.
  f. Use the idioms in your conversation, and in inner speech when alone!

A Basic Pronunciation Guide

Read aloud both the English and Spanish examples, pronouncing them carefuly. The similarity between the English and the Spanish pronunciations is shown in bold type. (NOTE: English examples are the closest approximations possible.)

	English Example	Spanish Example
VOWELS		
a	mama, yacht	cama, masa, Ana
e	ten, desk, let	tele, mete, nene
i	trio, chic, elite	sí, mitin, di
o	obey	solo, moto, oso
u	lunar	uso, uno, puro
y (alone)	many, penny	y
COMMON DIPHTHONGS		
ai, ay	ice	bailáis, ¡ay!, caray
ei, ey	vein	veinte, ley, rey
oi, oy	oil, joy	oigo, soy, doy
au	cow, how	auto, aula, ausente
CONSONANTS		
b and **v**	bat (at the beginning of a breath group, and after *m* and *n*)	bamba; vamos un beso un vals
	vat when between vowels	evitar, iba, uva
c before *a, o, u*	cat (*c* but without a puff of air)	casa, cosa, cuna
c before *e, i*	cent, city (in most of Spanish America)	celos, cinco, cesto
	thealer, thin (in a large part of Spain)	celos, cinco, cesto

	English Example	Spanish Example
CONSONANTS (continued)		
ch	**ch**eck	**ch**ico, o**ch**o, lu**ch**a
d	**d**o (at beginning of a breath group and after *l* and *n*—tongue touches back of upper teeth)	**d**on**d**e, al**d**ea, an**d**a
	though (between vowels— with tongue between upper and lower teeth)	i**d**a, o**d**a, pu**d**e
f	**f**ame	**f**ama, **f**e, **f**oto
g before *a, o, u*	**g**as, **g**o, **g**un	**g**ala, **g**oma, **g**ustar
g before *e, i*	**h**ot (heavy aspirant *h*)	**g**esto, **G**il, **g**ime
h	silent as in **h**our, **h**onest, **h**onor	**h**asta, **h**ora, **h**ola
j before all vowels	**h**ot (heavily aspirated *h*)	**j**ota, **j**efe, o**j**o
k	**k**it (not used in words of Spanish origin)	**k**ilómetro
l	similar, although not identical to English	**l**ento, a**l**a, o**l**a
ll	mi**lli**on, bi**lli**on, or **y**es	**ll**ama, e**ll**a, o**ll**a
m	same in Spanish	**m**i, **m**e
n	similar; but usually like an **m** before *b, p,* and often *v.*	**n**o, u**n** paso; u**n** beso; e**n**viar.
ñ	o**ni**on, u**ni**on	u**ñ**a, a**ñ**o, ni**ñ**o
p	similar to English, but without puff of air	**p**aso, so**p**a
qu used only before *e* or *i*	cli**que** (similar to English **k**, but without puff of air)	**que**, **qui**en, **que**so
r	"th**rr**ee"—trilled **r** (tongue tip flutters against bony ridge behind upper teeth)	a**r**oma, e**r**a, i**r**a
rr and **R** at beginning of a breath group	doubly trilled **r**	a**rr**oz, **R**osa, ho**rr**or
s	similar, but like **z** before *b, v, d, l, m, n*	**s**in, **s**on, e**s**a
t	tongue touches ridge behind upper teeth.	**t**u, **t**e, **t**i, **t**os
w	not used in words of Spanish origin	
x	similar, although not identical to English	e**x**cepto, e**x**celente, e**x**tra
z	**s** sound in most of Hispanic America and parts of Spain	**z**ona, **z**eta, **z**apato
	th as in **th**in in a large part of Spain	**z**ona, **z**eta, **z**apato
COMMON SEMI-CONSONANTS		
i before *e*	**y**es	b**i**en, t**i**enes, h**i**elo
y before *a, e, i*	**w**as, **w**ent, **w**ind	ag**u**a, b**u**eno, h**u**ir
y before *a, e, o*	**y**am (usually, and in most Spanish-speaking areas)	**y**a, **y**o, **y**eso

The Spanish alphabet as you have probably noticed, consists of **a, b, c, d, e, f, g, h, i, j, k, l, m, n, ñ, o, p, q, r, s, t, u, v, w, x, y, z.**

Where to Stress or Emphasize Spanish Words

Rule One: Spanish speakers normally emphasize the last syllable of the word when the word ends in a consonant, provided that it is not an **n** or an **s**. *Examples:* alrede**dor**, pa**pel**, ac**triz**.

Rule Two: When the last syllable ends in **n**, **s**, or a vowel, the *next to the last syllable* receives the stress or emphasis. *Examples:* re**su**men, **ro**sas, **ca**sa.

The Accent Mark: Some Spanish words do not follow Rule One or Rule Two. These words show us where to place the stress or emphasis by using a mark over the vowel in the stressed syllable. That mark is called an accent mark; it look like this ´. *Examples:* **lám**para, **láp**iz, de**trás**, reu**nión.**

The accent mark has other uses. It distinguishes meanings between words that otherwise have the same spelling, for example, **el** (the) and **él** (he). The accent mark also causes **i** and **u** to be pronounced apart from the vowel near them, breaking the diphthong or semi-consonant; for example, pa**ís**, poli**cí**a, a**ún**. Finally, the accent mark appears on the stressed vowel of every question word: ¿**dó**nde? (where), ¿**có**mo? (how), ¿qui**én**? (who), ¿qu**é**? (what), ¿cu**án**do? (when).

Would you like to try your first conversation after studying the Pronunciation Guide?

Conversación Preliminar

Primer encuentro (*First Meeting*)

Él: Hola. Por favor, ¿cómo se llama usted?
He: *Hello (Hi). What is your name, please? (What do you call yourself?)*
Ella: Buenos días. Me llamo Ana. ¿Y usted?
She: *Hello (good-day). My name is Anne. (I call myself Anne) And you?*
Él: Me llamo Juan, a sus órdenes.
He: *My name is (I call myself) John. Pleased to meet you. (At your service)*
Ella: Mucho gusto, Juan. Hasta mañana.
She: *Great pleasure, John. Until tomorrow.*
Él: El gusto es mío, Ana. Hasta luego.
He: *The pleasure is mine, Anne. Until then.*

Segundo encuentro (*Second Meeting*)

Ana: Hola, Juan. ¿Cómo estás?
Anne: *Hi, John. How are **you**?*
Juan: Buenas tardes, Ana. ¿Yo? Estoy muy bien, gracias ¿Y tú?
John: *Good afternoon, Anne. I? I'm very well, thanks. And you?*
Ana: Estoy así-así. Regular. ¿Te gusta la clase de español?
Anne: *I'm so-so. As usual. Do you like the Spanish class? (Does the class please you?)*
Juan: Sí. Me gusta mucho. ¿Vas a la clase?
John: *Yes. I like it a lot. (It pleases me) Are you going to class?*
Ana: Sí. ¡Vamos juntos!
Anne: *Yes. Let's go together!*

Rules:

Usted: *You* is used in formal or new relationships and may be omitted.
Tú: *You* is used in a familiar relationship and is often omitted.
Yo: *I* (often omitted).
Te: *To you* (familiar).
Me: *To me, me.*

LECCIONES PREPARATORIAS

Central America, Mexico, Teotihuacan Culture,
Mask from incense burner depicting the old deity of fire,
ceramic, 450–750 A.D., 36.8 × 33.5 cm, Gift of Joseph Antonow,
1962.1073 overall, front.
Photograph by Robert Hashimoto.

I. La casa The House (Home)   [El; la: The]

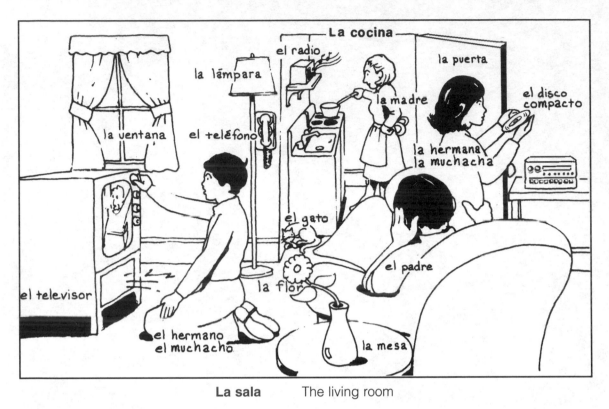

La sala   The living room

Preguntas

Modelo:

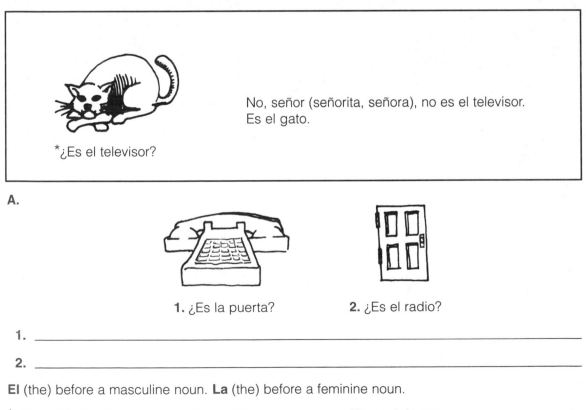

*¿Es el televisor?

No, señor (señorita, señora), no es el televisor.
Es el gato.

A.

1. ¿Es la puerta?   **2.** ¿Es el radio?

1. _____

2. _____

El (the) before a masculine noun. **La** (the) before a feminine noun.

*¿**Es**. . .? Is it. . .?   **Es**. . . It is. . .   **No es.** It is not. . .

3. ¿Es la lámpara?   **4.** ¿Es el padre?   **5.** ¿Es la madre?   **6.** ¿Es el disco?

3. _____

4. _____

5. _____

6. _____

7. ¿Es la ventana?   **8.** ¿Es el teléfono?   **9.** ¿Es la cocina?   **10.** ¿Es la sala?

7. _____

8. _____

9. _____

10. _____

B. Draw pictures of as many items and people in your living room as you know how to label in Spanish. Label them in Spanish.

Remember these words in order to answer questions in the lessons that follow:

¿Qué? What? **¿Quién?** Who? **¿Dónde?** Where? **¿Cómo es . . .?** What is . . . like?

II. Una escuela A School [Un; una: A; an]

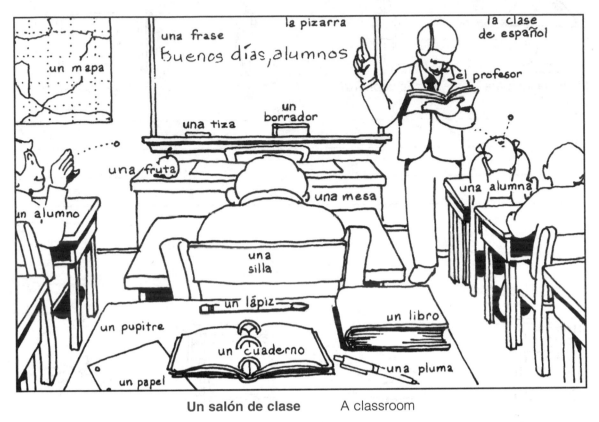

Un salón de clase A classroom

Preguntas

Modelo:

Es **una** fruta.

*¿Qué es esto?

Es **un** lápiz.

¿Qué es esto?

A.

1. ¿Qué es esto?   2. ¿Qué es esto?   3. ¿Qué es esto?   4. ¿Qué es esto?   5. ¿Qué es esto?   6. ¿Qué es esto?

1. _____

2. _____

3. _____

4. _____

5. _____

6. _____

Un (a, an) before a masculine noun. **Una** (a, an) before a feminine noun.
*¿**Qué es esto?**   What is this?

4

Modelo:

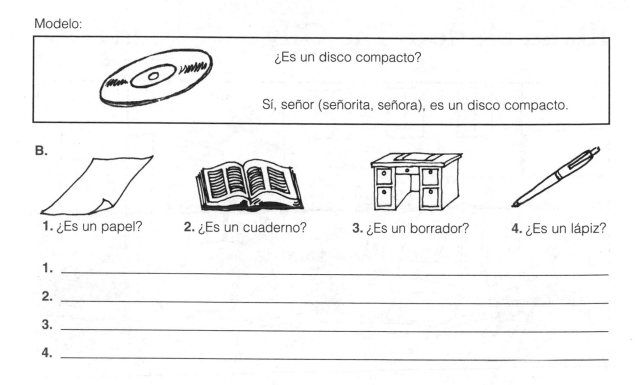

¿Es un disco compacto?

Sí, señor (señorita, señora), es un disco compacto.

B.

1. ¿Es un papel?   **2.** ¿Es un cuaderno?   **3.** ¿Es un borrador?   **4.** ¿Es un lápiz?

1. _____

2. _____

3. _____

4. _____

C.   Write an answer to the following question for each of the pictures seen below.

Modelo: ¿Qué es esto? Es un libro.

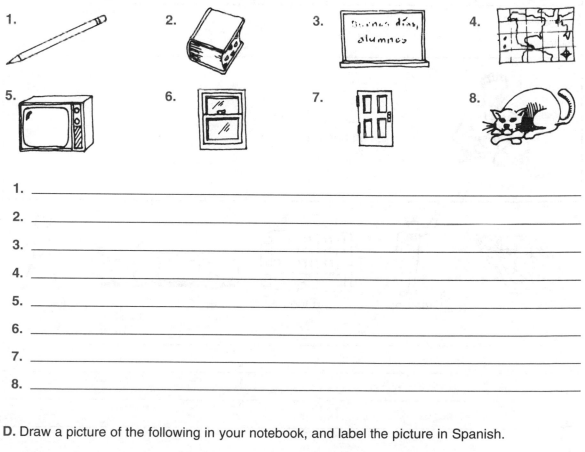

1. _____

2. _____

3. _____

4. _____

5. _____

6. _____

7. _____

8. _____

D. Draw a picture of the following in your notebook, and label the picture in Spanish.

1. una lámpara   **2.** un libro   **3.** un lápiz   **4.** el profesor   **5.** un disco   **6.** una flor

III. La ciudad The City

[El; la: The]
[Un; una: A; an]

Preguntas

Modelo:

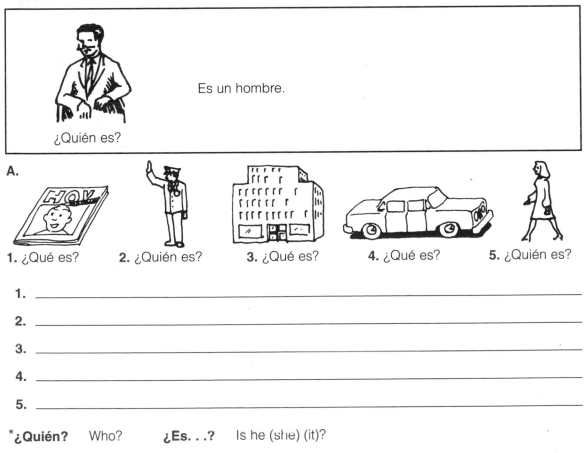

Es un hombre.

¿Quién es?

A.

1. ¿Qué es?   2. ¿Quién es?   3. ¿Qué es?   4. ¿Qué es?   5. ¿Quién es?

1. _____

2. _____

3. _____

4. _____

5. _____

*¿**Quién?**   Who?   ¿**Es. . .?**   Is he (she) (it)?

Modelo:

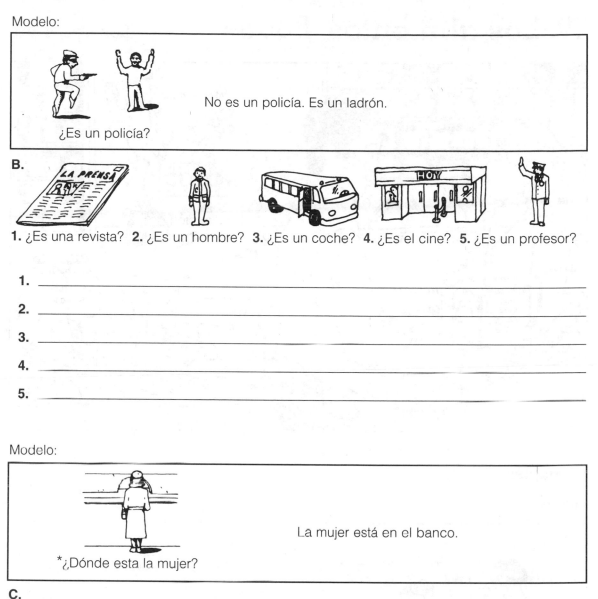

No es un policía. Es un ladrón.

¿Es un policía?

B.

1. ¿Es una revista? **2.** ¿Es un hombre? **3.** ¿Es un coche? **4.** ¿Es el cine? **5.** ¿Es un profesor?

1. _____

2. _____

3. _____

4. _____

5. _____

Modelo:

La mujer está en el banco.

*¿Dónde esta la mujer?

C.

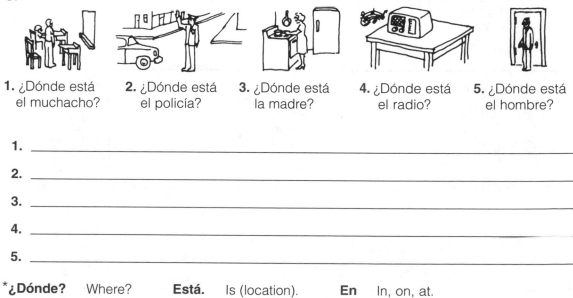

1. ¿Dónde está el muchacho? **2.** ¿Dónde está el policía? **3.** ¿Dónde está la madre? **4.** ¿Dónde está el radio? **5.** ¿Dónde está el hombre?

1. _____

2. _____

3. _____

4. _____

5. _____

*¿**Dónde?**   Where?   **Está.**   Is (location).   **En**   In, on, at.

IV. Los alimentos Foods

[Los; las: The]

El supermercado   The supermarket

Preguntas

Modelo:

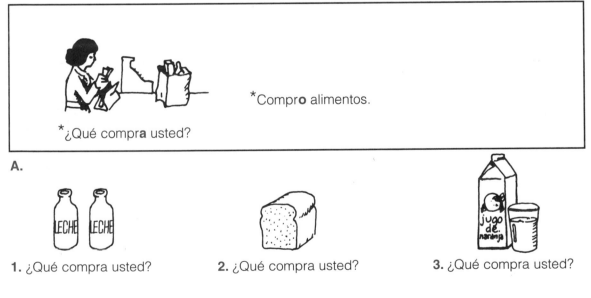

*¿Qué compra usted?

*Compro alimentos.

A.

1. ¿Qué compra usted?   **2.** ¿Qué compra usted?   **3.** ¿Qué compra usted?

1. _____

2. _____

3. _____

*What **are you buying? I am buying** food

4. ¿Qué compra usted?   **5.** ¿Qué compra usted?

4. _____

5. _____

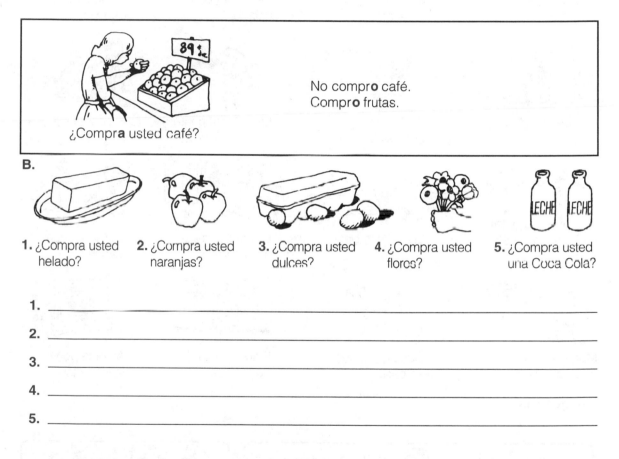

¿Compra usted café?   No compro café.
                             Compro frutas.

B.

1. ¿Compra usted helado?   **2.** ¿Compra usted naranjas?   **3.** ¿Compra usted dulces?   **4.** ¿Compra usted flores?   **5.** ¿Compra usted una Coca Cola?

1. _____

2. _____

3. _____

4. _____

5. _____

C. Draw pictures of as many foods in your house as you know how to label in Spanish. Label them in Spanish.

9

V. Acciones Actions

El alumno <u>estudia</u> la lección.

El padre <u>mira</u> la televisión.

La muchacha <u>escribe</u> la frase.

La alumna <u>lee</u> la revista.

El policía <u>ve</u> el accidente.

El hombre <u>corre</u> en la calle.

La mujer <u>come</u> helado.

El muchacho <u>bebe</u> leche.

El profesor <u>pregunta</u>.

El alumno <u>contesta</u> mucho.

La señorita <u>canta</u>.

El señor <u>escucha</u> el radio.

La hermana <u>baila</u>.

El padre <u>trabaja</u>.

Las mujeres <u>van</u> a la tienda.

La madre <u>compra</u> alimentos.

María <u>camina</u> a la escuela.

Carlos <u>descansa</u> en casa.

Francisco <u>sale</u> de la casa.

Antonio <u>pone</u> la televisión.

Preguntas

A.

1. ¿Quién escribe en la pizarra?

2. ¿Quién come el pan?

3. ¿Quién sale de la escuela?

4. ¿Quién bebe la Coca Cola?

5. ¿Quién lee el periódico?

1. _____

2. _____

3. _____

4. _____

5. _____

B.

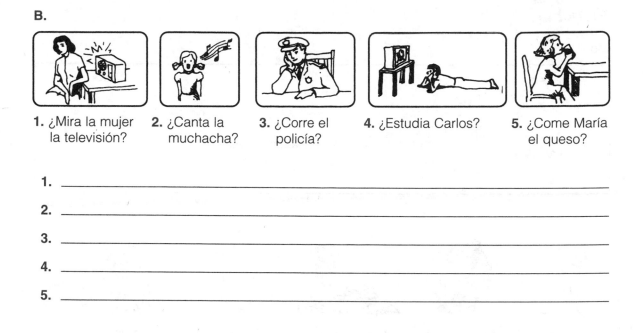

1. ¿Mira la mujer la televisión?

2. ¿Canta la muchacha?

3. ¿Corre el policía?

4. ¿Estudia Carlos?

5. ¿Come María el queso?

1. _____

2. _____

3. _____

4. _____

5. _____

VI. Descripciones Descriptions (Paired Opposites)

fácil

difícil

grande

pequeno (a)

mucho (a)

poco

trabajador (a)

perezoso (a)

allí

aquí

flaco (a)

gordo (a)

bonito (a)

feo (a)

viejo (a)

joven

11

Preguntas

Modelo:

Fifí es bonita. Fifí no es fea.

*¿Cómo es Fifí?

A.

1. ¿Cómo es el hombre? **2.** ¿Cómo es la lección? **3.** ¿Cómo es el profesor? **4.** ¿Cómo es el alumno? **5.** ¿Cómo es la madre?

1. _____
2. _____
3. _____
4. _____
5. _____

B.

1. ¿Es pequeño el elefante? **2.** ¿Hay pocos alumnos en la clase? **3.** ¿Está aquí la casa? **4.** ¿Está delicioso el helado? **5.** ¿Come mucho el hombre?

1. _____
2. _____
3. _____
4. _____
5. _____

*¿**Cómo es...?** What is...like?   ¿**Hay?** Are there?   **Hay.** There are.   **Está.** Is (tastes).

VII. El cuerpo humano The Human Body

[Es: Is] [Son: Are]

Preguntas

Modelo:

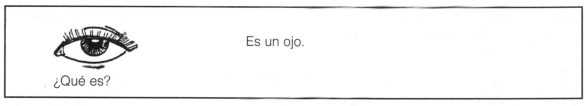

¿Qué es?	Es un ojo.

A. ¿Qué es?

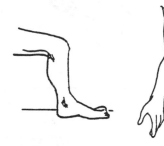 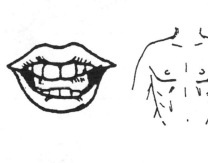

1.   2.   3.   4.   5.

1. _____

2. _____

3. _____

4. _____

5. _____

Modelo:

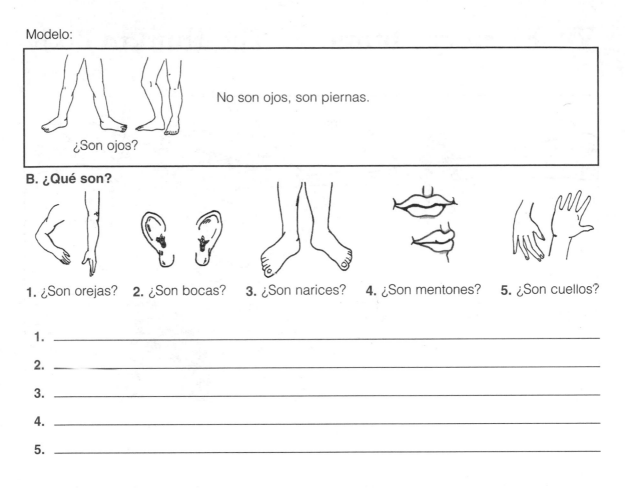

No son ojos, son piernas.

¿Son ojos?

B. ¿Qué son?

1. ¿Son orejas?   2. ¿Son bocas?   3. ¿Son narices?   4. ¿Son mentones?   5. ¿Son cuellos?

1. _____

2. _____

3. _____

4. _____

5. _____

C. In the space below, in Spanish, name the part or parts of the body most important to complete the action seen in each of the pictures.

1. _____   2. _____   3. _____

4. _____   5. _____   6. _____

Part One
STRUCTURES AND VERBS

Head of Maize God
North Slope of Temple 22
Copan, Honduras

Peabody Museum, Harvard University
Photograph by Hillel Burger

Carlos, el hermano de Pepita,
pone la televisión.

What's more important, TV or homework?
Let's see what Pepita does.

¡La televisión es muy importante!

Pepita Gómez es estudiosa. Ella estudia en la escuela y en casa. Esta noche Pepita estudia la lección de español en la sala. Estudia con el libro de gramática, el diccionario y el papel de vocabulario. Con su lápiz Pepita copia palabras y frases en su cuaderno.

El padre de Pepita lee el periódico en la sala. La madre escucha la radio en la cocina. Carlos, el hermano de Pepita, entra en la sala y pone la televisión.

Carlos: Esta noche hay programas interesantes.
Pepita: ¡Ay, no, Carlos! Yo necesito estudiar. Mi examen de español es mañana.
Carlos: ¡Es posible estudiar mañana, muchacha!
Pepita: ¡Por favor, Carlos! El examen de español es muy importante. Yo necesito estudiar esta noche.
Carlos: No es necesario estudiar el español. Es muy fácil. Yo quiero mirar la televisión.
El Padre: ¡No, Carlos! ¡La televisión no es importante! Es posible mirar la televisión mañana también.
La voz de la televisión habla.   Y ahora el programa: **El amor y la pasión.**
Pepita: ¡Ay, es mi programa favorito! ¡Ay, papá! ¡Sí, es posible estudiar mañana!

Palabras Nuevas

SUSTANTIVOS *(NOUNS)*
el amor love
Carlos Charles
la casa the house
  en casa at home
la cocina the kitchen,
  the cooking
el cuaderno the notebook
el diccionario the dictionary
la escuela the school
el español the Spanish
  language, Spanish
el examen the test
  mi examen de español
  my Spanish test
la frase the sentence
la gramática the grammar
el hermano the brother
  el hermano de Pepita
  Josie's brother
el lápiz the pencil
la lección the lesson
  la lección de español
  the Spanish lesson
el libro the book
  el libro de gramática

el libro the book
  el libro de gramática
  the grammar textbook
la madre the mother
la muchacha the girl
la noche the night,
  the evening
esta noche
  tonight, this evening
el padre the father
  el padre de Pepita
  Josie's father
la palabra the word
palabras words
el papel the paper
  el papel de vocabulario
  the vocabulary paper
la pasión the passion
Pepita Josie
el periódico the newspaper
el programa the program
  mi programa favorito
  my favorite program
el radio the radio set
la radio the radio broadcast
la sala the living room

la televisión the television
el televisor the T.V. set
la voz the voice

ADJETIVOS* *(ADJECTIVES)*
estudioso,a studious
fácil easy
favorito,a favorite
importante important
interesante interesting
mi my
necesario,a necessary
posible possible
su her

VERBOS *(VERBS)*
copia *(she)* copies
entra *(he)* enters
es *(it)* is, *(she)* is
  no es *(it) is not*
escucha *(she)* listens to,
  is listening to
estudia *(she)* studies,
  is studying
estudiar to study
habla speaks

*Adjectives that end in "**o**" describe masculine nouns.
Adjectives that end in "**o**" change from "**o**" to "**a**" when describing feminine nouns.

hay there are, there is
lee *(he)* reads, is reading
mirar to look at, to watch
necesito I need
pone la televisión *(he)* turns
  on the television program
quiero I want

OTRAS PALABRAS
(OTHER WORDS)
ahora now
¡ay, papá! Oh, Daddy!
con with
de of, in, from
ella she
en in, into

mañana tomorrow
muy very
no not, no
por favor please
sí yes; yes, indeed!
también also, too
y and
yo I

Ella es estudiosa

Ejercicios

I. **(A)** Complete the sentence according to the story.

1. Pepita es muy _____.

2. Ella estudia la _____ de español.

3. Ella copia palabras y frases en su _____.

4. El padre lee el _____ en la _____.

5. La madre escucha la _____ en la _____.

6. El _____ pone la television.

7. El examen de español es muy _____.

8. Carlos quiere _____ la televisión.

9. Es posible mirar la televisión _____.

10. El programa es "el _____ y la _____."

(B) Rewrite the sentence replacing the underlined word with a word that will make the sentence true.

1. Pepita estudia con el libro y el <u>periódico</u>.
2. Ella estudia el <u>amor</u> en la clase de español.
3. Pepita copia palabras con su <u>voz</u>.
4. No es posible estudiar y también mirar la <u>radio</u>.
5. Es necesario estudiar la lección de <u>cocina</u>.

1. _____

2. _____

3. _____

4. _____

5. _____

II. **¿Cómo se dice en español?** Can you find these expressions in the story?

1. I need to study. _____

2. Tonight there are interesting programs. _____

3. It is very easy. _____

4. It's my favorite program. _____

5. It is not necessary to study Spanish. _____

III. Word Hunt—Find these 15 words in Spanish in the squares.

1. pencil
2. living room
3. book
4. notebook
5. sentence
6. brother
7. also
8. with
9. easy
10. now
11. there is
12. he looks at
13. night
14. he reads
15. this (f.)

C	A	A	F	B	S	C	N	L	L
U	H	E	R	M	A	N	O	A	I
A	O	H	A	Y	L	E	C	P	B
D	R	E	S	D	A	I	H	I	R
E	A	L	E	E	F	B	E	Z	O
R	G	H	I	J	K	M	I	R	A
N	L	M	N	O	F	A	C	I	L
O	R	T	S	E	S	T	A	P	Q

IV. Compositions: Oral or written.

(A) Tell us *what is happening* in the picture on page 16. Then tell something more about the story and how it ends.

(B) Tell a friend about your evening at home. Write a note.

> **Querido (a) ..., No es fácil estudiar en mi casa.**

1. What you want to study. 2. Which brother or sister turns on the television. 3. Whether you also need to watch the program. 4. What your father or mother reads and also listens to. 5. Who talks a lot. 6. Which is more (más) important, to study or to watch television.

Estructuras de la lengua (Gramática)

The Noun (Persons, Things, Places, Ideas) and the Definite Article (Singular)

A. In Spanish, things as well as persons are of either masculine or feminine gender.

Examples:

Masculine Nouns

1. **El chico** es grande.
   The boy is big.

2. **El cuaderno** es grande.
   The notebook is large.

Feminine Nouns

3. **La chica** es grande.
   The girl is big.

4. **La pluma** es grande.
   The pen is large.

¿Es el señor Gómez o la señorita Gómez?

19

Rules:

1. **El** means *the* before a masculine noun. Example: **el muchacho** *the boy.*

2. **La** means *the* before a feminine noun. Example: **la muchacha** *the girl.*

3. Masculine nouns often end in **o.** Feminine nouns often end in **a.** Feminine nouns also end in **–dad, –ción, –sión.** Learn: **la ciudad** (the city); **la canción** (the song); **la lección** (the lesson); **la nación** (the nation); **la televisión** (the television).

B. **El** and **la** are called the definite articles. They indicate the gender of nouns that do not have the typical masculine ending **–o,** or the typical feminine endings: **–a, –dad, –ción, –sión.**

Examples:

Masculine Nouns	Feminine Nouns
El hombre usa **el lápiz** y **el papel.**	**La mujer** mira **la flor** en **la calle.**
The man uses the pencil and paper.	The woman looks at the flower in the street.

Rules:

1. Nouns whose endings do not follow the rule for indicating gender should be memorized *with* their articles: **el** or **la.**

2. Learn these masculine nouns: **el avión** (the plane), **el coche** (the car), **el examen** (the test), **el hombre** (the man), **el hotel** (the hotel), **el lápiz** (the pencil), **el padre** (the father), **el papel** (the paper), **el profesor** (the teacher), **el reloj** (the clock, watch), **el tren** (the train).

3. Learn these feminine nouns: **la calle** (the street), **la clase** (the class), **la frase** (the sentence), **la madre** (the mother), **la mujer** (the woman), **la noche** (the night).

4. The appropriate definite article must be used before each noun in a series: **el padre y la madre** (the father and mother); **el hombre y la mujer** (the man and woman).

C. Special uses of **el** and **la.**   Special omissions of **el** and **la.**

Indirect Address (Narrative)	Direct Address
1. **El señor Gómez** escucha *el programa.* Mr. Gomez listens to the program.	1. **Señor Gómez,** ¿escucha usted *la radio* todo *el día?* Mr. Gomez, do you listen to the radio all day?
2. **La señorita Molina** estudia *el idioma* y *el mapa.* Miss Molina studies the language and the map.	2. **Señorita Molina,** ¿estudia usted *el idioma* y *el mapa* de España? Miss Molina, do you study the language and the map of Spain?

Rules:

1. **El** or **la** is used *before a title* when talking *about* the person, but is *omitted* when talking *directly* to the "titled" person, in direct address.

2. A small number of masculine nouns end in **a** or **ma** and must be memorized with their articles: **el día** (the day), **el mapa** (the map), **el idioma** (the language), **el programa** (the program). But **la mano** (the hand) and **la radio** (the radio broadcast) are feminine. Some nouns are the same for masculine and feminine. Only **el** or **la** before them show their gender: **el estudiante** (m), **la estudiante** (f).

D. More uses of **el** and **la**.   More special omissions of **el** and **la**.

---

1. **La escuela** está entre **la Avenida Arcos** y **la Calle Diez.**
   The school is between Arcos Avenue and Tenth Street.

2. En **la clase,** Pepita escucha **el español** y **el inglés.**
   In class, Josie listens to Spanish and English.

1. En la escuela Pepita estudia **la lección de español** para **hablar español.**
   In school, Josie studies the Spanish lesson in order to speak Spanish.

2. Ella lee **en español** en **la clase de español.**
   She reads in Spanish in the Spanish class.

Rules:

1. Use **la** before **Avenida** and **Calle,** then identify them by name or number.

2. Use **el** before all languages except when they directly follow **hablar,** or **de,** or **en.**

3. **De** indicates *concerned with* in expressions such as the following: **la clase de español** (the Spanish class), **la lección de español** (the Spanish lesson), **el profesor (la profesora), de inglés** (the English teacher), **el maestro (la maestra) de música** (the music teacher).

STUDY THE RULES, EXAMPLES, AND MODELS BEFORE BEGINNING THE EXERCISES!

Ejercicios

I.   You have spent your first week in a new school. Tell us in complete sentences (A) what is interesting, and (B) who speaks Spanish there. For the word in parentheses, supply the required **el** or **la,** make a complete sentence, and use *también.* Dramatize the questions and answers. Role-play with a friend; write your answers.

(A) Model: **¿Qué es interesante?**   (inglés). **El inglés es interesante**
What is interesting?   English is interesting.

1. (escuela) _____

2. (libro) _____

3. (gramática) _____

4. (clase de historia) _____

5. (español) _____

(B) Model: **¿Quién habla español?**   (profesora) **La profesora habla español.**
Who speaks Spanish?   The teacher (fem.) speaks Spanish.

1. (muchacho, Carlos) _____

2. (estudiante, Ana) _____

3. (hermano) _____

4. (muchacha, Pepita) _____

5. (señor profesor) _____

II. Your Spanish teacher today points to things and pictures of things and people. You identify all *11* in Spanish, using **Es el** _____ or **Es la** _____ and the word in parentheses. Role-play and write

Model: Señora Mendoza—¿Qué es?   (libro)—Es el libro.
           What is it?   It is the book.

1. (examen) _____

2. (papel) _____

3. (lápiz) _____

4. (palabra) _____

5. (cuaderno) _____

6. (hombre) _____

7. (mujer) _____

8. (amor) _____

9. (frase) _____

10. (mano) _____

11. (clase) _____

III. You interview five people. Then you tell me about each. Use **el** or **la**. (Omit **usted** and question marks.) Dramatize and write.

Model: —Señor Smith, ¿estudia usted el español?   **El** señor Smith estudia el español.
           Mr. Smith, do you study Spanish?   Mr. Smith studies Spanish.

1. Señor Moreno, ¿mira usted el programa de televisión esta noche?

_____

2. Profesora Mendoza, ¿necesita usted el mapa de España?

_____

3. Presidente Guzmán, ¿entra usted en la ciudad capital de la nación mañana?

_____

4. Señorita Gómez, ¿estudia usted el idioma toda la noche?

_____

5. Señora Molina, ¿escucha usted la radio todo el dia?

_____

IV. You introduce travel club members. Tell us what language each speaks and reads, and the language that each studies now selected from the exercise.

¡Habla español!

Model: El chico es de España.   The boy is from Spain.
El español
Habla español y lee el español.   He speaks Spanish and reads Spanish.
Ahora estudia *el alemán.*   He is studying *German* now.

1. El profesor es de México.
   el español

   _____

2. La alumna es de Francia.
   el francés

   _____

3. El muchacho es de Italia.
   el italiano

   _____

4. Luis es de Inglaterra.
   el inglés

   _____

5. La muchacha es de Alemania.
   el alemán

   _____

V. Pancho and Pepe know that there is a lot to study, to listen to, and to look at in their new land. Pancho studies his English book wherever he goes. In complete sentences tell us where he studies, substituting the noun in parentheses for the noun in *italics*. Make the necessary change in the definite article, **el** or **la**. Use **también** as seen in the model.

   (A) Model: **Pancho estudia el inglés en**   Frankie studies English in the
             la clase.   classroom.
             (dormitorio) Pancho estudia   Frankie studies in the bedroom,
             también en el *dormitorio.*   too.

1. (avión de México) _____

2. (clase de inglés) _____

3. (coche) _____

4. (sala) _____

5. (avenida) _____

(B) Model: Pancho también escucha la *frase*   Frankie also listens to the sentence
en inglés.   in English.

Tell what else he listens to.

1. (música) _____

2. (disco compacto) _____

3. (canción) _____

4. (lección) _____

5. (radio) _____

(C) Model: Su hermano Pepe lee el inglés   His brother Joey reads English a lot.
mucho.

Tell what else he reads.

1. (periódico) _____

2. (idioma) _____

3. (diccionario) _____

4. (vocabulario) _____

5. (novela en inglés) _____

(D) Model: Pepe y Pancho miran ahora   Joey and Frankie now look at the
el hotel importante, el Hilton.   important hotel, the Hilton.

Tell what else they now look at.

1. (ciudad de Nueva York) _____

2. (tren subterráneo) _____

3. (calle importante de Wall Street) _____

4. (televisión interesante) _____

5. (programa favorito) _____

6. (mapa de toda la nación) _____

VI. Recombinación: Tell us the story with an appropriate selection: **el** or **la.** Write a dash (–) if
no article may be used.

_____ muchacha entra en _____ escuela en _____ Avenida de Las Américas de _____ ciudad de
  1   2   3   4

Nueva York. Su profesor, _____ señor Valdés, habla _____ español muy bien. _____ clase estudia
                    5   6   7

_____ lección de _____ español y escucha _____ idioma en _____ radio y en _____ televisión.
  8   9   10   11   12

Su clase practica _____ inglés también: _____ Profesor Valdés, ¿lee usted _____ periódico
              13   14   15

en _____ inglés? Sí _____ Profesor Valdés lee mucho en _____ tren y también en _____ casa
    16   17   18   19

por _____ noche.
    20

VII. Oral Proficiency: Act your part (Yo), or role-play. *Later* write your part. [Review PALABRAS NUEVAS and ESTRUCTURAS of this WORK UNIT One]

(A) Situation: You began your first Spanish class. Your friend, Carlos, wants to know your impression. You tell him *two complete Spanish sentences.*

Carlos: ¿Cómo es el español?
Yo:...
Clues: *Interesante y fácil; importante y necesario.*

(B) Situation: He also wants to know what you need for the class. You tell him what kinds of books and other items you need in *two complete sentences.*

Carlos: ¿Qué es necesario?
Yo:...
Clues: *Yo necesito...; también es importante...*

(C) Situation: There is one television set. Your older brother or sister does not want to watch your favorite program tonight, and tells you to study. You give reasons for not studying tonight and for watching television.

Hermano (a):   El examen de español es mañana.
Yo:...   (Tell whether the Spanish test is/is not, important or easy.)

Hermano (a):   Es necesario estudiar ahora.
Yo:...   (Suggest another possible day.)

Hermano (a):   Es posible estudiar con la música del radio.
Yo:...   (Tell what <u>you</u> <u>want</u> to do tonight.)

Hermano (a):   Yo no quiero mirar "El amor y la pasión."
Yo:...   (Tell the name of another television program that is also your favorite.)

Vocabulario: bolas de nieve *snowballs;* **listo** *ready.*

María mira cómo los hombres y las mujeres
van de prisa.

What a life! Work, work, work.
And what does it all lead to?

Todo es rápido en la ciudad

María visita la ciudad grande de Nueva York. Su primo, Francisco, es de esta ciudad. Ella es de la pequeña aldea de Miraflores, y desea ver todas las cosas importantes en Nueva York. Francisco y María visitan los teatros, los museos y los parques. Los primos van por muchas calles y avenidas y miran los edificios altos y las tiendas grandes. En las calles María mira cómo los hombres y las mujeres van de prisa a los cines, a los restaurantes, a las oficinas y a sus casas. Para María, esta experiencia es interesante y nueva pero es extraña también.

María:	Mira, Paco, aquí en la ciudad todo es muy rápido. ¿Por qué? ¿Por qué hay tanta prisa?
Francisco:	Pues, María, todas las ciudades grandes son así. Es necesario comer de prisa, trabajar de prisa y vivir de prisa. Así ganamos mucho dinero, y después de veinte o treinta años es posible descansar en una pequeña aldea, mirar las flores y respirar el aire fresco.
María:	¡Ay, Paco! Eso es tonto. En Miraflores, ¡yo hago todas estas cosas ahora!

Palabras Nuevas

SUSTANTIVOS *(NOUNS)*
el aire the air
la aldea the town
el año the year
la avenida the avenue
la calle the street
el cine the movie theater
la ciudad the city
la cosa the thing
el dinero the money
el edificio the building
la experiencia
    the experience
la flor the flower
Francisco Frank
Paco Frankie
el hombre the man
María Mary, Marie
la mujer the woman
el museo the museum
Nueva York New York
la oficina the office
el parque the park
el primo the cousin
la prisa the hurry
de prisa in a hurry, in a rush
el restaurante the restaurant
el teatro the theater
la tienda the store

ADJETIVOS *(ADJECTIVES)*
alto,a tall, high
estos,as those
extraño,a strange
fresco,a fresh
grande big, large
mucho,a a great deal of,
    much
muchos,as many,
    a great many
nuevo,a new
pequeño,a small, little
rápido,a fast, rapid
sus their
tanto,a so much
todos,as every, all
tonto,a foolish

VERBOS *(VERBS)*
comer to eat
descansar to rest
desea *(she)* wishes, wants
hago I do
ir to go
ganamos we earn
¡mira! look!
mira *(she)* looks at, watches
miran they look at, watch
respirar to breathe

son (they) are
trabajar to work
van they go, walk
ver to see
visita *(she)* visits
visitan they visit
vivir to live

OTRAS PALABRAS
(OTHER WORDS)
a to
aquí here
así *(in)* this way, thus
cómo how
después de after
eso that
las *(fem. pl.)* the
los *(masc. pl.)* the
o or
para for, in order to
pero but
por along, through
¿por qué hay...?
    Why is (are) there...?
pues well, then
todo everything, all
treinta thirty
una a
veinte twenty

Ejercicios

I. **(A)** Rewrite the sentence, using the expression that best completes it.

1. El primo de María es de (a) Los Ángeles (b) San Antonio (c) Nueva York (d) Miami. _____

   _____

2. La aldea de María es (a) grande (b) alta (c) interesante (d) pequeña. _____

   _____

3. Los primos van por (a) las aldeas (b) las calles (c) las escuelas (d) las casas. _____

   _____

4. En la ciudad todo es (a) fresco (b) estudioso (c) necesario (d) rápido. _____

   _____

5. Para María ahora es importante (a) trabajar mucho (b) ganar mucho dinero (c) respirar

   aire fresco y descansar un poco (d) visitar museos. _____

   _____

   (B) Rewrite the sentence, substituting a correct word for the underlined word.

1. Nueva York es <u>pequeña</u>. _____

2. Los <u>parques</u> son muy altos. _____

3. Los hombres y las mujeres van de prisa por las <u>aldeas</u>. _____

   _____

4. Es posible descansar en las <u>calles</u>. _____

5. Para María es posible mirar las flores en su aldea <u>mañana</u>. _____

II. **Match the following:**

1. María visita _____   a. interesante y nueva.

2. Ella desea ver _____   b. de prisa.

3. Su experiencia es _____   c. en las aldeas.

4. Hay aire fresco _____   d. a su primo, Paco.

5. Los hombres y las mujeres van _____   e. todas las cosas
                                                          interesantes.

   _____

III. Juego de palabras—Translate these words to fill in the boxes of the puzzle below.

1. pencil
2. love
3. movies
4. important
5. a *(f.)*
6. money
7. now
8. to rest

1.	2.	3.	4.	5.	6.	7.	8.
L	A	C	I	U	D	A	D

IV. Picture Match: Choose and write the sentence(s) suggested by each sketch. Then tell something more about each one.

1.

2.

3.

4.

a. Van por muchas calles.
b. Ella es de la pequeña aldea.
c. Van a los restaurantes y a los cines.

d. Visitan la ciudad grande.
e. Miran los edificios altos.
f. Es posible mirar las flores y descansar.

1. _____

_____

2. _____

_____

3. _____

4. _____

V. Compositions: Oral or written.

(A) Look at the picture at the beginning of the Work Unit. Describe the scene in Spanish to a friend.

(B) Tell a visitor about your city. Include the following:

Mi ciudad

1. What kinds of buildings there are. 2. What interesting places it is possible to see. 3. Whether it is necessary to work fast in order to earn money. 4. When it is possible to rest very well. 5. Why it is important to go to small towns.

Estructuras de la lengua

The Noun and the Definite Article (Plural). Comparisons between Singular and Plural Forms.

El libro   Los libros

Singular (one)	*Plural (more than one)*
1. **El chico** usa **el libro.** The boy uses the book.	**Los chicos** usan **los libros.** The boys use the books.
2. **La chica** usa **la pluma.** The girl uses the pen.	**Las chicas** usan **las plumas.** The girls use the pens.
3. **El hombre** y **la mujer** visitan **el teatro** en España y escuchan **la canción española.** The man and the woman visit the theater in Spain and listen to the Spanish song.	**Los hombres** y **las mujeres** visitan **los teatros** en España y escuchan **las canciones españolas.** The men and women visit the theaters in Spain and listen to the Spanish songs.

Rules:

1. **Los** means *the* before a masculine plural noun and is the masculine plural article. **Las** means *the* before a feminine plural noun and is the feminine plural article. In summary, Spanish has *four* definite articles: **el** (masc. sing.), **los** (masc. pl.), **la** (fem. sing.), **las** (fem. pl.). They all mean *the.*

2. Add **s** to a noun of either masculine or feminine gender that ends in a *vowel:* **a, e, i, o, u,** in order to form the plural, e.g. **el uso, los usos** (the uses); **la uva, las uvas** (the grapes).

3. Add **es** to a noun of either gender that ends in a *consonant* in order to form the plural, e.g., **el papel, los papeles** (the papers); **la flor, las flores** (the flowers).

4. Omit the accent mark from the final syllable when adding **es** to nouns ending in **ión,** e.g., **la lección, las lecciones** (the lessons), **la canción, las canciones** (the songs).

5. Change final **z** to **c** before adding **es,** *e.g.,* **el lápiz, los lápices** (the pencils), **la voz, las voces** (the voices).

Other Uses of the Definite Articles

A. Generalizing

Singular	*Plural*
La familia es importante. Family is important.	**Los amigos** también son importantes. Friends are also important.

Rules:

1. Spanish *insists* on using **el, la, los** or **las** *before nouns used to make generalizations.*

2. *English omits* the definite article *the* in making a generalizing statement.

B. Before Some Geographic Names

Examples: **La Argentina, el Brasil, el Canadá, la China, los Estados Unidos de América (U.S.A.), los Estados Unidos de México, la Florida, la Habana (Havana), la India, el Japón, el Panamá, el Perú, el Salvador**

Rules:

1. In *unofficial* references the definite article *may* be omitted before these places.

2. *English* does not use *the* before these place names, except for **Los Estados Unidos,** *The United States,* or in rare reference to **La Argentina** as *The Argentine.*

C. The Inclusive Masculine Plural

1. —¿Miran todo el chico y la chica? Do the boy and the girls look at everything?	—Sí, **los chicos** miran todo. Yes, **the boy and the girl** look at everything.
2. —¿Visitan museos el primo Juan y la prima Ana?	—Sí, **los primos** Juan y Ana visitan museos.

Rules:

1. The masculine plural article and noun may refer to both feminine and masculine persons when they are grouped together.

2. The *context alone* tells whether the reference is to a group consisting of feminine and masculine persons or only of masculine persons.

STUDY THE RULES, EXAMPLES, AND MODELS BEFORE BEGINNING THE EXERCISES!

Ejercicios

I. E-mail us about the people, places, and things in your new neighborhood. Complete the sentence with the plural of the article and noun in *italics*, e.g., *el uso* **los usos.**

1. *el chico* _____ son estudiosos.

2. *la muchacha* _____ son atletas.

3. *el hombre* _____ son importantes.

4. *la lección* _____ son fáciles.

5. *la mujer* _____ son elegantes.

6. *el profesor* _____ son inteligentes.

7. *el cine* _____ son nuevos.

8. *el tren* _____ son rápidos.

9. *el día* _____ son interesantes.

10. *la flor* _____ son atractivas.

II. El Señor "Gordito" Gil is at a travel agency. When offered "some," he answers that he wants "all." Take his role. Answer using: **Sí, todos los** _____ or **Sí, todas las** _____ according to the gender of the noun in the question.

Model 1.—¿Desea usted dulces?   —Sí, **todos los dulces.**
        Do you want some candy?   Yes, all the candy.

      2.—¿Desea usted uvas?   —Sí, **todas las uvas.**
        Do you want grapes?   Yes, all the grapes.

1. ¿Estudia usted libros sobre España para su viaje? _____

2. ¿Necesita usted folletos? _____

3. ¿Usa usted mapas? _____

4. ¿Escucha usted canciones y programas desde España? _____

5. ¿Usa usted trenes o un carro allí? _____

6. ¿Escucha usted idiomas en casetes? _____

7. ¿Visita usted universidades y museos allí? _____

III. You are a travel agent. Your English-speaking client wants to know what languages are spoken in places she may visit. She asks in English. You answer in a complete Spanish sentence, selecting a language from those given below. Role-play.

Model: —*Japan*? —**El Japón** habla japonés.
—Japan speaks Japanese.

1. *Havana?*_____

2. *Canada?* _____

3. *Peru?* _____

4. *Argentina?*_____

5. *U.S.A.?* _____

6. *Panama?* _____

7. *Salvador?* _____

8. *Florida?* _____

9. *Mexico?*_____

10. *Brazil?* _____

Vocabulary: **español, inglés, inglés, francés, portugués, español e ingles.**

IV. Your uncle Leo expresses his opinions in sweeping generalizations. You play Leo. Generalize using the words given in parentheses in complete sentences.

Model: / trabajo no / difícil Pero / horas / muchas
El trabajo no es difícil. Work is not hard.
Pero las horas son muchas. But hours are long.

1. a. (/ amor / todo) _____

b. (Pero / experiencia / profesora) _____

2. a. (/ televisión / importante) _____

b. (Pero / aire fresco / necesario) _____

3. a. (/ ciudades aquí / grandes) _____

b. (Pero / parques / pequeños) _____

4. a. (/ programas de T.V. / tontos) _____

b. (Pero / museos / interesantes) _____

5. a. (/ universidades / excelentes) _____

b. (Pero / dinero no / fácil para pagarlas) _____

V. You are arranging a family cruise. Tell us who are going. Use the masculine plural to include the feminine members. *Note:* **abuela** *is grandmother.* **Tía** *is aunt.* Role-play.

Model: ¿Van **el sobrino** Pepe y **la sobrina** Lola?
Are Nephew Joe and Niece Lola going?
¿Y **el hijo y la hija**?
And son and daughter?

—Sí, **los sobrinos** Pepe y Lola van.
—Yes, Nephew Joe and Niece Lola are going.
—Sí, **los hijos** también.
—Yes, the son and daughter, too.

1. ¿Van el padre y la madre? _____

2. ¿Y el hermano y la hermana? _____

3. ¿También el abuelo y la abuela? _____

4. ¿Y el tío Manolo y la tía Clara? _____

5. ¿También el hijo Juan y las hijas Ana y Sonia? _____

VI. Oral Proficiency: Act your part (Yo), or role-play. *Later* write your part. [Review PALABRAS NUEVAS and ESTRUCTURAS of this WORK UNIT Two]

Situation: Your cousin asks your opinion about whether it is good to live in a large city or in a small town. You explain the advantages of each. [Three sentences are good; four very good; five or more are excellent.]

 Primo (a): ¿Es bueno vivir en la ciudad o en la aldea?
Yo: ...

Clues: *Tell what it is possible to do in the "aldea"; what there is for children (los niños) in the city; to which interesting places the families go in the city; where we earn more (más) money; where it is necessary to work and to live fast.*

VISTAS DE MÉXICO

Mayan Palace at Monte Albán

Courtesy of the Mexican Government Tourism Office, New York.

Archeological Museum, Mexico City

Joselito está contento.
¡Es una torta grande!

It's Joselito's birthday,
but why is he so unhappy?

El cumpleaños de Joselito

Hoy es un día muy importante en la casa de la familia Hernández. ¿Pregunta usted por qué? Es importante porque es el cumpleaños de Joselito, el nene de la familia. Hoy el niño cumple cuatro años.

Todo el mundo está ocupado en las preparaciones para este día. Los padres compran la magnífica piñata típica en forma de pájaro. La piñata está llena de dulces y regalitos. Los hermanos de José preparan los juegos y las actividades para la fiesta. Sarita, la hermana que estudia música en la escuela, practica ahora porque ella va a bailar y cantar. La abuela prepara los refrescos y una torta deliciosa muy grande.

Joselito escucha y mira a todos. El pobre niño está triste porque todo el mundo trabaja y él también desea trabajar y ayudar.

Los padres invitan a todo el mundo. Todos los vecinos caminan a la casa de la familia Hernández. Cuando llegan a la casa y entran en la sala ellos preguntan:—¿Pero, qué pasa? ¿Dónde está Joselito? ¿Por qué no está aquí?

El pobre niño está solo en su cuarto. No está contento. Desea llorar.

Entonces el abuelo busca a Joselito y explica:—Joselito, hoy es tu día. Tú no necesitas trabajar. El día de tu cumpleaños tú ayudas con las cosas más importantes—soplar las velas, cortar la torta y tomar el pedazo más grande.

Joselito baja a la sala con el abuelo. En ese momento los padres entran en la sala. Ellos llevan una torta grande de chocolate con cuatro velas, y los amiguitos de Joselito llevan regalos para el niño.

Todo el mundo grita:—¡Felicidades, Joselito! ¡Feliz cumpleaños!

Ahora sí, Joselito está contento. Va a ayudar en la fiesta. Él también grita:—¡Vamos a gozar!

Palabras Nuevas

SUSTANTIVOS
la abuela the grandmother
el abuelo the grandfather
la actividad the activity
el amiguito the little friend
el año the year
la casa Hernández the Hernandez home
el cuarto the room
el cumpleaños the birthday
el día the day
los dulces the candy
la familia the family
la forma the shape, form
la hermana the sister
José Joseph
Joselito Joey
el juego the game
la música the music

el nene the baby, very young child
el niño the child, the little boy
los padres the parents
el pájaro the bird
el pedazo the piece
la piñata the piñata *(papier mâché figure filled with candies, etc.)*
los refrescos the refreshments
el regalito the little present
el regalo the present
Sarita little Sarah
todo el mundo everyone
todos everybody, all
la torta de chocolate the chocolate cake
el vecino the neighbor

la vela the candle

VERBOS
ayudar to help
bailar to dance
bajar to go down
buscar to look for
caminar to walk, to stroll
cantar to sing
comprar to buy
cortar to cut
desear to wish, to want
entrar *(en)* to enter
escuchar to listen
está he *(she)* is *[location, mood]*
explicar to explain
gozar to enjoy
gritar to shout

37

invitar to invite
llegar to arrive
llevar to carry
llorar to cry
necesitar to need
practicar to practice
preguntar to ask
preparar to prepare
soplar to blow *(out)*
sopla las velas
    he blows out the candles
tomar to take
va *(a)* he *(she)* is going
¡vamos! *(a)* let's

ADJETIVOS
contento,a happy

delicioso,a delicious
ese that *(masc.)*
este this *(masc.)*
feliz happy
lleno,a (de) filled *(with)*
magnífico,a magnificent
ocupado,a busy
pobre poor
su his, her, your *(formal)*
típico,a typical
triste sad
tu your *(familiar)*

OTRAS PALABRAS
cuando when
cuatro four
¿dónde? where?

él he
ella she
ellos they
entonces then
hoy today
hoy cumple cuatro años
    today he is four years old
más more, most
que who
¿qué? what?
solo,a alone
tú you *(familiar)*
un,a a
usted you *(formal)*

Ejercicios

I.   **(A)** Retell this part of the story by completing the sentence.

1. Hoy es el _____ de Joselito. Él cumple cuatro _____.

2. Todo el _____ está muy _____.

3. Él está triste porque desea _____ y _____.

4. Su hermana va a _____ y _____ en la fiesta.

5. La abuela prepara los _____ y la _____.

6. Joselito corta la _____. Entonces no está _____ y no desea _____.

    (B) Preguntas. Write your answer in a complete Spanish sentence.

1. ¿Dónde está solo Joselito?
2. ¿Qué compran los padres?
3. ¿Qué llevan los amiguitos?
4. ¿Adónde caminan los vecinos?
5. ¿Por qué está contento Joselito?

1. _____

2. _____

3. _____

4. _____

5. _____

    (C) Preguntas generales. Write your answer in a complete Spanish sentence.

1. En su fiesta, ¿qué sopla un niño?
2. ¿De qué está llena una piñata?

3. ¿Qué quieres para tu cumpleaños?
4. ¿Está todo el mundo triste o contento en una fiesta?
5. ¿Qué gritan todos?

1. _____

2. _____

3. _____

4. _____

5. _____

II. Match the following.

1. Hoy es un día _____   a. a todo el mundo
2. La piñata está _____   b. llorar
3. Los padres invitan _____   c. ¡vamos a gozar!
4. El pobre niño desea _____   d. muy importante
5. Joselito grita _____   e. llena de dulces

III. Acróstico. Translate the words to fill in the boxes of the puzzle.

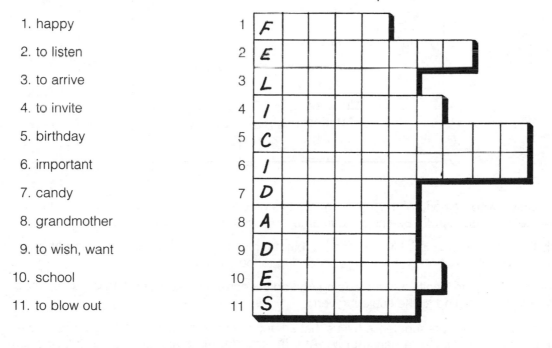

1. happy   1 F
2. to listen   2 E
3. to arrive   3 L
4. to invite   4 I
5. birthday   5 C
6. important   6 I
7. candy   7 D
8. grandmother   8 A
9. to wish, want   9 D
10. school   10 E
11. to blow out   11 S

IV. Composition: Oral or written

(A) Tell us *what is happening* in the *picture on page 36*. Then tell something more about the story and how it ends.

(B) Tell a friend about your birthday party. Write a note.

Querido (a)..., Hoy es mi cumpleaños.

1. Who is going (**va a**) to carry in the piñata. 2. What it is very important to prepare. 3. Who wants to help with the refreshments. 4. Who are going (**van a**) to arrive with presents. 5. What everybody is going to shout.

Estructuras de la lengua

The Present Indicative Tense: Regular AR Conjugation

A. The endings of the present tense tell who is doing the action; they change as the subject or "doer" changes. Subject pronouns are often unnecessary. Learn the set of personal endings for the **ar** infinitive.

	AR conjugation (I)
Infinitive:	**cantar** *to sing*
	I sing; do sing; am singing well.
Subject pronouns for emphasis	
Singular: 1. **Yo** *I*	Cant**o** bien.
2. **Tú** *You* (fam.)	cant**as**
3. **Él** *He*; **Ella** *She* **Usted** *You* (formal)	cant**a**
Plural: 1. **Nosotros-as** *We*	cant**amos**
2. **Vosotros-as** *You* (fam.)	cant**áis**
3. **Ellos-as** *They* **Ustedes** *You, pl.* (formal)	cant**an**

Rules:

1. A Spanish verb has one of the following infinitive group endings: **ar, er,** or **ir.** These endings represent the English *to.* Examples: *cantar* to sing; *comer* to eat; *escribir* to write.

2. This Unit deals with **ar** infinitives. When a subject is given, the infinitive group ending **ar** drops and is replaced by *personal endings* according to the subject.

   After removing the infinitive group ending **ar,** add the correct personal ending **o, as, a, amos, áis,** or **an,** according to the subject given.

3. The endings of the present tense tell us that an act or a state of being is taking place at present or that it occurs as a general rule. **Am, is, are, do, does** are included in the Spanish verb form of the present tense. Examples*: I am singing* **yo canto;** *she does sing* **ella canta.**

B. Subject pronouns

1. The subject pronoun is used *to stress* or *to emphasize* the subject. The subject pronoun *precedes* the verb in a statement. The subject pronoun must be used when no verb is given.

2. Excepting **usted** and **ustedes,** subject pronouns are *normally omitted* because the verb *ending identifies the subject,* provided that no emphasis is intended.

Normal unstressed subject.	Stressed subject.	Without a verb.
Cant**a**. He sings (is singing).	***Él** canta y **yo** canto, también.	*¿**Él**? Sí, **él** y **yo**.
Cant**o**. I sing (am singing).	*He* sings, and *I* am singing, too.	*He*? Yes, *he* and *I*.

3. Spanish subject pronouns show gender not only in **él** *he*, **ella** *she*, but also in **nosotros** *we* masculine, **nosotras** *we* feminine, and in **ellos** *they* masculine, **ellas** *they* feminine. ***Él** *he* commonly used to appear in print as **El** *without an accent mark when capitalized*.

4. Spanish has *four* subject pronouns meaning *you*. **Tú** addresses one person with familiarity, e.g., an intimate friend or someone younger. **Usted** (abbreviation: **Ud.**) addresses one person with formality, e.g., a teacher, the president, someone older than the speaker. **Ustedes** (abbreviation **Uds.**) you *plural*, generally adresses two or more persons with either formality or familiarity in Latin America. In Spain **ustedes (Uds.)** addresses two or more persons only with formality. **Vosotros-as** is used chiefly in Spain to address two or more persons with familiarity. Since **vosotros-as** is *not* in general use in Latin America, it will receive limited treatment in this book.

C. Formation of simple questions:

Statement	Question
1. **Juan** canta aquí. John sings here.	¿Canta **Juan** aquí? *Does John* sing here?
2. **Ud.** canta también. You sing, too.	¿Canta **Ud.** también? *Do you* sing, too?

Rules:

1. The subject is generally placed *after* the verb to form a question.

2. An inverted question mark at the beginning of each written question informs the reader that a question is about to be asked. A final question mark punctuates the end of each question, like an English question.

D. The simple negative

Questions	Statements
1. ¿**No** lee Luis periódicos?	1. No, Luis **no** lee periódicos.
2. ¿**No** mira él televisión?	2. No. Él **no** mira televisión.

Rule:

Place **no** *before* the verb in both *questions* and *statements* to form the negative.

STUDY THE RULES, EXAMPLES, AND MODELS BEFORE BEGINNING THE EXERCISES!

Ejercicios

I. Learn these **ar** verbs in addition to the **ar** verbs you learned for the story on pages 37 and 38 in order to understand questions and answers.

AR: andar *to walk;* **bailar** *to dance;* **caminar** *to stroll, to walk;* **cantar** *to sing;* **comprar** *to buy;* **contestar** *to answer;* **desear** *to want;* **entrar** *to enter;* **escuchar** *to listen;*

estudiar *to study;* **hablar** *to speak;* **invitar** *to invite;* **llegar** *to arrive;* **necesitar** *to need;* **practicar** *to practice;* **preguntar** *to ask;* **preparar** *to prepare;* **regresar** *to return;* **tocar** *to play* (instrument); **tomar** *to take;* **trabajar** *to work;* **visitar** *to visit.*

(A) Agree with your friends' comments about the party but substitute the statements. Rewrite the sentence, substituting ONE appropriate pronoun for the subject(s) in *italics.* Role-play.

Model:—*Juanita y yo* hablamos español.   —Sí. **Nosotros** hablamos español.
        Joan and I speak Spanish.   Yes. We speak Spanish.

1. *Roberto* toca bien. _____

2. *María* canta bien. _____

3. *Alberto y Tomás* solamente escuchan _____ _____

4. *Ana y Clara* preparan refrescos. _____

5. *Ella y yo* gozamos de la fiesta. _____

(B) What fun we have at the party! Substitute the subject in parentheses for the word(s) in *italics.* Make the necessary change in the verbs.

Model: *Pedro y yo* bailamos y cantamos.   (Vosotros) **Vosotros bailáis y cantáis.**
       Peter and I are dancing and singing.   You (*fam., pl.*) are dancing and singing.

1. (Yo) _____   6. (Tú y yo) _____

2. (Él) _____   7. (Ella) _____

3. (Ud.) _____   8. (Ellas) _____

4. (Tú) _____   9. (Ellos) _____

5. (Uds.) _____   10. (Nosotros) _____

(C) Tell Francisca, an exchange student from Chile, what you and your friends do or do not do. Answer **(a)** in a complete *affirmative* sentence, and **(b)** in a complete *negative* sentence. Role-play.

Models: a. ¿Bailas *tú* en la fiesta?   a. **Sí, yo bailo** en la fiesta.
         ¿Baila *Ud.* en la fiesta?   Yes, I dance at the party.

        b. ¿Y *Uds.* Diego y David?   b. **Nosotros no bailamos.**
         And do you (pl.)?   We don't dance.

1. a. ¿Trabaja ella en la escuela?_____

  b. ¿Y nosotros? _____

2. a. ¿Preguntan ellos mucho en la clase?_____

  b. ¿Y Pedro? _____

3. a. ¿Escuchan los amigos música? _____

  b. ¿Tú y yo?_____

4. a. ¿Contestas tú bien en la clase? _____

   b. ¿Juanita y Pablo? _____

5. a. ¿Caminan ellos mucho en los parques? _____

   b. ¿Y Ud.?_____

(D) Your friend has completely misunderstood the story. Express your doubt and amazement by your negative question to each of his wrong statements. Role-play.

Model: —Él no desea llorar.   —¿No desea él llorar?
                 He does not want to cry.   Doesn't he want to cry?

1. El niño no desea ayudar. _____

2. El abuelo no explica bien. _____

3. Los padres no compran una torta. _____

4. Los amigos no gritan "¡Felicidades!" _____

II. Directed Dialogue: Your sick-at-home pal calls you. He wants to know what you are doing all day long. Tell him in complete sentences according to the suggested cues. Role-play.

Model:
—¿Qué haces tú hoy?

_____—Primero voy a la clase.
    Tell him: First, I go to class.

1. Hola, Enrique. ¿Qué haces hoy?

   First, I'm going down to the street. *[bajar]* _____

2. ¿Y entonces?

   Then, I walk to the school with friends. *[caminar]* _____

3. ¿Y después de las clases?

   After the classes, I look for a gift to *(para)* take to my friend, Lola, tomorrow. *[buscar];*

   *[llevar]*_____

4. ¿Dónde celebran Uds. la fiesta para Lola?

   Tomorrow we are celebrating her birthday in my house. _____

   _____

5. Uds. trabajan mucho para preparar la fiesta. Yo deseo ayudar.

   Yes, we are working. If you *(tú)* help it is more interesting. But the friends are arriving

   tonight in order to prepare the things for tomorrow. _____

   _____

6. Oh, triste, triste lloro. Esta noche es imposible. Adiós.

   No, no. If you *(tú)* return to (the) school tomorrow it is not impossible to help at the party

   [regresar]. _____

III. Oral Proficiency: Act your part (Yo), or role-play. *Later* write your part. [Review PALABRAS NUEVAS and ESTRUCTURAS of this WORK UNIT Three]

Situation: You and Luisa plan a Saturday night party. Luisa offers her house. You tell Luisa how everyone will help. [Three sentences are good; four very good; five or more are excellent.]

Luisa: La fiesta es en mi casa.
Yo:...

Clues: *Tell who are arriving, what Luisa (tú) prepares; what you (Yo) buy; with what Carlos and Anita help; what music María sings; how well everybody dances. Other ideas?*

Vocabulario: ¿Qué más se le puede decir...?

What else can one say...?

VISTAS DE MÉXICO

Beach at Los Cabos

Courtesy of the Mexican Government Tourism Office, New York.

Guadalajara Market

¡Qué horror!
Un fantasma abre la puerta.

*Did you ever get a letter and not know where
is was from? Juanita did and she's scared.*

La carta misteriosa

Cuando Juanita Pacheco recibe una carta, está muy sorprendida. Ella abre la carta y lee:

Invitación a una reunión
el 31 de octubre a las once
de la noche en la calle
35, número 99.

Srta. Juanita Pacheco
Av. Las magnolias 355
Ponce, Puerto Rico

—Pero, ¿quién escribe esta carta? ¿Quién invita a Juanita a esta reunión? ¿Y por qué a las once de la noche? Juanita no sabe y está loca de curiosidad.

El treinta y uno de octubre, Juanita sale de la casa. Es tarde y no hay nadie en las calles. Juanita corre a la Calle Treinta y Cinco. Ella busca los números en las puertas de las casas. — Sí, ¡aquí está el número noventa y nueve!

—Mmmmm. Es extraño.

En la casa no hay luz. Juanita está nerviosa, pero desea saber qué pasa. Ella toca a la puerta, y ¡qué horror! Un fantasma abre la puerta. Pero ¡qué sorpresa! No es un fantasma. Es su amigo Paco, con una máscara. ¡Oh, el amigo Paco vive aquí! Claro, es la Víspera de Todos los Santos y hay una fiesta. Todos los amigos asisten. En las mesas hay dulces, helado y otras cosas buenas. Hay música, y todo el mundo canta y baila, come y bebe.

Palabras Nuevas

SUSTANTIVOS
el amigo the friend
la Calle Treinta y Cinco
   Thirty-fifth Street
la carta the letter
el fantasma the ghost
el helado ice cream
el horror the horror
la invitación the invitation
Juanita Janie, Jeannie
la luz the light
la máscara the mask
la mesa the table
el número the number
la puerta the door
la reunión the meeting
la sorpresa the surprise

el treinta y uno de octubre
   October thirty-first
**la Víspera de Todos
   los Santos** Halloween

VERBOS
abrir to open
asistir to attend
beber to drink
comer to eat
comprender to understand
correr to run
dice *(she)* says
escribir to write
están they are *(with certain
   adjectives, and location)*
leer to read

no hay there is *(are)* no;
   there isn't *(aren't)* any
pasar to happen
recibir to receive
saber to know
salir *(de)* to leave; to go out
tocar a la puerta
   to knock at the door
vivir to live

ADJETIVOS
cosas buenas good things
extraño,a strange
loco,a crazy
   de curiosidad crazy with
   curiosity
misterioso,a mysterious

47

nervioso,a nervous
otro,a other
sorprendido,a surprised

OTRAS PALABRAS
a las once de la noche
at eleven P.M.

claro of course
¿de quién? from whom?
en on
nadie nobody
noventa y nueve ninety-nine
¿qué? what a...?
¿quién? who?

tarde late
un a, one *(masc.)*
una a, one *(fem.)*

Ejercicios

I. (A) Complete the sentences according to the story.

1. Juanita _____ la carta pero ella no _____ la invitación.

2. Ella no _____ quién _____ la invitación.

3. Juanita _____ de su casa y _____ a la Calle Treinta y Cinco.

4. Un fantasma _____ la puerta; es su amigo Paco que _____ en esta casa.

5. Todos los amigos _____ a la fiesta de la Víspera de Todos los Santos donde ellos

   _____ helados y dulces.

(B) Preguntas. Write your answer in a complete Spanish sentence.

1. ¿Quién lee la invitación?

2. ¿Por qué no hay nadie en las calles?

3. ¿Por qué está nerviosa Juanita?

4. ¿Cuándo es la reunión?

5. ¿Por qué es misteriosa la casa donde todos asisten a la fiesta?

1. _____

2. _____

3. _____

4. _____

5. _____

(C) Preguntas personales y generales. Write your answer in a complete Spanish sentence.

1. ¿Para qué es necesario escribir invitaciones?
2. ¿Qué hay para comer en las fiestas?
3. ¿Qué necesitamos para bailar y gozar?
4. ¿Qué escribe todo el mundo a los amigos?
5. ¿Por qué es misterioso el treinta y uno de octubre?

1. _____

2. _____

3. _____

4. _____

5. _____

II. Acróstico — Complete the story by filling in the boxes of the puzzle.

Hay una 1. en la casa.

 2. está el número 99.

Juanita está 3. .

No hay personas porque es 4. .

Un fantasma 5. la puerta.

Cuando recibe la carta está 6. .

Es una carta 7. .

Paco es el 8. de Juanita.

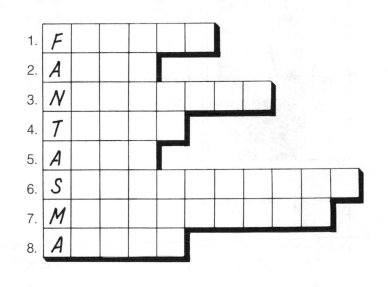

1. F
2. A
3. N
4. T
5. A
6. S
7. M
8. A

III. Compositions: Oral or written.

(A) Tell us what is happening in the picture on page 46. Then tell something more about the story and how it ends.

(B) Tell friends about a surprise party. Write invitations to your friends.

Invitación a una fiesta de sorpresa el 31 de octubre, a las seis (6).
1. Where it is. 2. For whom it is a surprise and the reason for it. 3. What everybody is going to shout. 4. Whether these are good things to eat and drink. 5. Why everyone needs to go at eleven (**porque:** because).

IV. Picture Match: Choose and write the sentence(s) suggested by each sketch. Then tell something more about each one.

1.

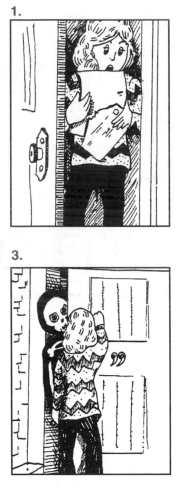

2.

3.

4.

a. Es tarde y no hay nadie en las calles.

b. Hay una fiesta.

c. Todo el mundo canta y baila.

d. Es su amigo con una máscara.

e. Ella busca los números en las puertas.

f. Juanita recibe una carta, abre y lee.

1. _____

2. _____

_____

3. _____

4. _____

_____

Estructuras de la lengua

The Present Indicative Tense: Regular ER and IR Conjugations

Just as the verbs of the **ar** conjugation change their endings to indicate the subject or "doer" of the action, so do these verbs of the **er** conjugation and **ir** conjugations. Learn the sets of personal endings for each of the **er** and **ir** infinitives.

	ER conjugation (II)	IR conjugation (III)
Infinitives:	**comer** *to eat*	**escribir** *to write*
	I eat; do eat; am eating well.	I write; do write; am writing well.
Subject pronouns for emphasis		
Singular: 1. **Yo** *I*	Com**o** bien.	Escrib**o** bien.
2. **Tú** *You* (fam.)	com**es**	escrib**es**
3. **Él** *He;* **Ella** *She* **Usted** *You* (formal)	com**e**	escrib**e**
Plural: *1. **Nosotros-as** *We*	*com**emos**	*escrib**imos**
*2. **Vosotros-as** *You* (fam.)	*com**éis**	*escrib**ís**
3. **Ellos-as** *They* **Ustedes** *You* (formal)	com**en**	escrib**en**

Rules:

1. When a subject is given, the infinitive group ending, **ar, er,** or **ir,** drops and is replaced by personal endings according to the subject. This Unit deals with **er** and **ir** infinitives.

   a. **ER** verbs: Remove the infinitive group ending **er.** Add the correct personal ending **o, es, e, emos, éis, en,** according to the subject given.

   b. **IR** verbs: Remove the infinitive group ending **ir.** Add the correct personal ending **o, es, e, imos, ís, en,** according to the subject given.

*2. Notice that the personal endings of verbs of the **er** conjugation and of the **ir** conjugation show a *difference only when the subject is* **nosotros-as** or **vosotros-as.**

STUDY THE RULES, EXAMPLES, AND MODELS BEFORE BEGINNING THE EXERCISES

Ejercicios

I. **ER** verbs.

   ER: aprender to learn; **beber** to drink; **comer** to eat; **comprender** to understand; **correr** to run; **creer** to believe; **leer** to read; **responder** to answer; **saber** to know; **vender** to sell.

   (A) Agree. Rewrite the sentences, substituting ONE appropriate pronoun for the subject in *italics*.

   Model: *Juanita* lee la carta.   —Sí, **ella** lee la carta.
   Jeannie reads the letter.   Yes, she reads the letter.

1. *La muchacha* aprende todo. _____

2. *Mi primo* comprende todos los libros. _____

3. *Ana y Laura* corren rápido._____

4. *Él y yo* bebemos mucho. _____

5. *Luis y Elena* comen bien. _____

(B) We are all invited. Tell when we answer the invitations. Make the necessary change in the verb. Use: **ahora, hoy, mañana, después, esta noche, a las once, a las cuatro,** or **[muy] tarde.**

Model: *Alicia y yo* respondemos tarde.   (Ella) Ella **responde** muy tarde.
           Alice and I answer late.   She answers very late.

1. Yo _____   6. Ud. y yo _____

2. Ud. _____   7. Ellos _____

3. Tú _____   8. Él _____

4. Ella _____   9. Nosotras _____

5. Uds. _____   10. Él y ella_____

(C) Agree in complete Spanish sentences. In answer (a) use **Sí.** In answer (b) use **también**. Role-play.

Models: a. *¿Crees tú* esto?   a. **Sí, yo creo** esto.
             ¿Cree *Ud.* esto?   Yes, I believe this.
             Do you believe this?

          b. *¿Y ellos*?   b. **Ellos también creen** esto.
             And do they?   They believe this, too.

1. a. ¿Comemos rápido tú y yo? _____

   b. ¿Y la niña? _____

2. a. ¿Respondes tú bien? _____

   b. ¿Y María? _____

3. a. ¿Aprenden ellos el español?_____

   b. ¿Y Uds.? _____

4. a. ¿Lee José la gramática? _____

   b. ¿Y Ud.? _____

5. a. ¿Comprenden Uds. la frase? _____

   b. ¿Y los muchachos?_____

(D) Disagree. Give a negative answer in a complete Spanish sentence. Begin your answer with **Sí**.

1. ¿Corres tú en la calle?_____

2. ¿Venden Uds. limonada? _____

3. ¿Creemos María y yo el eso?_____

4. ¿Ponen las primas la televisión? _____

5. ¿Come Ud. bien aquí?_____

II. IR verbs

IR: abrir *to open;* **asistir** *to attend;* **cubrir** *to cover;* **describir** *to describe;* **escribir** *to write;* **omitir** *to omit;* **partir** *to leave;* **recibir** *to receive;* **salir (de)** *to leave, to go out;* **subir** *to go up, to get into;* **vivir** *to live.*

(A) Agree. Restate the sentence, substituting ONE appropriate pronoun for the subject in *italics.*

Model: *Mi amigo* abre la puerta.   Sí. **Él** abre la puerta.
My friend opens the door.   Yes. He opens the door.

1. *El hermano, Víctor,* parte hoy en secreto. _____

2. *Juanita y yo* recibimos la noticia. _____

3. *Isabel y Gloria* escriben la carta. _____

4. *El padre y la madre* viven sin recibir noticias de su hijo._____

5. *Ud. y yo* abrimos la carta. _____

(B) We are busy these days. Tell what each of us attends. Make the necessary changes in the verb. Clues: **los teatros, los conciertos, la clase, la escuela, la reunión, la fiesta,** or **los cines.**

Model: *Carlos y yo* asistimos a los cines.   (Ellas) **Ellas asisten a la fiesta**.
Charles and I attend the movies.   They attend the party.

1. Tú _____   6. Ellas _____

2. Ud. _____   7. Yo _____

3. Ellos _____   8. Él _____

4. Uds. _____   9. Ella _____

5. Ella y yo _____   10. Nosotras _____

(C) Write affirmative answers in complete sentences. In answer (a) use **Sí**. In answer (b) use **también**.

Models: a. *¿Describes tú* la ciudad?   a. **Sí, yo describo** la ciudad.
¿Describe Ud. la ciudad?   Yes, I describe the city.
Do you describe the city?

b. ¿Y *nosotros*?   b. **Uds. también describen** la ciudad.
And do we?   You too describe the city.

1. a. ¿Recibe Carlos dinero?_____

   b. ¿Y las hermanas? _____

2. a. ¿Escriben los amigos cartas? _____

   b. ¿Y nosotros? _____

3. a. ¿Vives tú en esta aldea? _____

   b. ¿Y los primos?_____

4. a. ¿Cubro yo la mesa? _____

   b. ¿Y Uds.? _____

5. a. ¿Suben Uds. la montaña?_____

   b. ¿Y Luis? _____

Sube al automóvil.

(D) Disagree. Give a negative answer in a complete Spanish sentence. Role-play.

Model:

—¿Descubren Uds. el secreto?

—No, nosotros no descubrimos el secreto.

—Are you discovering the secret?

—No. We are not discovering the secret.

1.   ¿Parten Uds. ahora? _____

2.   ¿Asistes a la fiesta? _____

3.   ¿Recibe Juanita la carta?_____

4.   ¿Escribimos en español? _____

5.   ¿Suben ellos al automóvil? _____

Summary Diagram for AR, ER, and IR Conjugations

	AR conjugation (I)	**ER** conjugation (II)	**IR** conjugation (III)
Infinitives:	**cantar** *to sing*	**comer** *to eat*	**escribir** *to write*
	I sing; do sing; am singing well.	I eat; do eat; am eating well.	I write; do write; am writing well.
Subject pronouns for emphasis			
Singular: 1. **Yo** *I*	Cant**o** bien.	Com**o** bien.	Escrib**o** bien.
2. **Tú** *You* (familiar)	cant**as**	com**es**	escrib**es**
3. **Él** *He;* **Ella** *She* **Usted** *You* (formal)	cant**a**	com**e**	escrib**e**
Plural: 1. **Nosotros-as** *We*	cant**amos**	com**emos**	escrib**imos**
2. **Vosotros-as** *You* (familiar)	cant**áis**	com**éis**	escrib**ís**
3. **Ellos-as** *They* **Ustedes** *You* (formal)	cant**an**	com**en**	escrib**en**

Remember

1. All three conjugations use the ending **o** for the first person singular (*yo*).

2. In all *other personal endings* for **AR** conjugations **a** is seen; for **ER** conjugations **e** is seen. **IR** conjugations show **e** in their personal endings *with the exception of* **imos** and **ís**.

3. Subject pronouns are needed only for emphasis or clarification.

4. In the English translation, helping words like **am, is, are, do,** or **does** are included in the Spanish verb form of the present tense.

III. AR, ER, IR verbs

(A) You spoke to a familiar person. Now talk to someone you know slightly. Direct the remark, using the name in parentheses and the formal address **Ud.** in place of the familiar **tú.**

Model:—Juan, tú comes poco.   (Señor Ortiz)—**Señor Ortiz, Ud.** com**e** poco.
      Juan, you (fam.) eat little.   Mr. Ortiz, you (formal) eat little.

1. Tú entras en la sala. (Señor López) _____

2. Tú crees en el libro. (Señora Gómez) _____

3. Tú vives aquí. (Profesor Ruiz) _____

4. Tú tocas bien. (Señorita Marín) _____

5. Tú escribes el inglés. (Doctor Muñoz) _____

(B) You spoke to someone you knew slightly. Now talk to someone you know well. Direct the remark, using the name in parentheses and the familiar address **tú** in place of **Ud.**

Model:—*Ud.* aprende bien.   (Felipe)—**Felipe, tú** aprend**es** bien.
    You (formal) learn well.   Philip, you (fam.) learn well.

1. Ud. trabaja mucho. (Pepe) _____

2. Ud. contesta poco. (Ana) _____

3. Ud. aprende mal. (Carlos) _____

4. Ud. corre rápido. (niño) _____

5. Ud. lo describe bien. (niña) _____

(C) First, you state your thought, then you wonder whether it is truly so, in a question, e.g., **Yo como mal.** *I eat poorly.* **¿Como yo mal?** *Do I eat poorly?*

1. Yo comprendo toda la frase. _____

2. Carlitos corre rápido a su madre. _____

3. Los niños desean recibir la invitación. _____

4. Él y yo no asistimos siempre a las clases. _____

5. Pedro y yo no tomamos mucho café. _____

IV. Directed Dialogue. Airport security questions your group. Answer for everyone using **nosotros.** Role-play.

1. ¿Viven Uds. en los Estados Unidos? _____

2. ¿Hablan Uds. inglés? ¿Comprenden otro idioma? _____

3. ¿Suben al avión esta noche? _____

4. ¿No llevan Uds. un paquete extraño? _____

5. ¿Leen Uds. de los terroristas? _____

¡Buen Viaje! Adiós. _____

V. Oral Proficiency: Act your part (Yo), or role play. *Later* write your part. [Review PALABRAS NUEVAS and ESTRUCTURAS of this WORK UNIT Four]

Situation: Your little brother or sister is not happy about starting school. You explain why he, or she, is going to like it. [Three sentences are good; four very good; five or more are excellent.]

 Hermanito (a):   No quiero asistir mañana.
Yo:...

Clues: *Tell him/her how easy school is; how many children there are; what we learn and understand; what language we now read and write; what it is important to go to school for **(para).** Other ideas?*

ARTE ESPAÑOL

Esteban Bartolomé Murillo. *The Pastry Eaters*.

¿Quién es el presidente
de los Estados Unidos?

Do you like quiz shows? Here's one
that might be embarrassing.

¿Conoce usted historia?

Para hacer interesante la clase de historia, el Profesor Fajardo decide usar otros métodos hoy. Todos los alumnos de la clase van a participar en un concurso. Luis, el muchacho más inteligente y más aplicado, va a ser el maestro de ceremonias. Otro muchacho, Jaimito, es perezoso. No estudia y no aprende mucho. Jaimito va a contestar primero.

Luis:	Bueno, Jaimito. ¿Sabes mucho de la historia de los Estados Unidos?
Jaimito:	Claro. Ya estoy en esta clase de historia tres años.
Luis:	Pues bien, ¿quién es el presidente de los Estados Unidos?
Jaimito:	Mmmmm. . . . No estoy seguro. Creo que es. . . . Creo que es Jorge Wáshington.
Luis:	¿Jorge Wáshington? ¡Ay, qué tonto! ¿No sabes que Wáshington está muerto? Otra pregunta: ¿Dónde vive el presidente?
Jaimito:	Creo que vive en una casa blanca.
Luis:	Sí, claro. Vive en la Casa Blanca. Pero, ¿en qué ciudad?
Jaimito:	¿En Los Ángeles?
Luis:	No, tonto, en Wáshington.
Jaimito:	Pero, ¿cómo es posible? Washington está muerto. ¿No es verdad?
Luis:	¡Ay, tonto! ¿Cuándo vas a aprender? ¿Para qué vas a la escuela? ¿Por qué no conoces la historia de los Estados Unidos?
Jaimito:	Pero, Luis ésas ya son tres preguntas. ¿Cuántas debo contestar?
El profesor:	¡Ninguna! ¡Ninguna! Ya estoy enfermo. ¡Mañana hay una lección normal!

Palabras Nuevas

SUSTANTIVOS
el alumno the pupil
  (masc.), the student
la Casa Blanca
  the White House
la clase the class
el concurso the contest
los Estados Unidos
  the United States
la historia history
  la clase de historia
  the history class
Jaimito Jamie
  (little James)
Jorge Wáshington
  George Washington
Luis Louis
el maestro de ceremonias
  the master of ceremonies
el método the method
el muchacho the boy
la pregunta the question
el presidente the president
el profesor the teacher
  (masc.)
el tonto the fool, the "dummy"

ADJETIVOS
aplicado,a studious
  más aplicado, a most
  (more) studious
blanco,a white
enfermo,a sick
inteligente intelligent,
  smart
más inteligente Most *(more)*
  intelligent, smarter
muerto,a dead
normal normal
otro,a another, other
perezoso,a lazy
seguro,a sure
tres three

VERBOS
aprender to learn
¿Conoce . . . ?
  Are you acquainted with. . .?
contestar to answer
creer to believe
deber should, must,
  to have to, ought to
decidir to decide

estoy I am
no estoy I am not
hacer to make, to do
participar to participate
saber to know
¿No sabe Ud.? Don't you
  know?
ser to be
usar to use
van a they are going to; you
  (formal pl.) are going to
¿vas a . . .? are you
  (fam.) going to . . .?

PALABRAS
INTERROGATIVAS
¿Cómo? How?
¿Cuándo? When?
¿Cuánto,a? How much?
¿Cuántos,as? How many?
¿Dónde? Where?
¿Para qué?
  For what purpose? Why?
¿Por qué? Why?
¿Quién? Who?
¿A quién? Whom?

OTRAS PALABRAS	**¿No es verdad?** Isn't it true?	**pues bien** well, then
ésas those	Right?	**que** that
ninguna none	**primero** first	**ya** already, now

Ejercicios

I. **(A)** Complete the sentences according to the story.

1. El señor Fajardo es profesor de _____ .

2. Luis es un muchacho _____ y _____ .

3. Jaimito no _____ y no _____ .

4. Jaimito no sabe que Jorge Wáshington está _____ .

5. El profesor ya está _____ .

(B) Preguntas personales y generales. Write your answer in a complete Spanish sentence.

1. ¿Quién es el presidente de los Estados Unidos?
2. ¿Cómo está una persona que va al hospital?
3. ¿Para qué debe Ud. ir a la escuela?
4. ¿Cuántos alumnos perezosos hay en la clase de español?
5. ¿En qué clase aprende Ud. mucho de los Estados Unidos?

1. _____
2. _____
3. _____
4. _____
5. _____

II. **Mixed up sentences.** Can you put the words in the correct order to form complete sentences?

1. el usar métodos otros decide profesor.
2. primero a va contestar Jaimito.
3. en estoy esta historia clase de tres años.
4. ¿vive presidente el dónde?
5. ¿es presidente los Unidos quién el Estados de?

1. _____
2. _____
3. _____
4. _____
5. _____

III. Compositions: Oral or written.

(A) Look at the picture at the beginning of this Work Unit. Describe the scene in Spanish to a friend. Tell us what is happening there.

(B) Tell about your favorite class. Include the following:

Mi clase favorita

1. Which is your favorite class, and where the class is. 2. Whether anyone is lazy and which student is very studious. 3. Whether the teacher is nice (**simpático,a**) and whether he or she uses interesting methods. 4. Whether you receive good marks (**notas**). 5. Where you study, and when.

Estructuras de la lengua

Simple Negative; Interrogative Words

A. To form the simple negative place **no** before the verb.

Affirmative	*Negative*
1. Ellos cantan hoy. They are singing today.	Ellos **no** cantan hoy. They are not singing today.
2. ¿Cantas tú? Do you sing?	¿**No** cantas tú? Don't you sing?

Rule:

Place **no** before the verb in *both* statements and questions to form the negative.

B. Interrogative words request specific information. They begin the question.

1. **¿Cómo** come Juan? *How does John eat?*

2. **¿Cuál** desea él comer? *Which one does he want to eat?*

3. **¿Cuándo** come Juan? *When does John eat?*

4. **¿Cuánto** come Juan? *How much does John eat?*

5. **¿Cuántos** amigos comen con él? *How many friends eat with him?*

6. **¿Dónde** come Juan? *Where does John eat?*

7. **¿Adónde** va él después? *Where does he go afterwards?*

8. **¿Para qué** come Juan? *For what purpose does John eat?*

9. **¿Por qué** come Juan? *Why does John eat?*

10. **¿Qué** come Juan? *What does John eat?*

11. **¿Quién también come?** *Who (sing. subject) also is eating?*

   ¿Quiénes comen? *Who (pl. subject) are eating?*

12. **¿A quién-es** ve? *Whom does he see?*

   ¿A quién-es corre él? *To whom does he run?*

Rules:

1. Interrogative words bear an accent mark on the stressed vowel.

2. **¿Cuánto?, ¿cuánta?** *how much*, and **¿cuántos?, ¿cuántas?** *how many* when followed by a noun are adjectives and must agree with the noun in gender and number.

3. **¿Quién?** *who* (singular) is followed by a third person *singular* verb. **¿Quiénes?** *who* (plural) is followed by a third person *plural* verb.

4. **¿Cuál?** (*which one*) refers to a singular. **¿Cuáles?** (*which ones*) refers to a plural. **¿Qué?** (*what*) may also mean *which*, but only before a noun. **¿Adónde?** (*where*) is used when the verb indicates movement to another place.

¿Cuánto? ¿Cuánta? ¿Cuántos? ¿Cuántas?

¿Cuánt**o** dinero recibes?	How much money do you receive?
¿Cuánt**a** fruta comes?	How much fruit do you eat?
¿Cuánt**os** niños leen?	How many children read?
¿Cuánt**as** chicas estudian?	How many girls study?

STUDY THE RULES, EXAMPLES, AND MODELS BEFORE BEGINNING THE EXERCISES!
ALSO REVIEW LESSONS 3 AND 4 — AR, ER, and IR Verbs

Ejercicios

I. You interview a candidate for office. Challenge each of the candidates' statements by asking him how much or how many. Role-play.

Model: —Tengo mucha popularidad.   —**¿Cuánta** popularidad tiene?
      —I have a lot of popularity.   —How much popularity do you have?

1. Tengo mucho experiencia. ¿_____ experiencia tiene Ud.?

2. Puedo contribuir bastante dinero. ¿_____ dinero puede Ud. contribuir?

3. Puedo atraer muchos votos. ¿_____ votos piensa Ud. atraer?

4. Muchas voluntarias me van a ayudar. ¿_____ voluntarias van a ayudar?

5. Voy a participar en muchos debates. ¿En _____ debates va Ud. a participar?

II. Waiting at the bus stop you engage in casual conversation with others there. Role-play the gossip.

    a. You question each statement you hear using the word in parentheses after **a** and **¿?**.
    b. The others answer your question using the word in parentheses after **b.**

Model: Estudia el español.   a. (Quién)   a. —**¿Quién** estudia el español?
          He studies Spanish.   Who studies Spanish?

                                b. (Pablo)   b. —**Pablo** estudia el español.
                                                    Paul studies Spanish.

1. Ana escribe muchas cartas.   a. (A quién)   b. (a su nuevo amigo, Luis)

   a. _____

   b. _____

2. Luis toma el tren para la casa de Ana.   a. (Cuándo)   b. (ahora)

a. _____

b. _____

3. Leen las cartas.   a. (Cuántos amigos)   b. (tres amigos)

a. _____

b. _____

4. Luis sufre un accidente.   a. (Dónde)   b. (en el tren)

a. _____

b. _____

5. Mi amigo y yo leemos.   a. (Qué)   b. (la noticia [news])

a. _____

b. _____

6. Corre al hospital.   a. (Quién)   b. (Ana)

a. _____

b. _____

7. Preguntan mucho.   a. (Quiénes)   b. (Las chicas)

a. _____

b. _____

8. Marta y yo escribimos.   a. (Cómo)   b. (de prisa)

a. _____

b. _____

9. Luis no sufre ahora.   a. (Por qué)   b. (porque regresa a casa)

a. _____

b. _____

10. Vamos a comprar un regalo.   a. (Para qué)   b. (para celebrar la cura de Luis)

a. _____

b. _____

11. Compramos flores.   a. (Cuáles)   b. (rosas y tulipanes)

a. _____

b. _____

¿Cuántas papas fritas comes?

III. **Directed Dialogue.** In the museum you chat with two artists. Address both using **ustedes**. Take their role, too. Answer in complete sentences using **nosotros** and the cues in parentheses. Role-play with others.

1. a. How do you (pl.) learn to paint **(a pintar)?** _____

   b. (asistir a las clases) _____

2. a. Why do you (pl.) paint **(pintar)?** _____

   b. (deber) _____

3. a. Which ones do you sell? _____

   b. (todas) _____

4. a. Why (for what purpose) do you sell? _____

   b. (ganar dinero para pintar más) _____

5. a. To whom (pl.) do you explain the work? _____

   b. (a los tontos que preguntan mucho) _____

IV. **Directed Dialogue.** You are the manager of the bank (**gerente del banco**). A young man enters. He needs a loan quickly. Role-play in complete sentences.

Joven: Por favor, debo mucho dinero.

1. Gerente: _____

      Ask him: To whom (pl.) he owes money.

Joven: A todos los amigos y a mis padres.

2. Gerente: _____

      How many dollars do you need?

Joven: Tres mil (3000) dólares.

3. Gerente: _____

      Why (What for?)

Joven: Mil para mis padres por los estudios, y dos mil para mis amigos por los teatros y los restaurantes.

4. Gerente: _____

      Why do you need all this now?

Joven: Si no, voy a otra ciudad . . . si deseo vivir más.

5. Gerente: _____

      Where are you going? To which one?

Joven: Ahora no sé. . . . Al Polo Norte.

6. Gerente: _____

      What are you studying?

Joven: Quiero estudiar para banquero (banker).

7. Gerente: _____

      Excellent! Tomorrow you are working here.

V. **Oral Proficiency:** Act your part (Yo), or role play. *Later* write your part. [Review PALABRAS NUEVAS and ESTRUCTURAS of this WORK UNIT Five]

Situation: Your lazy friend Jaimito suggests you participate in the history contest with him. Whichever one wins the prize (gana el premio) will divide it with the other. You ask questions about his bad idea. [Three sentences are good; four very good; five or more are excellent.]

Jaimito: Si yo gano o si tú ganas ¿dividimos el premio?
Yo:...

Clues: *Ask how much the prize (el premio) is; how much history he (tú) needs to knows; why you should (debo) divide a prize with a lazy student; how is he going to win if he does not learn and is lazy; when is the contest and where, which of the students are participating.* Now tell Jaime's answers or role-play, adding other ideas.

*Bueno, aquí tiene una docena de huevos,
una botella de leche, un pan y una libra
de mantequilla.*

*Antonio thinks it's easy to be a house-
wife. Do you agree with him?*

El trabajo de la mujer es fácil

Esta mañana Alicia no está bien. Ella siempre compra las cosas para la casa. Pero hoy es imposible.

Alicia:	Antonio, necesito unas cosas de la tienda de comestibles. ¡Por favor, mi amor! Ésta es una lista de las cosas necesarias.
Antonio:	Mi amor, yo no necesito lista. Yo también compro cosas para la casa. Un tonto necesita una lista. Yo no.

Antonio va a la tienda de comestibles. Entra en la tienda y . . . . no sabe qué comprar. Sin la lista no sabe qué cosas necesitan en casa.

Dependiente:	Buenos días, señor. ¿Qué desea?
Antonio:	Mmmmm . . . La verdad es que no sé. Mi mujer está enferma y necesitamos algunas cosas muy importantes en casa.
Dependiente:	Sí, sí . . . . unas cosas importantes como . . . . una docena de huevos, una botella de leche, un pan y una libra de mantequilla.
Antonio:	Ah, muy bien. Está bien.
Dependiente:	Y . . . .un poco de queso, jugo de naranja, y unas frutas como estas manzanas. Todo esto es bueno para la casa.
Antonio:	Muy bien. Y ¿cuánto es todo esto?
Dependiente:	Doce dólares, cincuenta centavos.
Antonio:	Gracias, adiós.

Antonio paga y regresa a casa. Entra en la casa con los comestibles.

Alicia:	Oh, Antonio. . . . ¡Exactamente las cosas que necesitamos! ¡Qué inteligente, mi amor!
Antonio:	Oh, eso no es nada. ¡El trabajo de la mujer es tan fácil!

Palabras Nuevas

SUSTANTIVOS
Alicia Alice
Antonio Anthony
la botella the bottle
el centavo the cent
los comestibles the groceries
la tienda de comestibles the grocery store
el dependiente the clerk
la docena the dozen
la docena de huevos the dozen eggs
el dólar the dollar
la fruta the fruit
el huevo the egg

el jugo the juice
el jugo de naranja the orange juice
la leche the milk
la libra the pound
la lista the list
la mantequilla the butter
la mañana the morning
la manzana the apple
la mujer the wife, the woman
el pan the bread
un poco de a bit of, a little
el queso the cheese
el señor sir, mister
el trabajo the work
la verdad the truth

VERBOS
comprar to buy
pagar to pay
regresar to return
(yo) sé I know
va he *(she)* goes; you *(formal sing.)* go

OTRAS PALABRAS
adiós good-bye
algunas cosas some things
bien well
está bien! it's alright! O.K.
buenos días hello, good day
cinco five

doce twelve	**exactamente** exactly	**sin** without
cincuenta fifty	**gracias** thanks	**tan** so
como like	**nada** nothing, not. . .anything	**yo no** not I
¿cuánto,a? how much?	**siempre** always	**unos,as** some

Ejercicios

I. Preguntas. Write your answer in a complete Spanish sentence.

1. ¿Por qué no va Alicia de compras hoy? _____

2. ¿Qué necesita Alicia? _____

3. ¿Adónde va Antonio? _____

4. ¿Qué compra Antonio en la tienda? _____

5. ¿Cuánto es todo eso? _____

6. ¿Es Antonio tonto o inteligente? ¿Por qué? _____

_____

II. Word Hunt—Find and circle these words in Spanish.

1. dozen	9. bread
2. eggs	10. three
3. cheese	11. pound
4. dollars	12. how much?
5. cents	13. things
6. juice	14. he leaves
7. milk	15. I know
8. fruit	

D	O	C	E	N	A	H	C
O	L	E	C	H	E	U	U
L	I	N	P	A	N	E	A
A	B	T	R	E	S	V	N
R	R	A	J	U	G	O	T
E	A	V	Q	U	E	S	O
S	E	O	F	R	U	T	A
C	O	S	A	S	A	L	E

III. Preguntas personales y generales. Write your answers in complete sentences.

1. ¿Qué compra Ud. por un dólar cincuenta centavos? _____

2. ¿Cuánto paga Ud. por todos los comestibles? _____

3. ¿Sin lista, sabe Ud. comprar todo? _____

4. ¿Es fácil el trabajo de la mujer? _____

IV. **Picture Match:** Choose and write the sentence(s) suggested by each sketch. Then tell something more about each one.

1.

2.

3.

4.

a. Va a la tienda de comestibles sin lista.

b. —¿Cuánto es todo? —Doce dólares cincuenta.

c. Es imposible ir a la tienda.

d. —Buenos días, ¿Qué desea?

e. —¿Una docena de huevos, unas manzanas?

f. Alicia no está bien.

1. _____

_____

2. _____

3. _____

_____

4. _____

IV. Compositions: Oral or written.

(A) Look at the picture at the begining of this Work Unit. Describe the scene in Spanish to a friend.

(B) Tell what Emilio says.
Emilio goes into a store to buy some groceries. Complete the following dialogue.

Dependiente: Buenos días, ¿qué desea usted?
Emilio: _____
(Mention two items.)

Dependiente: Aquí está, ¿Quiere algo más?
Emilio: _____
(Mention one more item.)

Dependiente: Bueno, son cinco dólares cincuenta.
Emilio: _____
(Tell whether it is little or much.)

Dependiente: Muchas gracias, señor. Adiós. El trabajo de la mujer no es muy difícil. ¿Verdad?

Emilio: _____
(Tell whether you agree before saying good-bye.)

Estructuras de la lengua

The Indefinite Articles: Un, Una, Unos, Unas

Un chico canta

Unos chicos cantan

A. Uses of **Un** and **Una**

Un	**Una**
1. ¿Quiénes son los chicos? Who are the boys?	2. ¿Quiénes son las chicas? Who are the girls?
Un chico es mi primo. *One* boy is my cousin.	**Una chica** es mi prima. *One* girl is my cousin.
El otro es **un alumno** de mi clase. The other is *a* pupil in my class.	La otra es **una alumna** de mi clase. The other is *a* pupil in my class.

B. Uses of **Unos** and **Unas**

Rules:

1. **Uno,** meaning *one (masculine)* shortens to **un** *before* a *masculine singular noun.* As **un,** the indefinite article singular can mean *a, an,* or *one,* e.g., **un chico** can mean *one boy* or *a boy.*

2. **Una** meaning *one* (feminine) never shortens. Before a feminine noun **una** may mean *one* or the singluar indefinite articles *a* or *an*; e.g., **una chica** can mean *one girl* or *a girl.*

Unos	Unas
1. **Unos chicos** hablan español; otros hablan inglés. *Some (a few) boys* speak Spanish; others speak English.	2. **Unas chicas** estudian el español; otras estudian el inglés. *Some (a few) girls* study Spanish; others study English.

Rules:

1. **Unos** and **unas** denote some samples of a class or a group.
   The English equivalents are *some, a few.*
   Unos precedes masculine nouns. **Unas** precedes feminine nouns.

2. **Unos pocos, unas pocas.** *Some few:*

Unos pocos dulces Some few candies	**Unas pocas** revistas Some few magazines

C. **Alguno** and **Ninguno:** Forms and uses

Alguno *affirmative*	**Ninguno** *negative*
1. ¿Pasa **alguno** por aquí? Is *someone* passing by here?	**Ninguno** pasa ahora. *No one* is passing now.
2. ¿Fuma **algún** chico aquí? Is *any* boy smoking here?	**Ningún** chico fuma aquí. *No* boy is smoking here.
3. ¿Llora **alguna** niña aquí? Is *some* little girl crying here?	**Ninguna** niña llora ahora. *No* little girl is crying now.
4. ¿Gritan **algunos** muchachos? Are *some* boys shouting?	**Ningunos** muchachos gritan. *No* boys are shouting.
5. ¿Corren **algunas** muchachas aquí? Are *any* girls running here?	**Ningunas** muchachas corren ahora. *No* girls are running now.

Rules:

1. See **uno** in the words **alguno** and **ninguno. Uno, alguno,** and **ninguno** drop their final **o** *before a masculine singular noun.* Place an accent mark over **algún** and **ningún** to show where the stress remains.

2. Like **uno,** as adjectives **alguno** and **ninguno** *each* have *three* more forms, respectively:
   Algunos, alguna and **algunas; ningunos, ninguna,** and **ningunas.**

3. **Alguno-a** without a noun can mean *someone, somebody*. **Ninguno-a** without a noun can mean *no one*, *nobody,* or *none*.

4. Before a noun **alguno** and its forms may be translated by *any* as well by *some*.

5. *Before a noun* **ninguno** *and its forms mean* ***no.***

STUDY THE RULES, EXAMPLES, AND MODELS BEFORE BEGINNING THE EXERCISES!

Ejercicios

I. Tell us about your food shopping in complete sentences, using **uno, un, una, unos,** or **unas** before each cue given in parentheses. Role-play.

> Model: —¿Cuánta harina necesita Ud.? [libras]   —Necesito **unas** libras.
> —I low much flour do you nccd?   I nood a fow pounds.

1. ¿Qué necesita Ud.? (pan) _____

2. ¿Dónde busca Ud. comestibles? (tienda grande) _____

3. ¿Quiénes ayudan en la tienda? (dependientes) _____

4. ¿Cuáles son las frutas que compra Ud.? (manzanas)_____

5. ¿Cuánto paga Ud. en total? (dólares) _____

II. Tell your eager gourmet grocer that you are interested in "only some." Use **solamente** and the appropiate form of **alguno** to agree with the nouns in italics. Role-play.

> Model: —¿Deseas todos estos tomates?   —No. Solamente **algunos.**
> Do you want all these tomatoes?   No. Only *some.*

1. ¿Conoce Ud. nuestros *productos* gourmet? _____

2. ¿Desea Ud. bastante *ayuda* personal? _____

3. ¿Prefiere Ud. todo el *queso* de la caja? _____

4. ¿Necesita Ud. unas *frutas* frescas? _____

5. No va a costar demasiado *dinero*. _____

III. You are on your cell phone, telling your family that the festival is called off on account of rain. Answer them in a complete sentence using the appropriate form of **ninguno** *at the beginning* of your statement. Role-play.

> Model: —¿Alguno canta?   —**Ninguno** canta.
> —Is anyone (someone) singing?   —No one (nobody) is singing.

1. ¿Toca salsa algún músico? _____

2. ¿Venden alguna buena comida? _____

3. ¿Cantan algunos artistas? _____

4. ¿Andan algunas amigas por la calle Ocho? _____

5. ¿Está alguna feliz? _____

IV. You need a good used car (**carro**), or a pickup truck (**camioneta**) in good condition. Role-play your conversation with the car dealer. Use the appropiate forms of **alguno** and **ninguno,** *only.*

Usted: ¿Hay _____ carros nuevos aquí?
                 1.

Vendedor: ¿No, señor(a), ¡ _____ carros son nuevos aquí!
                     2.

Usted: Entonces, busco _____ carro usado en buenas condiciones!
                     3.

Vendedor: Señor(a) ¡ _____ carro aquí está en malas condiciones!
                   4.

Usted: ¿Es posible comprar aquí _____ camioneta barata? (inexpensive)
                     5.

Vendedor: Perdón. ¡ _____ camioneta es muy barata!
                6.

Usted: Pues, ¿hay _____ camionetas menos caras (expensive) que otras?
                7.

Vendedor: Sí, señor(a), pero _____ camionetas buenas son menos caras que
                     8.

veinte mil (20,000) dólares.

Usted: ¡Adiós!

Vendedor (a los otros): ¡Ha! ¡Ha! _____ desea comprar una camioneta
                     9.

barata. Hoy día es imposible. _____ va a vender camionetas baratas.
                     10.

V. Oral Proficiency: Act your part (Yo), or role play. *Later* write your part. [Review PALABRAS NUEVAS and ESTRUCTURAS of this WORK UNIT Six]

Situation: You work in a grocery store after school. Your friend enters. He left his shopping list at home. You suggest some necessary grocery items. [Three sentences are good; four very good; five or more are excellent.]

 Amigo (a): ¡Ay! No tengo mi lista.
Yo:....

Clues: *Suggesting some (unos, unas, algunos, algunas) grocery items, ask whether he wants (¿quieres?)...; needs (¿necesitas?)...; wishes (¿deseas?)...; what it is important to buy...; whether there are some or some few at home....* Other ideas?

*Los esposos, Marta y Miguel, hacen sus
planes de verano.*

Where would you like to go on your vacation?
Miguel thinks he's going to a tropical paradise.

Vamos a un país tropical

Es el mes de mayo. Los esposos Marta y Miguel hacen planes para las vacaciones de verano.

Marta: Ay, Miguelito, este verano quiero descansar en una playa bonita, y mirar el mar y un sol brillante.

Miguel: Bueno, mi amor. Yo prefiero tomar las vacaciones en el otoño o en la primavera cuando no hace calor. Pero si tú quieres, vamos a viajar a un país tropical. Allí nadamos y tomamos el sol.

Marta: Muy bien. Entonces mañana vamos a la agencia de viajes. Así, en junio pasamos cuatro semanas de vacaciones en una playa bonita.

Al día siguiente, a las nueve de la mañana, Miguel y su esposa están en la agencia de viajes. Hablan con el empleado.

Empleado: Bueno. ¿Cuándo y adónde desean Uds. ir?

Miguel: A Sudamérica en junio. Deseamos pasar un mes en Chile, en la famosa playa de Viña del Mar, para nadar y tomar el sol. ¿Qué tiempo hace allí? Hace buen tiempo. ¿Verdad?

Empleado: Pero . . . señores . . . Chile no es el Caribe. ¿Mucho sol y calor en junio en Chile? Señores, en junio es el invierno allí. ¿No saben Uds. que en muchos países de Sudamérica las estaciones son diferentes? Cuando hace calor aquí, hace frío allí. Pero, si Uds. desean *esquiar* en Chile, en junio es posible.

Palabras Nuevas

SUSTANTIVOS
la agencia de viajes
   the travel agency
el calor the heat
el empleado the clerk,
   the employee
la esposa the wife
los esposos the couple
   (husband and wife)
la estación the season
el invierno the winter
junio June
el mar the sea
Marta Martha
mayo May
el mes the month
Miguel Michael
   Miguelito Mike
el otoño the autumn
el plan the plan
la playa the beach

la primavera the spring
la semana the week
señores sir and madam
el sol the sun
las vacaciones
   the vacation
el verano the summer
   las vacaciones de
   verano the summer vacation

ADJETIVOS
bonito,a pretty, lovely
brillante brilliant, shiny
cuatro four
diferente different
este *(m. sing.)* this
famoso,a famous

VERBOS
esquiar to ski
hace calor it is hot

hace frío it is cold
nadar to swim
pasar to spend *(time)*
prefiero I prefer
quieres you
   (fam. sing.) want
tomar el sol to sunbathe
vamos we are going
viajar to travel

OTRAS PALABRAS
a las nueve de la mañana at
   9 A.M.
al día siguiente on the fol-
   lowing day
allí there
Hace buen tiempo It is good
   weather
¿Qué tiempo hace? What is
   the weather like?
si if

Ejercicios

I.   (A) Preguntas. Write your answer in a complete Spanish sentence.

1. ¿Dónde desea Marta descansar?
2. ¿Quién prefiere pasar las vacaciones donde no hace calor?
3. ¿En qué país quieren nadar y tomar el sol en junio?
4. ¿Cuál es la estación en Chile en junio?
5. ¿Cuándo es posible esquiar en Chile?

1. _____

2. _____

3. _____

4. _____

5. _____

(B) Preguntas personales y generales. Write your answer in a complete Spanish sentence.

1. ¿Qué tiempo hace hoy?
2. ¿A qué país quiere Ud. viajar para pasar sus vacaciones?
3. ¿En qué país hace siempre sol y calor?
4. ¿Adónde va todo el mundo para nadar?
5. ¿En qué meses hace mucho frío?

1. _____

2. _____

3. _____

4. _____

5. _____

II.   Unscramble the following words and place them in the proper boxes.

1. PRIAVREAM
2. SEM
3. ROMA
4. YOMA
5. INOVERIN
6. LOS

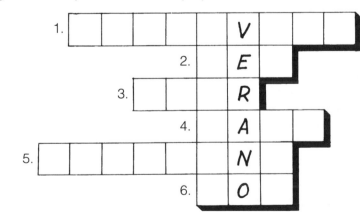

III.   Copy the following sentences in the order in which they occurred in the story.

1. Miguel prefiere el otoño.
2. Quieren pasar un mes en Chile.
3. Marta y Miguel hacen sus planes.
4. Los esposos van a una agencia de viajes.

5. Marta quiere ir a un país tropical.

1. _____

2. _____

3. _____

4. _____

5. _____

IV. Compositions: Oral or written.
   (A) Look at the picture at the beginning of the Work Unit. Describe the scene in Spanish to a friend.
   (B) Tell about your plans for a winter vacation in the mountains. Include the following:
   Mis vacaciones en las montañas
   1. Where you always want to spend your winter vacation. 2. In what month it is good to go there. 3. What the weather is like. 4. How much time you spend there and with whom. 5. What you do there.

Estructuras de la lengua

Cardinal Numbers: 1–31; Time: Days, Months, Dates, Seasons

1. uno (un, una)	11. once	21. veintiuno
2. dos	12. doce	22. veintidós
3. tres	13. trece	23. veintitrés
4. cuatro	14. catorce	24. veinticuatro
5. cinco	15. quince	25. veinticinco
6. seis	16. dieciséis	26. veintiséis
7. siete	17. diecisiete	27. veintisiete
8. ocho	18. dieciocho	28. veintiocho
9. nueve	19. diecinueve	29. veintinueve
10. diez	20. veinte	30. treinta
		31. treinta y uno (un, una)

A. Arithmetic Examples Aritmética

1. **Quince y diez son veinte y cinco.**	15 plus 10 are 25.
2. **Treinta menos diez son veinte.**	30 minus 10 are 20.
3. **Seis por dos son doce.**	6 times 2 are 12.
4. **Veinte dividido por cinco son cuatro.**	20 divided by 5 equals 4.

B. One Un, uno,a

1. **Un libro** está en la mesa.	*One* book is on the table.
2. Hay **veintiún alumnos.**	There are *21* pupils.
3. El cuaderno tiene **treinta y una páginas.**	The notebook has *31* pages.

Rules:

1. **Uno,** indicating *one*, shortens to **un** before a masculine singular noun, and changes to **una** before a feminine singular noun, whether alone or after **veinte** and **treinta.**

2. The numbers 16–19 are combinations of **diez.**

3. Note the accent mark, on **dieciséis, veintidós,** and **veintitrés.**

Son las dos menos veinticinco.

C. Telling Time ¿Qué hora es?

1. **¿Qué hora es?**	What time is it?
2. **Es la** un**a.**	It is 1 o'clock.
3. **Es la** un**a** diez (y cuart**o**; y medi**a**)	It is 10 minutes after 1 (a quarter past; half past).
4. **Son las** dos.	It is 2 o'clock.
5. **Son las** dos **menos** veinte y cinco.	It is 25 minutes to 2 o'clock *or* 1:35.
6. **Son las** dos **menos** quince.	It is 15 minutes to 2 o'clock *or* 1:45.

Rules:

1. One o'clock is feminine *singular;* 2 through 12 o'clock are feminine *plural.* **La** or **las** precede each hour. Use **es la** before **una,** and **son las** before **dos** through **doce** to express *it is.*

2. The hour is generally expressed *before* the minutes. Use **y** to *add* the minutes past the hour.

3. *After half past the hour,* the time is generally expressed in terms of *the next hour less the appropriate number of minutes.* Use **menos** to *subtract* the minutes.

4. Two forms of *P.M.* are used: For the afternoon and early evening until dinner, **de la tarde;** for the late evening, **de la noche.** *A.M.* is only **de la mañana.**

D. At What Time? ¿A qué hora?

HORARIO	SCHEDULE
1. ¿A qué hora toma Ud. las comidas?	At what time do you take meals?
2. Tomo el desayuno a las siete de la mañana.	I eat breakfast at 7 A.M.
3. Tomo el almuerzo a las doce (al mediodía).	I eat lunch at 12 o'clock (at noon).
4. Llego a casa a las tres de la tarde y tomo café o leche.	I arrive home at 3 P.M. and take coffee or milk.
5. En casa tomamos la comida a las seis de la tarde.	At home we eat dinner at 6 P.M.
6. Vamos a la cama y dormimos a las diez de la noche.	We go to bed and sleep at 10 P.M.

Rule:

Use **a** to express *at* in telling time followed by **la** or **las** and the number.

E. Days   Los días

1. Hoy es **sábado.** Mañana es **domingo.**	Today is Saturday. Tomorrow is Sunday.
2. Los días de la semana son: **domingo, lunes, martes, miércoles, jueves, viernes, sábado.**	The days of the week are: Sunday, Monday, Tuesday, Wednesday, Thursday, Friday, Saturday.
3. **Los sábados** son para las tiendas.	Saturdays are for shopping.
Los domingos son para descansar.	Sundays are for resting.
4. **El domingo** voy al cine.	On Sunday I am going to the movies.

Rules:

1. Days are written entirely in lowercase letters. Their first letters are capitalized only when the entire day is capitalized as on signs, calendars, etc.

2. The definite article precedes the day and can mean *on*, e.g., **Voy el lunes.** *I am* going *on Monday.* **No trabajo los lunes.** I do not work *on Mondays.*

3. Omit the definite articles when the days are stated in a series or list, and after the verb **ser,** e.g., **Hoy es lunes.** Today *is Monday.*

F. Months and Dates **Los meses y la fecha**

---

1. Los meses del año son: **enero, febrero, marzo, abril, mayo, junio, julio, agosto, septiembre, octubre, noviembre, diciembre.**
   The months of the year are: January, February, March, April, May, June, July, August, September, October, November, December.

2. **¿Cuál es la fecha de hoy?**   What is today's date?
   Hoy es **lunes el primero de mayo.**   Today is Monday, May 1.
   Mañana es **martes el dos de mayo.**   Tomorrow is Tuesday, May 2.

Rules:

1. Months are written entirely in lowercase letters. Their first letters are capitalized only when the entire month is capitalized as on signs, calendars, etc.
2. To tell the date use **el** and the *number* followed by **de** and the *month*.
3. The first day of the month is expressed as **el primero de...** The rest of the days are expressed in cardinal numbers: **el dos de..., el tres de...,** etc.

G. Seasons **Las estaciones**

---

1. ¿En su país hace buen tiempo o mal   In your country, is the weather good or
   tiempo en las cuatro estaciones: bad in the four seasons: *winter, spring,*
   el invierno, la primavera,   *summer, and fall?*
   el verano y el otoño?

2. En **el invierno** nieva y hace frío,   In the *winter* it snows and it is cold,
   y en **el verano** hace calor y sol.   and in the *summer* it is hot and sunny.

3. En la **primavera** y en **el otoño**   In the *spring* and the *fall* it is cool or it
   está fresco o llueve mucho.   rains a great deal.

Rules:

1. The seasons are generally preceded by their article **el** or **la.**

2. **Hace** is the verb that is generally used in discussing the weather, except for **nieva,** *it snows,* and **llueve,** *it rains.* **Fresco** normally requires **está**, not **hace**, e.g., **Está fresco hoy.**

STUDY THE RULES, EXAMPLES, AND MODELS BEFORE BEGINNING THE EXERCISES!

Ejercicios

I. Elena is tutoring her little brother, Luisito. You are Luisito. Read the examples aloud. Write the examples with their answers in Spanish words.

1. Cuatro y cinco son _____

2. Nueve y catorce son _____

3. Tres y siete son _____

4. Once y uno son _____

5. Trece y ocho son _____

6. Diez y siete y trece son _____

7. Ocho por dos son _____

8. Cuatro por dos son _____

9. Treinta y uno menos diez y seis son _____

10. Veinte y nueve menos dos son _____

11. Diez y nueve menos dos son _____

12. Veinte menos seis son _____

13. Diez y ocho dividido por tres son _____

14. Veinte dividido por cinco son _____

15. Quince por dos son _____

II. Tell us about the months of the year and the big holidays.

Los meses de primavera son marzo, _____ y _____. Los meses de verano
                                                        1   2
son _____, julio y _____. Los meses de otoño son _____,
            3   4   5
_____, y noviembre. Los meses de invierno son_____, _____, y
      6   7   8
febrero. Celebramos la Navidad (Christmas) en el mes de _____, El Día de Año Nuevo
   9
(New Year's Day) es el _____ de enero.
            10

III. And now a word about the seasons.
Role-play in complete sentences.

1. ¿Qué estación produce las primeras flores? _____

2. ¿Cuándo hace mucho frío? _____

3. ¿Cuál es la estación cuando hace mucho calor? _____

4. ¿En qué estación celebra Ud. su cumpleaños?_____

5. ¿Cuál es su estación favorita? ¿Por qué? _____

IV. Write the appropriate equivalent of *it is* (**es la** or **son las**) to tell the time in Spanish. Then write the time in numbers within the parentheses.

Model: _____ **ocho menos diez.** (_____)
<u>**Son las** ocho menos diez.</u>   **(7:50)**

1._____ una y quince.   (_____)

2._____ dos y media.   (_____)

3._____ doce y cuarto.   (_____)

4._____ una menos veinte y cinco. (_____)

5._____ once menos cuarto.   (_____)

V. You are worried. Your brother has not returned from his nighttime job. You note the passing time.

1. Ya son las _____(half-past three P.M.)

2. Regresa generalmente a la _____(quarter to one A.M.)

3. Sale de la casa a las _____(3:40 A.M.)

4. ¿Qué _____(time is it?)

5. Llega ahora _____(at 8 P.M.)

VI. What is our daily schedule? In complete sentences use the time given in *italics* and the appropriate expression for A.M. (**de la mañana**) or for P.M. (**de la tarde** or **de la noche**).

Model: —¿Estudiamos por la tarde?   (*a las tres*)   Do we study in the afternoon?
        —Sí, estudiamos a las tres **de la tarde.**   Yes, we study at 3 *P.M.*

1. ¿Estudiamos por la tarde?   *a las cinco*

_____

2. ¿Tomamos el almuerzo por la tarde?   *a la una*

_____

3. ¿Dormimos por la noche?   *a las once menos veinte*

_____

4. ¿Toman el desayuno por la mañana?   *a las nueve y media*

_____

5. ¿Estudian por la tarde?   *a la una menos cuarto*

_____

VII. a. You consult the calendar to get the whole date straight. Give a *negative* response in a complete Spanish sentence.

b. Then write a Spanish sentence stating the *next* day, hour, month, or season for each expression in *italics*.

Model: —¿Es hoy *martes el treinta y uno de enero?*   Is today Tuesday, the 31st of January?

   a. —Hoy **no es martes el treinta y uno de enero.**   Today is not Tuesday, the 31st of January.

   b. —Hoy **es miércoles el primero de febrero.**   Today is Wednesday, the 1st of February.

1. ¿Es hoy *miércoles el treinta y uno* de *diciembre?*

   a. _____

   b. _____

2. ¿Es todavía (still) *la primavera* en el mes de *junio?*

   a. _____

   b. _____

3. ¿Son *las doce del mediodía* (noon)?

   a. _____

   b. _____

4. ¿Llegamos la casa el *miércoles* el *treinta de septiembre?*

   a. _____

   b. _____

5. ¿Celebramos el día de la Navidad el *veinticinco* de *noviembre?*

   a. _____

   b. _____

VIII. The baby-sitter quizzes the child. Respond in complete sentences. Role-play.

1. ¿Cuáles son los días de la escuela?

Son _____ (Monday through

_____ Friday)

2. ¿Qué día es para las tiendas?

_____ es para las tiendas. (Saturday)

3. ¿Qué día es para descansar?

_____ es para descansar. (Sunday)

4. ¿Cuántos días hay en la semana?

   Hay _____días en la semana. (seven)

5. ¿Cuántos días hay en el mes de agosto?

   En agosto hay _____días. (thirty-one)

6. ¿Cuántas horas hay en un día?

   En un día hay _____horas. (twenty-four)

7. ¿A qué hora entramos en la escuela?

   Entramos _____(at half-past 8 A.M.)

8. ¿Cuántas alumnas hay en la clase?

   Hay _____alumnas. (twenty-one)

9. ¿A qué hora regresamos a casa?

   Regresamos_____(3:25 P.M.)

10. ¿A qué hora vamos a la cama?

    Vamos_____(10:40 P.M.)

IX. **Oral Proficiency:** Act your part (Yo), or role play. *Later* write your part. [Review PALABRAS NUEVAS and ESTRUCTURAS of this WORK UNIT Seven]

Situation: You and your friend, Luis(a), have saved to travel in May on your vacation. Your friend hesitates now. You persuade Luis(a) to go with you. [Three sentences are good; four very good; five or more are excellent.]

Luis(a):   Prefiero no viajar este año.
Yo:...

Clues: *Tell how little it costs (in hundreds); in which season it is not hot and not cold; what it is possible to do at the beach at Acapulco; on what date you want to travel. Ask at what time Luis(a) now wants to leave (salir). Other ideas?*

X. **¿Qué ropa usas tú?**

1. INVIERNO

1. a. ¿Qué usa el hombre en el invierno? _____

_____

b. ¿Qué usa la mujer?_____

_____

c. ¿Qué usas tú cuando hace frío? _____

_____

2. PRIMAVERA

2. a. ¿Qué usa la chica en la primavera? _____

_____

b. ¿Qué usa el chico para correr? _____

_____

c. ¿Qué usas tú cuando hace buen tiempo?_____

_____

Vocabulario: usar *to wear*

¿Qué ropa usas tú?

3. VERANO

3. a. ¿Qué usan las chicas en la piscina? _____

_____

b. ¿Qué usa el salvavidas? _____

_____

c. ¿Qué usas tú cuando hace calor en el verano? _____

_____

4. OTOÑO

4. a. ¿Qué usa el hombre para la oficina y cuando llueve? _____

_____

b. ¿Qué usa la mujer? _____

_____

c. ¿Qué usas tú en el otoño cuando llueve? _____

_____

Vocabulario: la piscina *the pool;* **el salvavidas** *the lifeguard;* **llueve** *it rains;* **de paja** *of straw*

Vocabulario: contarás *you will count;* **perder** *to lose;* **dibujos animados** *cartoons;* **he arreglado** *I have fixed;* **fumar hace daño** *smoking is harmful.*

¿Estás ocupada esta noche,
o quieres ir al cine?

Do girls really go for football players?
Paco is going to find out.

Así es la vida

Paco Pérez sale de la clase de inglés, y allí, delante de él, ve a Josefina Jiménez, la muchacha más bella de la escuela. Ésta es la perfecta oportunidad para hacer una cita con ella. En este momento, el libro que Josefina trae, cae al suelo. ¡Perfecto! Paco pone el libro en la mano de Josefina y dice:

Paco: Perdone, señorita. ¿Es éste su libro?
Josefina: Ah, sí. Gracias, muchas gracias.
Paco: Ud. no me conoce. Soy Paco . . . Paco Pérez. ¿Tiene Ud. unos minutos para conversar?
Josefina: Gracias, no. Voy ahora a mi clase de álgebra.
Paco: Entonces, ¿después de las clases? ¿Tiene Ud. tiempo libre para tomar una Coca Cola?
Josefina: Gracias, pero tengo mucho trabajo esta tarde.
Paco: Pues, este sábado dan una película muy buena. Vengo en mi coche a las siete, si Ud. quiere.
Josefina: No, gracias. Voy a estudiar todo este fin de semana. Tengo muchos exámenes. Ésta es mi clase. Adiós.

Una hora más tarde, Alejandro Hombrón, capitán del equipo de fútbol, ve a Josefina en la cafetería.

Alejandro: ¡Hola, Josefina! ¿Qué tal? Oye, ¿estás ocupada esta noche o quieres ir al cine?
Josefina: Sí, por supuesto, Alejandro, con mucho gusto. ¡Tú eres tan amable!

Palabras Nuevas

SUSTANTIVOS
Alejandro Alexander
la cafetería the cafeteria
el capitán the captain
el cine the movie theater, the "movies"
la cita the appointment, the date
la clase de álgebra the algebra class
la clase de inglés the English class
el coche the car
el equipo the team
los exámenes the tests
el fin de semana the weekend
el hombrón the large man
la hora the hour, the time
Josefina Josephine
el minuto the minute
la oportunidad the opportunity

la película the film, the movie
el sábado (on) Saturday
la tarde the afternoon
el tiempo the time (period of time)
la vida the life

ADJETIVOS
amable kind
bello,a beautiful
libre free
perfecto,a perfect

VERBOS
caer to fall
conocer to be acquainted with
  Ud. no me conoce. You don't know me.
conversar to converse, to chat
dar to give
dice he (she) says;

you (formal sing.) say
eres you (fam. sing.) are
estás you (fam. sing.) are
¡oye! listen!, hear! (fam. sing.)
¡perdone! pardon! (formal sing.)
poner to place, to put
quiere you (formal sing.) want; he (she) wants
salir to go out
soy I am
tengo I have
tiene you (formal sing.) have; he (she) has
tomar to drink
traer to carry, to bring
vengo I come
ver to see
voy I am going, I go

OTRAS PALABRAS
a las siete at seven

89

al to the *(masc. sing.)*	**del** of the *(masc. sing.)*	**¡hola!** hi!
al suelo to the floor	**delante de él** in front of him	**más tarde** later
así es la vida such is life	**en este momento**	**muchas gracias** many
con ella with her	at this moment	thanks
con mucho gusto	**en la mano de** in the hand of	**por supuesto** of course
with great pleasure	**esta tarde** this afternoon	**¿qué tal?** how are things?

Ejercicios

I. (A) Complete the sentences according to the story.

1. Paco _____ de la clase de inglés. 2. Él _____ a Josefina, la muchacha más bonita de la escuela, y él desea una _____ con ella. 3. El libro de Josefina _____ al suelo, y Paco _____ el libro entre las manos de Josefina. 4. Paco invita a Josefina al _____ pero ella dice que está ocupada todo el _____ de _____. 5. Josefina sale con Alejandro porque él es el capitán del _____ de _____ .

(B) Preguntas personales y generales. Write your answer in a complete Spanish sentence.

1. ¿Adónde va Ud. este sábado?
2. ¿Está Ud. ocupado(a) esta tarde o no?
3. ¿Qué películas dan en el cine?
4. ¿Adónde va Ud. después de su clase de español?
5. ¿Qué hace Ud. cuando tiene unos momentos libres?

1. _____

2. _____

3. _____

4. _____

5. _____

II. Each of the following sets of boxes contains a scrambled sentence. Can you figure the sentences out?

1.
Perdone	¿es	libro?
señorita	éste	su

3.
Josefina	a	de
él	delante	ve

2.
clase	de	a
voy	mi	álgebra

4.
película	dan	buena
este	una	sábado

1. _____

2. _____

3. _____

4. _____

III. Write a summary of the story. Make complete sentences using the following words. You may change the infinitive and add any necessary words you wish.

Model: Paco Pérez/salir/clase/inglés.   Paco Pérez sale de la clase de inglés.

1. Paco/invitar/a Josefina/cine _____

2. Josefina no/tener/tiempo libre _____

3. Alejandro/invitar/a Josefina a ver/película _____

4. Josefina no/estar/ocupada y/salir _____

5. Alejandro/ser/capitán/equipo/fútbol _____

IV. Picture Match: Choose and write the sentence(s) suggested by each sketch. Then tell something more about each one.

1.

2.

3.

4.

a. El libro cae al suelo.
b. Ve a Josefina.
c. Es la muchacha más bella de la escuela.

d. —¿Quieres ir al cine?
e. —Sí, con mucho gusto.
f. —Voy a mi clase de álgebra.

1. _____

_____

2. _____

3. _____

4. _____

_____

V. Compositions: Oral or written.

(A) Look at the picture at the beginning of this Work Unit. Describe the scene in Spanish to a friend. Tell what is happening.

(B) Tell about a date or an appointment. Include the following:

Una cita

1. With whom you have the date or appointment. 2. At what time and for what day you have the appointment. 3. Where you are going. 4. Where you are going after that. 5. Why you are not going home late.

Estructuras de la lengua

Irregular Verbs of the Present Indicative Tense

A. Verbs that are *irregular* in one person: the first person singular, **yo.**

(1) The irregularity is **go.**

hacer *to do, make*	**poner** *to put, place*	**salir** *to leave*
I do the homework.	I put the book here.	I'm leaving now.
Hago la tarea.	**Pongo** el libro aquí.	**Salgo** ahora.
haces	pones	sales
hace	pone	sale
Hacemos la tarea.	Ponemos el libro aquí.	Salimos ahora.
hacéis	ponéis	salís
hacen	ponen	salen

(2) The irregularity is **igo.**

caer *to fall*	**traer** *to bring*
I fall into the water.	I bring money.
Caigo al agua.	**Traigo** dinero.
caes	traes
cae	trae
Caemos al agua.	Traemos dinero.
caéis	traéis
caen	traen

(3) The irregularity is **oy.**

dar *to give*	***ir** *to go*
I give thanks.	I go there.
Doy las gracias.	**Voy** allá.
das	**vas**
da	**va**
Damos las gracias.	**Vamos** allá.
dais	**vais**
dan	**van**

Rule:

*Ir, *to go*, acquires the letter **v** at the beginning of each verb form. To the letter **v** are added endings like those of **dar: oy, as, a, amos, ais, an.**

*Ir is, therefore, irregular in all persons and in the present tense will rhyme with the **ar** verb **dar.**

(4) The irregularity is **eo**   (5) The irregularity is **é**   (6) The irregularity is **zco**

ver *to see*	**saber** *to know* (facts)	**conocer** *to know* (persons, places)
I see everything.	I know a great deal.	I know John.
Veo todo.	**Sé** mucho.	**Conozco** a Juan.
ves	sabes	conoces
ve	sabe	conoce
Vernos todo.	Sabemos mucho.	Conocemos a Juan.
veis	sabéis	conocéis
ven	saben	conocen

Rule:

Like **conocer**, the verbs **conducir** (to lead, to conduct, to drive), and **traducir** (to translate) take **zc** before **o**.

B. Verbs that are *irregular* in *four persons*.

(1) The irregularities are **go** and **ie**

tener *to have*	**venir** *to come*
I have time.	I come home.
Tengo tiempo.	**Vengo** a casa.
tienes	**vienes**
tiene	**viene**
Tenemos tiempo.	Venimos a casa.
tenéis	venís
tienen	**vienen**

Rules for **tener** and **venir:**

1. **Tener** and **venir** have similar *stems*.

2. The *irregular* verb forms are in the first, second, and third persons singular and in the third person plural: **yo, tú, él, ella, Ud.** and **ellos-as, Uds.**

3. Regular verb forms are in the first person plural and in the second person plural: **nosotros-as** and **vosotros-as.**

C. Verbs that have *special irregularities* in *four persons*.

decir *to tell*	**oír** *to hear*
I tell the truth.	I hear the song.
Digo la verdad.	**Oigo** la canción.
dices	**oyes**
dice	**oye**
Decimos la verdad.	Oímos la canción.
decís	oís
dicen	**oyen**

Rules for **decir** and **oír:**

1. The *irregular* verb forms are in the first, second, and third persons singular, and in the third personal plural: **yo, tú, él, ella, Ud., ellos-as, Uds.**

2. The only regular verb forms are those for **nosotros-as** and **vosotros-as.**

Él habla mucho.

STUDY THE RULES, EXAMPLES, AND MODELS BEFORE BEGINNING THE EXERCISES!

Ejercicios

I. Tell about your visit to Manuel. Use **yo**.

Model: —¿Quién habla mucho?   **—Yo hablo mucho.**
              Who speaks a great deal?   I speak a great deal.

1. ¿Quién sale ahora? _____

2. ¿Quién conoce a Manuel? _____

3. ¿Quién viene a su casa? _____

4. ¿Quién le trae dinero?_____

5. ¿Quién cae en la calle? _____

6. ¿Quién hace excusas? _____

7. ¿Quién pone el dinero en la mesa? _____

8. ¿Quién va al cine con Manuel?_____

9. ¿Quién oye la música allí? _____

10. ¿Quién le da las gracias? _____

II. Tell how everyone greets **papá** on his birthday, substituting the subject suggested in parentheses and making the necessary changes in each verb.

(A) Model: Yo **vengo** a papá, le **digo**   (Uds.) Uds. **vienen** a papá, le
                     felicidades y le **doy** un beso.   **dicen** felicidades y le **dan** un beso.
                     I come to father, say   You come to father, say
                     congratulations and give him   congratulations and give him a kiss.
                     a kiss.

1. (tú) _____

2. (él) _____

3. (ellos) _____

4. (nosotros) _____

5. (Ud.) _____

6. (yo) _____

(B) Yo voy a casa y **oigo** la canción que **tengo** que aprender para su fiesta.
         I go home and hear the song that I have to learn for his party.

1. (tú) _____

2. (el chico) _____

3. (las chicas) _____

4. (tú y yo) _____

5. (Uds.) _____

6. (yo) _____

III. What happens in this visit to the zoo? In **(a)** use **Sí.** In **(b)** use **también.** Role-play.

Model: a.—¿Toman ellos café?   **—Sí. Ellos toman café.**
               Do they drink coffee?   Yes, they do drink coffee.

            b.—¿Y Ud.?   **—Yo también tomo café.**
               And do you?   I also drink coffee.

1. a. ¿Va Ud. al zoológico? _____

   b. ¿Y ellos? _____

2. a. ¿Ve Ud. el animal feroz? _____

   b. ¿Y ellos? _____

3. a. ¿Trae Juan comida para el tigre? _____

   b. ¿Y tú? _____

4. a. ¿Conoce Ud. al amigo que le da de comer? _____

   b. ¿Juan y tú? _____

5. a. ¿Sabe Ud. la fecha del accidente? _____

   b. ¿Y ellas? _____

6. a. ¿Sale Ud. hoy para el hospital? _____

   b. ¿Y nosotros? _____

7. a. ¿Pones tú flores en su mesa? _____

   b. ¿Y tú y yo? _____

8. a. ¿Hace Ud. preparaciones para llevarlo a casa? _____

   b. ¿Y Julia y Lola? _____

IV. Send an e-mail to us telling about your day in school. Use **yo** with the appropriate form of the verb, and *either* the vocabulary *or your own ideas.*

1. salir/de la casa ahora _____

2. traer/dos libros a la escuela _____

3. venir/a la clase a las nueve _____

4. ver/a mis amigos _____

5. poner/los libros en la mesa _____

6. dar/la tarea al profesor _____

7. hacer/los ejercicios _____

8. decir/el vocabulario _____

9. saber/todas las palabras _____

10. tener/tiempo para conversar _____

11. conocer/a un nuevo amigo _____

12. oír/música _____

13. ir/a la cafetería _____

14. caer/en el corredor _____

15. decir:/—¡Ay! _____

V. Oral Proficiency: Act your part (Yo), or role play. *Later* write your part. [Review PALABRAS NUEVAS and ESTRUCTURAS of this WORK UNIT Eight]

Situation: Your friend tells you to meet him or her in front of the new movie theater. You need more information about this date. [Three sentences are good; four very good; five or more are excellent.]

 Amigo(a):   Te veo frente al nuevo cine.
Yo:...

Clues: *Ask to which new movie theater you are going (use Yo); what film you are seeing; at what time you leave (de) the house; when you come home (a casa); what you do if the friend (tú) does not come.* Now tell your friend's answers.

Aquí tengo dos billetes para una excursión esta noche a visitar todos los cabarets.

Who says women are the weaker sex?
Ask Diego about his wife.

Una excursión por la ciudad

Diego y su mujer, Hortensia, visitan a los Estados Unidos por primera vez. Deciden tomar un autobús turístico para conocer una de las ciudades grandes. El primer autobús sale a las doce en punto. Diego y Hortensia toman asientos al frente para oír bien al guía. Escuchan con atención la voz del guía quien habla por micrófono.

Guía:	Señoras y señores, bienvenidos a esta excursión. Esta tarde vamos a visitar varios sitios interesantes de esta gran ciudad. Primero, vamos al centro para conocer el barrio comercial, los hoteles y los grandes almacenes.
Hortensia:	¡Qué edificios tan altos! ¡Mira, Diego! Tienen al menos veinte pisos.
Diego:	¡Al menos! Ésta es una ciudad famosa por sus rascacielos.
Guía:	Y ahora pasamos por el barrio cultural. A la derecha están la Biblioteca Central y el Museo de Arte. A la izquierda . . . los edificios de la Universidad y varios teatros famosos.
Hortensia:	¡Cuánta gente! ¿Adónde va todo el mundo? ¡Mira! ¡Van debajo de la tierra!
Diego:	¡Claro! Van a tomar los trenes subterráneos. La entrada a la estación está allí.
Guía:	Entramos ahora en el parque zoológico. Vamos a estar aquí media hora. Es posible caminar por el parque, mirar los animales, sacar fotografías y tomar un helado.

Después de cuatro horas en el autobús, marido y mujer regresan cansados al hotel.

Diego:	Estas excursiones son muy interesantes. Pero estoy cansado. Gracias a Dios, podemos descansar un poco.
Hortensia:	¿Descansar? ¡Mira! Aquí tengo dos billetes para otra excursión esta noche. Vamos a visitar todos los cabarets.

Palabras Nuevas

SUSTANTIVOS

el almacén the department store
el animal the animal
el autobús turístico the tour bus
el barrio the district *(of a city)*
la biblioteca the library
el billete the ticket
el centro downtown; the shopping center
Diego James
la entrada the entrance
la estación the station
los Estados Unidos the United States
la excursión the short trip, the excursion
la gente the people
¡Gracias a Dios! Thank heaven! Thank God!

el guia the guide
Hortensia Hortense
el marido the husband
el parque zoológico the zoo
el piso the floor
un poco a little
el rascacielos the skyscraper
señoras y señores ladies and gentlemen
el sitio the place
la tierra the ground
el tren subterráneo the subway *(train)*

ADJETIVOS

bienvenido,a welcome
cansado,a tired
central central
comercial commercial
cultural cultural
gran great

varios,as various

VERBOS

conocer to become acquainted with, to know
hablar por micrófono to talk over the microphone
oír to hear
poder to be able to, can
sacar fotografías to take pictures
tomar asiento to take a seat
tomar un helado to eat *(an)* ice cream

OTRAS PALABRAS

a la derecha at the right
a la izquierda at the left
¿adónde? where?
a las doce en punto at twelve sharp

al frente in the front
al menos at least
con atención attentively
¡Cuánta gente!
   How many people!

debajo de under, beneath
hasta even
media hora a half hour
por primera vez
   for the first time

quien who
todo el mundo everybody

Ejercicios

I. (A) Preguntas. Write your answer in a complete Spanish sentence.

1. ¿Qué país visitan Diego y Hortensia?
2. ¿Cuándo sale el primer autobús?
3. ¿Cuántos pisos tienen los edificios?
4. ¿Dónde es posible mirar los animales, caminar y sacar fotografías?
5. ¿Para qué tiene Hortensia billetes esta noche?

1. _____
2. _____
3. _____
4. _____
5. _____

(B) Preguntas personales y generales. Write your answer in a complete Spanish sentence.

1. ¿Qué hay en el centro de una ciudad?
2. ¿Dónde corre el tren subterráneo?
3. ¿En qué parte de la ciudad hay muchos rascacielos?
4. ¿Para ver bien una nueva ciudad es bueno tomar un autobús turístico o un tren subterráneo?
5. ¿Dónde es bueno descansar cuando Ud. está cansado?

1. _____
2. _____
3. _____
4. _____
5. _____

II. ¿Cómo se dice en español?

1. Welcome to this trip. _____

2. To the left . . . the buildings of the university _____

_____

3. To the right . . . the Central Library _____

_____

4. This is a city famous for its skyscrapers. _____

_____

5. It is possible to walk and to have an ice cream. _____

_____

III. Match with their definitions. Write the correct letter.

A	*B*
1. el rascacielos_____	a. tienda muy grande
2. el barrio _____	b. sitio donde hay muchos libros
3. la universidad _____	c. edificio muy alto
4. el almacén _____	d. sitio para aprender
5. la biblioteca _____	e. sección de la ciudad

IV. Compositions: Oral or written.

(A) Look at the picture at the beginning of this Work Unit. Describe the scene in Spanish to a friend.

(B) Tell about a trip you are taking. Include the following:

Mi viaje

1. Where and when you are going. 2. Why are you going to take a bus or a train. 3. Where you buy the tickets. 4. How much they cost **(cuestan).** 5. What you want to see or do there.

Estructuras de la lengua

Uses of the Preposition *α*

A. *A* indicates direction *toward* or *to*.

To	*To the*
1. Corre **a Pedro.** He runs *to* (toward) Peter.	1. Corre **al chico.** He runs *to* (toward) *the* boy.
2. Corre **a mi amiga.** He runs *to* (toward) my friend.	2. Corre **a la chica.** He runs *to* (toward) *the* girl.
3. Viaja a **España** y **a Francia.** He travels *to* Spain and France.	3. Viaja **a los países.** He travels *to the* countries.
4. Viaja **a Madrid** y **a París.** He travels *to* Madrid and Paris.	4. Viaja **a las ciudades.** He travels *to the* cities.

Rules:

1. **Al** *to the:* **a** followed by **el** always combines as **al.**

2. **A la, a los, a las:** *to the* never combine.

3. **A** is repeated before each object noun in a series.

B. Personal *a* (untranslated)

A indicates which *person* is the direct *object* of the verb.

Personal object nouns	*Places and things as object nouns*
1. José **visita a mi amiga.** Joe visits *my friend.*	1. José **visita mi casa.** Joe visits *my house.*
2. José **necesita al amigo.** Joe needs *the friend.*	2. José **necesita el libro.** Joe needs *the book.*

Rules:

1. **A** precedes and dignifies object nouns that are *persons*, and is never used before object nouns that are *things*.

2. *Personal* **a** does *not* meant *to.* It has *no* meaning in Spanish or in English other than to introduce *personal* nouns as direct *objects* of the verb.

C. Omission of *a* after **escuchar** *to listen to,* **mirar** *to look at,* and **tener** *to have*

Things:	1. Escucha **el disco.** He listens to the record.	3. Mira **el reloj.** He looks at the clock.
Persons:	2. Escucha **al maestro.** He listens to the teacher.	4. Mira **al chico.** He looks at the boy.
		5. Tiene **un** hermano He has a brother.	

Rules:

1. **Escuchar** *to listen to* and **mirar** *to look at* include *to* and *at* and do not require **a** when things or places follow. **A** will follow **escuchar** and **mirar** only to introduce a personal object noun.

2. **Tener** *to have* never takes a personal **a** after it.

D. A is used after certain verbs and before an infinitive that completes the thought.

1. **Corro a comprar** la nueva novela.
   I am running to buy the new novel.

2. **Voy a leer** con mucho interés.
   I am going to read with great interest.

3. **Principio (Comienzo, Empiezo) a leer** la historia.
   I begin to read the story.

4. **Enseño a leer** a los niños.
   I teach the children *to read.*

5. **Ayudo** al niño **a leer** bien.
   I am helping the child *read* well.

6. El niño **aprende a leer** todo.
   The child *learns how to read* everything.

7. **Invito** a los amigos **a leer** mi novela.
   I *invite* friends *to read* my novel.

Rules:

The following kinds of verbs require **a** before a thought-completing infinitive: (1) *movement* from one place to another, e.g., **correr** and **ir;** (2) *beginning,* e.g., **principiar, comenzar,** and

empezar; (3) *teaching* or showing, e.g. **enseñar**, **mostrar**; (4) *helping*, e.g., **ayudar**; (5) *learning* e.g., **aprender**; (6) *inviting*, e.g., **invitar**.

STUDY THE RULES, EXAMPLES, AND MODELS BEFORE BEGINNING THE EXERCISES!

Ejercicios

I. Your grandfather wants to know everything you do. Give him affirmative answers in complete Spanish sentences, according to the model. Role-play.

    Model: Abuelo:—¿Caminas al parque hoy?   Yo:—**Sí, camino** al parque.
                 Are you walking to the park today?   Yes, I'm walking to the park.

1. ¿Caminas a la escuela con los amigos? _____

2. ¿O corres al autobús para llegar a tiempo? _____

3. ¿Escuchas bien a los maestros? _____

4. ¿Vas al parque después? _____

5. ¿O regresan Uds. todos a las casas? _____

II. Tell where you go daily. Use the cues in a complete sentence.

    Model:/correr/parque   Corro al *parque*.
                       I run to the park.

1. salir/oficina _____

2. correr/subterráneo _____

3. asistir/escuelas _____

4. ir/parques _____

5. volver/casa _____

6. Los sábados/ir/museo/almacenes/biblioteca/concierto _____

7. Los domingos/andar/biblioteca/zoológico/centro _____

III. Tell what or whom you always listen to. Use the words in parentheses in complete sentences. Make necessary changes in the use of **a** and in the definite article. Use **a** only when necessary. (Note: **escuchar** means to *listen to*.)

    Model: **Escucho** *al maestro* **con atención.**   (la canción) Escucho la canción con atención.
            I listen to the teacher attentively.   I listen to the song attentively.

1. (el español) _____

2. (el padre) _____

3. (los casetes) _____

4. (las amigas) _____

5. (los discos) _____

6. (Luis) _____

7. (los profesores) _____

8. (la radio) _____

9. (la madre) _____

10. (Ana) _____

IV. Give two responses in complete Spanish sentences. Use cues where given.

Model: A.—¿Prefieres el helado?   **—Sí. Prefiero el helado.**
        Do you prefer the ice cream?   Yes, I prefer the ice cream.

      B. —¿A quién prefieres?   (el actor)—**Prefiero al actor.**
        Whom do you prefer?   I prefer the actor.

1. a. ¿Necesitas el lápiz? _____

   b. ¿A quién necesitas? (el amigo) _____

2. a. ¿Visitas el país? (country) _____

   b. ¿A quiénes visitas? (los primos) _____

3. a. ¿No escuchas la radio? _____

   b. ¿A quién escuchas? (la madre) _____

4. a. ¿Prefieres las melodías? _____

   b. ¿A quiénes prefieres? (tía/la) _____

5. a. ¿Conoces el programa? _____

   b. ¿A quién conoces? (el chico) _____

V. We are tourists and we look at everything. Answer in a complete sentence using the cues and the appropiate form of **al, a los, a la,** or **a las** *where needed*.

Model: ¿Miras/capitán y/reloj?
      Miro **al** capitán y el reloj.   I look at the captain and at the clock.

1. *En el teatro,* ¿miras/drama y/actor principal? _____

2. *En el museo,* ¿miran Uds./artista y/pinturas? _____

3. *En la calle,* ¿miramos todos/autobús y/señor guía? _____

4. *En el centro,* ¿miras/gente y/rascacielos? _____

5. *En el zoológico,* ¿miro/animales y/niños? _____

VI. Your vote counts. Answer in complete sentences. Use the cues in parentheses. Role-play.

1. ¿Vienes a oír al presidente en persona? (esta noche) _____

2. ¿No lo debes escuchar por la TV o la radio? (no quiero) _____

3. ¿Principias a comprender su política? (más) _____

4. ¿A quién enseñas a comprender también? (a mi hermano) _____

5. ¿Aprenden Uds. a votar con inteligencia? (Claro) _____

6. ¿A quiénes ayudas a decidir? (a los amigos) _____

7. ¿Invitan Uds. a los otros a votar con todo el grupo? (Seguro) _____

8. ¿Cuándo van a decidir los otros votar? (¡A los pocos días!) _____

9. ¿Cuándo exclama Ud. *Gracias a Dios por la democracia*?

   (al salir de la cabina de votar) _____

VII. Free Dialogue: Between friends. Complete the question by supplying **a** *if* **a** *is needed*. Then answer at will in a complete sentence. Role-play.

1. ¿Prefieres/jugar al tenis o al béisbol? _____

2. ¿Qué aprendes/jugar bien? _____

3. ¿Cuándo principias/practicar? _____

4. ¿Invitas a otra persona/practicar contigo? _____

5. ¿Enseñas tú a alguno/jugar bien? _____

6. ¿Quién ayuda a todos/practicar? _____

7. ¿Vienen muchos/aprender? _____

8. ¿Deben Uds./practicar todos los días? _____

9. ¿Sabes/jugar mejor ahora? _____

VIII. Oral Proficiency: Act your part (Yo), or role play. *Later* write your part. [Review PALABRAS NUEVAS and ESTRUCTURAS of this WORK UNIT Nine]

   Situation: You are a tourist in a beautiful Mexican city. You need information about it. You ask the guide in the hotel. [Three sentences are good; four very good; five or more are excellent.]

      Guía: ¿Qué desea Ud. saber?
      Yo:...

   Clues: *Ask whether it is necessary to speak Spanish to the people; where there is a place to (para) have ice cream and to take pictures; whether the bus to the right or the subway goes to the museum and to the department stores; where it is possible to buy a ticket; in what section everybody lives.* Tell the guide's answers.

¿De quién es éste?

Everyone looks forward to Christmas.
But sometimes we don't get the presents
we expect.

¿De quién es este hueso?

Comedia en un acto

Escena: La sala de la familia Fandango. Es la mañana del Día de Navidad. Debajo del árbol de Navidad están los regalos para cada uno de la familia. Toda la familia está en la sala, lista para abrir los paquetes.

Personajes: El abuelo—un anciano de ochenta años
La abuela—una anciana de setenta años
El padre, Ambrosio—padre de la familia
La madre, Berta—madre de la familia
El hijo, Esteban—un joven de diez y seis años
La hija, Rosalía—una muchacha de trece años
El nene, Gualterio—un nene de nueve meses que sólo dice:—Gu, gu, ga, ga.
El perro, Capitán—perro norteamericano que no habla español

Rosalía: ¡Feliz Navidad a todos! ¿Podemos abrir los regalos ahora?
Todos: ¡Feliz Navidad! Sí, sí, sí.
Madre: Pero, Ambrosio, ¿qué pasa aquí? No veo las etiquetas con los nombres de las personas.
Padre: ¡Mira, Berta! El nene, Gualterio, tiene todas las etiquetas entre las manos.
Gualterio: Gu, gu, ga, ga.
Esteban: ¿Qué vamos a hacer? No sabemos para quién es cada regalo.
Abuela: Tengo una idea. Cada uno va a tomar un paquete sin saber para quién es.
Abuelo: Muy bien. Si ustedes abren los paquetes, tienen que usar los regalos por un día. Así tenemos una buena sorpresa hoy, y mañana vamos a cambiar los regalos.
Todos: ¡Buena idea! ¡Buena idea!
Gualterio: ¡Gu, gu, ga, ga!

Cada uno toma y abre un paquete.

Abuelo: ¡Ay, Dios mío! Tengo una falda blanca de lana.
Abuela: ¡Y yo un guante de béisbol!
Ambrosio: ¡Yo tengo una blusa roja de algodón!
Madre: ¿Y yo? ¿Qué hago con esta navaja?
Esteban: ¡Oh, no! ¡Una muñeca de México!
Rosalía: ¡Ay! ¡Un cuchillo de explorador!
Abuelo: Pero, aquí hay un regalo más. ¿De quién es? (Abre el paquete.) ¡Es un hueso!
Capitán: Guao, guao. (Esto significa: ¡Ese hueso es mío, tonto!)

Palabras Nuevas

SUSTANTIVOS
Ambrosio Ambrose
la anciana the old woman
el anciano the old man
el árbol the tree
Berta Bertha
la blusa the blouse

el cuchillo the knife
  el cuchillo de explorador
  the boy scout knife
la escena the scene
la etiqueta the label
la falda the skirt
la familia Fandango

  the Fandango family
el fandango the disorder
Gualterio Walter
el guante the glove
  el guante de béisbol
  the baseball glove
la hija the daughter

107

el **hijo** the son
el **hueso** the bone
la **idea** the idea
el **joven** the young man,
    the youth
la **muñeca** the doll
la **navaja** the razor
la **Navidad** Christmas
    el Día de Navidad
    Christmas Day
    ¡Feliz Navidad!
    Merry Christmas
el **nene** the baby
el **nombre** the name
el **paquete** the package
el **perro** the dog

el **personaje** the character
    (in a play)
Rosalía Rosalie

ADJETIVOS
blanco,a white
cada each
de algodón *(of)* cotton
de lana *(of)* wool, woolen
ese(a) that *(masc., fem.)*
este(a) this *(m., f.)*
esto this *(neuter)*
listo,a ready
mío,a mine
norteamericano,a
    North American *(from
    the U.S.A.)*

rojo,a red

VERBOS
cambiar to change,
    to exchange
significar to mean

OTRAS PALABRAS
¿de quién-es? whose,
    from whom?
¡Dios mío! My heavens!
¿para quién-es? for whom?
por for
sólo only
toda la familia
    the whole family

Ejercicios

I. **(A)** Write the correct word(s) in place of the **italicized words** to make the statements true.

1. Los *personajes* de la familia Fandango están debajo del árbol. _____

2. Los paquetes van a ser una sorpresa porque no tienen *regalos.* _____

3. Cada uno va a usar el regalo por *una semana.* _____

4. Mañana la familia va a *abrir* los regalos._____

5. El perro, Capitán, recibe un *cuchillo de explorador.* _____

(B) Preguntas personales y generales. Write your answer in a complete Spanish sentence.

1. ¿Qué expresión usa Ud. el Día de Navidad?
2. ¿Cuál es un buen regalo para un abuelo? ¿Una blusa roja de algodón?
3. ¿Para quién es la muñeca de México?
4. ¿Cuál es un buen regalo para una madre? ¿Una falda blanca de lana?
5. ¿Qué quiere Ud. recibir esta Navidad? ¿Un hueso?

1. _____

2. _____

3. _____

4. _____

5. _____

II. Crucigrama

Horizontales

1. Christmas
6. to the (m.)
8. he goes
9. baby
12. the (m. sing)
14. I
15. surprises
16. old
17. there is

Verticales

1. razors
2. he sees
3. to give
4. same as 6 horizontal
5. grandparents
7. he reads
10. dog
11. to go
13. to him
14. already

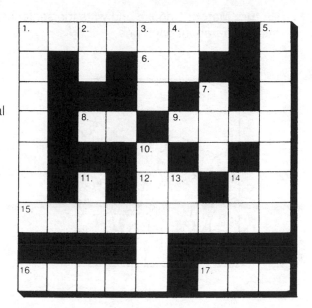

III. Match columns *A* and *B* to form complete sentences and write them down.

A	*B*
1. En la sala	a. todas las etiquetas con los nombres.
2. Todo el mundo está listo	b. cambiar los paquetes
3. El nene tiene	c. para abrir los paquetes
4. Mañana vamos a	d. está el árbol de Navidad
5. ¿Qué voy a hacer con	e. una falda de lana?

1. _____

2. _____

3. _____

4. _____

5. _____

IV. Compositions: Oral or written.

(A) Look at the picture at the beginning of this Work Unit. Describe the scene in Spanish to a friend.

(B) Tell about Christmas. Include the following:

La Navidad

1. What the weather is like when Christmas comes. 2. In your city, how you spend the vacation. 3. To what store(s) you go in order to buy gifts. 4. What gifts you buy and for whom. 5. To whom you wish love and a Merry Christmas.

V. **Picture Match:** Choose and write the sentence(s) suggested by each sketch. Then tell something more about each one.

1.

2.

3.

4.

a. —Tengo un guante de béisbol.
b. —¡Es un hueso!
c. —Yo tengo una blusa roja.

d. Debajo del árbol están los regalos.
e. El nene tiene las etiquetas.
f. La familia está lista para abrir los paquetes.

1. _____

   _____

2. _____

3. _____

   _____

4. _____

Estructuras de la lengua

Uses of the Preposition *de*

A. De indicates the place *from*: origin; the topic *of* or *about*

Origin: from   *Topic: of, about*

1. **¿De dónde** son Uds.? Where are you from?	1. **¿De qué** hablan Uds.? What are you speaking of (about)?
2. **Somos de** México. We are from Mexico.	2. **Hablamos de** Nueva York. We are speaking of (about) New York.

B. Del: *from the; of the; about the.* **De** followed by **el** is always combined as **del.**

1. **Son del sur.** They are from the south.	3. **Hablan de** la patria. They speak about the country.
2. No **son de los Estados Unidos.** They are not from the United States.	4. Hablan **de las casas** y **de las comidas.** They speak of the houses and meals.

Rules:

1. Although **de** followed by **el** must combine to form **del,** the following never combine: **de los, de la, de las.**

2. The preposition **de** in a series of nouns must be repeated before each noun.

> Hablamos **del** chico y **de la** chica.
 We speak of the boy and girl.

C. De indicates the owner (possessor) in Spanish just as **'s** indicates owner in English.

         de   **del, de la, de los, de las**

1. **Es de** Juan. No es **de Ana.** It's John's. It isn't Anna's.	4. **Es del** chico. No es **de la chica.** It's the boy's. It isn't the girl's.
2. **Es de** mi hermano. It is my brother's.	5. **Es de los** chicos. It is the boys'.
3. No **es de** su hermana. It isn't your sister's.	6. No **es de las** chicas. It isn't the girls'.

Rules:

1. **De** *precedes* the owner where English adds **'s** to the owner.

2. **De** is used instead of **'s** (single owner) or **s'** (most plural owners).

3. **Del, de la, de los, de las** are used when *the* precedes the owner.

D. Ownership word order:

The "possession"—the thing owned—stands *before* **de** and the owner, unlike English.

la **chaqueta del chico**
the boy's jacket

el **reloj de la chica**
the girl's watch

Single owner   *Plural owners*

1. —¿**De quién** es el reloj? Whose (sing.) watch is it? Whose is the watch?	1. —¿**De quiénes es** la casa? Whose (pl.) house is it? Whose is the house?
2. —Es el **reloj de Juan.** It is John's watch.	2. —Es la **casa de los vecinos.** It is the neighbors' house.
3. —El **reloj de la profesora** es **nuevo.*** The teacher's watch is new.	3. —La **casa de los vecinos** es **nueva.*** The neighbors' house is new.

Rules:

1. ¿**De quién?** ¿**De quiénes?** *whose?* are followed by the Spanish *verb*. ¿**De quiénes?** anticipates more than one owner.

*2. The adjective describes and *agrees with the thing owned; not with the owner. See Chart D* above, #3 **nuevo, nueva.**

E. De indicates material (composition).

1. —¿**De qué** es el reloj? What is the watch made of?	1. —¿**De qué** son los abrigos? What are the coats made of?
2. —El reloj **es de plata.** The watch is (of) silver.	2. —Los abrigos **son de lana** y **de algodón.** The coats are woolen and cotton.
3. —No **es de oro.** It is not (of) gold.	3. —No **son de cuero** o **de seda.** They are not of leather or silk.

Rules:

1. ¿**De qué?** begins each question that asks *what a thing is made of.*

2. **De** *of* must precede each material. No article follows **de.**

3. The material does *not* agree with the noun it describes in gender or in number.

4. Learn these materials:

1. **de algodón**	cotton	6. **de nilón**	nylon
2. **de cuero**	leather	7. **de oro**	gold(en)
3. **de hierro**	iron	8. **de piedra**	stone(y)
4. **de lana**	woolen	9. **de plata**	silver(y)
5. **de madera**	wooden	10. **de seda**	silk(en)

F. **De** after certain verbs:

1. —¿**Tratas de** hablar con tu profesor?	Are you trying to speak with your teacher?
2. —Sí. **Acabo de** recibir una mala nota.	Yes. I have just received a bad mark.
3. —¿No **gozas de** aprender o ya **dejas de** estudiar?	Don't you enjoy learning or do you now stop studying?

Rule:

Certain verbs require **de** before a following infinitive which completes the thought, or before the object noun or pronoun which completes the thought. Learn **acabar de** *to have just*; **dejar de** or **cesar de** *to stop*; **gozar de** *to enjoy*; **tratar de** *to try to* (or *to deal with*); **terminar de** *to finish, to end*. This use of **de** is not translatable.

STUDY THE RULES, EXAMPLES, AND MODELS BEFORE BEGINNING THE EXERCISES!

Ejercicios

I. Gustavo borrows and forgets. Remind him who owns what. In a complete sentence, use the words in parentheses according to the model.

> Model: (Los sombreros/mi hermano)
> Los sombreros son de mi hermano. The hats are my brother's.

1. (los lápices/el chico) _____

2. (los libros/la abuela) _____

3. (las plumas/el abuelo) _____

4. (los cuadernos/Juan) _____

5. (los 5 dólares/mi padre) _____

6. (los relojes/los hermanos) _____

7. (las bicicletas/María y Pedro) _____

8. (los guantes/sus amigos) _____

9. (los discos/las primas) _____

10. (las revistas/el hermano y la hermana) _____

II. Correct Gustavo's statements by changing each owner to the *singular*.

> Model: Los guantes son de los **nenes.**   The gloves are *the babies'*.
> *Los guantes son **del nene.***   The gloves are *the baby's*.

1. Las casas son de los señores Alarcón. _____

2. Ella es la madre de las muchachas. _____

3. Son los profesores de los chicos. _____

4. Es el padre de las amigas. _____

5. Es la clase de los estudiantes de español. _____

III. Give an affirmative answer in a complete Spanish sentence, using the words in parentheses. Role-play.

Model: a. —¿De quién es el lápiz?
   Whose pencil is it?

(el chico) —**Es el lápiz del chico.**
   It's the boy's pencil.

b. —¿De quiénes son los zapatos?
   Whose are the shoes?

(los chicos) —**Son los zapatos de los chicos.**
   They are the boys' shoes.

1. ¿De quién es el libro? (la prima) _____

2. ¿De quiénes son las bicicletas? (los muchachos) _____

3. ¿De quién son los cuadernos? (el chico) _____

4. ¿De quiénes es el coche? (mis padres) _____

5. ¿De quién es ella la madre? (el primo) _____

6. ¿De quiénes son ellas las primas? (Juan/Luisa) _____

7. ¿De quién son los papeles? (el hombre) _____

8. ¿De quiénes es la muñeca? (las hermanas) _____

9. ¿De quiénes es el regalo? (los chicos) _____

10. ¿De quién son las bicicletas? (el muchacho) _____

IV. Give an affirmative answer in a complete Spanish sentence, using the words in parentheses and **de** as needed. Role-play.

Model: —¿De qué es su sombrero?
   What is your hat made of?

(lana/cuero)—Mi sombrero es **de lana** y **de cuero.**
   My hat is *woolen* and (of) *leather*.

1. ¿De dónde es su padre? (los Estados Unidos) _____

2. ¿Qué clase enseña él? (historia) _____

3. ¿De qué es su casa? (piedra/madera) _____

4. ¿De qué son las cortinas? (algodón/nilón) _____

5. ¿De dónde es su abuelo? (el Canadá) _____

6. ¿De qué es su reloj? (plata/oro) _____

7. ¿De qué habla su hermanito? (el parque) _____

8. ¿A qué clase va su hermanita? (inglés) _____

9. ¿De qué son su blusa y su falda? (lana/seda) _____

10. ¿Qué profesora enseña aquí? (español) _____

V. You have just returned from watching a soccer match. Answer your friends' questions in complete sentences. Use **de** where needed, **a** where needed, and neither where not needed. (Review Work Unit 9 for the use of **a**) You may use the cues in parentheses. Role-play.

1. ¿De dónde *acabas*/llegar? (el partido de fútbol) _____

2. ¿*Gozas* más/jugar al fútbol o/mirar jugar? (jugar) _____

3. ¿*Sabes*/jugar o *tratas*/aprender/jugar? (no/aprender) _____

4. ¿Quién *enseña*/jugar? (un amigo del equipo) _____

5. ¿*Debes*/*pagarle* al amigo? (no/gratis) _____

6. ¿Ayudan los aficionados (*fans*) al equipo/ganar? (casi siempre) _____

7. ¿A qué hora *comienzas*/*practicar*? (a las cuatro) _____

8. ¿Cuándo terminas/practicar? (antes de las seis) _____

9. ¿No *dejas*/*practicar* ni un día? (ni un día para ser campeón) _____

10. ¿No prefieres/*ser* aficionado a otro deporte? (quizás al fútbol americano) _____

VI. Directed Dialogue. You are the doctor. Give this overweight lady advice. Use **de** as needed, **a** as needed, and neither when not needed. Role-play.

1. Mujer: ¿Cómo voy a perder (*to lose*) cincuenta libras?
   Usted: You need to go out to play tennis. (jugar al)

2. Mujer: No sé jugar.
   Usted: You should try to learn.

3. Mujer: Es imposible correr.
   Usted: Yes, because you have just weighed 200 pounds. (pesar doscientas)

4. Mujer: Voy a comer menos. Es todo.
   Usted: You are going to enjoy playing tennis.

5. Mujer: ¿Qué hago, doctor?
   Usted: You need to stop eating all day and to walk a lot.

VII. Oral Proficiency: Act your part (Yo), or role play. *Later* write your part. [Review PALABRAS NUEVAS and ESTRUCTURAS of this WORK UNIT Ten]

Situation: Your Cuban cousin calls to find out from whom in your family each Christmas gift is as they arrived without cards. You tell from whom each gift is. [Three sentences are good; four very good; five or more are excellent.]

 Primo(a): ¿De quién son la falda, la blusa, guante de béisbol, la muñeca la navaja eléctrica?

Clues: *Repeat each gift and tell who it is from;...the grandmother;...the grandfather;...the cousins;...the aunts (las tías);...the dog.*

VISTAS DE ESPAÑA

Calle de Alcalá, Madrid

Mezquita de Córdoba

Courtesy of the Spanish National Tourist Office, New York.

VISTAS DE ESPAÑA

La Giralda, Sevilla

Alhambra, Granada

117

Cuando la profesora habla, Virgilio
siempre lee algo debajo del pupitre.

Let's play "Who am I?"
In Spanish it's not that easy.

¿Quién soy yo?

Virgilio Chupadedos es un alumno que no presta atención y no aprende mucho. Cuando la profesora habla, Virgilio siempre lee su libro de adivinanzas que él tiene abierto debajo del pupitre. Virgilio tiene talento para las adivinanzas y sabe muchas.

Aquí tiene Ud. unas adivinanzas que Virgilio lee en su libro. Las respuestas están al pie de la página.

1. Soy un hombre o una mujer. Siempre hago preguntas. Soy amigo de los alumnos aplicados. Generalmente soy inteligente. ¿Quién soy yo?

2. Estoy en todos los edificios. Soy de madera o de otros materiales. Soy útil para entrar y salir. ¿Qué soy yo?

3. Tengo mucha información y muchas frases. Estoy en las casas, en las bibliotecas y en las escuelas. Soy de papel. ¿Qué soy yo?

4. Yo no soy muy grande. Soy negro, amarillo, azul, y de otros colores también. Soy útil para escribir en los cuadernos. ¿Qué soy yo?

5. Yo soy una parte de todas las personas. Tengo muchos usos: hablo, como, bebo. Tengo labios y dientes. ¿Qué soy yo?

6. Soy de madera. Estoy en todas las salas de clase. Hay uno para cada alumno. Los alumnos me usan para poner sus libros y para poner su papel para escribir. ¿Qué soy yo?

7. Yo soy muy grande. Estoy delante de la clase. El profesor escribe en mí. Así los alumnos pueden leer las frases importantes de la lección. ¿Qué soy yo?

8. Soy un animal. Soy grande o soy pequeño. Soy de varios colores. Dicen que soy el mejor amigo del hombre. No soy amigo de los gatos. ¿Qué soy yo?

9. Soy un edificio. Tengo varios cuartos. Los alumnos entran para aprender. Aquí todo el mundo trabaja y aprende. ¿Qué soy yo?

10. Soy para abrir y cerrar. Estoy en todos los cuartos. Soy necesaria para el aire y la luz. Soy de vidrio. ¿Qué soy yo?

11. Soy de un país grande donde hablamos inglés y aprendemos mucho español. ¿Quién soy yo?

1. el profesor o la profesora
2. la puerta
3. el libro
4. la pluma, el lápiz
5. la boca
6. el pupitre
7. la pizarra
8. el perro
9. la escuela
10. la ventana
11. el norteamericano

Palabras Nuevas

SUSTANTIVOS
la adivinanza the riddle
la boca the mouth
el color the color
el diente the tooth
el gato the cat
la información
    the information
el labio the lip
el material the material
la página the page
la parte the part
la pizarra the blackboard
la pluma the pen
el pupitre the *(student's)* desk
la respuesta the answer

la sala de clase the classroom
el talento the talent
la ventana the window

ADJETIVOS
abierto,a open
amarillo,a yellow
azul blue
mejor better
    el mejor the best
negro,a black
útil useful

VERBOS
prestar atención
    to pay attention

pueden they can; you
    (formal pl.) can
soy I am

OTRAS PALABRAS
al pie de at the bottom of
de madera wooden, of wood
de papel of paper
de vidrio of glass
en mí on me
generalmente generally
me me
que which, that

Ejercicios

I. Preguntas. Write your answer in a complete Spanish sentence.

1. ¿A quién no presta atención Virgilio?
2. ¿Qué lee Virgilio debajo del pupitre?
3. ¿Qué deja entrar aire en la clase? ¿De qué es?
4. ¿Qué usa Ud. para escribir en la pizarra? ¿En el cuaderno?
5. ¿Para qué es útil una puerta? ¿De qué es?

1. _____

2. _____

3. _____

4. _____

5. _____

II. Acróstico español

1. pupil

2. tooth

3. intelligent

4. window

5. information

6. black

7. attention

8. North American

9. blackboard

10. to open

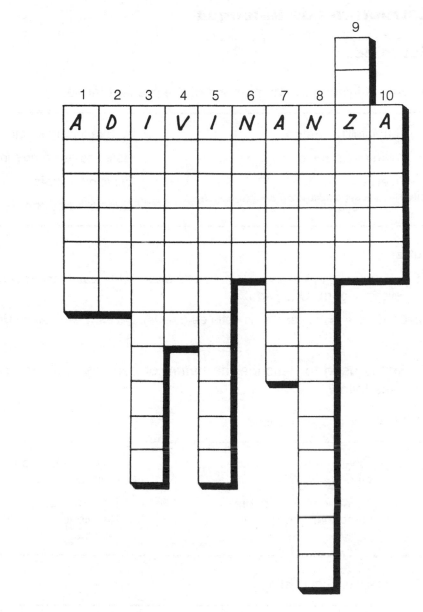

III. Composition: Oral or written.

(A) Look at the picture at the beginning of this Work Unit. Describe the scene in Spanish to a friend. Tell what is happening.

(B) Tell about a boring class in which you pay little attention. Include the following:

Una clase aburrida

1. In which class you pay little attention. 2. Why you pay little attention. 3. What you do in the class. 4. Why it is useful to study, but not easy. 5. When you are going to study and to listen.

Estructuras de la lengua

Ser *to be*

A. Ser is irregular in all persons of the present tense.

I am intelligent etc.	We are intelligent etc.
Yo **soy** inteligente.	Nosotros-as **somos** inteligentes.
Tú **eres**	Vosotros-as **sois**
Ud., él, ella **es**	Uds., ellos-as **son**

Rules:

1. *Are* is the English equivalent for (tú) **eres;** (Ud.) **es;** (nosotros) **somos;** (vosotros) **sois;** (ellos-as) **son;** (Uds.) **son.**

2. **Es** means *is* in **él es** (he is); **ella es** (she is); but **es** means *are* in **Ud. es** (you are).

B. Ser is used to describe the *nature* of persons and things as in A above. Other uses follow.

1. Identifications, relationships

a. —¿Quién eres tú?
   Who are you?
	—Soy un chico norteamericano.
	   I am an American boy.

b. —¿Es el hombre tu padre?
   Is the man your father?
	—No. Es mi tío. Sus hijos son mis primos.
	   No. He is my uncle. His children are my cousins.

2. *Profession, occupation

a. —¿Qué es tu padre?
   What is your father?
	—Es piloto.
	   He is a pilot.

b. —¿Qué deseas ser?
   What do you want to be?
	—Yo deseo **ser actor.**
	   I want to be an actor.

c. —¿Es tu padre **un buen** piloto?
   Is your father a good pilot?
	—Es **un** piloto **excelente.**
	   He is an excellent pilot.

Rule:

* Omit the indefinite articles *un* and *una* when stating a profession. Use the indefinite article only when the profession is accompanied by an adjective.

3. Origin and nationality*

a. —¿De dónde es tu amigo?
   Where is your friend from?

—Es de Puerto Rico; es puertorriqueño.
He is from Puerto Rico; he is (a) Puerto Rican.

b. —¿Eres tú español?
   Are you a Spaniard?

—Soy **un** español **patriótico.**
I am a patriotic Spaniard.

Rule:

* Omit the indefinite articles **un** and **una** when stating nationality. Use the indefinite article only when the nationality is accompanied by an adjective Nationality is *not* written with a capital letter.

4. Personality, nature, and characteristics

a. —¿Cómo son Uds.?
   What are you like?

—Somos buenos, alegres, amables y generosos.
We are good, cheerful, kind, and generous.

5. Characteristic appearance

a. —¿Cómo es su amigo?
   What is your friend like?

—Es alto, moreno y guapo.
He is tall, dark, and handsome.

b. —¿De qué color son sus ojos?
   What color are his eyes?

—Sus ojos son negros.
His eyes are black.

6. Possession and material

a. —¿De quién es ese reloj?
   Whose watch is that?

—Es mi reloj. No es de María.
It is my watch. It isn't Mary's.

b. —¿De qué es su reloj?
   What is your watch made of?

—Es de oro y de plata. No es de acero.
It's (of) gold and silver. It isn't steel.

7. Date and time

a. —¿Qué día es?
   What day is it?

—Hoy es martes el dos de mayo.
Today is Tuesday, May 2nd.

b. —¿Qué hora es?
   What time is it?

—Son las dos. No es la una.
It is two o'clock. It isn't one o'clock.

8. Takes place, occurs

a. —¿Dónde es el festival?
   Where is the festival?

—Es en la calle Ocho de Miami.
It is on Calle Ocho in Miami.

b. ¿Son las fiestas siempre allí?
   Are the parties always there?

—Muchas son allí.
Many take place there.

STUDY THE RULES, EXAMPLES, AND MODELS BEFORE BEGINNING THE EXERCISES!

Ejercicios

I. At the Madrid airport the official asks where each person in your tour group is from. Give your origin. Write replies, using the words in parentheses and giving the correct form of the verb.

Model: *Oficial:* ¿De dónde es el muchacho?   *Guía:* El muchacho es de Costa Rica.
Where is the boy from?   The boy is from Costa Rica.
(el muchacho/Costa Rica)

1. (La chica/los Estados Unidos) _____

2. (Yo/Cuba) _____

3. (Tú/México) _____

4. (Ud./el Canadá) _____

5. (Ella/Puerto Rico) _____

6. (Roberto/Colombia) _____

7. (Nosotros/Chile) _____

8. (Tú y yo/Chile) _____

9. (Uds./Bolivia) _____

10. (Eduardo y Pablo/España) _____

¿Es alto el chico?

II. Your friend shows off his knowledge of some famous people. You restate the information by adding the adjective in parentheses to show you are well acquainted with them. Role-play.

Model: a. Juárez es/mexicano.   b. (célebre) Sí, es un mexicano célebre.
          Él es mexicano.   Yes, he is a famous Mexican

1. a. Simón Bolívar/sudamericano _____

   b. (heroico) _____

2. a. George Washington/norteamericano _____

   b. (noble) _____

3. a. José Martí/cubano _____

   b. (patriótico) _____

4. a. Frida Kahlo/artista _____

   b. (mexicana) _____

5. a. Gabriela Mistral/poeta _____

   b. (chilena) _____

III. You have made a date for dinner and the theater. Ask when and where things are taking place. Let your friend answer you. Role-play.

Model: a. ¿Dónde/el drama?   b. (Roma) El drama es en Roma.
          ¿Dónde es el drama?
          Where does the drama take place?

1. a. ¿A qué hora/la comida? _____

   b. (a las seis) _____

2. a. ¿Dónde/la comida? _____

   b. (en el restaurante "Olé") _____

3. a. ¿Ocurrir/la comedia en Nueva York? _____

   b. (La Habana) _____

4. a. ¿Mostrar películas también en la Habana? _____

   b. (en California y la Florida) _____

5. a. De regreso a casa, ¿dónde/muchos accidentes? _____

   b. (en la calle sin luces) _____

IV. a. Give a factual answer in a complete Spanish sentence. **b.** Write a factual answer to the second question, adding **también.**

Model: a. —¿Eres de <u>aquí</u> o de <u>Rusia</u>?   Are you from here or from Russia?
         —**Soy de aquí.**   I am from here.

      b. —¿Y tu padre?   And your father?
         —**Mi padre es de aquí también.**   My father is from here, too.

1 a. ¿Es Ud. de <u>los Estados Unidos</u> o de <u>Oz</u>? _____

  b. ¿Y el chico? _____

2 a. ¿Son Uds. <u>americanos</u> o <u>españoles</u>? _____

  b. ¿Y ellos? _____

3 a. ¿Somos tú y yo <u>personas</u> o <u>cosas</u>? _____

  b. ¿Y los hermanos? _____

4 a. ¿Eres <u>profesor</u>-a o <u>alumno</u>-a? _____

  b. ¿Y la chica? _____

5 a. ¿Somos yo y el Sr. Delibes <u>maestros</u> o <u>alumnos</u>? _____

  b. ¿Y la señora? _____

V. Tell about yourself. **Recombinación.** Give an affirmative answer in a complete Spanish sentence using the cue words given in italics.

Model: —¿Qué eres?   *español* —**Soy español.**
         What are you?   I am Spanish.

1. ¿Quién eres tú? *alumno-a* _____

2. ¿Eres norteamericano-a? *sí* _____

3. ¿De qué color son sus ojos? *negros* _____

4. ¿Cómo eres? *inteligente y hermoso-a* _____

5. ¿De dónde son sus padres? *los Estados Unidos* _____

6. ¿Qué es su padre? *capitán* _____

7. ¿De quién son Juan y tú alumnos? *del Sr. López* _____

8. ¿De qué color es tu casa? *azul* _____

9. ¿De qué son las mesas y las sillas? *de madera* _____

10. ¿Qué deseas ser? *profesor-a* _____

VI. Oral Proficiency: Act your part (Yo), or role play. *Later* write your part. [Review PALABRAS NUEVAS and ESTRUCTURAS of this WORK UNIT Eleven]

Situation: You call a blind date to introduce yourself before you meet. Your date asks you to describe yourself. You tell your date about yourself. [Three sentences are good; four very good; five or more are excellent.]

 Amigo(a):   ¿Cómo es Ud. (eres tú)?
Yo:...

Clues: *Describe yourself. Tell whether or not you are a good person, cheerful, good-looking (guapo[a]), American, Spanish, and so on; what you want to be and what you are now. Ask when it is possible to have the date. Other ideas?*

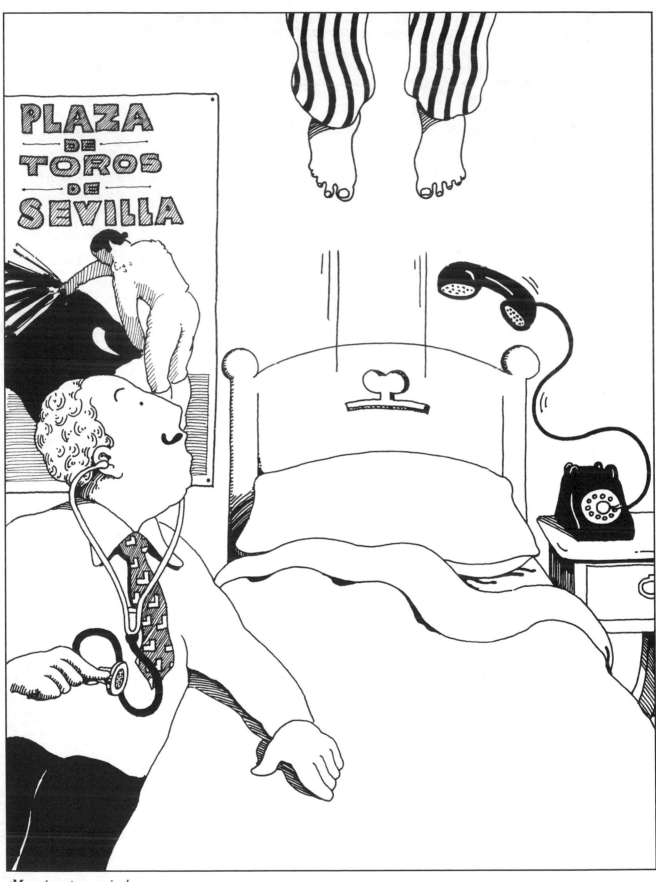

¡Mamá, estoy mejor!

It's no fun to be stuck in bed all day.
Would you prefer that to going to school?

Una enfermedad imaginaria

Hoy Ramón Tramposo no va a la escuela. Dice que es imposible bajar de la cama porque está enfermo. Su madre está muy triste y preocupada por la salud de su hijo. Cuando llega el Doctor Humberto Matasanos, la madre va con el médico al cuarto de Ramón. El muchacho está sentado en la cama. Todas las ventanas están cerradas.

Médico: ¡Ah! Aquí está el enfermo. ¿Qué tiene el chico?

Madre: Oh, doctor, mi hijo no quiere comer. No quiere beber. Sólo quiere guardar cama todo el día.

Ramón: Ay, ay, ay. Estoy enfermo. Tengo dolor de cabeza, dolor de estómago, dolor de garganta. Es horrible.

Madre: ¡Ay, mi pobre Ramoncito!

Médico: Bueno, bueno joven. (El médico lo examina al chico.) Mmmmm. . . .El pulso está normal. Ramón, ¡abre la boca y saca la lengua!

Ramón: Aaaaaaaaah.

Madre: Mi pobre hijo. ¡Cómo está sufriendo!

Médico: Yo no veo nada. La temperatura está normal. No tiene fiebre.

Ramón: Ay, tengo tanto dolor. Es terrible.

En ese momento suena el teléfono. Es Enrique, el amigo de Ramón.

Ramón: Hola, Enrique. ¿Qué hay?. . . . . . .¿Cómo?. . . . ¿No hay examen de matemáticas? (Ramón salta de la cama.) ¡Mamá, mamá, estoy mejor! ¡Quiero comer! ¡Tengo hambre, mucha hambre!

Palabras Nuevas

SUSTANTIVOS
la cabeza the head
la cama the bed
el chico the boy
la clase de matemáticas the mathematics class
el Doctor Humberto Matasanos Dr. Humbert Quack
el dolor the pain, the ache
  el dolor de cabeza the headache
  el dolor de estómago the stomachache
  el dolor de garganta the sore throat
la enfermedad the sickness
el enfermo the patient, the sick person
Enrique Henry
la fiebre the fever
el hambre *(fem.)* the hunger
la lengua the tongue

el médico the doctor
el pulso the pulse
Ramón Raymond
  Ramoncito little Ray
la salud the health
el teléfono the telephone
la temperatura the temperature

ADJETIVOS
cerrado,a closed
imaginario,a imaginary
imposible impossible
mejor better
normal normal
preocupado,a por worried about
sentado,a seated
terrible terrible
tramposo,a tricky

VERBOS
bajar de to get off

estar to be
guardar cama to stay in bed
puede(s) you can
sacar to stick out, to take out
saltar to jump
suena it rings
sufrir to suffer
sufriendo suffering
tener hambre to be hungry

OTRAS PALABRAS
¿Cómo? What do you mean?
nada nothing
porque because
¿Qué hay? What's up? What's new? What's the matter?
¿Qué tiene el chico? What is the matter with the boy?
sólo only
todo el día the whole day

129

Ejercicios

I **(A) Preguntas.** Write your answer in a complete Spanish sentence.

1. ¿Por qué no sale Ramón?
2. ¿Cómo está su madre?
3. ¿Dónde está sentado el muchacho cuando entra el médico?
4. ¿Qué dolor tiene Ramón?
5. ¿Por qué salta de la cama y desea comer?

1. _____

2. _____

3. _____

4. _____

5. _____

(B) Preguntas personales y generales. Write your answer in a complete Spanish sentence.

1. ¿Quién está preocupado,a por tu salud?
2. ¿Cuándo guardas cama?
3. ¿Qué dices cuando sacas la lengua?
4. ¿En qué clase sufres mucho?
5. ¿Qué comes cuando tienes mucha hambre?

1. _____

2. _____

3. _____

4. _____

5. _____

II. Unscramble the sentences in the boxes.

1.
su	y	triste
está	preocupada	madre

2.
hambre	comer	tengo
quiero	estoy	mejor

3.
mi	cómo	hijo
ay	pobre	sufre

4.
suena	teléfono	en
ese	momento	el

1. _____

2. _____

3. _____

4. _____

III. Picture Match: Choose and write the sentence(s) suggested by each sketch. Then write something more about each one.

1.

2.

3.

4.

a. Está sentado en la cama.

b. No quiere beber, ni comer.

c. —Tengo dolor de cabeza y de estómago.

d. —¡Abre la boca y saca la lengua!

e. Ramón no va a la escuela.

f. —El pulso está normal.

1. _____

   _____

2. _____

3. _____

4. _____

   _____

IV. Compositions: Oral or written.

    (A) Look at the picture at the beginning of this Work Unit. Describe the scene in Spanish to a friend. Tell what is happening.

    (B) Complete the dialogue about a visit to your doctor, and act it out with another student:

Una visita al médico

1. Médico: ¿Qué tiene Ud.?

    Ud.:   _____
           (Tell where you have pain.)

2. Médico: ¿Tiene Ud. otro dolor?

    Ud.:   _____
           (Tell what else is the matter with you.)

3. Médico: Ud. debe guardar cama y no debe comer hoy.

    Ud.:   _____
           (Say whether you want to stay in bed all day.)

4. Médico: ¿Tiene Ud. apetito?

    Ud.:   _____
           (Tell everything you want to eat and to drink.)

5. Médico: Mañana su mamá le da una hamburguesa.

    Ud.:   _____
           (Say whether you are better NOW or hungry NOW.)

Estructuras de la lengua

Part One: Estar (*to be*). Contrasting Uses of Estar and Ser

A. Forms of **estar**—used to tell health—**contrasted with forms of ser**—used to tell characteristics

Estar *to be*		**Ser** *to be*	
¿Cómo **está** Ud.?	How are you?	¿Cómo **es** Ud.?	What are you like?
Yo **estoy** bien (bueno,a).	I am well.	Yo **soy** bueno.	I am good.
Tú **estás**		Tú **eres**	
Ud., él, ella **está**		Ud., él, ella **es**	
Nosotros-as **estamos**	We are well.	Nosotros-as **somos** buenos.	We are good.
Vosotros-as **estáis**		Vosotros-as **sois**	
Uds., ellos-as **están**		Uds., ellos-as **son**	

Rules:

1. **Estar** is used for greetings. For the uses of **ser** see Work Unit 11.

2. **Estar** is irregular in four verb forms: **estoy, estás, está, están.** An accent mark is written on each **a** except **estamos.**

3. **Está** means *is* in the following: **él está** (he is); **ella está** (she is); but **está** means *are* in **Ud. está** (you are).

B. Estar *to be* is also used to describe 1) location, 2) health and mood, 3) impressions, and 4) results of actions.

1. Location: with **¿dónde?** *where;* **aquí** *here;* **alli** *there;* **en** *on, in;* **ausente** *absent;* **presente** *present.*

—¿Dónde está Juan?
  Where is John?

—Juan está aquí en casa; no está en la escuela.
  John is here at home; he is not in school.

---

2. State of health: with **bien, bueno**—*well;* **enfermo, mal, malo**—*sick.* Mood: with **feliz, contento** and **alegre**—*happy* and *cheerful,* **triste**—*sad.*

---

a. —Cómo está Juan, bien o enfermo?
     How is John, well or ill?

—Está bien (bueno); no está enfermo (*malo)
  He is well; he is not sick.

b. —**¿Está triste?**
     Is he (does he feel) *sad*?

—No. **Está contento y alegre.**
  No. He is (feels) *happy* and *cheerful.*

---

3. Impressions: tastes, looks, feels.

---

a. —¡Qué guapa **está** la moza!
     How pretty the waitress *is* (looks)!

—¡Y qué buena (rica) **está** la sopa!
  How good (delicious) the soup *is* (tastes)!

b. —El té **está** algo frío.
     The tea *is* (looks, tastes, feels)
     a bit cold.

—No. El té **está** caliente.

  No. The tea *is* (feels, tastes) hot.

---

4. Results of actions: **estar** with past participles **abierto-a** *open,* **aburrido-a** *bored* **cansado-a** *tired,* **cerrado-a** *closed,* **descansado-a** *rested,* **ocupado-a** *busy,* **sentado-a** *seated.*

---

1. —¿Está sentado?
     Is he seated?

—Sí. Está cansado y ocupado en leer.
  Yes. He is tired and busy reading.

2. —¿Está cerrado su libro?
     Is his book closed?

—No. Su libro está abierto.
  No. His book is open.

C. Agreement of past participles and adjectives with the nouns they describe

Only past participles and the adjectives that end in **o** change **o** to **a** when they describe a feminine noun. Adjectives ending in **o, a,** or **e** add **s** when describing plural nouns.

---

1. Juan está content**o** pero María no está content**a.**
   John is happy but Mary is not happy.

2. El está alegr**e** pero ella está trist**e.**
   He is cheerful but she is sad.

3. Están present**es** y sentad**os.**
   They are present and seated.

D. Contrasted: Uses of ESTAR—*to be* with SER—*to be* [Review Work Unit 11].

1. Juan **está en** Puerto Rico.
   John is in Puerto Rico.
   Location

   Juan **es de** Puerto Rico.
   John is from Puerto Rico.
   Place of origin

2. Juan **está bueno** (*or* **bien**).
   John is well.
   Health
   Juan **está malo** (**mal** *or* **enfermo**).
   John is sick (*or* ill).

   Juan **es bueno.**
   John is good (a good person).
   Character (or identification)
   Juan **es malo.**
   John is bad (a bad person)

3. Juan **está alegre** (*or* **contento**).
   John is cheerful (*or* happy).
   Mood

   Juan **es alegre. Es feliz.**
   John is jolly. He is a happy person.
   Personality type (identification)

4. Él **está sentado** y **está cansado.**
   He is seated and he is tired.
   Results of actions

   Él **es cansador.**
   He is tiresome, boring
   Characteristics, appearance
   Other uses: See lesson 7, Part Two.

5. **El teatro está cerca**.
   The theater is nearby.
   Location

   El drama es en la China.
   The drama is in China.
   Something taking place, unfolding

6. **El cielo está negro**.
   The sky is black.
   Looks

   El carbón es negro.
   Coal is black.
   Characteristic color

7. **El café está frío**.
   The coffee is cold.
   Tastes, feels

   El hielo es frío.
   Ice is cold.
   Characteristics

8. **¡Qué joven está la abuela!**
   How young the grandmother is!
   Looks, acts, appears to be

   La chica es joven.
   The girl is young.
   Characteristic

STUDY THE RULES, EXAMPLES, AND MODELS BEFORE BEGINNING THE EXERCISES!

Ejercicios

I. Tell your great aunt Sara on the phone how everyone in your family is. Use the cues in sentences: **así, así; regular(es); (muy) mal; (muy) bien; (muy) enfermo,a,s.**

Model: (ellos) **Ellos están bien hoy.** (Ud.) **Ud. está muy bien hoy.**
They are well today. You are very well today.

1. (Yo) _____

2. (Los padres) _____

3. (El hermano) _____

4. (Tú también) _____

5. (Nosotros) _____

II. Write a factual answer in *two* complete sentences according to the model. Give the NEGATIVE sentence *first.* Role-play.

> Model: —¿Está Ud. en <u>América</u> o en   Are you in America or in Europe?
>   <u>Europa</u>?
>   —**No estoy en Europa. Estoy en**   I'm not in Europe. I'm in America.
>   **América.**

1. ¿Está Ud. en la <u>tierra</u> o en <u>otro planeta</u>? _____

_____

2. ¿Estás <u>triste</u> o <u>alegre</u> cuando recibes dinero? _____

_____

3. ¿Están tú y los amigos <u>ausentes</u> o <u>presentes</u> en la clase los sábados? _____

_____

4. ¿Están los alumnos <u>sentados</u> o <u>de pie</u> cuando escriben en los cuadernos? _____

_____

5. ¿Están las escuelas <u>abiertas</u> o <u>cerradas</u> los domingos? _____

_____

6. ¿Están los profesores <u>ocupados</u> o <u>sentados</u> todo el día? _____

_____

7. ¿Está la gente en el hospital <u>enferma</u> o <u>bien</u>? _____

_____

8. ¿Está la gente <u>cansada</u> o <u>descansada</u> al fin del día? _____

_____

III. Tell the *result* of each action in two complete sentences using the cues. *Pay attention to the agreement of the past participle with the noun it describes!*

> Model: *Cerramos* la puerta.
>   We close the door.
>
>   **a.** (La puerta ya) **La puerta ya está cerrada.** The door is already closed.
>
>   **b.** (¿Y las ventanas también?) **Las ventanas también están cerradas.** The
>   windows also are closed.

1. Mi padre *abre* el periódico. **a.** (El periódico ya) _____

    b. (¿Y las revistas también?) _____

2. El profesor *aburre* al alumno. **a.** (El alumno ya) _____

    b. (¿Y a toda la clase también?) _____

3. Los hijos *cansan* a la madre. **a.** (La madre ya) _____

    b. (¿Y el padre también?) _____

4. *Sentamos* a Joselito a la mesa. **a.** (Joselito ya) _____

    b. (¿Y a los otros niños también?) _____

5. El terapista (*therapist*) *ocupa* a los clientes. **a.** (Los clientes ya) _____

    b. (¿Y las clientas también?) _____

IV. Give us the "news" in complete sentences, supplying the appropiate form of **ser** or **estar**.

1. Vamos al cine que / en la Avenida Bolívar.

2. La comedia / en Nueva York.

3. En el café nos sirven un vaso de Coca Cola que / caliente.

4. Usamos un poco de hielo, que / frío.

5. La moza (*waitress*) / muy bonita.

6. Sonia sale del salón de belleza. ¡Qué bonita / ella!

7. El amigo, Felipe, / una persona alegre.

8. Pero hoy / triste.

9. No nos dice chistes (*jokes*) porque / enfermo.

10. Todos los otros amigos / simpáticos y buenos.

V. **Oral Proficiency:** Act your part (Yo), or role play. *Later* write your part. [Review PALABRAS NUEVAS and ESTRUCTURAS of this WORK UNIT Twelve]

Situation: Your friend Ana is sick and is absent from school or from work. You call to ask Ana how she is and to socialize. [Three sentences are good; four very good; five or more are excellent.]

 Ana: ¿Por qué estás preocupado(a)?
Yo:...

Clues: *Tell her why you are worried; that you are working (present progressive) a lot alone at the office. Ask how she is; what is the matter; whether she is happy or sad at home; is busy or tired of (la) television; when she is going to be better and is going to return to her office. Now tell Ana's answers.*

Part Two: Estar in the Present Progressive Tense

There are two parts to the verb:

1. —¿Qué estás haciendo ahora? What are you doing now?	—Estoy escuchando salsa. I am listening to salsa music.
2. —¿Estás aprendiendo a bailar salsa? Are you learning to dance salsa?	—Estoy descubriendo el nuevo ritmo. I am discovering the new rhythm.
3. —¿Estás practicando entonces? Well, are you practicing?	—Oyendo la música y yendo a las fiestas estoy aprendiendo a bailar salsa. While hearing the music and by going to parties I am learning to dance to salsa.

Rules:

1. The Present Progressive Tense stresses the *ongoing nature of the action.*

2. The first part of the Present Progressive Tense is the appropiate form of **estar** (*to be*). The second part is the present participle, which is formed by adding **ando** to the stem of **ar** verbs, and **iendo** to the stems of **er** and **ir** verbs. (The stem is the part of the verb left after you remove the **ar, er,** or **ir** from the infinitive; e.g., from **escuch ando,** form **escuchando** [*listening*].)

3. The **i** of **iendo** becomes a **y** when it would be between two vowels, e.g., **cayendo**, *falling*; **oyendo**, *hearing*; **leyendo**, *reading*; **trayendo**, *bringing*. The **i** must also become **y** in **yendo**, *going* (from **ir**, *to go*).

4. You have noticed that the English present participle ending *ing* is the equivalent of the Spanish **ando** and **iendo** endings.

5. When the present participle stands without **estar** before it, it is called the gerund. The gerund may have several meanings, e.g., **oyendo** (*while hearing*), **yendo** (*by going*).

Ejercicios

I. Your friend wrangles an invitation to dinner at your house. He calls. You answer in complete sentences using the *present progressive tense* of the verb in italics and the clues in parentheses. Role-play.

1. ¿Qué *pasa* en tu casa esta tarde? (Nada–*nothing*) _____

2. ¿*Lee* alguno mi novela nueva? (Mi hermano) _____

3. ¿*Comen* Uds. ahora? (No) _____

4. ¿Qué *prepara* tu madre? (un pollo asado–*roast chicken*) _____

5. ¿*Vienen* algunos amigos a comer? (Sí, algunos ahora) _____

6. ¿Me *invitas* a comer con Uds.? (Bueno, yo te) _____

II. **Directed Dialogue:** On your **celular** (*cell phone*) you call your girlfriend from the museum you are visiting this afternoon. Use the present progressive. Role-play.

1. Amiga: Hola, ¿quién habla? ¿Martín?

    Usted: _____
    Tell her that you are speaking from the *Museo de Arte*.

2. Amiga: ¿Qué estás haciendo allí?

    Usted: _____
    Say that you are looking at some paintings (*pinturas*).

3. Amiga: ¿Comprendes el arte moderno?

    Usted: _____
    Tell her you are hearing a cassette (*casete*) about the paintings and that you are understanding a lot more.

4. Amiga: ¿Dices la verdad?

    Usted: _____
    Say that you are telling the truth.

5. Amiga: Bueno, la próxima semana yo también voy.

    Usted: _____
    Tell her that by going to the museums you are learning to enjoy art (*a gozar del arte*).

*Estoy enamorado de una chica
alta y flaca.*

Every newspaper has an advice to the lovelorn column. What would you advise this heartbroken young man?

El consultorio sentimental

¿Tiene Ud. un problema romántico? Gertrudis ayuda a muchas personas, y puede ayudarlo a Ud. Si Ud. le escribe su problema al consultorio de Gertrudis, Gertrudis le responde con una gran solución.

Querida Gertrudis,
Quiero a una muchacha alta y delgada. Es una muchacha española muy interesante y simpática. Tiene el pelo negro y los ojos verdes. Es una chica alegre y yo quiero salir con ella. Tengo un coche nuevo y soy muy generoso y trabajador. Pero ella dice que no quiere salir conmigo porque soy bajito y muy gordo. Además, dice que tengo mucho pelo como un mono. Pero yo no deseo ir a la barbería. ¿Qué voy a hacer? No puedo dormir. No puedo comer. Necesito su ayuda.

Desesperado

Querido "Desesperado,"
La solución no es difícil. Es muy fácil. Ud. dice que no tiene apetito y que no come. Bueno. Así tarde o temprano Ud. va a estar tan flaco como ella. Luego, si Ud. lleva un sombrero alto, Ud. puede parecer alto, y además, va a cubrir todo su pelo.

Buena suerte,

Gertrudis

Palabras Nuevas

SUSTANTIVOS
el apetito the appetite
la ayuda the aid, the help
la barbería the barbershop
el consultorio the clinic
   el consultorio sentimental advice to the lovelorn
Gertrudis Gertrude
el mono the monkey
el ojo the eye
el pelo the hair
el problema the problem
la solución the solution
el sombrero the hat
la suerte the luck
   ¡Buena suerte!
   Good luck!

ADJETIVOS
alegre lively, happy, cheerful
alto,a tall

bajo,a short
   bajito,a quite short
delgado,a slender
desesperado,a desperate
difícil difficult
español,a Spanish
flaco,a skinny, thin
generoso,a generous
gordo,a fat
gran great *(m. and f. sing. before the noun)*
grandes great *(m. and f. pl. before the pl. noun)*
querido,a dear
romántico,a romantic
simpático,a nice, pleasant *(persons)*
su your
trabajador,a hard-working
verde green

VERBOS
cubrir to cover

dormir to sleep
estar to be *(health, location)*
llevar to wear
parecer to seem
puede he *(she)* can, is able to, you *(formal sing.)* can, are able to
puedo I can, am able
querer to love
responder to answer

OTRAS PALABRAS
además besides
así in this way
conmigo with me
le *(indirect object of verb)* you, to you
luego then
tan. . .como as. . .as
tarde o temprano sooner or later

Ejercicios

I. Preguntas. Write your answer in a complete Spanish sentence.

1. ¿Cómo es la chica española?
2. ¿Cómo es el "querido desesperado"?
3. ¿Para qué va a llevar un sombrero alto?
4. Si él no come ¿cómo va a estar?
5. ¿Cómo es la persona a quien Ud. quiere mucho?

1. _____

2. _____

3. _____

4. _____

5. _____

II. Word Hunt—Find the following words in Spanish.

1. dear
2. skinny
3. tall
4. fat
5. eyes
6. besides
7. hair
8. monkey
9. barber shop
10. to eat
11. all
12. a (*m.*)
13. your (*pl.*)
14. (he) says
15. if

Q	U	E	R	I	D	O	F
G	C	O	M	E	R	J	L
O	D	S	T	E	P	O	A
R	I	U	O	S	E	S	C
D	C	S	D	A	L	T	O
O	E	M	O	N	O	U	N
A	D	E	M	A	S	S	I
B	A	R	B	E	R	I	A

III. Construct sentences, using the three words given. You may change the form of the verb as needed.

1. estar   enamorado   chica _____

2. tener   pelo   ojos _____

3. decir   querer   salir _____

4. desear   ir   barbería _____

5. tener   apetito   comer _____

IV. Compositions: Oral or written.

(A) Look at the picture at the beginning of this Work Unit. Describe the scene in Spanish to a friend. Tell what is happening.

(B) Tell how you feel about a person you love. Include the following:

Mi amor

1. Who this person is. 2. Why you love him or her (appearance, character and personality traits). 3. Whether you eat more or less now. 4. Describe yourself. 5. When you want to speak to this person about a date and what you are going to say.

Estructuras de la lengua

Descriptive Adjectives and Limiting Adjectives

A. *Descriptive adjectives* generally *follow* the person, or thing described, *unlike* English.

Limiting adjectives tell *how many;* they appear *before* the person, or the thing limited, as in English.

Descriptive (What kind?)	Limiting (How many?)
1. Juan es un **chico alto, Inteligente y popular.** John is a *tall, intelligent,* and *popular* boy.	1. **Muchos otros chicos** son altos, inteligentes y populares. *Many other* boys are tall, intelligent, and popular.
2. Es **una revista bonita, interesante y fácil.** It is a *nice, interesting,* and *easy* magazine.	2. **Varias revistas** son bonitas, interestantes y fáciles. *Several* magazines are nice, interesting, and easy.

Rules:

1. In a series, **y** *and* is placed before the last descriptive adjective.

2. Limiting adjectives *showing quantity* and *preceding* the noun are: **bastante(s)** *enough*; **mismo-a-s,** *same*; **muchos-as** *many*; **otros-as,** *other*; **pocos-as,** *few*; **todos los; todas las,** *all*; **varios-as,** *several*. They agree with their nouns in gender and number.

Pocos chicos estudian. Few *boys* study.	**Todas las chicas** estudian. All the *girls* study.

B. Descriptive adjectives, too, *agree* with their nouns (person, place, or thing) in *gender* (masculine or feminine) and in *number* (singular or plural).

1. To form the *feminine adjective,* substitute feminine **a** for the masculine **o** ending.

Pedro es **rico.** Tiene **un coche nuevo.** Peter is rich. He has a new car.	Ana es **rica.** Tiene **una casa nueva.** Anna is rich. She has a new house.

2. Adjectives that do *not* end in **o** are the *same* in both masculine and feminine forms.

Masculine	Feminine
Es **un joven interesante** y **popular.**	Es **una joven interesante** y **popular.**
He is an interesting and popular young man.	She is an interesting and popular young woman.

3. To form the *plural* of an adjective that ends in a vowel—**a, e,** or **o**—add the letter **s: alto—altos; alta—altas; amable—amables.**

Los habitantes de Nueva York son **generosos** y **amables.**	Sus avenidas son **anchas** y **agradables.**
The inhabitants of New York are generous and kind.	Its avenues are wide and pleasant.

4. To form the *plural* of an adjective that ends in a consonant—a letter that is not **a, e, i, o,** or **u**—add **es: azul—azules; gris—grises; popular—populares.**

Prefiero un cielo **azul** a un cielo **gris.**	Los cielos están **azules** y no **grises.**
I prefer a blue sky to a gray sky.	The skies are blue and not gray.

C. Adjectives of nationality are made feminine by changing final masculine **o** to feminine **a,** e.g., **italiano—italiana.** But adjectives of nationality that end in consonants need to *add* **a: alemán—alemana; español—española; francés—francesa; inglés—inglesa.**

1. Juan es **un alumno español.** John is a Spanish (native) pupil.	3. Pedro es **un amigo inglés.** Peter is an English friend.
2. Juana es **una alumna española.** Joan is a Spanish (native) pupil.	4. Ana es **una amiga inglesa.** Anna is an English friend.

D. Adjectives of nationality form their plurals like all other adjectives.

1. En la clase hay **chicos españoles, ingleses** y **norteamericanos.** In class there are Spanish, English, and American boys.	2. También hay **chicas españolas, inglesas** y **norteamericanas.** There are also Spanish, English, and American girls.

Rules:

1. Adjectives of nationality, like other descriptive adjectives, *follow* their nouns.

2. Adjectives of nationality form their plurals by adding **s** to vowels and **es** to consonants.

3. **Alemán, francés, inglés** drop the accent mark for the feminine singular, and for both masculine and feminine plural forms.

E. Adjectives that bear accent marks on *other than* the final syllable *keep the accent mark* on all singular and plural forms.

difícil difíciles (difficult)	práctico-a prácticos-as (practical)
fácil fáciles (easy)	rápido-a rápidos-as (fast)

STUDY THE RULES, EXAMPLES, AND MODELS BEFORE BEGINNING THE EXERCISES!

Ejercicios

I. Some brothers and sisters have similar names. Tell how some brothers and sisters resemble each other. Role-play.

Model: Francisco es alegre y simpático.
¿Y Francisca?
Frank is cheerful and likeable. And Frances?

Francisca es tan alegre como simpática.
Frances is as cheerful as likeable.

1. Juan es alto y elegante. ¿Y Juana? _____

2. Luis es inglés y rubio. ¿Y Luisa? _____

3. José es español y moreno. ¿Y Josefa? _____

4. Angel es sincero y agradable. ¿Y Angela? _____

5. Carlos es alemán y práctico. ¿Y Carla? _____

II. Make each sentence plural. Tell us about this family. (Omit **un** and **una**.)

Model: El niño es un alumno cubano.
The child is a Cuban pupil.

(Todos) los niños son alumnos cubanos.
(All) the children are Cuban pupils.

1. El hijo es un alumno aplicado. _____

2. Pero la ciencia es difícil. _____

3. El chico inglés es un primo. _____

4. El tío es un médico español. _____

5. La abuela es una señora española. _____

6. La madre es una mujer inteligente y práctica. _____

7. La tía es una persona liberal. _____

8. El señor es profesor alemán. No es español. _____

III. Build the sentence in four steps. Write it, each time adding the word in parentheses in its proper position in the sentence.

Model: **Trabajan hoy.**
They work today.

a. (muchos) _____
Muchos trabajan hoy.
Many work today.

c. (buenos) _____
Muchos alumnos **buenos** trabajan hoy.
Many good students work today.

b. (alumnos) _____
Muchos **alumnos** trabajan hoy.

Many students work today.

d. (contentos) ____ ____
Muchos alumnos buenos y **contentos** trabajan hoy.
Many good and happy students work today.

1. Contestan bien.

a. (muchas) _____

b. (alumnas) _____

c. (lindas) _____

d. (amables) _____

2. Hablan hoy.

a. (los muchachos) _____

b. (todos) _____

c. (españoles) _____

d. (inglés) _____

e. (poco) _____

3. Lee aquí.

a. (mi amiga) _____

b. (revistas) _____

c. (varias) _____

d. (interesantes) _____

e. (y cómicas) _____

4. Escribe ahora.

a. (el autor) _____

b. (una historia) _____

c. (famosa) _____

d. (ruso) _____

e. (otro) _____

IV. Write affirmative answers in complete Spanish sentences. Include in *both* your answers all *adjectives* used in the first *question*, changing adjective endings as needed.

Model: ¿Son los *otros* alumnos *aplicados*?   Are the *other* pupils *diligent*?
          Los **otros** alumnos son **aplicados.**   The *other* pupils are *diligent*.
          ¿Y las otras alumnas también?   And the other girl pupils, too?
          Las **otras** alumnas son **aplicadas.**   The *other* girl pupils are *diligent*.

1. ¿Trabajan mucho *algunos* chicos *españoles*? ¿Y algunas chicas también? _____

_____

_____

2. ¿Compran ellas sombreros *bonitos* y *baratos*? ¿Y muchas faldas también? _____

_____

_____

3. ¿Tiene la familia *otro* coche *nuevo* y *lindo*? ¿Y otra casa también? _____

_____

_____

4. ¿Ven los chicos bastantes ciudades *grandes* y *hermosas*? ¿Y países también? _____

_____

_____

V. **Oral Proficiency:** Act your part (Yo), or role play. *Later* write your part. [Review PALABRAS NUEVAS and ESTRUCTURAS of this WORK UNIT Thirteen]

Situation: Your friend, Elena, wants to know all about the new family, your new neighbors. You describe each one. [Three sentences are good; four very good; five or more are excellent.]

 Elena: ¿Cómo son los nuevos vecinos?
Yo:...

Clues: *Tell whether the family seems nice; which one is going to be your best friend; who has black hair and green eyes; who is tall or short; slender or fat; whether the children are cheerful or difficult; who is hard working and generous.* Other ideas?

145

I. STRUCTURES AND VERBS

PEANUTS © 1995
United Features Syndicate.
Reprinted by permission.

Portrait of Carlitos

Free Composition: Oral or written.

(A) Describe Carlitos and tell all you know about him. Clues: appearance, age, personality, intelligence, ideas, friends and their personalities and relationship to him.

(B) Describe yourself. How are you different from him, or are like him?

_____

_____

_____

_____

_____

_____

_____

_____

Vocabulario: los demás *the others;* **saltan** *jump;* **sus amos vuelven** *their masters return;* **los saltos** *the jumps;* **he visto en mi vida** *I have ever seen.*

Es un gran honor y placer
poder hablar con Ud.

How would you like to live more than a
thousand years? It might be interesting.

El hombre más viejo del mundo

Ahora, queridos amigos de este programa, el canal cincuenta y cinco tiene el gran privilegio de presentar una entrevista con el hombre más viejo del mundo. Tiene cuatro mil años.

Locutor:	Bienvenido, señor. Es un gran honor hablar con Ud.
Viejo:	Bueno. ¿Quiere Ud. hacer unas preguntas? Tengo prisa.
Locutor:	Sí, sí. Claro. . .Ud. no parece tan viejo. ¿Cuál es su secreto?
Viejo:	Pues, duermo mucho, como poco y no miro la televisión.
Locutor:	Ah, ya comprendo. ¿Hay una gran diferencia entre el presente y el pasado?
Viejo:	No hay mucha. Los chicos de hoy llevan el pelo largo como los hombres prehistóricos, y la música de hoy es similar a la música de las cavernas.
Locutor:	¿Qué come Ud.?
Viejo:	En el pasado. . .carne cruda de tigre o de elefante.
Locutor:	¡Ay! ¡Es muy diferente de la comida de hoy! ¿Verdad?
Viejo:	No. Es muy similar a las comidas congeladas T.V. que las mujeres de hoy sirven a sus familias.
Locutor:	Y, ¿quién es el hombre más famoso que Ud. ha conocido?
Viejo:	Es el primer profesor de español en América. Lo conocí en el año mil cuatrocientos noventa y dos.
Locutor:	¡Su nombre, por favor!
Viejo:	Cristóbal Colón.
Locutor:	¿Cristóbal Colón, un profesor de español?
Viejo:	Claro, un profesor de español para los indios del Nuevo Mundo. Bueno. Me voy. Tengo una cita con una joven.
Locutor:	¿Una joven? ¿Cuántos años tiene ella? ¡Menos que usted!
Viejo:	Solamente cuatrocientos, si ella dice la verdad. Adiós.
Locutor:	Adiós, señor. Buena suerte en su cita.

Palabras Nuevas

SUSTANTIVOS
el canal the channel
la carne the meat
　la carne de elefante
　the elephant meat
　la carne de tigre
　the tiger meat
la caverna the cave
la comida the food
　la comida congelada T.V.
　the frozen T.V. dinner
Cristóbal Colón
　Christopher Columbus
la diferencia the difference
la entrevista the interview
el honor the honor

el locutor the commentator,
　the announcer
el mundo the world
　el Nuevo Mundo
　the New World
el pasado the past
el presente the present *(time)*
el privilegio the privilege
el profesor de español
　the Spanish teacher
el secreto the secret

ADJETIVOS
crudo,a raw
largo,a long
poco,a little *(small amount)*

prehistórico,a prehistoric
primer (o),a first
similar similar, same
viejo,a old

VERBOS
duermo I sleep
ha conocido you *(formal*
　sing.) have known;
　he *(she)* has known
hacer una pregunta
　to ask a question
lo conocí I met him
presentar to present
sirven they serve; you
　(formal pl.) serve

149

tener. . .años to be. . .
   years old
tener prisa to be in a hurry

OTRAS PALABRAS
cincuenta y cinco fifty-five

¿Cuál es. . .? What is. . .?
cuatrocientos four hundred
el hombre más viejo
   del mundo the oldest
   man in the world
menos que less than

mil one thousand
mil cuatrocientos noventa
   y dos 1492
solamente only
¿verdad? right?

Ejercicios

I. **(A)** Complete the sentences according to the story.

1. El canal 55 presenta una _____ con el hombre más viejo.

2. Este hombre tiene _____.

3. El secreto del hombre es que _____ poco, _____ mucho y no _____
   la televisión.

4. Los chicos de hoy llevan el _____.

5. Las mujeres de hoy sirven _____ a sus familias.

(B) Preguntas personales y generales. Write your answer in a complete Spanish sentence.

1. ¿Quién es la persona más famosa del mundo?
2. ¿Cuál es una diferencia entre el pasado y el presente?
3. ¿Cuál es su comida favorita?
4. ¿Cuántos años tiene Ud.?
5. ¿Con quién tiene Ud. una cita este sábado?

1. _____

2. _____

3. _____

4. _____

5. _____

II. Write the letter of the expression that best completes the sentence.

A		B
1. Tenemos el gran privilegio	____	a) que ha conocido.
2. Hay mucha diferencia	____	b) no es similar.
3. Es el hombre más famoso	____	c) de presentar una entrevista.
4. Me voy porque	____	d) tengo una cita.
5. La comida	____	e) entre el pasado y el presente.

III. Picture Match: Choose and write the sentence(s) suggested by each sketch. Then tell something more about each one.

1.

2.

3.

4.

a. —Como poco y duermo mucho.

b. —Tengo una cita con "una joven."

c. Los chicos llevan el pelo largo.

d. La música es similar a la música de las cavernas.

e. Buena suerte en su cita.

f. Es una entrevista con el hombre más viejo del mundo.

1. _____

2. _____

3. _____

   _____

4. _____

   _____

IV. Compositions: Oral and written.

(A) Look at the picture at the beginning of this Work Unit. Describe the scene in Spanish to a friend. Tell what is happening.

(B) You are being interviewed by a T.V. announcer because you are over 100 years old. What would you say?

Locutor —Bienvenido a nuestro programa. Es un privilegio hablar con Ud.
Usted —_____
(Tell how old you are, and whether this is an honor.)

Locutor —¿Quiere usted decirnos el secreto de su larga vida?
Usted —_____
(Tell how much or little you eat and how many hours you sleep.)

Locutor —Muy interesante. ¿Come usted algo especial?
Usted —_____
(Tell what you eat.)

Locutor —Muy bien. Usted es una inspiración para nosotros. ¡Buena suerte!
Usted —_____
(Tell why you are in a hurry to go to your date with a younger woman.)

Estructuras de la lengua

Part One: Cardinal Numbers: 31–4 Billion

A. Learn these paired sets of numbers:

One ending only for the decades 20–100	*Masculine or feminine endings* for 200–900
20 veinte	200 doscientos, -as
30 treinta	300 trescientos, -as
40 cuarenta	400 cuatrocientos, -as
50 cincuenta	500 quinientos, -as
60 sesenta	600 seiscientos, -as
70 setenta	700 setecientos, -as
80 ochenta	800 ochocientos, -as
90 noventa	900 novecientos, -as
100 ciento (cien)	1000 mil
101 ciento uno	1001 mil y un (o, a)

Rules:

1. **Y** is placed after the decades *30 through 90* before adding *one through nine*, e.g., **treinta y dos** (32); **cuarenta y tres** (43); **cincuenta y cuatro** (54); **sesenta y cinco** (65); **setenta y seis** (76); **ochenta y siete** (87); **noventa y ocho** (98).

2. **Uno** (one) in compound numbers shortens to **un** before a masculine noun, and becomes **una** before a feminine noun. See the examples below:
Note: Modern spelling for 21–29 veintiún(uno-a), etc. See Work Unit Seven.

> Hay **treinta y un chicos** y **cuarenta y una chicas** en el club.
> There are thirty-one boys and forty-one girls in the club.

3. **Ciento** (100) shortens to **cien** *directly* before *both masculine and feminine nouns*, but remains **ciento** before a number *smaller than 100* followed by a noun of either gender. *One* is *not,* expressed before **cien(to). Y** *never* follows **cien(to).**

> Pago **cien dólares** por **cien revistas,**
> Pay one hundred dollars for one hundred magazines,
>
> y **ciento noventa dólares** por **ciento noventa revistas.**
> and one hundred (and) ninety dollars for one hundred (and) ninety magazines.

4. **Doscientos** through **novecientos** (200–900) change their endings to **as** when describing feminine nouns, e.g.,

> Hay **doscientas tres chicas** y **quinientas mujeres** en las clases de aeróbicos.
> There are two hundred and three girls, and five hundred women in aerobics classes.

5. **Quin**ientos, -as (500), **sete**cientos, -as (700), **nove**cientos, -as (900) have special stems.

6. **Mil** (1,000): *One* is *not* expressed before **mil. Y** is *not* generally used after **mil.**

1. Hay casi **mil escuelas** en Nueva York.
There are almost *one thousand* schools
in New York.

2. **¿Mil setecientas?**
Seventeen hundred?
(one thousand seven hundred)

3. No. **Mil.**
No. *One thousand.*

B. La fecha (The date).—Two ways.

What is today's date?	Today is April 1st (2nd), nineteen (hundred) ninety six.
1. —**¿A cuántos estamos?**	—**Estamos a primero (dos) de abril de mil novecientos noventa y seis.**
2. —**¿Cuál es la fecha de hoy?**	—**Hoy es el primero (dos) de abril, mil novecientos noventa y seis.**

Rules:

1. **Estamos a** and **Hoy es el** represent *today is;* **el** never follows **estamos a.**

2. **De** or a comma appear between the month and the year.

3. *Nineteen hundred* and other hundreds above one thousand must be expressed as *one thousand nine hundred:* **mil novecientos,** for example.

C. Two thousand to three billion. Note: The English *one billion* translates as **mil millones** (*one thousand million*) in Spanish.

El Presupuesto Nacional	The National Budget
1. La Casa Blanca: **Un millón dos mil dólares.**	*The White House:* *One million two thousand dollars.*
2. La salud de los niños: **Dos millones de dólares.**	*Child Health:* *Two million dollars.*
3. La educación: **Mil millones de dólares.**	*Education:* *One billion dollars.*
4. La defensa militar: **Tres mil millones de dólares.**	*Military Defense:* *Three billion dollars.*
5. Total: Cuatro mil millones tres millones dos mil dólares.	*Total: Four billion three million two thousand dollars.*

Rules:

1. Unlike **mil** (*one thousand*), **un millón** and **un billón** require **un** or another numeral before them.

2. **Millones** and **billones** do not use the accent mark.

3. **De** follows **millón, millones, mil millones, billón, billones** when a noun follows directly.

STUDY THE RULES, EXAMPLES, AND MODELS BEFORE BEGINNING THE EXERCISES!

Ejercicios

I. You and Javier study Spanish. He reads the question. You say the answer aloud, then write the complete sentence *including the number* in Spanish. Role-play.

Model: —¿Es **once** o **uno**? Is it eleven or one?
  —(11) Es **once.** It is eleven.

1. ¿Es **setenta** o **setecientos?** (700) _____

2. ¿Es **cincuenta** o **quinientos?** (500) _____

3. ¿Es **noventa** o **novecientos?** (900) _____

4. ¿Es **sesenta y siete** o **setenta y seis?** (67) _____

5. ¿Es **mil quinientos** o **ciento cincuenta?** (150) _____

6. ¿Es **ciento quince** o **mil quinientos** (1500) _____

7. ¿Es **ochocientos nueve** o **novecientos ocho?** (908) _____

8. ¿Es **trescientos treinta** o **mil trescientos?** (330) _____

9. ¿Es **quinientos once** o **ciento quince?** (115) _____

10. ¿Es **quinientos cinco** o **cincuenta y cinco?** (505) _____

II. How is your arithmetic? Tell us the example and the answer. Use **y** for **+**; **menos** for **–**; **por** for **x**; **dividido por** for **÷**.

Model: 20 y 10 son _____ Veinte y diez son treinta.

1. (30 + 10 son) _____

2. (80 – 20 son) _____

3. (100 × 2 son) _____

4. (1,000 ÷ 2 son) _____

5. (35 + 36 son) _____

III. Take inventory! Tell us the number in Spanish with the noun. Make the number agree with the noun as needed.

Model: 31 diccionarios   **treinta y un** diccionarios   101 casas   **ciento una** casas

1. (41 periódicos) _____

2. (51 sillas) _____

3. (101 mesas) _____

4. (100 estantes) _____

5. (115 papeles) _____

6. (691 tarjetas) _____

7. (200 lecciones) _____

8. (261 alumnos) _____

9. (371 chicos) _____

10. (481 alumnas) _____

IV. Tell the number of people the census counts in nearby towns and in the world. Write the number out in Spanish using **Cuentan** _____ **personas** according to the model.

Model: **(601)** Cuentan **seiscientas una personas.**   They count *601 people.*

1. (991) _____

2. (1,000) _____

3. (1,717) _____

4. (2,666) _____

5. (1,000,000) _____

6. (2,000,000) _____

7. (1,000,000,000) _____

8. (3,000,000,000) _____

V. Tell us some important dates! Role-play.

1. ¿A cuántos estamos hoy? _____

2. ¿Cuál es la fecha de mañana? _____

3. ¿El descubrimiento de América por Colón? (October 12, 1492) _____

4. ¿El Día de la independencia de los Estados Unidos? (July 4, 1776) _____

5. ¿El Día de la Navidad? (December 25, 2004) _____

6. ¿El Día del año nuevo? (January 1, 2005) _____

7. ¿El Día de los enamorados? (February 14, 2006) _____

8. ¿El Día de los inocentes? (April 1, 2007) _____

VI. Free Dialogue

1. ¿Qué edad tiene Ud.?

2. ¿Cuál es la fecha de su nacimiento?

3. ¿Cuál es su dirección? (calle, casa, ciudad)

4. ¿Qué trabajo o puesto busca Ud. aquí? (cajero, gerente, presidente) ¿Tiene o no tiene Ud. experiencia?

5. ¿Cuánto dinero quiere Ud. ganar al año?

6. ¿Cuánto dinero tiene Ud. en este banco? Gracias, lo voy a llamar.

Part Two: Comparisons

1. —**Mi vecino tiene *menos* dinero *que yo.***	My neighbor has *less* money *than* I.
2. —**Claro, tú tienes *más* dinero *que él.***	Of course, you have *more* money *than* he.
3. —**Tú tienes *más de* dos millones.**	You have *more than* two million.
4. —**No tengo *tantos* millones *como* eso.**	I don't have *as many* millions *as* that.
5. —**No tengo *más que* un millón de dólares.**	I don't have *more than* one million dollars.
6. —**¿Es él menos rico pero *más* feliz que tú?**	Is he *less* rich but *happier (more happy) than* you?
7. —**No sé. Él tiene *tanta* familia y *tantas* responsabilidades.**	I don't know. He has *so much* family and so *many* responsibilities.

Rules:

1. **Tanto(a)** (*as much* or *so much*) agrees in gender with the singular noun it describes; **como** (*as*) often follows the noun.

2. **Tantos(as)** (*as many* or *so many*) agrees in gender with the plural noun it describes; **como** (*as*) often follows the noun.

3. **Más** (*more*) and **menos** (*less* or *fewer*) compare inequalities and may be followed by a noun, an adjective or an adverb; **que** (*than*) completes the comparison, except when followed by a number in an affirmative sentence. **De** is used for *than* before a number in an affirmative sentence, e.g., **¿Son *más de diez*? No son menos que diez.**

Ejercicios

I. Using complete sentences, show comparisons of equality and speak of the following people.

Model: La chica simpática: Tiene _____ amigos _____ amigas

La chica simpática: Tiene tantos amigos como amigas.
The sweet girl: She has as many boyfriends as girlfriends.

1. De un bebé: Tiene _____ años _____ dientes

2. De un viejo calvo: Tiene _____ pelo _____ una pelota de golf

3. De una mujer gorda: Tiene _____ amigas _____ libras

4. De un pobre
   desconocido: Tiene _____ fama _____ dinero

5. De la vecinas: Dicen _____ mentiras (*lies*) _____ chismes (*gossip*)

II. Answer logically, making a comparison of inequality in a complete sentence. Role-play.

Model: —**¿Quién es más joven, la madre**   —**La hija es más joven que la madre.**
         o la hija?
         Who is younger, the mother or   The daughter is younger than the
         the daughter?   mother.

1. ¿Quién es más simpatico, la heroína o el monstruo? _____

2. ¿Cuál cura más, la medicina o el amor? _____

3. ¿Cuál es menos costoso, un yate o un coche? _____

4. ¿Cuesta menos de mil dólares una casa, o más? _____

III. **Oral Proficiency:** Act your part (**Yo**), or role-play. Later, write your part. [Review PALABRAS NUEVAS and ESTRUCTURAS of this WORK UNIT Fourteen.]

Situation: You and your friend have just won the lottery on a shared ticket. The First Prize! (**el premio gordo**)

Amigo(a): ¡Somos millonarios! ¡Olé, olé!
Yo: ¿Cuánto ganamos cada uno?

Say how much. Ask whether you two should take a grand vacation (**vacaciones**) first; suggest where and the Christmas through New Year dates for it (December 25 to January first); then how much you two should put in the bank, and how much your friend or you can use to (**para**) buy various important things and for whom; e.g., a new large house for parents, a big expensive car, a great trip; how much each (**cada**) thing is going to cost (**costar**); you have as much as we need, wow! But I am not in a hurry to use all the money now.

He comido tres helados y
tengo dolor de estómago.

It's nice to be able to get away for the summer. What happens to Federico after a week?

Queridos mamá y papá

Federico Caracoles es un muchacho de nueve años. No tiene hermanos y está muy aburrido en el verano. Todos sus buenos amigos pasan las vacaciones lejos de la ciudad. Pobre Federico está solo los veranos. Este año, los padres de Federico deciden enviar al chico a un buen campamento de verano. Así Federico va a pasar un mes al aire libre con otros muchachos de su edad. Es una nueva experiencia. Federico escribe una carta a sus padres todos los días con una descripción de sus actividades.

Primer día:	¡Este campamento es una maravilla! Hay árboles, flores y hierba por todas partes. Hay un lago en el centro con muchos botes. Hugo, el consejero, dice que vamos a hacer algo nuevo todos los días. Podemos jugar al béisbol, al fútbol y al básquetbol. Hay mucho que hacer, pero por la noche pienso en Uds.
Segundo día:	Hay cinco muchachos en nuestro grupo—Jaime, Adelberto, Arnaldo, Inocencio y yo. Adelberto es mi mejor amigo. Es muy gordo y siempre come de día y de noche. Hoy Adelberto ha comido tres platos de macarrones. El dice que tiene mucha hambre.
Tercer día:	Hoy todo el grupo va a tener una fiesta. Hay muchos problemas porque no hay mesas y es necesario poner la comida en la hierba. Adelberto ha comido tres hormigas con la ensalada de papas y dice que la ensalada está buena.
Cuarto día:	Hoy vamos al lago para nadar. Hay una isla en el lago. Vamos allá en botes. Regresamos con sólo cuatro muchachos. Hugo, el consejero, está muy enojado porque Inocencio está todavía en la isla.
Quinto día:	Hoy es el cumpleaños de Arnaldo y tenemos una buena fiesta. Hay dulces, helado y otros refrescos. Adelberto está muy contento, porque dice que el helado es una de sus cosas favoritas. Yo he comido tres helados y tengo dolor de estómago.
Sexto día:	Es sábado y vemos una película. Todo el mundo grita y tira cosas por el aire. Nadie escucha cuando los actores hablan. Adelberto recibe un golpe en la cabeza. Hugo, el consejero, dice que nunca vamos a ver otra película.
Séptimo día:	¡Una semana aquí! El campamento es una maravilla. Tengo muchos amigos, hago muchas cosas. . .pero. . . ¡Quiero regresar a casa!

Palabras Nuevas

SUSTANTIVOS
Adelberto Adelbert
Arnaldo Arnold
el bote the boat
el campamento (*de verano*) the (*summer*) camp
el caracol the snail

el consejero the counselor
la descripción the description
el dolor de estómago the stomachache
la edad the age
la ensalada de papas the potato salad

Federico Frederick
el golpe en la cabeza the blow to the head
el grupo the group
la hierba the grass
la hormiga the ant
Inocencio Innocent

la isla the island
Jaime James
el lago the lake
los padres the parents
el plato de macarrones
    the dish of
    macaroni
la maravilla the marvel,
    the wonder
el refresco the snack

ADJETIVOS
aburrido,a bored
contento,a happy

enojado,a angry
solo,a alone

VERBOS
enviar to send
estar bueno to taste good
ha comido he *(she)*
    has eaten; you
    (formal sing.) have eaten
he comido I have eaten
jugar al básquetbol
    (al béisbol, al fútbol)
    to play basketball
    (baseball, football)

tener mucha hambre
    to be very hungry
tirar to throw

OTRAS PALABRAS
al aire libre in the open
air
de día y de noche
    night and day
lejos *(de)* far *(from)*
nunca never
sólo only
todavía still
todos los días everyday

Ejercicios

I. **Preguntas.** Write your answer in a complete Spanish sentence.

1. ¿Por qué está aburrido Federico? _____

2. ¿Adónde va Federico este año? _____

3. ¿Qué hace el muchacho todos los días? _____

4. ¿Qué quiere hacer Federico después de una semana en el campo? _____

II. **¿Cómo se dice en español?**

1. They're going to spend their vacation far from the city.
2. We're going to do new things every day.
3. He's always eating, day and night.
4. Everybody shouts and throws things.

1. _____

2. _____

3. _____

4. _____

III. **El mensaje secreto**—Inocencio has written a secret message to Federico by leaving out all the letters *o* and *a* from the words. Can you put back these vowels and decipher the code?

> Querid__ Federic__,
>
>   V__m__s __l l__g__ est__ n__che. P__dem__s ir __ l__ isl__ __n un__
>
> de l__s b__t__s. Si el c__nsejer__ s__be, v__ __ estar muy en__j__d__.
>
>   Tu __mig__,
>
>   In__cenci__

IV. Composition: Oral or written.

(A) Tell us *what is happening* in the picture on page 158. Then tell something more about the story and how it ends.

(B) Tell a friend what you are doing this summer. Write a note.

Querido (a)..., Mis vacaciones este verano son una maravilla.
1. Whether you go to camp, or to work in the city. 2. Where you swim or play baseball.
3. What your favorite summer refreshment is. 4. What you do in the evenings. 5. Why you are happy this summer.

Estructuras de la lengua

Ordinal Numbers: Shortening of Adjectives *bueno* and *malo*

A. *Ordinal* numbers tell the order or place of any item within a series:

1st **primero –a** first	6th **sexto –a** sixth
2nd **segundo –a** second	7th **séptimo –a** seventh
3rd **tercero –a** third	8th **octavo –a** eighth
4th **cuarto –a** fourth	9th **noveno –a** ninth
5th **quinto –a** fifth	10th **décimo –a** tenth

B. *Ordinal* numbers identify the noun by its place in a series.

Cardinal numbers tell "how many."

1. —¿Estamos en la **Quinta** Avenida?
   Are we on **Fifth** Avenue?

   —Sí. Y tenemos **cinco** días para la visita.
   Yes. And we have **five** days for the visit.

2. —Es nuestro **primer** viaje.
   It is our **first** trip.

   —Hicimos **un** viaje antes.
   We made **one** trip before.

3. —El **tercer** edificio es muy alto.
   The **third** building is very tall.

   —Hay **tres** edificios y **un** parque allí.
   There are **three** buildings and **a** park there.

Rules:

1. The ordinal numbers are widely used from **first** through **tenth** and agree in number and gender with the nouns they precede.

2. **Primero** and **tercero** drop their final **o** and become **primer** and **tercer** before a *masculine singular noun only. Feminine singular and all plural forms never shorten.*

C. Bueno *good,* **malo** *bad,* also drop their **o** *before* a masculine singular noun in common use.

Common Use	*Emphatic Use*
1. —¿Es un **buen** chico? Is he a good boy?	—Sí, es un chico muy **bueno.** Yes, he is a very *good* boy.
2. —Entoces no es un **mal** alumno. Then he's not a bad pupil.	—No es un alumno **malo.** He is not a *bad* pupil.

Rules:

1. **Bueno** and **malo,** being common adjectives, are usually placed *before* the noun, unlike most descriptive Spanish adjectives. In that position **bueno** shortens to **buen; malo** shortens to **mal.** Shortening occurs *only in the masculine singular* forms.

2. For *emphasis* only, **bueno** and **malo** may be placed *after* the noun. In that position **bueno** and **malo** never lose the **o.**

3. Buen**a,** buen**os,** buen**as;** mal**a,** mal**os,** mal**as** never shorten, being feminine or plural forms.

D. *Irregular Comparatives* and *Superlatives*

1. Él es mi mejor amigo y ella también en mi mejor amiga.	He is my best friend. She is also my *best* friend.
2. Tengo los mejores amigos del mundo.	I have the *best* friends in the world
3. Mi hermana es mayor que yo.	My sister is *older* than I.
4. Soy la menor de la familia	I am the *youngest* in the family.
5. Tú y yo somos los peores de la familia.	You and I are the *worst* in the family.

Rules:

1. **Más** before the adjective creates the regular comparative, e.g., **más joven**, *younger*. But *better* or *best* is **mejor(es)**, *worse* or *worst* is **peor(es)**, *younger* or *youngest* is **menor(es)**; *older* or *oldest* is **mayor(es).**

2. **Mejor(es)** and **peor(es)** normally precede the noun, as in **bueno(a)** and **malo(s).**

3. **Mejor(es)**, *better* or *best*; **peor(es)**, *worse* or *worst*; **mayor(es),** *older* or *oldest*; and **menor(es)**, *younger* or *youngest* are the same in the *masculine* singular, the *feminine* singular, and the plural which adds **es.**

4. **Más joven** is heard, but it stresses youthfulness of *both* parties; **más viejo** is also heard, but it stresses *agedness* of both parties and things.

5. **De** means *in* after a superlative, e.g., **Eres el mejor del mundo.**—You are the best *in* the world.

STUDY THE RULES, EXAMPLES, AND MODELS BEFORE BEGINNING THE EXERCISES!

Ejercicios

I. His friends call him Perico, "the parrot." Perico likes to repeat what he hears, but for fun changes the plural to the *singular*. Rewrite the Spanish sentence in the singular. Make all necessary changes for agreement Role-play.

Model:　—Veo los buenos libros.　　I see the good books.
　　　　　—Veo el **buen libro.**　　　I see the good book.

1. Veo algunos buenos sombreros. _____

2. Algunas van a las buenas tiendas. _____

3. Paso los primeros días solo mirando las tiendas. _____

4. Leo durante las primeras horas de la tarde. _____

5. Tengo los malos pensamientos de comprar algo costoso. _____

6. Cuento estas malas cosas a mis amigas _____

7. En el cine lleno ocupamos los terceros asientos en tres filas. (noun) _____

8. Luego, en la casa escribo las terceras líneas para completar la tarea. _____

II. Your teacher always praises your older brother emphatically. You repeat his compliments to your family, but to make them less important and less emphatic you place the adjective before the noun. Role-play.

   Model: *Maestro:* Tu hermano siempre dice   *Tomás:* Siempre dice **buenas** cosas.
           cosas **buenas.**   He always says good things.
           He always says good things.

   1. Es un chico bueno _____

   2. No hace cosas malas _____

   3. No tiene un pensamiento malo _____

   4. Siempre tiene una idea buena _____

   5. No comete errores malos _____

III. You and your friends participated in a Spanish contest. Each one comments on the prize **(premio)** he or she won. Write two Spanish sentences according to the model, using the cardinal number in the first one and its corresponding ordinal number in the second.

   Model: (dos)   Soy el número **dos.**   Gano el **segundo** premio.
                  I'm number **two.**   I win **second** prize.

   1. (uno) _____

   2. (tres) _____

   3. (cuatro) _____

   4. (cinco) _____

   5. (siete) _____

IV. Express your impatience with your guest, who comes too often and stays too long, by using the appropriate *ordinal* number according to the model. Make the ordinal number agree with the noun in the *singular*. Begin with **Sí, ya es su _____**.

   Model: —Escribe *tres* cartas.   He writes *three* letters.
          —Sí, ya es su tercera carta.   Yes, it's now his *third* letter.

   1. Hace seis visitas. _____

   2. Compra ocho blusas. _____

   3. Hace nueve preguntas. _____

   4. Comete diez faltas. _____

   5. Come una hamburguesa grande. _____

V. Write the most *logical* answer in a complete Spanish sentence.

1. ¿Desea Ud. *el primer dólar* o *el segundo centavo*? _____

   _____

2. ¿Quieres ver *una mala película* o *un buen drama*? _____

   _____

3. ¿Deseas ser el mejor y el más rico de la clase o el peor y el más pobre? _____

   _____

4. ¿Es más fácil *la tercera hora* o *la décima hora* del trabajo? (Es más fácil) _____

   _____

5. ¿Escribe Ud. ahora *la sexta frase* o *la quinta frase*? (Escribo) _____

   _____

VI. Tell the story about John, writing the appropriate form of the adjective. Make all necessary changes for agreement with the noun.

Juan ocupa la _____ silla en la _____ fila. Es un _____
                    1. séptimo   2. sexto   3. bueno

amigo. Nunca hace cosas _____. En los _____ exámenes,
                              4. malo   5. primero

recibe unas _____ notas. Ahora, después del _____ examen,
                  6. bueno   7. tercero

es el _____ alumno de la clase. Es uno de los estudiantes muy _____
          8. primero   9. bueno

de la escuela. Yo soy la _____ persona que lo admira; la primera es su mamá.
                          10. segundo

VII. In two complete sentences, compare **b** with the *italicized* word in **a**; then compare **c** with **a** and **b**. Role-play.

Model: a. **Ella es una *buena* amiga.**   She is a good friend.
       b. **¿Y Zulema?**   **Zulema es una mejor amiga.**
          Zulema is a better friend.

       c. **¿Y Teresa?**   **Teresa es la mejor amiga de las tres.**
          Teresa is the best friend of the three.

       a. **Tomás es *pobre* con solo diez dólares.**   Tom, with only ten dollars, is poor.

       b. **¿Y su hermano** con cien dólares?   **Su hermano es menos pobre que Tomás.**
          His brother is less poor than Thomas.

       c. **¿Y su padre** con quinientos dólares?   **Su padre es el menos pobre de los tres.**
          His father is the least poor of the three.

1. a. **Esteban es un *buen* vecino.**

   b. ¿Y Simón? _____

   c. ¿Y Tomás? _____

2. a. **Las primeras noticias son *malas*.**

   b. ¿Y las segundas? _____

   c. ¿Y las últimas noticias? _____

3. a. **Laura tiene *quince* años.**

   b. ¿Y Lola con catorce años? _____

   c. ¿Y Linda con trece años? _____

4. a. **Los hijos tienen *veinte* años**.

   b. ¿Y los padres que tienen cuarenta y cinco años? _____

   c. ¿Y los abuelos que tienen setenta años? _____

5. a. **Yo soy rico** con mil dólares

   b. ¿Y su padre con un millón? _____

   c. ¿Y su abuelo con tres millones? _____

VIII. Oral Proficiency: Act your part (Yo), or role play. *Later* write your part. [Review PALABRAS
NUEVAS and ESTRUCTURAS of this WORK UNIT Fifteen]

Situation: Ten friends and you plan a picnic at the lake. You are in charge. Tell what each
one brings. [Three sentences are good; four very good; five or more are excellent.]

| **Amigos(as):** | ¿Qué traemos al lago? |
| **Yo:...** | |

Clues: *Use the ordinal numbers first through tenth, as you* <u>name</u> *the person and what he or
she brings—some refreshments, hamburgers, ice cream, salads, macaroni, other meat,
candy, bread, the baseball, the glove, etc. Other ideas?*

¡Vaya Ud. allá, y doble Ud.
a la izquierda en la esquina!

If you were lost in the city,
what would you do?

Si está perdido, ¡llame a un policía!

—¿Qué voy a hacer ahora?, piensa Santiago Santurce. Tengo una cita a las ocho con mi jefe. Ya son las ocho menos cuarto y estoy completamente perdido.

En este momento pasa un coche con un policía sentado adentro. Santiago recuerda la palabras de su madre: —Si estás perdido, ¡llama a un policía!

—¡Qué suerte!, piensa, y comienza a gritar:

—¡Oiga, espere Ud. un momento!
—Sí señor, a sus órdenes.
—¿Puede Ud. ayudarme? Busco la avenida Cortés, número 58.
—Creo que está en esa dirección. ¡Siga derecho tres o cuatro cuadras!
—Pero eso es imposible. Vengo de allí, y no hay avenida Cortés.
—Ah, sí, ¿La avenida, dice Ud.? ¡Venga conmigo! ¿Ve Ud. aquel edificio alto? ¡Vaya Ud. allá, y doble Ud. a la izquierda en la esquina! Allí puede Ud. tomar el tren que va hacia el norte.
—¡Hombre, yo no voy al norte! La Avenida Cortés está muy cerca.
—Bueno, en ese caso, ¡pregunte a ese hombre que vende periódicos! Él debe saberlo.
—Gracias, pero dígame ¿cómo es posible? ¿Ud., un policía, no sabe absolutamente nada? Generalmente Uds. saben las direcciones.
—Claro, pero yo no soy policía de esta ciudad. Estoy aquí sólo para asistir a una reunión de policías.

Palabras Nuevas

SUSTANTIVOS
el coche the car
la cuadra the block
la dirección the direction
la esquina the street corner
el jefe the chief, the boss
el norte the north
el policía the policeman
Santiago James

ADJETIVOS
aquel, aquella that
perdido,a lost

VERBOS
ayudarme to help me
comienza *(a)* he *(she)* begins; you *(fam. sing.)* begin

deber should, ought
debe saberlo he *(she)* should know it; you *(formal sing.)* should know it
¡dígame! tell me *(formal sing.)*
¡doble! turn *(formal sing.)*
¡espere! wait *(formal sing.)*
¡llama! call *(fam. sing.)*
¡llame! call *(formal sing.)*
¡oiga! listen, hear *(formal sing.)*
¡pregunte! ask *(formal sing.)*
piensa he *(she)* thinks; you *(fam. sing.)* think
recuerda he *(she)* remembers; you *(fam. sing.)* remember

¡siga derecho! continue straight ahead *(formal sing.)*
¡vaya allá! go there *(formal sing.)*
vender to sell
¡venga! come *(formal sing.)*

OTRAS PALABRAS
a sus órdenes at your service
absolutamente absolutely
adentro inside
cerca nearby
completamente completely
generalmente generally
hacia toward
¡hombre! *(exclamation)* man!
ya already

Ejercicios

I. (A) Complete the sentences according to the story.

1. Santiago tiene una cita a _____ con su _____.

2. El policía está _____ dentro del _____.

3. El policía dice: ¡Siga _____, tres o cuatro _____!

4. Puede tomar el _____ en la _____ que va al _____.

5. El policía asiste a una _____ en esta _____.

(B) Preguntas personales y generales. Write your answer in a complete Spanish sentence.

1. Si está perdido, ¿a quién llama Ud.?
2. ¿Cuántas cuadras hay entre su escuela y su casa?
3. ¿Qué diferencia hay entre una calle y una avenida?
4. ¿Qué hay en la esquina de su escuela?
5. ¿Quién es el alumno (la alumna) a su izquierda en la clase de español?

1. _____

2. _____

3. _____

4. _____

5. _____

II. Write complete sentences according to the story, using the following sets of words.

1. tener   cita   jefe
2. momento   pasar   policía
3. Si   perdido   llamar
4. esquina   tomar   tren
5. preguntar   hombre   periódico

1. _____

2. _____

3. _____

4. _____

5. _____

III. Composition: Oral or written.

(A) Tell us *what is happening* in the picture on page 166. Then tell something more about the story and how it ends.

(B) Tell a friend about a dream of being lost. Write a note.

Querido (a) . . ., Anoche en un sueño estoy perdido (a).

1. Where you look for a policeman. 2. Whom you call at home or ask on the street. 3. What directions each one gives. 4. What place or street you look for. 5. Where you are in the morning.

IV. Picture Match: Choose and write the sentence(s) suggested by each sketch. Then tell something more about each.

1.

2.

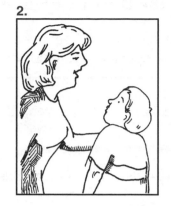

3.

4.

5.

a. —Tengo una cita a las ocho.
b. —¿Ve Ud. aquel edificio alto? ¡Vaya Ud. allá!
c. Si estás perdido, llama a un policía.
d. ¡Pregunte a ese hombre que vende periódicos!

e. —Estoy completamente perdido.
f. Pasa un coche con un policía.
g. Recuerda las palabras de su madre.
h. —¡Oiga, espere Ud. un momento!

1. _____

_____

2. _____

_____

3. _____

_____

4. _____

5. _____

Estructuras de la lengua

Formation and Use of the Direct Commands

A. Regular direct commands are formed from the *stem* of the first person singular of the present tense but have special command *endings*.

cant**ar** **Cant**o bien. I sing well.	¡Cant**e** Ud. bien! Sing well!	¡Cant**en** Uds. bien! Sing well!	¡Cant**emos** bien! Let's sing well!
vend**er** **Vend**o esto. I sell this.	¡Vend**a** Ud. esto! Sell this!	¡Vend**an** Uds. esto! Sell this!	¡Vend**amos** esto! Let's sell this!
viv**ir** **Viv**o aquí. I live here.	¡Viv**a** Ud. aquí! Live here!	¡Viv**an** Uds. aquí! Live here!	¡Viv**amos** aquí! Let's live here!

Rules:

1. Direct commands are orders addressed to the persons who are expected to carry them out: **Ud., Uds.,** and **nosotros.**

2. Remove the **o** from the first person singular of the present tense. Add **e, en, emos,** to stems that come from **ar** verbs. Add **a, an, amos,** to stems that come from **er** and **ir** verbs. In this way, **ar, er,** and **ir** verbs exchange their usual present tense endings to form commands.

3. **Ud.** and **Uds.** follow the command, but **nosotros** is not expressed.

4. Commands usually bear exclamation points before and after them.

B. See the following direct command forms of verbs that are irregular in the first person singular of the present tense.

decir *to say, to tell* Digo más. I say more.	¡Diga Ud. más! Say more!	¡Digan Uds. más! Say more!	¡Digamos más! Let's say more!
hacer *to do, to make* Hago la tarea. I do the chore.	¡Haga Ud. la tarea! Do the chore!	¡Hagan Uds. la tarea! Do the chore!	¡Hagamos la tarea! Let's do the chore!
oír *to hear* Oigo la música. I hear the music.	¡Oiga Ud. la música! Hear the music!	¡Oigan Uds. la música! Hear the music!	¡Oigamos la música! Let's hear the music!
poner *to put* Pongo eso aquí. I put that here.	¡Ponga Ud. eso aquí! Put that here!	¡Pongan Uds. eso aquí! Put that here!	Pongamos eso aquí! Let's put that here!
salir *to leave* Salgo pronto. I leave soon.	¡Salga Ud. pronto! Leave soon!	¡Salgan Uds. pronto! Leave soon!	¡Salgamos pronto! Let's leave soon!

tener *to have*
Tengo paciencia.
I have patience.

¡Tenga Vd paciencia!	¡Tengan Uds. paciencia!	¡Tengamos paciencia!
Have patience!	Have patience!	Let's have patience!

traer *to bring*
Traigo dinero.
I bring money.

¡Traiga Ud. dinero!	¡Traigan Uds. dinero!	¡Traigamos dinero!
Bring money!	Bring money!	Let's bring money!

venir *to come*
Vengo a casa.
I come home.

¡Venga Ud. a casa!	¡Vengan Uds. a casa!	¡Vengamos a casa!
Come home!	Come home!	Let's come home!

ver *to see*
Veo el mapa.
I see the map.

¡Vea Ud. el mapa!	¡Vean Uds. el mapa!	¡Veamos el mapa!
See the map!	See the map!	Let's see the map!

Rule:

Form the **Ud., Uds.,** and **nosotros** commands for the irregular verbs above in the same way in the first person **yo** shown in **B.** as the regular verbs in **A.** Remove the **o** from the first person singular of the present tense. Add **e, en, emos,** to **ar** verbs. Add **a, an, amos,** to **er** and *ir verbs.*

C. Irregular direct commands

dar *to give*
Doy gracias.
I give thanks.

¡Dé Ud. gracias!	¡Den Uds. gracias!	¡Demos gracias!
Give thanks!	Give thanks!	Let's give thanks!

estar *to be*
Estoy aquí
I am here.

(location, health, result of action)		
¡Esté Ud. aquí!	¡Estén Uds. aquí!	¡Estemos aquí!
Be here!	Be here!	Let's be here!

ir *to go*
Voy ahora.
I go now.

¡Vaya Ud. ahora!	¡Vayan Uds. ahora!	*¡Vamos ahora!
Go now!	Go now!	Let's go now!

saber *to know*
Sé esto.
I know this.

¡Sepa Ud. esto!	¡Sepan Uds. esto!	¡Sepamos esto!
Know this!	Know this!	Let's know this!

ser *to be*
Soy bueno.
I am good.

¡Sea Ud. bueno!	¡Sean Uds. buenos!	¡Seamos buenos!
Be good!	Be good!	Let's be good!

Rules:

1. The **Ud., Uds.,** and **nosotros** commands of **dar, estar, ir, saber, ser,** are irregular and must be *memorized* because the first person singular of their present tense does not end in **o.**

2. *Let's go or let us go* usually uses **¡vamos!** instead of the **vay** stem of the **vaya Ud.** and **vayan Uds.** commands.

STUDY THE RULES, EXAMPLES, AND MODELS BEFORE BEGINNING THE EXERCISES!

Ejercicios

I.   **(A)** Isabel is receiving advice from her doctor. Write the *Ud.* command for each expression in parentheses.

      Model: (escuchar bien.)   ¡Escuche Ud. bien!
                                            Listen well!

1. (Comer bien.) _____

2. (Caminar mucho.) _____

3. (Tener paciencia.) _____

4. (Venir a visitarme mucho.) _____

5. (Estar bien.) _____

    (B) Isabel leaves, and her two brothers also get advice from the doctor. Write the *Uds.* command for each expression in parentheses.

      Model: (escuchar bien.)   ¡Escuchen Uds. bien!
                                            Listen well!

1. (Tomar asiento.) _____

2. (No fumar.) _____

3. (Hacer ejercicio.) _____

4. (Ir al gimnasio.) _____

5. (No ser perezosos.) _____

    (C) When the brothers arrive home they make decisions. Write the *nosotros* command for each expression in parentheses.

      Model: (Comer bien.)   ¡Comamos bien!
                                            Let's eat well!

1. (Correr en el parque.) _____

2. (No beber alcohol.) _____

3. (Vivir para siempre.) _____

4. (Ir más al médico.) _____

5. (Dar las gracias al médico.) _____

¡Baile Ud. ahora!

II. Role-play using the appropriate affirmative command according to each model.

(A) Model: —¿Bailo ahora?　　　　　　**—Sí, ¡baile Ud. ahora!**
　　　　　　Shall I dance now?　　　　　Yes, dance now!

1. ¿Canto ahora? _____

2. ¿Respondo ahora? _____

3. ¿Escribo ahora? _____

4. ¿Compro ahora? _____

5. ¿Leo ahora? _____

(B) Model: —¿Bailamos ahora?　　　　　**—Sí, ¡bailen Uds. ahora!**
　　　　　　Shall we dance now?　　　　Yes, dance now!

1. ¿Hablamos ahora? _____

2. ¿Aprendemos ahora? _____

3. ¿Comemos ahora? _____

4. ¿Andamos ahora? _____

5. ¿Corremos ahora? _____

(C) Model: —Vamos a bailar pronto?   —¡Bailemos ahora mismo!
Are we going to dance soon?   Let's dance right now!

1. ¿Vamos a **estudiar** pronto? _____

2. ¿Vamos a **beber** pronto? _____

3. ¿Vamos a **asistir** pronto? _____

4. ¿Vamos a **entrar** pronto? _____

5. ¿Vamos a **leer** pronto? _____

III. Role-play using the appropriate affirmative command according to each model.

(A) Model: —Deseo **salir temprano**.   —Bueno, ¡salga Ud. temprano!
I want to leave early.   Fine, leave early!

1. Quiero **venir tarde.** _____

2. Deseo **oír la música.** _____

3. Necesito **conocer a todos.** _____

4. Debo **hacer el trabajo.** _____

5. Voy a **poner la silla aquí.** _____

6. Me gusta **ser perezoso.** _____

7. Tengo que **dar una fiesta.** _____

(B) Model: —Deseamos **salir hoy**.   —Bueno, ¡salgan Uds. hoy!

1. Queremos **saber la verdad.** _____

2. Me gusta **decir la palabra.** _____

3. Pensamos **traer flores.** _____

4. Tenemos que **estar allí a la una.** _____

5. Debemos **tener paciencia.** _____

6. Deseamos **ver esa película.** _____

7. Vamos a **salir pronto.** _____

8. Necesitamos **oír la respuesta.** _____

IV. You are the teacher who gives advice to a new student. Use the appropriate command of the infinitive given in parentheses. Role-play.

1. Juan: —¿Es necesario estudiar mucho?

   La maestra: —¡ _____mucho todos los días! (estudiar / Ud.)

2. Juan: —¿Cuándo hago la tarea?

   La maestra: —¡ _____la tarea por la tarde! (hacer / Ud.)

3. Juan: —¿Tengo clases todos los días?

   La maestra: —¡ _____a las clases cinco días! (asistir / Ud.)

4. Juan: —¿Y en la clase?

   La maestra: —¡ _____un buen alumno! (ser / Ud.)

5. Juan: —¿Y los libros?

   La maestra: —¡ _____siempre los libros! (traer / Ud.)

6. Juan: —¿Son difíciles las lecciones?

   La maestra: —¡ _____ las lecciones muy bien! (saber / Ud.)

7. Juan: —¿Y por la tarde?

   La maestra: —¡ _____ a hablarme un poco! (venir / Ud.)

8. Juan: —¿No es posible mirar la televisión por la noche?

   La maestra: —¡ _____a la cama a las diez! (ir / Ud.)

9. Juan: —¿Y los domingos por la tarde?

   La maestra: —¡ _____a muchos amigos! (conocer / Ud.)

10. La maestra: —¡ _____paseos con ellos! (dar / Ud.) ¡Buena suerte!

V. **Oral Proficiency:** Act your part (Yo), or role-play. *Later* write your part. [Review PALABRAS NUEVAS and ESTRUCTURAS of this WORK UNIT Sixteen]

Situation: Señor Lorca, a new neighbor, asks you for walking directions to the post office. You direct him. [Three sentences are good; four very good; five or more are excellent.]

Señor Lorca: ¿Dígame cómo puedo llegar al correo?
Yo:...

Clues: *Using command forms for Ud. you may tell him how many blocks to walk to continue straight ahead; at which street to turn to the right; to what avenue to walk; at which corner to turn to the left, what he should (debe) do if he is lost. Other ideas?*

Pero Señora López, su hija no es así.

Did you ever forget someone's name?
Think what a job it must be for a teacher
with so many pupils.

Su hija es una alumna excelente

Es el día de entrevistas entre padres y maestros. Una vez al año los padres vienen a la escuela para hablar con los profesores acerca del progreso de sus hijos. El profesor Yerbaverde es un joven en su primer año de enseñanza. Él espera nerviosamente la visita de los padres. Pero, ¡atención! ahí viene una madre.

Profesor:	Buenos días, señora. ¿En qué puedo servirla?
Madre:	Buenos días. Yo soy la señora de López. Ud. tiene mi hija, Sonia, en su clase de biología.
Profesor:	(Piensa un momento porque tiene muchas alumnas en sus clases.) Ah, sí. Sonia López. Es una alumna excelente. Siempre sale bien en los exámenes. Va a sacar una nota buena en mi clase.
Madre:	¡Ay, qué bueno! ¿Hace siempre mi hija su tarea?
Profesor:	Sí, sí. Claro. En la escuela no hay muchas como ella. Siempre prepara sus lecciones y contesta mis preguntas. Trae sus libros y su pluma todos los días. Su trabajo es excelente.
Madre:	¡Oh, gracias a Dios! Ud. es el primer profesor que me dice eso. Todos los otros profesores dicen que mi hija es una tonta, que Sonia nunca quiere hacer nada, que ella pasa todo el día sin estudiar y que sólo piensa en los muchachos.
Profesor:	No, señora, su hija no es así. Los otros profesores están equivocados.
Madre:	Gracias, señor profesor. Muchísimas gracias. Adiós. (Ella se va.)
	Después de cinco minutos, entra otra madre.
Madre:	Buenos días, señor. Yo soy la señora de Gómez. Mi hija, Sonia, está en su clase de biología.
Profesor:	(completamente sorprendido) ¡Sonia Gómez! Ay, ¡Dios mio! ¡Es su Sonia la alumna excelente! El equivocado soy yo. ¡Hay dos Sonias en mis clases!

Palabras Nuevas

SUSTANTIVOS
la clase de biología
    the biology class
el día de entrevistas entre
    padres y maestros
    Open School Day
la enseñanza the teaching
el equivocado the one
    who made a mistake
los hijos the sons and
    daughters, the children
el progreso the progress
la sala de clase the
    classroom
la Sra. de López
    Mrs. Lopez

la tarea the homework
la tonta the fool
la visita the visit

VERBOS
esperar to wait for
sacar una nota
    to get a mark
salir bien en los exámenes
    to pass tests
se va he *(she)* leaves; you
    (formal sing.) leave
traer to bring

ADJETIVOS
excelente excellent

OTRAS PALABRAS
acerca de about
ahí viene una madre
    here comes a mother
¡atención! attention
como like
¡Dios mío! Heavens!
¿En qué puedo servirle?
    What can I do for you?
nerviosamente nervously
¡qué bueno! how good!
    great!
una vez al año *once a year*

Ejercicios

I. (A) Complete the sentences according to the story.

1. Una _____ al año, los padres vienen a _____ con los _____.

2. El profesor es un joven en su _____ año de _____.

3. La hija de la señora de López está en la clase de _____.

4. El profesor dice que Sonia va a sacar una _____ _____.

5. La señora de Gómez tiene una hija que se llama _____ también.

(B) Preguntas personales y generales. Write your answer in a complete Spanish sentence.

1. ¿Qué nota va Ud. a sacar en la clase de español?
2. ¿Qué dicen todos los profesores de Ud.?
3. ¿Cuántas veces al año viene su padre a la escuela?
4. ¿Quién siempre sale bien en los exámenes?
5. ¿Por qué debe Ud. hacer siempre su tarea?

1. _____

2. _____

3. _____

4. _____

5. _____

II. Acróstico

1. teach   1. **E**

2. mark   2. **N**

3. homework   3. **T**

4. thanks   4. **R**

5. test   5. **E**

6. time   6. **V**

7. always   7. **I**

8. to get (a mark)   8. **S**

9. so many   9. **T**

10. to appear   10. **A**

III. Compositions: Oral or written.

(A) Look at the picture at the beginning of this Work Unit. Describe the scene in Spanish to a friend. Tell what is happening.

(B) Tell about your work in school. Include the following:

Mi trabajo en la escuela

1. Whether you want to attend college (**la universidad**). 2. What kind of marks you need. 3. Whether you always do the homework. 4. What kind of student you are. 5. What you want to be.

Estructuras de la lengua

Possessive Adjectives. The five possessive adjectives below tell who the owner is.

A. Agreement with singular nouns:

With Masculine Singular Nouns

Mi cuarto es bonito.	*My room* is pretty.
Tu cuarto es bonito.	*Your room* (fam. sing. address)
Su cuarto es bonito.	*His room* (*her, its, their room*).
	Your room (formal sing. & pl. address)
Nuestro cuarto es bonito.	*Our room* is pretty.
Vuestro cuarto es bonito.	*Your room* (fam. pl. address—used In Spain)

Rules:

1. Possessive adjectives precede the noun.

2. **Su** has five meanings: *his, her, its, their, your.* **Su** meaning *your* is used when speaking to one or more persons in a formal way.

3. **Tu** *your* is distinguished from **tú** *you* by dropping the accent mark. **Tu(s)** is used when speaking to *one person* in a familiar way.

4. **Vuestro(s)** *your* is used largely in Spain when speaking to *more than one person* in a familiar way.

B. Agreement with plural nouns:

With Masculine Plural Nouns

Mis cuartos son bonitos.	*My rooms* are pretty.
Tus cuartos son bonitos.	*Your rooms* (fam. sing. address)
Sus cuartos son bonitos.	*His rooms* (*her, its, their rooms*)
	Your rooms (formal sing. & pl. address)
Nuestros cuartos son bonitos.	*Our rooms* are pretty.
Vuestros cuartos son bonitos.	*Your rooms* (fam. pl. address—used in Spain)

Rules:

1. Add **s** to each possessive adjective when the following noun is plural.

2. Adding **s** does not change the meaning of the possessive adjective; **su amigo** may mean *their friend*, **sus amigos** may mean *his friends*.

C. Agreement with feminine nouns:

Feminine Singular: **nuestra** and **vuestra**

Nuestra casa es bonita.	Our house is pretty.
Vuestra casa es bonita.	Your house (fam. pl.—in Spain).

Feminine Plural: **nuestras** and **vuestras**

Nuestras casas son bonitas.	Our houses are pretty.
Vuestras casas son bonitas.	Your houses (fam. pl.—in Spain).

Rules:

1. **Nuestro** *our* and **vuestro** *your* change **o** to **a** before a feminine singular noun. **Nuestra** and **vuestra** add **s** before a feminine plural noun.

2. The other possessive adjectives do *not* have distinctive feminine forms:

> **mi casa, tu casa, su casa**
> **mis casas, tus casas, sus casas**

D. De él, de ella, de Ud., de Uds., de ellos-as, instead of su and sus.

1. **¿Son sus amigas?** may mean: Are they *his, her, its, your,* or *their* friends?

2. For clarity, *instead* of **su** and **sus,** use the appropriate definite article **(el, la, los,** or **las)** *before* the noun, followed by **de** and the *personal pronoun* that represents the owner *clearly.*

Son **las** amigas **de él**	They are *his* friends.
. . . . **de ella.**	. . . . *her* friends.
. . . . **de Ud.**	. . . . *your* friends
. . . . **de Uds.**	. . . . *your* friends.
. . . . **de ellos-as**	. . . . *their* friends.

Rule:

De él, de ella, de Ud., de Uds., de ellos-as, always *follow* the noun.

STUDY THE RULES, EXAMPLES, AND MODELS BEFORE BEGINNING THE EXERCISES!

Ejercicios

I. Perico repeats what his friends say but changes the noun and its possessive plural! Tell Perico's statements giving the *plural* of the expression in *italics*. Role-play.

Model: —Tengo *mi* papel.　　　　　　　　—Tengo **mis papeles.**
　　　　　　I have my paper.　　　　　　　　　I have my papers.

1. Tengo *mi cuaderno.* _____

2. Los vecinos venden *su casa.* _____

3. No preparas *tu comida.* _____

4. Juana aprende *su lección.* _____

5. Uds. miran *su programa.* _____

II. Affirm all that belongs to you and to your family using the appropriate form of the possessive adjective **nuestro.** Role-play.

Model:　　¿Es su escuela?　　　　　　—**No. Es nuestra** escuela.
　　　　　　Is it their school?　　　　　　No. It's our school.

1. ¿Es su profesor? _____

2. ¿Es su coche? _____

3. ¿Son sus padres? _____

4. ¿Son sus amigas? _____

5. ¿Son sus amigos? _____

III. Tell your sister you do use her things. Change *possessive adjective appropriately.* Role-play.

Model: —¿Usas (fam.) mi reloj?　　　　—**Sí. Uso tu (fam.)** reloj.
　　　　　　Are you using my watch?　　　　Yes. I'm using your watch.

1. ¿Usas mi abrigo? _____

2. ¿Usas mis pantalones? _____

3. ¿Lees mi diario? _____

4. ¿Deseas mis casetes? _____

5. ¿Necesitas mis discos compactos? _____

IV. Give the *double* response, using the clarifying possessives **de él** and **de ella** instead of **su** and **sus.** Use **No son (es) _____ de él. Son (es) _____ de ella.**

Model: —¿Son sus cuadernos?   —**No son** los cuadernos **de él.**   **Son de ella.**
        Are they his notebooks?   They are not *his* notebooks.   They are *hers.*

1. ¿Son sus lápices? _____

_____

2. ¿Son sus camisas? _____

_____

3. ¿Es sus amiga? _____

_____

4. ¿Es su reloj? _____

_____

5. ¿Son sus hermanos? _____

_____

V. Give the *double* rejoinder, using the clarifying possessives **de Uds.** and **de ellos.** Role-play.

Model: —Es nuestro dinero.   —**No es** el dinero **de Uds.**   **Es** el dinero **de ellos.**
        It is our money.   Is is not *your* money.   It's *their* money.

1. Es nuestro coche. _____

_____

2. Es nuestra pelota. _____

_____

3. Son nuestras chaquetas. _____

_____

4. Son nuestros abrigos. _____

_____

5. Es nuestra familia. _____

_____

VI. Restate the sentence, substituting the appropriate form of the possessive adjective given in parentheses in place of the word in *italics*.

Model: Compro *las* flores.   (our) Compro **nuestras** flores.
          I buy the flowers.   I buy our flowers.

1. Vendo *los* coches. (my) _____

2. Escribimos *las* cartas. (our) _____

3. Estudian *las* lecciones. (his) _____

4. Entran en *los* cuartos. (her) _____

5. Salen de *la* casa. (your *fam.*) _____

6. Explican *el* examen. (their) _____

7. Buscan *el* mapa. (our) _____

8. Deseas *la* respuesta. (our) _____

9. Miran *la* casa. (your *formal*) _____

10. Responden a *las* preguntas. (your *formal*) _____

VII. Complete the dialog between the brothers, Paul and Anthony. (Use the familiar **tu** for *your*.)

¡Es mi fútbol!

1. Pablo:—¿Tienes _____ fútbol?
   (my)

2. Antonio:—¿Por qué dices _____ fútbol?
   (your)

3. Pablo:—Tú sabes, el fútbol que nos dieron _____ tías.
   (our)

   Eres mi hermano y _____ cosas son _____ cosas.
   (your)   (my)

4. Antonio:—Pues bien, ¡quiero en seguida "_____" diez dólares que
   (our)

   las tías te dieron ayer!

VIII. Oral Proficiency: Act your part (Yo), or role play. *Later* write your part. [Review PALABRAS NUEVAS and ESTRUCTURAS of this WORK UNIT Seventeen]

Situation: You are baby-sitting. Your young brother and sister are crying. Each claims the other's toys. You tell them to whom each thing belongs. [Three sentences are good; four very good; five or more are excellent.]

Los hermanitos: ¿De quién es todo esto?
Yo:...

Clues: *Using* tu *and* tus *tell Ofelia* it is *her doll,* it is *her bicycle, tell Mario* they are *his trains,* they are *his baseball gloves, etc. But also tell them what is or what are* ours, *e.g., the dogs, the televisions, the house, the garden. Other ideas?*

¿No está interesado en comprar esta casa?

The house seems like a good buy. Is Carlos interested in buying it?

Casa a la venta

Cuando pasa por la calle, Carlos ve este letrero delante de una casa.

Toca a la puerta y espera unos momentos. Pronto, un hombre viejo abre la puerta y lo saluda.

Hombre: Buenos días señor, ¿en qué puedo servirle?

Carlos: Veo que esta casa está a la venta. ¿Puedo verla?

Hombre: Sí, cómo no. ¡Pase Ud.! Yo soy Pedro Piragua.

Carlos: Mucho gusto en conocerlo. Me llamo Comequeso, Carlos Comequeso.

Hombre: Bueno, señor Comequeso, Mire Vd, esta sala. Está recién pintada. Ahora vamos a pasar a la cocina. Ese refrigerador y esa estufa son nuevos.

Carlos: Ya veo. Parecen estar en excelentes condiciones. ¿Dónde están los dormitorios?

Hombre: Hay tres y están en el piso de arriba. Vamos allá ahora. . .

Carlos: ¡Qué hermosos! Estos cuartos son grandes y claros.

Hombre: Además, hay otro cuarto de baño que es completamente nuevo.

Carlos: ¡Dígame algo del vecindario!

Hombre: Es excelente. La casa está cerca de los trenes y autobuses y Ud. puede ir de compras en aquella próxima calle. Ahora, ¿quiere Ud. saber el precio? Es muy barato.

Carlos: No, gracias.

Hombre: ¿Cómo que no? ¿No está Ud. interesado en comprar esta casa?

Carlos: No. Es que voy a poner mi casa a la venta esta semana y quiero saber el mejor método de hacerlo.

Palabras Nuevas

SUSTANTIVOS
el cuarto de baño
   the bathroom
el dormitorio the bedroom
la estufa the stove
el letrero the sign
Pedro Peter
el piso de arriba
   the floor above, upstairs
el precio the price
el queso the cheese
el refrigerador the refrigerator
el vecindario
   the neighborhood

ADJETIVOS
barato,a inexpensive, cheap

claro,a light, clear
hermoso,a beautiful
interesado,a interested
(recién) pintado,a
   (recently) painted
próximo,a next

VERBOS
ir de compras
   to go shopping
pasar por la calle to walk
   along the street
¡pida informes!
   ask for information
   (formal sing.)
saludar to greet
ver to see

ya veo now I see,
   indeed I do understand

OTRAS PALABRAS
a la venta for sale
¡cómo no! of course
¿Cómo que no? What do
   you mean by "no"?
en aquella próxima calle
   on that next street
es que the fact is that
lo him, it, you *(masc.)*
mucho gusto en conocerlo
   pleased to meet you
pronto soon
¡Qué hermosos!
   How beautiful!

Ejercicios

I. **(A) Preguntas.** Write your answer in a complete Spanish sentence.

1. ¿Qué ve Carlos delante de una casa? _____

2. ¿Por qué quiere ver Carlos la casa? _____

3. ¿Qué hay en la cocina? _____

4. ¿Cómo son los dormitorios? _____

5. ¿Qué va a hacer Carlos esta semana? _____

(B) Preguntas personales y generales. Write your answer in a complete Spanish sentence.

1. ¿Qué hay generalmente en una cocina?
2. ¿Cuántas habitaciones hay en su casa o apartamiento? ¿Cuáles son?
3. Describa Ud. el vecindario donde vive Ud.
4. ¿Qué pone Ud. en un letrero para vender una casa?
5. ¿Qué dice Ud. para saludar a una persona?

1. _____

2. _____

3. _____

4. _____

5. _____

II. Write the words from group B that match the words in group A.

A

1. La ventana se usa para _____

2. La puerta se usa para _____

3. La sala se usa para _____

4. El tren se usa para _____

5. La estufa se usa para _____

6. El refrigerador se usa para _____

7. El dormitorio se usa para _____

8. El baño se usa para _____

B

a) lavarse
b) descansar y mirar la televisión
c) dormir
d) mantener fría la comida

e) entrar y salir
f) preparar la comida
g) dejar entrar el aire fresco
h) viajar

III. ¿Cómo se dice en español?

1. House for sale, inquire within.
2. He knocks on the door and waits a few minutes.
3. Good morning, what can I do for you?
4. I'm very pleased to meet you.
5. Tell me something about the neighborhood.

1. _____

2. _____

3. _____

4. _____

5. _____

IV. **Picture Match:** Choose and write the sentence(s) suggested by each sketch. Then tell something more about each one.

1.

2.

3.

4.

5.

a. —Vamos a la cocina.
b. —Mire Ud. esta sala; está recién pintada.
c. Toca a la puerta y espera unos momentos.
d. Hay tres dormitorios grandes.

e. —La casa está cerca de los trenes y autobuses.
f. Un hombre viejo abre la puerta.
g. —El refrigerador y la estufa son nuevos.
h. —Puede ir de compras en la próxima calle.

1. _____

_____

2. _____

_____

3. _____

4. _____

5. _____

_____

V. Compositions: Oral or written.

(A) Tell us *what is happening* in the *picture* on page 184. Then tell something more about the story and how it ends.

(B) Tell a new friend about where you live. Write a note.

Querido (a) . . ., ¿Cómo es tu vecindario?

1. Where you live; on what street, in an apartment or house. 2. Why there are enough (bastantes) rooms for your family. 3. Whether your bedroom is small, large, light. 4. Where you go shopping. 5. What is beautiful in the neighborhood.

Estructuras de la lengua

Demonstrative Adjectives

A. *This, these:* The speaker uses the following to indicate a person, place, or thing (or persons, places, things) *close to himself*, i.e., *close to the speaker.*

Este (masc.); **esta** (fem.) — *this*

1. Este perrito cerca de mí es mono.
   This puppy near me is cute.

2. Esta rosa que tengo es roja.
   This rose which I'm holding is red.

Estos (masc.); **estas** (fem.) — *these*

1. Estos perritos aquí son más monos.
   These puppies over here are cuter.

2. Estas rosas que tengo son blancas.
   These roses which I have are white.

Rules:

1. **Este** (masc.) and **esta** (fem. sing.), *this*, are used respectively before a masculine singular noun and before a feminine singular noun.

2. **Estos** (masc. pl.) and **estas** (fem. pl.), *these*, are used respectively before masculine plural nouns and before feminine plural nouns. Note that **estos** is the irregular plural of **este.**

3. Closeness to the speaker may be indicated by additional expressions such as: **aquí,** *here;* **cerca de mí,** *near me;* **que tengo,** *which I hold (have).*

B. *That, those:* The speaker uses the following to indicate that a person, place, or thing (or persons, places, things) is (are) *close to the listener.*

Ese (masc.); **esa** (fem.) — *that*	**Esos** (masc.); **esas** (fem.) — *those*
1. Ese perrito está cerca de ti (Ud., Uds.). That puppy is near you.	1. Esos perritos están cerca de ti (Ud., Uds.). Those puppies are near you.
2. Esa rosa que tienes ahí es rosada. That rose which you have there is pink.	2. Esas rosas que tienes ahí son rojas. Those roses which you have there are red.

Rules:

1. **Ese, esa,** *that*, are formed by dropping the **t** from **este, esta** (*this*). **Esos, esas,** *those*, are formed by dropping the **t** from **estos, estas** (*these*).

2. **Ese** (masc. sing.) and **esa** (fem. sing.), *that*, are used respectively before a masculine singular noun and before a feminine singular noun.

3. **Esos** (masc. pl.) and **esas** (fem. pl.), *those*, are used respectively before masculine plural nouns and before feminine plural nouns. Note that **esos** is the irregular plural of **ese.**

4. Closeness to the listener may be indicated by additional expressions such as: **ahí,** *there near you;* **cerca de ti (Ud., Uds.),** *near you;* **que tienes (Ud. tiene; Uds. tienen),** *which you hold (have).*

C. *That, those;* indicating *distance from both the listener and the speaker.*

Aquel (masc.); **aquella** (fem.) — *that*	**Aquellos** (masc.); **aquellas** (fem.) — *those*
1. Aquel parque está lejos de ti y de mí. That park is far from you and me.	1. Aquellos parques están lejos de nosotros. Those parks are far from us.
2. Aquella casa allí es magnífica. That house over there is magnificent.	2. Aquellas casas allí son magníficas. Those houses over there are magnificent.

Rules:

1. Unlike English, the speaker of Spanish insists on making a distinction between *that, those,* **aquel,** etc., *distant from the listener;* and *that, those,* **ese,** etc., *near the listener.*

2. **Aquel** (masc. sing.) and **aquella** (fem. sing.), *that,* are used respectively before a masculine singular noun and before a feminine singular noun.

3. **Aquellos** (masc. pl.) and **aquellas** (fem. pl.), *those,* are used respectively before masculine plural nouns and before feminine plural nouns.

4. Distance from the listener may be indicated by additional expressions such as: **allí,** *over there, yonder,* and **lejos de nosotros-as,** *far from us.*

STUDY THE RULES, EXAMPLES, AND MODELS BEFORE BEGINNING THE EXERCISES!

Ejercicios

I. Alicia is buying furniture and materials for her new art studio. She tells the salesperson what she needs. Rewrite each model sentence, substituting the noun in parentheses for the noun in *italics*. Make the necessary change in the demonstrative adjectives (*this, that,* etc.).

Model: Necesito este *libro*.   I need this book.
     (pluma) Necesito **esta pluma.**   I need this pen.

(A) Compro este *papel*. I'm buying this paper.

1. (tiza) _____

2. (plumas) _____

3. (lápiz) _____

4. (papeles) _____

5. (pintura) _____

(B) The salesperson suggests several items. ¿Deseas ese *libro* ahí? Do you want that book there (near you)?

1. (silla) _____

2. (escritorio) _____

3. (periódicos) _____

4. (libros) _____

5. (plumas) _____

(C) She follows a guided tour at a museum afterwards. Miren Uds. aquel *cuadro* allí. Look at that picture over there.

1. (fotografías) _____

2. (pinturas) _____

3. (obra de arte) _____

4. (cuadro) _____

5. (estatua) _____

II. Restate the sentence, changing the words in italics to the singular, e.g., *esos usos*, **ese uso.**

1. Reciben *estos papeles* y *aquellos libros*. _____

_____

2. Estudian *estas palabras* y *esas frases*. _____

_____

3. Contestan a *esos profesores* y a *aquellos alumnos*. _____

_____

4. Abren *esas puertas* y *aquellas ventanas*. _____

_____

5. ¿Admiran *estos pañuelos* y *esos zapatos*? _____

_____

III. Restate the sentence changing the words in *italics* to the *plural*, e.g., *ese uso,* **esos usos.**

1. Leemos *este periódico* y *ese artículo.* _____

2. Deseamos *esta silla* y *aquella cama.* _____

3. Admiramos *este sombrero* y *aquel vestido.* _____

4. Preferimos *esa clase* y *aquel profesor.* _____

5. Queremos *ese vestido* y *aquella falda.* _____

IV. Answer the questions according to the model. Use the correct form of **este-a, estos-as.** Role-play.

Model: —¿Es interesante **ese libro** suyo?   —**¿Este libro? Sí, gracias.**
     Is *that* book of yours interesting?   *This* book? Yes, thank you.

1. ¿Está contento ese amigo suyo? _____

2. ¿Es interesante esa revista suya? _____

3. ¿Son fantásticos esos cuentos suyos? _____

4. ¿Son excelentes esas fotos suyas? _____

5. ¿Es importante ese papel suyo? _____

V. Answer the questions according to the model. Use the correct form of **ese-a; esos-as.** Role-play.

Model: —¿Desea Ud. [Deseas] **este** cuarto?   —**¿Ese cuarto? No, gracias.**
     Do you want *this* room?   *That* room (near you)? No, thanks.

1. ¿Desea Ud. este postre? _____

2. ¿Quieres esta gramática? _____

3. ¿Necesita Ud. estos libros? _____

4. ¿Prefiere Ud. estas manzanas? _____

5. ¿Invita Ud. a estos amigos? _____

VI. Complete in Spanish the dialogue between Luisita and her mother in which Luisita insists on having her brother's ice cream, candy, cookies, and soda.

> Remember: Este _____ aquí;   Ese _____ ahí;   Aquel _____ allí;
>   . . . . cerca de mí;   . . .cerca de ti;   . . . . cerca de él;
>   . . . . . que tengo.   . . .que tienes.   . . . . que él tiene.
>
> **¿Cuál prefieres?**

1. La mamá: ¿Cuál prefieres _____ helado a vainilla que tengo o _____
   (this)   (that)

   helado a chocolate que tú tienes?

2. Luisita: Prefiero _____ helado que Juan tiene allí.
   (that)

3. La mamá: Entonces, Juan te da su plato. ¿Y qué prefieres como dulces, _____
   (these)

   dulces aquí o _____ dulces que están cerca de ti?

4. Luisita: Quiero también _____ dulces que Juan come allí.
   (those)

5. La mamá: ¿Lo mismo con _____ galleticas y _____ gaseosa que
   (those)   (that)

   Juan toma?

6. Luisita: Sí, lo mismo. No me gustan _____ galleticas ni _____
   (these)   (this)

   gaseosa mía.

7. La mamá: ¡Ay! ¡Qué difícil es _____ hija mía!
   (that)

8. Luisita: ¡Ay! ¡Qué difíciles son _____ mamás de hoy!
   (those)

VII. Oral Proficiency: Act your part (Yo), or role play. *Later* write your part. [Review PALABRAS NUEVAS and ESTRUCTURAS of this WORK UNIT Eighteen]

Situation: You work weekends in a department store. A classmate, Roberto, is looking for a gift for his girlfriend, something pretty but inexpensive. You make suggestions. [Three sentences are good; four very good; five or more are excellent.]

 Roberto: Busco algo hermoso pero barato.
Yo:...

Clues: *Using este, esta, estos, estas, sugiero, ¿quieres?, ¿deseas?, ¿prefieres?, and ¿compras? show Roberto hats, gloves, skirts, blouses, flowers, books, and other beautiful things for sale at low prices.* Tell Roberto's answers.

Estampillas Americanas

El lobo también tiene los
dientes grandes y blancos.

Sure, everybody's heard the story of Little Red
Riding Hood. But what happens to it on TV?

¡Qué dientes tan grandes tienes!

Es la hora de los niños. Todos los chicos esperan impacientemente su programa favorito de televisión. Esta tarde van a ver una versión moderna del clásico "Caperucita Roja." Vamos a escuchar.

Locutor:	Y ahora niños, vamos a ver el capítulo final. Como Uds. ya saben, Caperucita Roja va a la casa de su abuela, con una cesta llena de frutas y dulces. Ya es tarde y quiere llegar antes de la noche. La casa está lejos y dentro de un bosque oscuro. Caperucita Roja anda mucho por el bosque. Al fin llega a la casa de su abuela. Ella no sabe que el lobo ha comido a la abuela y está en su cama. Caperucita toca a la puerta y canta alegremente.
Lobo:	¿Quién es?
Caperucita Roja:	Soy yo, abuelita, y te traigo unos dulces y unas frutas.
Lobo:	Pasa, pasa, hija mía. La puerta está abierta. Yo estoy enferma y no puedo bajar de la cama.
Caperucita Roja:	Oh, mi pobre abuelita. . . . Pero abuelita, ¡qué orejas tan grandes tienes!
Lobo:	Para oírte mejor, hija mía. ¡Ven, ven cerca de la cama!
Caperucita Roja:	Aquí tienes los dulces. . . . Pero abuelita, ¡qué ojos tan grandes tienes!
Lobo:	Para verte mejor, hija mía. Pero ¡ven más cerca, un poco más!
Caperucita Roja:	Pero abuelita, ¡qué dientes tan grandes tienes!
Locutor:	Sí, el lobo tiene los dientes grandes y blancos también. Y si Uds. quieren tener la sonrisa que encanta, usen nuestro producto, la pasta dentífrica—Blanco Fantástico—y Uds. van a notar la diferencia.

Palabras Nuevas

SUSTANTIVOS
la abuelita the granny
el bosque to woods
Caperucita Roja
    Little Red Riding Hood
el capítulo the chapter
la cesta the basket
el diente the tooth
los dulces the candy
la fruta the fruit
la hora de los niños
    the children's hour
el lobo the wolf
el ojo the eye
la oreja the ear
la pasta dentífrica
    the toothpaste

la sonrisa the smile
    la sonrisa que encanta
    the charming smile

ADJETIVO
lleno,a de full of, filled with

VERBOS
bajar de to get off,
    to go down from
llegar to arrive
notar to notice
oírte to hear you *(fam. sing.)*
pasar to enter, to pass
    ¡pasa! enter! *(fam. sing.)*
(no) puedo I can *(not)*
soy yo it's I

vamos a. . . let us. . .
¡ven más cerca! come closer
    (fam. sing.)
verte to see you *(fam. sing.)*

OTRAS PALABRAS
alegremente cheerfully
antes (de) before
hija mía my child
impacientemente impatiently
¡Qué orejas (ojos, dientes)
    tan grandes! What big
    ears *(eyes, teeth)*!
ya es tarde it's late now
    (already)

Ejercicios

I. **(A)** ¿**Cierto** (true) or **falso** (false)?

1. Es el primer capítulo de Caperucita Roja. _____

2. Caperucita lleva una cesta a la casa de su abuela. _____

3. La chica pasa por unas calles oscuras. _____

4. La abuela está en la cama porque ella ha comido al lobo. _____

5. Caperucita dice: —¡Qué manos grandes tienes! _____

6. El lobo tiene los dientes blancos porque usa una buena pasta dentífrica. _____

(B) **Preguntas personales y generales.** Write your answer in a complete Spanish sentence.

1. ¿Qué contesta Ud. si la persona dentro de la casa pregunta: —¿Quién es?
2. Para tener los dientes blancos, ¿qué usa Ud. todos los días?
3. ¿Hay mucha diferencia entre las pastas dentífricas?
4. ¿Cuál es un buen nombre para una pasta dentífrica?
5. ¡Mencione Ud. un animal que tiene los dientes grandes!

1. _____

2. _____

3. _____

4. _____

5. _____

II. Compositions: Oral or written.

(A) Look at the picture at the beginning of this Work Unit. Describe the scene in Spanish to a friend. Tell what is happening.

(B) You are Little Red Riding Hood, and you meet the wolf. What would you say to him?

Lobo: Buenos días, señorita. ¿Adónde vas?

Cap. Roja: _____

Lobo: Oh, ¿está enferma la pobre vieja?

Cap. Roja: _____

Lobo: ¿Qué tienes en esa cesta?

Cap. Roja: _____

Lobo: Eres una niña muy buena. Adiós, Caperucita. Hasta pronto.

Cap. Roja: _____

III. Caperucita Roja has a number of things in her basket. Can you unscramble the words to find out what they are?

1. unas _ _ _ _ _ _ (tuarfs)

2. unos _ _ _ _ _ _ (selcud)

3. una _ _ _ _ (lorf)

4. un _ _ _ _ _ (vueho)

5. un _ _ _ _ _ _ (hadleo)

Buenos días, señorita.
¿Adónde vas tan de prisa?

Estructuras de la lengua

Common Adverbs; Exclamatory *¡Qué!*

A. Common adverbs of time, place, and manner.
Learn the following paired opposites.

1.	**ahora**	now	6.	**hoy**	today
	más tarde	later		**mañana**	tomorrow
2.	**allí**	there	7.	**más**	more
	aquí	here		**menos**	less
3.	**antes (de)**	before; previously	8.	**mucho**	a great deal
	después (de)	after; afterwards		**poco**	little
4.	**bien**	well	9.	**siempre**	always
	mal	badly		**nunca**	never
5.	**cerca (de)**	near; nearby	10.	**temprano**	early
	lejos (de)	far; faraway		**tarde**	late

B. Regular Formation of Adverbs

From Adjectives Ending in **o**

1. Él es **tímido** y habla **tímidamente.**
   He is *timid* and speaks *timidly.*

2. Los niños **locos** corren **locamente** por las calles.
   The *nutty* kids run *madly* through the streets.

3. El locutor habla **clara y lentamente.**

   The interviewer speaks *clearly* and *slowly.*

From All Other Adjectives

1. Ella es **amable** y habla **amablemente.**
   She is *kind* and speaks *kindly.*

2. Las amigas **felices** gritan **felizmente.**
   The *happy* friends shout *happily.*

3. Todos comprendemos **perfecta** y **fácilmente.**
   We all understand *perfectly* and *easily.*

Rules:

1. **Mente** is added to the *feminine singular* of the adjective to form the adverb, as *ly* is added to the adjective to form the English adverb.

2. The adverb telling how the action of the verb is carried out, or describing an adjective, never changes its **mente** form.

3. Keep the accent mark seen on the adjectives when you add **mente,** e.g., **rápido, rápidamente** (*rapidly*).

4. When two adverbs are used, the first adverb takes the usual feminine singular form of the adjective, but saves the **mente** ending for the second adverb, thus avoiding annoying repetition of **mente.**

C. ¡Qué! in an exclamation.

How! (before adjectives)	What a . . . . ! (before nouns)
1. **¡Qué bonita** es ella! How pretty she is!	1. **¡Qué chica!** What a girl!
2. **¡Qué bien** canta ella! How well she sings!	2. **¡Qué chica tan bonita!** What a pretty girl!

Rules:

1. Before adjectives and adverbs **¡qué!** means *How!* in an excited or exclamatory sense.

2. Before nouns **¡que!** means *what!* or *what a . . . !* in an excited or exclamatory sense. Do *not* use **un** or **una** after **¡qué!**

3. When both a noun and an adjective are present, the *noun* is generally stated *first,* followed by **tan** and the adjective.

4. Write an accent mark on **qué,** and place exclamation points *before* and *after* the statement.

5. The subject is placed *after* the verb in exclamations as in questions.

STUDY THE RULES, EXAMPLES, AND MODELS BEFORE BEGINNING THE EXERCISES!

Ejercicios

I. Role-play the story about the mysterious letter. Answer in a complete sentence using *the adverb* of the italicized *adjective* in the preceding question.

Model: —Como es *natural*, ¿van a la fiesta?   Naturalmente van.
         As is natural, are they going to the party?   Naturally, they are going.

1. Los amigos son *perezosos*. ¿Cómo pasan los domingos? _____

2. De pronto, llega una carta *misteriosa*. ¿Cómo llega? _____

3. Estos días están *nerviosos*. ¿Cómo reaccionan los amigos? _____

4. ¡Es una invitación *feliz*! ¿Cómo la contestan ellos? _____

5. Todos están *alegres* ahora. ¿Cómo van a la fiesta? _____

II. Disagree by stating the *opposite* of the expression in *italics* in a complete sentence. Substitute the opposite of the word in italics. Role-play.

Model: —Luis vive *cerca*.   —No. Luis vive **lejos.**
        Louis lives nearby.   No. Louis lives far away.

1. Juan estudia *mucho*. _____

2. La amiga viene *más tarde*. _____

3. *Siempre* toman café. _____

4. Gritan *más* en casa. _____

5. La escuela está *lejos*. _____

6. *Hoy* es otro día. _____

7. La casa está *aquí*. _____

8. Comemos *antes*. _____

9. Regresamos *temprano*. _____

10. María escribe *bien*. _____

III. Role-play your answer in a complete sentence using the *two adverbs* from the cues of italicized adjectives.

Model: ¿**Cómo habla el novio?** *romántico / dulce*
        How does the fiancé speak?
        Habla romántica y dulcemente.
        He speaks *romantically* and *softly (sweetly)*

1. ¿Cómo explica el profesor? *lento / claro* _____

2. ¿Comprendemos así? *exacto / perfecto* _____

3. ¿Cómo enseña? *sincero / honesto* _____

4. ¿También escucha el profesor? *simpático / amable* _____

5. ¿Corren los pequeños alumnos? *tonto / loco* _____

IV. Respond with an exclamation beginning with **¡Qué!** Make all necessary changes in word order according to the model. Use exclamation points.

Model: —¿Trabajan ellos tarde?   —**¡Qué tarde** trabajan ellos!
        Do they work late?   How late they work!

1. ¿Corren los trenes rápido? _____

2. ¿Vive Juan lejos? _____

3. ¿Vive Ana cerca? _____

4. ¿Es él pobre? _____

5. ¿Son ellos ricos? _____

V. Express two exclamations in response to each statement, according to the model. Make all necessary changes in word order, *omitting* the verb and the article. Include **tan.**

Model: —La chica es inteligente. ¿Verdad? **—¡Qué chica! ¡Qué chica tan inteligente!**
The girl is intelligent. Isn't she? What a girl! What an intelligent girl!

1. —Las casas son altas. ¿Verdad? _____

2. —Su madre es buena. ¿Verdad? _____

3. —Los niños son lindos. ¿Verdad? _____

4. —El cielo está azul. ¿Verdad? _____

5. —Esta escuela es grande. ¿Verdad? _____

VI. Write the Spanish equivalent in the *correct word order* according to the model. Use cues.

Model: What a fine day!
bonito / día **¡Qué día tan bonito!**

1. What an interesting day!

interesante / día _____

2. What an important year!

importante / año _____

3. What a nice boy!

simpático / muchacho _____

4. What kind teachers!

amables / profesores _____

5. What good classes!

buenas / clases _____

VII. **Oral Proficiency:** Act your part (Yo), or role play. *Later* write your part. [Review PALABRAS NUEVAS and ESTRUCTURAS of this WORK UNIT Nineteen]

Situation: Your friend, Rosa, admires your charming smile. You give advice. [Three sentences are good; four very good; five or more are excellent.]

 **Rosa:** ¡Qué sonrisa tan encantadora tienes!
Yo:...

Clues: *Tell her what a charming smile she is going to have; what you never eat; what you always drink; what toothpaste you use after each meal (cada comida); how many times a (al) year you visit the dentist who lives far away.*

ARTE ESPAÑOL

Pablo Picasso. *The Gourmet.*

Pablo Picasso. *The Old Guitarist.*

Es una carta urgente.

Do you believe in horoscopes? Sometimes
they contain surprises.

¿Qué dice el horóscopo?

¿Es Ud. una persona supersticiosa? ¿Es posible saber qué va a pasar en el futuro? Hay muchas personas en este mundo que creen en los horóscopos. Uno de ellos es nuestro héroe, Patricio Pisapapeles. Cuando recibe el periódico por la mañana, no empieza a mirar ni las noticias ni los deportes. Sólo le interesa su horóscopo. Así empieza a leer su fortuna y piensa en sus planes para el día. Busca su signo de Acuario.

Piscis: (20 febrero–21 marzo)
¡No pierda el tiempo! Su oportunidad está aquí ahora.

Aries: (22 marzo–20 abril)
¡Defienda sus derechos! ¡No sea tímido!

Tauro: (21 abril–21 mayo)
Su fortuna comienza a cambiar. Va a tener suerte.

Géminis: (22 mayo–21 junio)
Ud. puede hacer todo ahora. Su signo es favorable.

Cáncer: (22 junio–23 julio)
Si encuentra algún dinero, ¡no lo gaste todo!

Leo: (24 julio–23 agosto)
¡Recuerde a sus amigos! Ellos pueden ayudarlo.

Virgo: (24 agosto–23 septiembre)
¡Vuelva a su casa pronto!

Libra: (24 septiembre–23 octubre)
¡No cierre los ojos a oportunidades nuevas!

Escorpión: (24 octubre–22 noviembre)
¡Entienda sus deseos! ¡Tenga paciencia!

Sagitario: (23 noviembre–23 diciembre)
Si llueve hoy, Ud. pronto va a ver el sol.

Capricornio: (23 diciembre–20 enero)
La fortuna juega con nuestras vidas. Es necesario ser valiente.

Acuario: (21 enero–19 febrero)
Hoy viene una noticia importante. Puede cambiar su vida.

¡Dios mío, una noticia importante! ¿Qué puede ser? ¡La lotería, quizás! Voy a ganar la lotería. Sí, sí, eso es. Voy a recibir dinero, mucho dinero.

En este momento suena el timbre. Patricio corre a la puerta. Es el cartero con una carta urgente. Es de la madre de su mujer. Patricio la abre en un segundo y lee:

Queridos Patricio y Alicia:
Voy a tu casa para visitarlos la semana próxima. Pienso pasar tres semanas agradables con mis hijos favoritos.
Cariñosamente,
Mamá.

Palabras Nuevas

SUSTANTIVOS
el cartero the letter carrier
el deporte the sport
el derecho the right
el deseo the wish, the desire
la fortuna the fortune
el horóscopo the horoscope
la lotería the lottery
la noticia the news
Patricio Patrick
la persona the person
el pisapapeles
    the paperweight
el signo de Acuario
    the sign of Aquarius
el timbre the bell

VERBOS
cambiar to change

cerrar *(ie)* to close
comenzar *(ie)* to begin
defender *(ie)* to defend
empezar *(ie)* to begin
encontrar *(ue)* to find,
    to meet
entender *(ie)* to understand
ganar to win
gastar to spend *(money)*
(le) interesa interests *(him)*
jugar *(ue)* to play
llover *(ue)* to rain
perder *(ie)* to lose
    perder el tiempo
    to waste time
pensar *(ie)* to think, to intend
poder *(ue)* to be able to, can
recordar *(ue)* to remember
¡sea! be! *(formal sing.)*

sonar *(ue)* to ring
tener paciencia to be patient
tener suerte to be lucky

ADJETIVOS
favorable favorable
supersticioso,a superstitious
tímido,a timid
urgente urgent
valiente brave, valiant

OTRAS PALABRAS
algún dinero some money
cariñosamente affectionately
quizás perhaps, maybe

Ejercicios

I. **(A)** Complete the sentences according to the story.

1. Hay muchas personas que creen en los horóscopos. Son personas _____.

2. El horóscopo dice la _____ de una persona.

3. Patricio no lee ni las _____ ni los _____ en el periódico.

4. La fortuna de Patricio está bajo el signo de _____.

5. Una persona que nace el 22 de junio no debe_____.

(B) Preguntas personales y generales. Write your answer in a complete Spanish sentence.

1. ¿Qué parte del periódico lee Ud. generalmente?
2. ¿Cuál es el día de su nacimiento (birth)?
3. ¿Cuál es su signo del Zodíaco?
4. ¿Cuánto dinero puede Ud. ganar en la lotería?
5. ¿Qué hace un cartero?

1. _____

2. _____

3. _____

4. _____

5. _____

II. Unscramble the letters in the boxes below and see the advice given in your horoscope.

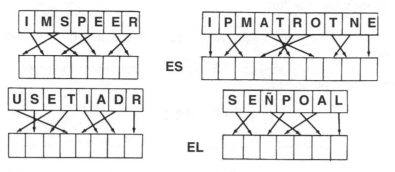

I M S P E E R

ES

I P M A T R O T N E

U S E T I A D R

SEÑPOAL

EL

III. Picture Match: Choose and write the sentence(s) suggested by each sketch. Then tell something more about each one.

1.

2.

3.

4.

5.

a. Voy a ganar la lotería.
b. Es el cartero con una carta.
c. —Voy a tu casa la semana próxima.
d. ¡Defienda sus derechos! ¡No sea tímido!

e. Empieza a leer su horóscopo.
f. Patricio lee la carta.
g. —Pienso pasar tres semanas con mis hijos favoritos.
h. Recibe el periódico por la mañana.

1. _____

_____

2. _____

3. _____

_____

4. _____

5. _____

_____

IV. Compositions: Oral or written.

(A) Look at the picture at the beginning of this Work Unit. Describe the scene in Spanish to friend.

(B) Tell about a five-day horoscope, giving advice according to the word cues. *Change infinitives to commands.*

Su horóscopo

1. **lunes:** _____

    ¡No *perder* tiempo! Su oportunidad está aquí.

2. **martes:** _____

    ¡*Defender* sus derechos! ¡No sea tímido!

3. **miércoles:** _____

    ¡*Cambiar* su fortuna! Ud. tiene suerte.

4. **jueves:** _____

    ¡*Tener* Ud. paciencia! Su signo es favorable.

5. **viernes:** _____

    ¡No *gastar* Ud. mucho dinero!

Add two more horoscopes in Spanish: **El fin de semana:**

6. **sábado:** _____

7. **domingo:** _____

Estructuras de la lengua

Stem-Changing Verbs of *Ar* and *Er* Infinitives (Class I)

A. ar Infinitives

	e>ie	o>ue
	pensar to think	**contar** to count
	I think so.	I count the money.
1. yo	**Pienso** que sí.	**Cuento** el dinero.
2. tú	**piensas**	**cuentas**
3. él, ella, Ud.	**piensa**	**cuenta**
4. nosotros-as	**Pensamos** que sí.	**Contamos** el dinero.
5. vosotros-as	**pensáis**	**contáis**
6. ellos-as, Uds.	**piensan**	**cuentan**
Commands	¡**Piense** Ud.!	¡**Cuente** Ud.!
	¡**Piensen** Uds.!	¡**Cuenten** Uds.!
	¡**Pensemos**!	¡**Contemos**!

B. **er** Infinitives

	e>ie	o>ue
	entender to understand	**volver** to return
	I understand very well.	I'm returning home.
1. yo	**Entiendo** muy bien.	**Vuelvo** a casa.
2. tú	**entiendes**	**vuelves**
3. él, ella, Ud.	**entiende**	**vuelve**
4. nosotros-as	**Entendemos** muy bien.	**Volvemos** a casa.
5. vosotros-as	**entendéis**	**volvéis**
6. ellos-as, Uds.	**entienden**	**vuelven**
Commands	**¡Entienda** Ud.!	**¡Vuelva** Ud.!
	¡Entiendan Uds.!	**¡Vuelvan** Uds.!
	¡Entendamos!	**¡Volvamos!**

Rules:

1. **o>ue** The **o** in the stem of some **ar** and **er** infinitives changes to **ue** in the present tense, in persons 1, 2, 3, 6, and in the commands, **Ud.** and **Uds.**

2. **e>ie** The **e** in the stem of some **ar** and **er** infinitives changes to **ie** in the present tense, in persons 1, 2, 3, 6, and in the commands, **Ud.** and **Uds.**

C. Learn these stem-changing verbs:

ar infinitives

e>ie		o>ue	
cerrar	to close	**almorzar**	to lunch
comenzar	to begin	**contar**	to tell, count
empezar	to begin	**encontrar**	to meet, to find
pensar	to think; to intend	**mostrar**	to show
		recordar	to remember
nevar	to snow	**volar**	to fly

er infinitives

e>ie		o>ue	
defender	to defend	**mover**	to move
entender	to understand	**poder**	to be able
perder	to lose	**volver**	to return
querer	to want	**llover**	to rain

D. **Llover (ue)** and **nevar (ie)** are meaningful only in the **third** person singular:

llueve it rains   **nieva** it snows

E. Jugar is the only verb that changes the infinitive stem's **u** to **ue** in persons 1, 2, 3, 6 of the present tense.

jugar to play (a game)

u>ue

		I play football (soccer)
1. yo	**Juego** al fútbol.
2. tú	**juegas**
3. él, ella, Ud.	**juega**
4. nosotros-as	**Jugamos al fútbol.**
5. vosotros-as	**jugáis**
6. ellos-as Uds.	**juegan**

STUDY THE RULES, EXAMPLES, AND MODELS BEFORE BEGINNING THE EXERCISES!

Ejercicios

I. **(A)** Everyone plans to start a vacation. Tomás wants to know when. Tell him when each of the group is going, in a complete sentence. Use the appropriate form of the verb. Clues: *ahora, hoy, pronto, (más) tarde, esta noche, mañana.*

Model: *Yo* pienso ir mañana.   (Ellos) **Ellos piensan ir el lunes.**
I intend to go tomorrow.   They intend to go on Monday.

1. (Tú) _____

2. (Diego) _____

3. (Diego y María) _____

4. (Tú y yo) _____

5. (Uds.) _____

6. (Yo) _____

(B) Tomás wants to know who can have lunch with him. He asks at what *different times* we all eat on the new schedule. Substitute the new subject in parentheses for the one in the model questions. Make the appropiate change in the verb of the model.

Model: ¿Almuerzas *tú* a las doce?   (Uds.) **¿Almuerzan Uds. a las doce?**
Do you (fam. sing.) lunch at 12:00?   Do you (formal pl.) lunch at 12:00?

1. (Ud.) _____

2. (Ud. y yo) _____

3. (Las mujeres) _____

4. (Mi amiga) _____

5. (Yo) _____

6. (Tú) _____

II. Rewrite the sentence substituting the appropriate form of the verb given in parentheses. Keep the same subject.

Model: Yo encuentro a mis amigos. (perder) **Yo pierdo a mis amigos.**
I meet my friends. I lose my friends.

1. Ellos empiezan el examen. (comenzar) _____

2. ¿Cuentas tú el dinero? (encontrar) _____

3. Ana y él pierden el libro. (entender) _____

4. Él cierra la revista. (empezar) _____

5. Uds. no pueden leer. (volver a)* _____

6. Ella quiere la música. (perder) _____

7. Ud. no lo piensa bien. (cerrar) _____

8. Yo encuentro el disco. (recordar) _____

9. ¿No lo comienzan ellas? (empezar) _____

10. Nosotros almorzamos mal. (contar) _____
  *again

III. Write an affirmative answer in a complete Spanish sentence using the words in *italics* and the appropriate form of the verb used in the question.

Model: ¿A dónde volvemos? *Uds. / a casa* **Uds. vuelven a casa.**
Where are we returning? You are returning home.

1. ¿Cuándo comenzamos a estudiar? *Uds. / a las cuatro*

_____

2. ¿A qué hora cerramos los libros? *Uds. / a las diez*

_____

3. ¿Cuándo podemos venir a la casa? *Uds. / venir temprano*

_____

4. ¿A dónde volamos mañana? *Uds. / a Madrid*

_____

5. ¿Cómo quieren Uds. viajar? *Nosotros / viajar en coche*

_____

6. ¿Entienden Uds. la novela? *Nosotros no / la novela*

_____

7. ¿Dónde encuentran Uds. comida? *Nosotras / en la cafetería*

_____

8. ¿Cuentas el dinero?   *Yo nunca / los dólares*

_____

9. ¿Cuánto dinero pierdes?   *Yo / dos dólares*

_____

10. ¿Con quiénes vuelvo yo a casa?   *Tú / a casa con nosotros.*

_____

Consuma Diariamente

grupo de verduras y frutas

leche y sus productos

algo para todos

4 o más porciones

IV. Answer in *two* complete Spanish sentences: a) a NEGATIVE answer using **Nosotros;** b) an affirmative answer using **Ella sí que . . .** according to the model.

Model: —¿Piensan Uds. leer? —**Nosotros no** pensamos leer. —**Ella sí que** piensa leer.
Do you intend to read?   We don't intend to read.   She surely intends to read.

1. ¿Empiezan Uds. la comida ahora? _____

_____

2. ¿Almuerzan Uds. en un restaurante chino? _____

_____

los Cuatro Alimentos Básicos

grupo de carnes   **panes y cereales**

2 o más porciones   **4 o más porciones**

3. ¿Entienden Uds. el chino? _____

_____

4. ¿Comienzan Uds. a comer? _____

_____

5. ¿Mueven Uds. la boca? _____

_____

6. ¿Cierran Uds. la boca? _____

_____

7. ¿Quieren Uds. tomar un helado? _____

_____

8. ¿Pueden Uds. comer más? _____

_____

9. ¿Vuelven Uds. a la escuela mañana cuando llueve? _____

_____

10. ¿Juegan Uds. en la calle cuando nieva? _____

_____

V. Give the appropriate NEGATIVE command as a response to each question. Recall: Commands for **ar** verbs have **e** in their endings, while **er** verbs have **a** in their endings in contrast with the normal present-tense endings. Role-play.

Models: ¿Pierde(n) Ud(s.) paciencia?   **¡No pierda(n) Ud(s.) paciencia!**
        Are you losing patience?   Don't lose patience!

        ¿Perdemos paciencia?   **¡No perdamos paciencia!**
        Are we losing patience?   Let us not lose patience!

1. ¿Pierde Ud.? _____

2. ¿Perdemos? _____

3. ¿Piensan Uds.? _____

4. ¿Pensamos? _____

5. ¿Cuenta Ud.? _____

6. ¿Contamos? _____

7. ¿Defienden Uds. al amigo? _____

8. ¿Defendemos a los amigos? _____

9. ¿Vuelve Ud.? _____

10. ¿Volvemos? _____

VI. Complete the story about doing some "tough" homework. Use the subject **yo** with the *appropriate form of the verb*, and the vocabulary provided in parentheses.

1. (pensar en el trabajo) _____

2. (comenzar el trabajo) _____

3. (no entender los ejercicios) _____

4. (perder la paciencia) _____

5. (cerrar los libros) _____

6. (querer una fruta) _____

7. (almorzar en la cocina) _____

8. (recordar el trabajo) _____

9. (volver al escritorio) _____

10. (mostrar paciencia) _____

VII. Oral Proficiency: Act your part (Yo), or role play. *Later* write your part. [Review PALABRAS NUEVAS and ESTRUCTURAS of this WORK UNIT Twenty]

Situation: You are the fortune teller at a school carnival. Pepe asks you about luck in money, friends, love. You predict how his luck is going to change. [Three sentences are good; four very good; five or more are excellent.]

Pepe: ¿Cómo va a cambiar mi suerte? Mi signo es...

Yo:...

Clues: *Tell when Pepe is beginning a new life; where he meets a new love; how much money he finds and where; how lucky he already is with friends who understand him; why he should (**debe**) remember not to lose old friends.*

Quiero casarme con una millonaria.

Teodoro thinks he's found a way
to be rich and happy without working.
Do you agree?

Quiero ser rico

Este junio va a ser un mes especial para Teodoro Tacones. Después de pasar cinco años en la escuela secundaria, finalmente va a graduarse. Teodoro es un muchacho de poco talento pero de mucha ambición. Sabe que tiene que encontrar trabajo lo más pronto posible. Así va a la oficina de empleos de la escuela para pedir ayuda.

Consejero: ¿Qué tal, Teodoro? Al fin va a graduarse.

Teodoro: Sí, señor. Por eso estoy aquí. Necesito su consejo. Busco un empleo.

Consejero: Ah, bueno. ¿Qué clase de trabajo desea?

Teodoro: Pues, un puesto con buen sueldo. Quiero ganar mucho dinero; quiero ser rico.

Consejero: Entonces, Ud. debe ir a la universidad para estudiar más. Tiene que aprender una profesión como médico o como abogado.

Teodoro: No, eso es mucho trabajo. Quiero un empleo fácil. Así puedo descansar y no hacer nada. Quiero viajar por el mundo y ver a la gente de otros países.

Consejero: Entonces, ¿por qué no estudia para ser piloto? Así Ud. puede ganar un buen sueldo y puede viajar también.

Teodoro: No, tengo miedo de los aviones. Y además, los pilotos trabajan largas horas y tienen muchas responsabilidades.

Consejero: Bueno, tengo la solución. Ud. debe casarse con una millonaria.

Teodoro: ¡Perfecto! ¡Ésta es la solución ideal! ¿Para qué trabajar?

Consejero: Sí, pero sólo hay un problema.

Teodoro: ¿Cuál?

Consejero: Todas las chicas millonarias quieren casarse con millonarios.

Palabras Nuevas

SUSTANTIVOS
el abogado the lawyer
la ambición the ambition
el avión the airplane
la chica the girl
el consejo the advice
el empleo the job, the
    employment
la escuela secundaria
    the high school,
    the secondary school
la oficina de empleos
    the employment office
el millonario the millionaire
el piloto the pilot

el puesto the job,
    the position
la responsabilidad
    the responsibility
la solución the solution
el sueldo the salary
el tacón the heel
el talento the talent
Teodoro Theodore

VERBOS
casarse (con) to marry, to
    get married *(to)*
ganar dinero to earn money
graduarse the graduate
pedir (i) ayuda to ask for
    help

tener miedo to be afraid
tener que to have to

OTRAS PALABRAS
además besides
al fin finally
¿Cuál? Which? What?
finalmente finally
lo más pronto posible
    as soon as possible
¿Para qué?
    For what purpose? Why?
por eso therefore,
    because of that
¿Qué clase de?
    What kind of?

Ejercicios

I. **(A) Preguntas.** Write your answer in a complete Spanish sentence.

1. ¿Por qué es un día especial para Teodoro Tacones? _____

2. ¿Cuántos años está en la escuela secundaria? _____

3. ¿Qué quiere ser el muchacho? _____

4. ¿Por qué no quiere ser piloto? _____

(B) Preguntas personales y generales. Write your answer in a complete Spanish sentence.

1. ¿Cuándo va Ud. a terminar la escuela?
2. ¿Cuál es su ambición?
3. ¿Quiere Ud. ser rico? ¿Por qué?
4. ¿En qué clase de trabajo va Ud. a recibir un buen sueldo?

1. _____

2. _____

3. _____

4. _____

II. ¿Cómo se dice en español?

1. He's finally going to graduate.
2. He wants to find work as soon as possible.
3. I want to earn a lot of money.
4. I want an easy job in order to rest.

1. _____

2. _____

3. _____

4. _____

III. Compositions: Oral or written.

(A) Look at the picture at the beginning of this Work Unit. Describe the scene in Spanish to a friend.

(B) You're looking for a job and are discussing the possibilities with the employment counselor.

Consejero—Bueno, ¿qué clase de trabajo busca Ud.?

1. Usted: _____
(Mention a profession: consejero, analista de computadoras, etc.)

Consejero—Para ese empleo, va a necesitar ir a la universidad.

2. Usted: _____
(Explain why you need a job now.)

Consejero—Comprendo. ¿Cuánto quiere ganar por semana?

3. Usted: _____
(Mention a reasonable salary amount you need to earn.)

Consejero—En ese caso, creo que no hay ninguna dificultad. ¡Venga a verme mañana!

4. Usted: _____
(Thank him for his help and say goodbye.)

Estructuras de la lengua

The complementary infinitive. The infinitive after *ir a, tener que,* and *para.*

A. The complementary infinitive completes the thought:

After verbs of some obligation—**deber, necesitar**

1. —¿Qué **debes hacer?** What should you do?	—**Debo saber** la lección. I should know the lesson.
2. —¿Qué **necesitas hacer?** What do you need to do?	—**Necesito estudiarla.** I need to study it.

After verbs of wanting and planning—**desear, querer, pensar**

1. —¿Qué **quieres (deseas) hacer?** What do you want to do?	—**Quiero (deseo) escuchar** mis discos. I want to listen to my records.
2. —¿Qué **piensas hacer?** What do you plan (intend) to do?	—**Pienso escucharlos** ahora. I plan (intend) to listen to them now.

After verbs of being able—**poder, saber**

1. —¿No puedes andar hoy? Can't you walk today?	—Puedo andar un poco. I can (am able to) walk a little.
2. —¿Sabes leer el español? Do you know how to (can you) read Spanish?	—Sé escribirlo también. I know how to (can) write it, too.

Rules:

1. Only the first verb agrees with the subject.

2. **Deber, necesitar, desear, querer, pensar, poder, saber,** are completed by the infinitive form of the verb that follows. Infinitives end in **ar, er,** or **ir.**

3. **Poder** means *can, to be able* in a strictly physical sense. **Saber** means *can* or *to know how* in the sense of possessing a skill or talent

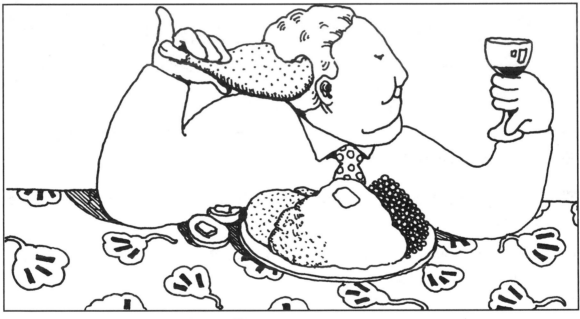

Tengo que comer

B. The infinitive form of the verb after all prepositions.

1. —¿Qué tienes **que** hacer? What do you have to (must you) do?	—**Tengo que comer.** (strong obligation) I have to (must) eat.
2. —¿Cuándo vas **a** comer? When are you going to eat?	—**Voy a comer** ahora. I am going to eat now.
3. —¿**Antes de** mirar televisión? Before watching television?	—No. **Después de** mirar televisión. No. After watching television
4. —¿**Por qué** comes siempre en casa? Why (for what reason) do you always eat at home?	—**Por** no tener mucho dinero. For the reason of (on account of) not having much money.

Rules:

1. **Tener que** followed by the infinitive means *to have to* or *must* and indicates strong obligation. **Deber** (should, ought) is milder. **Tener** agrees with its subject. **Que** has no English translation in this idiomatic expression.

2. **Ir a** followed by the infinitive tells what you are going to do in the immediate future. **A** has no translation here. For verbs requiring prepositions see Work Unit 9

3. For the present tense forms of **ir** and **tener** see Work Unit 8.

C. Para: *in order (to)* indicates purpose and introduces a complementary infinitive.

1. —¿**Para** qué trabajas? For what purpose do you work?	—**Trabajo para tener dinero.** I work to (in order to) have money.
2. —¿**Para** qué comen Uds.? For what purpose (why) do you eat?	—**Comemos para vivir.** We eat to (in order to) live.

D. Uses of **Para**
(Toward a goal)

Uses of **Por**
(From a motive, reason; by means of)

1. a. ¿**Para qué** sales? Salgo **para** tomar un café. Why (for what purpose) do you go out? I'm leaving to (in order to) have a coffee.	**b.** ¿**Por qué** sales? Salgo por café. I'm going *to get* (*and bring back; to fetch*) coffee.
2. a. Compro un regalo **para** Dolores. I'm buying a present *for* Dolores. (for her *use* and *benefit*)	**b.** **Por** Dolores trabajo mucho. For (concern about the sake of, love of) Dolores, I'm working hard.
3. a. Recibo la beca **para** la universidad. I receive the scholarship *for* college. (destined for use)	**b.** Recibo el premio **por** mi buena conducta. I receive the prize for (on account of, because of, by reason of) my good conduct.
4. a. **Estoy (listo) para** salir **para** Chile. I am *about* (ready) to leave for Chile.	**b.** **Estoy por** salir ahora, no más tarde. I am *in favor of* leaving now, not later. (inclination, choice)

Special Uses of **Por**:

1. La novela es **por** Cervantes.	The novel is by Cervantes. (agent, doer)
2. **Por** engaños, tiene tanto dinero.	By deceit, he has so much money.
3. Andan **por** el bosque y **por** las sendas.	They walk through the forest and along the paths
4. ¿Pagas **por** el libro ahora?	Are you paying for the book now?
5. Estoy pagando diez dólares **por** el libro ahora mismo.	I'm paying ten dollars for the book right now. (means of acquiring the book; in exchange for money)

Rules:

1. **Para** indicates goal, destination, use, purpose, benefit. **Para** shows a direction toward which a behavior takes place.

2. **Por** indicates the origin of the behavior, its cause, motive, reason. **Por** also indicates means, e.g., agent, in exchange for, along, through, by.

STUDY THE RULES, EXAMPLES, AND MODELS BEFORE BEGINNING THE EXERCISES!

Ejercicios

I. You, the coach, say, "Time out for lunch." Everyone on the team has to eat something now. Use the subject in *italics* and the appropriate clues in complete sentences. Clues: *fruta, ensalada, chocolate, helado, pan, sopa, hamburguesas*.

> Model: **Nosotros tenemos que comer una manzana.** We have to eat an apple.
>
> *Ella.* **Ella tiene que comer una naranja.** She has to eat an orange.

1. *Yo* _____
2. *Tú* _____
3. *Juan* _____
4. *Uds.* _____
5. *Ud.* _____
6. *Ana y yo* _____

7. *Juan y Ana* _____

II. The family is tired after a big picnic. Tell what we are *not* going to do tonight. Use the subject in *italics*. Make necessary changes in the verb. Clues: *salir, jugar, charlar, estudiar, leer, comer, mirar television.*

> Model: **Yo no voy a leer esta noche.** I'm not going to read tonight.
>
> *Tomás:* **Tomás no va a comer esta noche.** Thomas isn't going to eat tonight.

1. *Los tíos* _____
2. *Susana* _____
3. *Tú* _____
4. *Uds.* _____
5. *Marta y yo* _____
6. *Yo* _____
7. *Él* _____

III. Create an interrogative sentence selecting an appropriate expression: **a, antes de, después de, para, por, que.**

> Model: Tenemos / comer
>
> ¿Tenemos **que** comer?
> Do we have to eat?

1. (Estudiamos / comprender) _____
2. Sabemos más / estudiar _____
3. Charlamos / dormir _____

4. Compramos flores / alegrar a la madre _____

5. Necesitamos dinero / ser pobres _____

IV. Answer in a complete sentence using por or para and the cue in italics.

1. ¿Por qué andas con ella? *amor* _____

2. ¿Cómo ganas la lotería? *suerte* _____

3. ¿Por qué trabajas tanto? *mis hijos* _____

4. ¿Estás listo? *salir* _____

5. ¿Para qué es esa raqueta nueva? *jugar al tennis* _____

6. ¿Dónde andas? *el parque* _____

7. ¿Por qué estudias tanto? *ingresar a la universidad* _____

8. Necesitamos leche. ¿Sales tú? *leche* _____

V. Tell the story. Insert the appropriate word (a, para, or que) *if one is needed*. Write a dash (—) if no additional word is needed.

1. Yo deseo _____ pasar un rato con mis amigos. 2. Uso el teléfono _____ invitarlos. 3. Los amigos, Pepe y Luisa, van _____ venir a mi casa. 4. Ellos tienen _____ llamar a la puerta dos veces. 5. No pueden _____ esperar mucho tiempo. 6. Yo voy _____ abrir la puerta. 7. Queremos _____ escuchar música. 8. Pepe va al centro _____ comprar más discos compactos. 9. Sabemos _____ bailar muy bien la música popular. 10. No tenemos mucho tiempo porque los amigos deben _____ regresar a casa a las diez.

VI. Oral Proficiency: Act your part (Yo), or role play. *Later* write your part. [Review PALABRAS NUEVAS and ESTRUCTURAS of this WORK UNIT Twenty-one]

Situation: You have an interview with your counselor who asks what ideas you have for your future. You explain. [Three sentences are good; four very good; five or more are excellent.]

 Consejero(a): ¿Qué ambiciones tienes para tu futuro?
Yo:...

Clues: *Tell what you are going to be; what you have talent(s) for (para); what school(s) you should attend; what you have to do to earn money; whether you have to be a millionaire or can be content with a good job and salary. Other ideas?*

Yo creí que traías una mala noticia.

*We all love a sad story. It gives us a chance
to have a good cry.*

¡Qué vida tan cruel!

A las doce en punto, todas las mujeres de la ciudad ponen un programa de televisión, "La vida feliz de Alfonso y Adela." En este programa las personas sufren terriblemente. Todos los días hay un nuevo capítulo triste. Yolanda González está loca por este programa. Durante toda la hora, llora constantement. Pero al día siguiente, lo mira otra vez. Vamos a escuchar el capítulo de hoy. Alfonso regresa de su trabajo y habla con su mujer.

Adela:	Ay, mi vida. Estás tan triste. ¿Qué te pasa?
Alfonso:	Adela, mi amor, tengo una mala noticia para ti. Ya no puedo trabajar. Cierran la oficina mañana y todos tenemos que buscar otro empleo.
Adela:	No es tan serio, Alfonsito. Pronto vas a encontrar trabajo.
Alfonso:	Imposible, mi cielo. Estoy muy enfermo y el médico dice que necesito una operación. Tengo que ir mañana al hospital.
Adela:	Oh, no. ¡Y mañana viene la abuela a vivir con nosotros porque ella no puede pagar su alquiler! ¡No tenemos más dinero! ¿Qué vamos a hacer?
Alfonso:	Es necesario ser valiente. ¿Dónde están nuestros hijos adorables, Raúl y Rodrigo? Quiero hablar con ellos.
Adela:	Oh, Alfonso. ¿No recuerdas? Están en la prisión por robar un automóvil.
Alfonso:	Sí, sí. Un coche patrullero con el policía adentro. Nuestros hijos son adorables pero estúpidos.
Adela:	¡Ay, qué vida tan miserable y cruel!

En ese momento, Gustavo González, el esposo de Yolanda, abre la puerta y entra en la sala. Completamente sorprendida, Yolanda le pregunta:

Yolanda:	Gustavo, ¿Qué te pasa? Por qué vuelves a casa tan temprano?
Gustavo:	Yolanda, tengo una mala noticia para ti. Tengo un resfriado y no puedo trabajar más hoy. Además perdí mi cartera con veinte dólares. (Yolanda comienza a reír.) Pero, ¿estás loca? ¿Por qué ríes?
Yolanda:	¿Es eso todo? ¿Cuál es la mala noticia?

Palabras Nuevas

SUSTANTIVOS
Adela Adele
Alfonso Alphonse
   Alfonsito
   little Alphonse, "Alfie"
el alquiler the rent
la cartera the wallet
(mi) cielo (vida, amor)
   (my) darling
el coche (patrullero)
   the *(patrol)* car
la operación the operation
la prisión the prison, the jail
el resfriado the cold *(illness)*

ADJETIVOS
adorable adorable
cruel cruel
estúpido stupid
miserable miserable
serio,a serious
valiente brave

VERBOS
llorar to cry
perdí I lost
recordar (ue) to remember
reír to laugh
   ríes you *(fam. sing.)*
   are laughing
robar to steal

OTRAS PALABRAS
al día siguiente
   on the following day
constantemente constantly
durante toda la hora
   for the whole hour
estar loca,a por
   to be crazy about
lo it *(m.)*
otra vez again
para ti for you *(fam. sing.)*
¿Qué te pasa? What is the
   matter with you? *(fam. sing.)*
terriblemente terribly
valiente brave
ya no no longer

Ejercicios

I. **(A)** Write the word that makes the sentence correct, replacing the word in italics.

1. A las doce todas las mujeres escuchan un programa en *la radio*. _____

2. Alfonso y Adela llevan una vida *feliz*. _____

3. En este capítulo del programa, Alfonso trae una *buena* noticia. _____

4. Raúl y Rodrigo están ahora en la *universidad*. _____

5. Gustavo vuelve *tarde* a la casa. _____

(B) Preguntas personales y generales. Write your answer in a complete Spanish sentence.

1. ¿Qué hace su papá cuando regresa del trabajo?
2. ¿Qué tiene Ud. que hacer si tiene un resfriado?
3. ¿Qué hay dentro de su cartera?
4. ¿Qué puede Ud. comprar con veinte dólares?
5. ¿Cuál es un ejemplo de una mala noticia?

1. _____

2. _____

3. _____

4. _____

5. _____

II. Unscramble the words in the boxes to form complete sentences.

1.

llora	durante	la
constantemente	hora	toda

2.

mala	para	noticia
ti	tengo	una

3.

nuestros	estúpidos	son
adorables	pero	hijos

4.

tenemos	empleo	buscar
que	todos	otro

1. _____

2. _____

3. _____

4. _____

III. Picture Match: Choose and write the sentence(s) suggested by each sketch. Then tell something more about each one.

1.

2.

3.

4.

5.

a. En este programa las personas sufren.
b. Tengo que ir al hospital; estoy muy enfermo.
c. Abre la puerta y entra en la sala.
d. Están en la prisión.

e. —Tengo un resfriado.
f. —Tenemos que buscar otro empleo.
g. —Nuestros hijos son estúpidos.
h. Las mujeres ponen un programa de televisión.

1. _____

_____

2. _____

3. _____

4. _____

_____

5. _____

_____

IV. Composition: Oral or written.

(A) Tell us *what is happening* in the *picture* on page 222. Then tell something more about the story and how it ends.

(B) Tell a friend about your opinion of TV programs. Write a note.

Querido (a) ..., Para mí la televisión o es adorable o es terrible.

1. Why you watch (la) television at night. 2. Which program is very stupid. 3. Which one you are crazy about. 4. Whether it makes you laugh, cry, or think. 5. On what days, and at what time you watch (la) television.

Estructuras de la lengua

Prepositional Pronouns

A. After the prepositions **a, para, sin, sobre, de,** and compounds of **de** (**cerca de,** etc.), use **mí, ti,** and forms that look like subject pronouns.

¡Para ti!

Singular Persons

1. El regalo es **para mí.**
   The present is for me.

2. Corre **a ti.**
   He runs to you (*fam. sing.*).

3. Hablo **de él, de ella** y **de Ud.**
   I speak of him (it *masc.*), of her
   (it *fem.*), and of you (*formal sing.*).

Plural Persons

4. Sale **sin nosotros, -as**
   He leaves without us.

5. Vivo cerca de **vosotros, -as**
   I live near you (*fam. pl.*).

6. Estoy **con ellos -as** y **con Uds.**
   I am with them and you.

Rules:

Except for **mí** and **ti,** the pronouns that follow the above prepositions are identical with these subject pronouns: **el, ella, Ud., Uds., nosotros-as, ellos-as, vosotros-as.**

After a preposition **él, ella,** may mean *it,* as well as *her, him.* **Ellos, –as** mean *them* for things as well as persons.

Mí *me* is distinguished from **mi** *my* by the accent mark.

De él *of him* does not contract, unlike **del** *of the.*

fuera de outside of	**cerca de** near **al lado de** next to	**con** with
dentro de inside of	**lejos de** far from	**sin** without
delante de in front of	**debajo de** under	**bajo** below
detrás de behind	**arriba de** above	**encima de** on top of

B. The preposition **con** *with* combines with **mí** and **ti** to form **conmigo** *with me*, and **contigo** *with you*.

1. Trabajan **conmigo.**
   They work *with me.*

2. Estudian **contigo.**
   They study *with you* (fam. sing.).

3. Come **con él, con ella, con Ud.**
   They eat with *him* (is *masc.*), with *her* (it *fem.*) *with you.*

4. Juegan **con nosotros, -as.**
   They play *with us.*

5. Hablan **con vosotros, -as.**
   They speak *with you* (fam. pl.).

6. Van **con ellos-as** y **con Uds.**
   They are going *with them* and *with you* (pl.).

Rule:

Con *must* combine to form **conmigo, contigo. Con** remains separate from the following: **él, ella, Ud., nosotros, -as, vosotros, -as, ellos, -as, Uds.**

STUDY THE RULES, EXAMPLES, AND MODELS BEFORE BEGINNING THE EXERCISES!

Ejercicios

I. Los Señores García take the whole family to the mall to select the gifts each one really wants. Tell with whom and for whom they buy a present. Use appropiate prepositional pronouns for the clues in parentheses.

Model: Compran el regalo *conmigo* y es para *mí.*
   They buy the present with me and it is for me.

   (ella) Compran el regalo con **ella** y es para **ella.**
   They buy the present with her and it is for her.

Compran el regalo *conmigo* y es para *mí.*

1. (él) _____

2. (ellos) _____

3. (ella) _____

4. (ellas) _____

5. (mí) _____

6. (ti) _____

7. (Uds.) _____

8. (nosotros) _____

9. (vosotros) _____

10. (Ud.) _____

II. Substitute ONE appropriate prepositional pronoun for the expression in *italics*.

Model: Están cerca de Luis y de mi.   Están cerca de **nosotros.**
They are near Louis and me.   They are near us. (*m.*)

1. Vivo cerca del *centro y del tren.* _____

2. Los niños vienen sin *su abuela y sin Juan.* _____

3. Compras dulces para *Luisa y para su amiga.* _____

4. Los perritos corren a *Pedro y a Ud.* _____

5. Las chicas bailan *conmigo y con mis amigos.* _____

III. Tell your friend about your workplace stating the opposite preposition followed by an appropriate pronoun. [See this work unit for paired opposite prepositions.] Role-play.

Model: —¿Vive Ud. (Vives) al lado de tu oficina?   No, vivo **lejos de ella.**
Do you live alongside (at the side of) your office?   No, I live far from it.

1. ¿Trabajas fuera de la oficina? _____

2. ¿Escribes con computadoras? _____

3. ¿Hay mucho tráfico detrás del edificio? _____

4. ¿Hay mucho ruido (noise) debajo de los techos? _____

5. ¿Deseas vivir más lejos del trabajo? _____

IV. Respond using the preposition and the appropriate prepositional pronoun suggested by the word(s) in *italics*: ¿_____? **Gracias.** Role-play.

Model: —El regalo es *para Ud.*   —**¿Para mí? Gracias.**
The present is for you.   For me? Thanks.

1. Compro una bicicleta *para Ud.* _____

2. Vamos a estudiar *con Ud.* _____

3. Hacemos el trabajo *sin ti.* _____

4. Vamos a comer *cerca de Uds.* _____

5. ¡Coma Ud. *con nosotros*! _____

V. Respond in a complete Spanish sentence. Use **con** and the appropriate prepositional pronoun in your answer. Begin with **Sí**. Role-play.

Model: —Van contigo, ¿verdad?   —**Sí. Van conmigo.**
They're going with you. Right?   Yes. They're going with me.

1. Asisten contigo, ¿verdad? _____

2. Juegan con Uds., ¿verdad? _____

3. Van con Ud., ¿verdad? _____

4. Trabajan con nosotros, ¿verdad? _____

5. Comen conmigo, ¿verdad? _____

VI. Create a complete Spanish sentence using the vocabulary provided.

1. They buy the present for me and for him. _____
   Ellos compran / regalo para / y para /

2. The child plays with me and with my friend. _____
   El niño juega con / y / mi amigo

3. She runs to him, not to you *(formal)*. _____
   Ella corre a / ,no a /

4. The man works without us and without her. _____
   El hombre trabaja sin / y sin /

5. She lives near you *(fam.)*, Peter, and alongside them. _____
   Ella vive cerca de / ,Pedro, y al lado de /

VII. Oral Proficiency: Act your part (Yo), or role play. *Later* write your part. [Review PALABRAS NUEVAS and ESTRUCTURAS of this WORK UNIT Twenty-two]

Situation: Your friend notices that you look sad, and asks what is the matter and what bad news you have. You tell your friend all the bad news. [Three sentences are good; four very good; five or more are excellent.]

 Amigo(a):   ¿Qué te pasa? ¿Qué mala noticias traes?
Yo:...

Clues: *Tell whether it is difficult not to cry; which best friend is now going to live far from you; how crazy you are about him or her; also, tell what you lost today; and tell who has to go to the hospital and why. Other ideas?*

La construcción de la casa
está terminada.

Some people are never satisfied.
What could Esmeralda want now?

¡Vamos a construir una casa!

¡Qué día tan triste! Esmeralda, una niña de seis años, está sola en casa con su abuelo. Su padre trabaja, sus hermanos mayores están en la escuela, y su madre está en la casa de una vecina enferma. Quiere ir a jugar afuera pero no puede porque hace mal tiempo. Hace frío y llueve. Esmeralda ya está cansada de jugar con su muñeca, Pepita, y está muy triste.

Esmeralda: Ay, abuelito, ¿qué vamos a hacer? Estoy tan aburrida.
Abuelo: Bueno, niña. Dime, ¿dónde vive tu Pepita?
Esmeralda: ¿Cómo? Pepita vive aquí, conmigo, por supuesto.
Abuelo: Ah, pero no tiene su propia casa, ¿verdad? ¡Vamos a construirla!
Esmeralda: Oh, ¡qué buena idea! Sí, vamos a construir una casa para Pepita.
Abuelo: Primero, necesitamos una caja, así

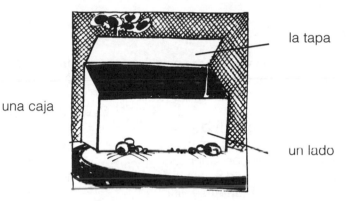

la tapa

una caja

un lado

Esmeralda: Sí, los lados de la caja pueden ser las paredes de la casa. ¡Haga Ud. un techo de la tapa y póngalo en la casa!

el techo

la ventana

Esmeralda: Ahora, ¡ponga una puerta en el frente de la casa y unas ventanas en las paredes!
Abuelo: ¿Qué más necesitamos?
Esmeralda: Bueno, ¡haga una chimenea y póngala en el techo! Necesitamos también un jardín con unos árboles de cartón.

Después de media hora, la construcción está terminada.

la chimenea

el árbol

el techo

la ventana

la hierba
(el césped)

la puerta

Abuelo: Aquí tienes tu casa, niña. ¿No estás contenta ahora?

Esmeralda: No, abuelito, porque es la única casa en el vecindario y Pepita va a estar sola. Ahora, tenemos que hacer otra cosa necesaria. . . . ¡Construir más casas!

Palabras Nuevas

SUSTANTIVOS
el abuelito the grandpa
la caja the box
el cartón the cardboard
la construcción
    the construction
la chimenea the chimney
el frente the front
el jardín the garden
el lado the side
la pared the wall
Pepita Josie,
    little Josephine
la tapa the cover
el techo the roof, the ceiling

la vecina the neighbor
el vecindario
    the neighborhood

ADJETIVOS
aburrido,a bored
mayor older
propio,a own
terminado,a finished
único,a only

VERBOS
construir to build,
    to construct
¡dime! tell me! *(fam. sing.)*

hace frío it is cold *(weather)*
hace mal tiempo
    it is bad weather
¡haga! make! *(formal sing.)*
llueve it rains
¡póngalo(la)! put it
    (formal sing.)
¡vamos! let's go!

OTRAS PALABRAS
afuera outside
después de media hora
    after a half hour
por supuesto of course

Ejercicios

I. **(A) Preguntas.** Write your answer in a complete Spanish sentence.

1. ¿Cuántos años tiene Esmeralda?
2. ¿Por qué está triste hoy?
3. ¿Dónde está la familia de Esmeralda?
4. ¿Por qué no puede jugar afuera?
5. Después de ver la casa, ¿por qué no está contenta Esmeralda?

1. _____

2. _____

3. _____

4. _____

5. _____

(B) Preguntas personales y generales. Write your answer in a complete Spanish sentence.

1. ¿Qué hace Ud. en casa cuando hace mal tiempo?
2. ¿En qué clase está Ud. aburrido? ¿Por qué?
3. ¿Para qué sirve la puerta de una casa?
4. ¿Vive Ud. en un apartamiento o en su propia casa?
5. ¿Qué hay en las paredes de su clase?

1. _____

2. _____

3. _____

4. _____

5. _____

II. Fill in the missing words.

Instrucciones para construir una casa para muñecas.

Primero, es necesario encontrar una _____ de cartón. Los _____ de la caja

1
2

van a ser las _____ de la casa. Después, hacemos el _____ de la tapa de la caja. En

3
4

el frente de la casa, ponemos una _____. Las personas _____ y _____ de la

5
6
7

casa por esta _____. En las paredes ponemos dos _____. Así pueden entrar luz y

8
9

_____. Terminamos el trabajo con un jardín con hierba y con unos _____.

10
11

III. **Compositions:** Oral or written.

(A) Tell us *what is happening* in the *picture* on page 230. Then tell something more about the story and how it ends.

(B) Tell a friend about this rainy week. Write a note.

Querido (a)..., Esta semana llueve durante los siete días.

1. What you do when it rains everyday. 2. What you then do when you are alone and bored with everything in the house. 3. Whom you invite to your house. 4. What kind of weather you prefer. 5. Why.

Estructuras de la lengua

Direct Object Pronouns

¡Saludémosla juntos!

A. The direct object *pronoun* stands for the noun, and agrees with it in number and gender.

THINGS

The *noun* as object of the verb.	The *pronoun* used in place of the noun.
1. ¿Tiene Anita **el libro?** Does Anita have the book?	Anita **lo** tiene. Anita has *it.*
2. ¿Tiene Anita **la tiza?** Does Anita have the chalk?	Anita no **la** tiene. Anita does not have *it.*
3. ¿Aprende Juan **los números?** Does John learn the numbers?	Sí, Juan **los** aprende. Yes, John learns *them.*
4. ¿Aprende Luis **las reglas?** Does Louis learn the rules?	Luis no **las** aprende. Louis does not learn *them.*

Rules:

1. Meanings: **lo** (masc.), **la** (fem.) *it;* **los** (masc.), **las** (fem.) *them.*

2. **Lo, la, los,** or **las** (the direct object pronouns) are placed *before* the verb. When **no** is present, it is placed before **lo, la, los,** or **las.**

B. Direct object pronouns representing PERSONS.

Juan **me** ve	a (mí)	John sees	*me*
te ve	(a ti)		*you* (familiar sing.)
lo ve	(a él)		*him*
la ve	(a ella)		*her*
lo, la ve	(a Ud.)		*you* (formal: masc. sing., fem. sing.)
Juan **nos** ve	(a nosotros)	John sees	*us*
os ve	(a vosotros)		*you* (familiar pl.)
los ve	(a ellos)		*them* (masc.)
las ve	(a ellas)		*them* (fem.)
los ve	(a Uds.)		*you* (formal, masc.; plural)
las ve	(a Uds.)		*you* (formal, fem.; plural)

Rules:

1. *All* direct object pronouns are placed directly *before* the conjugated verb.

2. Multiple English meanings for **lo:** *him, you* (masc.), *it* (masc.); for **la:** *her, you* (fem.), *it* (fem.).

3. **A mí, a ti, a él, a ella, a Ud.; a nosotros, a vosotros, a ellos, a ellas, a Uds.,** are omitted under ordinary circumstances. They *are* used only when needed for *emphasis,* and to *clarify the meanings* of **lo, la, los,** and **las.**

4. **Le** is reserved for the indirect object pronouns *to him, to her, to you,* in this book.

C. Direct object pronouns are *attached to the end of*

Direct object pronouns are placed *before*

AFFIRMATIVE COMMANDS	NEGATIVE COMMANDS
1. **¡Cómalo** Ud. ahora! Eat it now!	1. **¡No lo coma** Ud. después! Don't eat it later!
2. **¡Apréndanla** Uds. bien! Learn it right!	2. **¡No la aprendan** Uds. mal! Don't learn it wrong!
3. **¡Comprémoslos** aquí! Let's buy them here!	3. **¡No los compremos** allí! Let's not buy them there!

Rules:

1. The accent mark is written after attaching the object pronoun to the end of the affirmative command. The mark is placed on the stressed vowel of the third syllable from the end of the combined word. This written accent preserves the original stress on the verb for the reader.

2. No attachment is possible on negative commands; no accent mark is needed.

No lo veo.

D. The position of object pronouns varies in the presence of a conjugated verb which is followed by an INFINITIVE.

1. Anita no **lo quiere comer.**	2. Anita no **quiere comerlo.**
	Anita does not want to eat it.

Rules:

1. Direct object pronouns may be placed either (1) before the conjugated verb or (2) attached to the infinitive, when both conjugated verb and complementary infinitive are present.

2. Direct object pronouns MUST be attached to the end of the infinitive when no conjugated verb is seen *before* it, e.g.,

> Para **comerlo** necesito una cuchara.
> In order *to eat it* I need a spoon.

3. No accent mark is written when attaching one object pronoun to an infinitive.

STUDY THE RULES, EXAMPLES, AND MODELS BEFORE BEGINNING THE EXERCISES!

Ejercicios

I. Preparing the family for a trip, Pablo complains a lot. You respond reassuringly, in a complete sentence, substituting the appropriate direct object pronoun for the noun in *italics*. Use **Sí que** . . . Role-play.

> Model: Pablo—Yo no tengo *los guantes*.   Paulina—Sí que **los tienes.**
>   I don't have the gloves.   Of course, you have them.

1. Yo no tengo *los boletos*. _____

2. Los abuelos no toman *el avión correcto*. _____

3. Juan no tiene *la visa*. _____

4. El agente de viajes no sabe *las repuestas*. _____

5. Los niños no tienen *pasaporte*. _____

II. Is it a police matter? Answer in a complete Spanish sentence placing the object pronoun before the verb and the emphatic phrase after. Role-play.

> Model: ¿A quién observan allí?   (lo/a él) **Lo** observan a **él** allí.
>   Whom do they observe there?   They observe *him* there.

1. ¿A quién necesitan en el jardín?
   (me/a mí) _____

2. ¿A quién ven en el supermercado?
   (la/a Ud.) _____

3. ¿A quién observan en la calle?
   (lo/a él) _____

4. ¿A quién permiten en la casa?
   (te/a ti) _____

5. ¿A quiénes hallan en la sala?
   (los/a Uds.) _____

6. ¿A quiénes describen en la foto?
   (nos/a nosotros) _____

7. ¿A quiénes buscan por la avenida?
   (las/a ellas) _____

III. Give an affirmative response using the appropriate direct object pronoun and emphasizing phrase. Begin each response with **Sí que . . .** (certainly). Role-play.

(A) Model:—¿La observan a *María*?   —Sí que **la** observan **a ella.**
　　　　　 Are they watching Mary?   They certainly are watching her.

1. ¿La invitan a *la niña*? _____

2. ¿Lo prefieren a *este profesor*? _____

3. ¿Las quieren a *Marta* y a *Luisa*? _____

4. ¿Los ven a *los hombres*? _____

5. ¿Los escuchan a *Ana* y a *Tomás*? _____

(B) Model:—**¿Nos** invitan **a nosotros?**   —Sí, **los** invitan **a Uds.**
　　　　　 Are they inviting *us*?   Yes, they are inviting *you* (pl.).

1. ¿Nos ven a nosotros? _____

2. ¿Me necesitan a mí? _____

3. ¿Te comprenden a ti? _____

4. ¿Los visitan a Uds.? _____

5. ¿La observan a Ud.? _____

IV. Restate the sentence, changing the position of the object pronoun according to the models.

(A) Model: No lo debo estudiar.　　　 I should not study it.
　　　　　 No debo estudiarlo.

1. No lo deseo leer.

_____

2. ¿No los quiere visitar?

_____

3. No te vamos a comer.

_____

4. ¿No nos pueden ver?

_____

5. No me deben mirar.

_____

6. No la voy a construir.

_____

(B) Model: No puedo estudiarlo.　　　 I cannot study it.
　　　　　 No lo puedo estudiar.

1. No esperamos verte.

_____

2. ¿No sabes hacerlas?

_____

3. No prefiere contestarla.

_____

4. ¿No pueden comprenderme?

_____

V. You have a new *camioneta* (van). All your friends want a lift. Answer their questions affirmatively using the *correct object pronoun* and **llevo** as your verb. Role-play.

Model: Dorotea: —¿Quieres llevarme?   —Sí, te llevo.
                        Do you want to take me?   Yes, I'll take you.

1. José y Ana: —¿Quieres llevarnos? _____

2. Inés: —¿Deseas llevarlas a Ana y a Sara? _____

3. Doctora: —¿Puedes llevarme? _____

4. Las tías: —¿Quieres llevarnos? _____

5. Mamá: —¿Deseas llevarla a tu hermana? _____

VI. Give the appropriate NEGATIVE command. Make all necessary changes in the position of the object pronoun and the use of the accent mark.

Model: ¡Cómprelo Ud.!   or   ¡Cómprenlo Uds.!   or   ¡Comprémoslo!
           Buy it!   Buy it!   Let's buy it!

           ¡No lo compre Ud.!   ¡No lo compren Uds.!   ¡No lo compremos!
           Don't buy it!   Don't buy it!   Let's not buy it!

1. ¡Enséñelo Ud.! _____

2. ¡Llámeme Ud.! _____

3. ¡Visítenla Uds.! _____

4. ¡Mírennos Uds.! _____

5. ¡Invitémoslos! _____

VII. Give the appropriate AFFIRMATIVE command. Make all necessary changes. (Study the affirmative models seen in Exercise VI.)

1. ¡No lo visite Ud.! _____

2. ¡No nos miren Uds.! _____

3. ¡No la contestemos! _____

4. ¡No los use Ud.! _____

5. ¡No me imiten Uds.! _____

VIII. Complete the dialogue, using the Spanish vocabulary provided in parentheses. Be sure to supply the missing direct object pronoun where indicated by the slash. Role-play.

Model: My father takes us to the park. (Mi padre/lleva al parque.)
           Mi padre **nos** lleva al parque.

Luis: ¿La ve Ud. a María en la escuela?

1. Pablo: _____

Yes, I see *her*.   (Sí, yo/veo)

Luis: ¿Lo saluda ella a Ud.?

2. Pablo: _____

No, she doesn't look at *me*.   (No, ella no/mira)

Luis: ¿A quién saluda ella entonces? ¿A Jorge?

3. Pablo: _____

Yes. She greets *him* (*emphatic*).   (Sí. Ella/saluda/)

Luis: ¡No me digas! ¿Por qué?

4. Pablo: _____

He takes *her* to the movies often.   (Él/lleva mucho al cine)

Luis: ¿Y sus padres?

5. Pablo: _____

Her parents don't know *it*.   (Sus padres no/saben)

Luis: ¡Salúdela Ud. de mi parte mañana!

6. Pablo: _____

I don't want to greet *her*.   (No quiero saludar/)

Luis: ¡Claro!

7. Pablo: _____

Greet *her* yourself!   (¡Salude/Ud.!)

Luis: Bueno. Si Ud. lo desea.

8. Pablo: _____

No. Don't greet *her*!   (No. ¡No/salude Ud.!)

I will, tomorrow.   (Yo voy a saludar/mañana)

9. Luis: _____

Let us greet *her* together, then!   (Entonces, ¡saludemos/juntos!)

IX. Oral Proficiency: Act your part (Yo), or role play. *Later* write your part. [Review PALABRAS NUEVAS and ESTRUCTURAS of this WORK UNIT Twenty-three]

Situation: You and your friend are day-dreaming about the ideal home you saw and hope one day to have. You tell your friend about the house of your dreams. [Three sentences are good; four very good; five or more are excellent.]

     Amigo(a):   ¿Cómo es tu casa ideal?
Yo:...

Clues: *How many rooms (cuartos), windows, doors, chimneys your house has, its color, what there is outside; what buildings there are nearby; who is living (present progressive) in the house; who is going to buy it for you. Other ideas?*

¡No vaya tan de prisa! ¡Espéreme!

Some people never trust anyone.
Have you ever met a person like Ernesto?

Un hombre moral

Ernesto Cenicero es un hombre de alta moralidad. El cree, como su padre y su abuelo, que la cosa más importante en esta vida es el trabajo.

—El hombre nace para trabajar—él les dice muchas veces a sus amigos. —Tengo sesenta años y todo el dinero que tengo es de mi propia labor. En este mundo, nada es gratis. Es necesario sudar para poder vivir.

Ernesto, un viejo solterón, trabaja en la oficina de un abogado. Trabaja largas horas, los seis días de la semana. El abogado le da varios papeles legales y Ernesto tiene que clasificarlos, ponerlos en orden, y llevarlos a la corte. Un día Ernesto está en la oficina hasta las siete y media de la noche. Quiere volver a casa lo más pronto posible para comer. Cuando pasa por una calle, nota en la esquina a un hombre pobre y mal vestido. —Ah, otro vago—dice Ernesto. —Esos vagos nunca trabajan. Todo el mundo les da dinero. Pero yo no. Yo tengo que trabajar como un perro para vivir—. Decide sacar la cartera de su chaqueta y la mete en el bolsillo del pantalón.

Nota que el vago lo mira. —Ajá—piensa Ernesto y empieza a andar más rápido.
—Señor, señor, —le grita el vago. —¡Espere, un momento!
Ernesto dobla la esquina para perderlo. Pero el vago dobla la esquina también y lo sigue.
—Señor, señor, —grita el vago. —Por favor, ¡espere!
Ernesto corre ahora. El vago corre también.
—Señor, señor. ¡No corra Ud.! ¡Espéreme!
Ernesto no puede más. Está cansado.
—Bueno, bueno. ¿Qué quiere Ud? ¿Por qué no trabaja Ud. en vez de molestar a la gente decente?
—Perdone la molestia, señor. Pero Ud. dejó caer su cartera. Aquí la tiene—. Y le da la cartera a Ernesto.

Palabras Nuevas

SUSTANTIVOS
el abogado the lawyer
el bolsillo the pocket
el cenicero the ashtray
la chaqueta the jacket
la corte the court
Ernesto Ernest
la esquina the corner
la labor the work
la molestia the bother
la moralidad the morality
el orden the order
los pantalones the trousers
el solterón the bachelor
el vago the tramp,
   the vagabond

ADJETIVOS
decente decent
gratis free of cost
(mal) vestido,a
   (badly) dressed

VERBOS
clasificar to classify, to file
dejó caer (he) dropped
doblar la esquina
   to turn the corner
meter to put in
molestar to bother
nacer to be born
no puede más
   he (she) can't stand it any
   longer; you (formal sing.)
   can't stand it any longer

notar to notice
sacar to take out
(lo) sigue
   he (she) follows him;
   you (formal sing.)
   follow him
sudar to sweat

OTRAS PALABRAS
en vez de instead of
muchas veces often, many
   times
nunca never

241

Ejercicios

I. Complete the sentences according to the story.

1. Ernesto cree que la cosa más importante es _____.

2. Ernesto trabaja en el _____ de un _____.

3. El abogado le da _____ _____ y Ernesto tiene que _____.

4. Nota en la _____ a un hombre pobre y _____ _____.

5. Toma la _____ y la mete en el _____ del _____.

6. Ernesto _____ _____ la cartera.

II. Write the following sentences in the order in which they occurred.

1. Está en la oficina hasta las siete y media.
2. Nota a un hombre pobre en la esquina.
3. —Aquí tiene Ud. su cartera.
4. —Señor, señor ¡Espere un momento!
5. Quiere volver a casa para comer.

1. _____

2. _____

3. _____

4. _____

5. _____

III. Antónimos—Next to column A write the word selected from column B that has the *opposite* meaning.

A.	B.
1. ahora	_____ a. joven
2. más	_____ b. la derecha
3. mal	_____ c. voy
4. viejo	_____ d. bajo
5. meter	_____ e. lejos
6. la izquierda	_____ f. después
7. vengo	_____ g. algo
8. siempre	_____ h. sacar
9. allí	_____ i. menos
10. alto	_____ j. comprar
11. el vago	_____ k. la mujer
12. el hombre	_____ l. aquí
13. cerca	_____ m. bien
14. vender	_____ n. el trabajador
15. nada	_____ o. nunca

IV. Picture Match: Choose and write the sentence(s) suggested by each sketch. Then tell something more about each one.

a. Tiene que clasificar los papeles
   y llevarlos a la corte.
b. Los vagos nunca trabajan.
c. —Ud. dejó caer su cartera.
d. El abogado le da varios papeles legales

e. Le da la cartera a Ernesto.
f. Nota a un hombre pobre.
g. Mete la cartera en el bolsillo.
h. El tiene sesenta años; es necesario
   trabajar.

1. _____

2. _____

   _____

3. _____

   _____

4. _____

5. _____

   _____

V. Composition: Oral or written

    (A) Tell us *what is happening* in the *picture* on page 240. Then tell something more about
    the story and how it ends.

    (B) Tell a friend about a reward for something you lost. Write a *reward* notice.

                   Recompensa (reward) por algo que perdí.

    1. What you are looking for. 2. Where and when you lost it. 3. Why it is important to find
    it. 4. How much you are going to give as (como) reward. 5. What your telephone number is.

Estructuras de la lengua

Indirect Object Pronouns

A. The *indirect object pronoun* represents the noun to *whom* and for *whom*, to *which* and *for which*, the action is intended.

1. Yo **le** doy el libro.	1. I give the book to *him*.
2. Yo **le** compro el libro.	2. I buy the book *from him*.
3. Yo **no le** escribo el libro.	3. *I don't* write the book *for him*.

Rules:

1. The indirect object pronoun **le** is placed directly *before* the conjugated verb.

2. When **no** is present, **no** *precedes* the indirect object pronoun **le.**

Yo les doy el dinero.

B. All forms of indirect object pronouns

María **me** de el libro (a mí).		Mary gives the book *to me*.	
te da	(a ti).		*to you* (fam. sing.).
le da	(a él).		*to him*.
le da	(a ella).		*to her*.
le da	(a Ud.).		*to you* (formal sing.).
María **nos** da el libro (a nosotros).		Mary gives the book *to us*.	
os da	(a vosotros).		*to you* (fam. pl.).
les da	(a ellos).		*to them* (masc.).
les da	(a ellas).		*to them* (fem.).
les da	(a Uds.).		*to you* (formal pl.).

Rules:

1. All indirect object pronouns are placed directly *before* the conjugated verb.

2. **A mí, a ti, a él,** etc., can be added to *emphasize* the indirect object pronoun.

El me escribe **a mí;** no te escribe **a ti.**
He writes *to me;* he does not write *to you.*

---

3. **Le** (to him, to her, to you *formal sing.*) is clarified by adding **a él, a ella,** or **a Ud.; les** (to them, to you *formal pl.*) is clarified by adding **a ellos, a ellas, a Uds.**

4. **Le** and **les** have, also, a special untranslatable use. When the indirect object redundant noun is stated in the sentence, **le** or **les** will be used and will agree with the object noun, without **le** or **les** having any translatable meaning.

---

1. **Le** leo al **niño.**
   I read to the child.

2. No **les** leo **a sus padres.**
   I don't read to his parents.

C. Indirect object pronouns in the attached position

---

1. Señorita, **¡escríbale** Ud. una carta!
   Miss, write a letter to him!

2. **¡No le escriba** una tarjeta!
   Don't write a card to him!

3. Para **escribirle** necesito papel.
   To write to him I need paper.

4. Sí Ud. no **le quiere escribir,**
   yo **voy a escribirle.**
   If you don't want to write to him,
   I am going to write to him.

5. Estoy **escribiéndole** y
   enviándole la carta ahora mismo.
   I am writing to him (to her, to you)
   and sending him (her, you)
   the letter right now.

6. Ellos **le están hablando** por el
   celular en este momento.
   They are speaking to him on the cell
   phone (to her, to you) at this moment.

Rules:

1. The indirect object pronouns, like the direct object pronouns, are attached to AFFIRMATIVE COMMANDS. A written accent mark is then placed over the vowel that was stressed in speech, frequently in the next to last syllable before the pronoun.

2. Indirect object pronouns are placed *before* NEGATIVE COMMANDS as well as before conjugated verbs.

3. If an infinitive *follows a conjugated* verb, the indirect object pronoun may be placed *either before the conjugated verb* or may be *attached to the end of the infinitive.* No accent mark is needed when attaching one object pronoun to the infinitive.

When using the present progressive tense you may place the indirect object pronoun, like the direct object pronoun, either *before* the forms of **estar** or attached to the end of the participle. An accent mark is then needed over the final **á** or **é** of the participle, e.g., **me están hablando o están hablándome.**

STUDY THE RULES, EXAMPLES, AND MODELS BEFORE BEGINNING THE EXERCISES!

Ejercicios

I.   You and Paco are following a Mariachi band on a street in Mexico. Supply the appropriate indirect object pronoun *suggested* by the words in parentheses to answer the question in the model. (Do *not* write the words in parentheses.) Role-play.

Model: —¿A quién(es) cantan los Mariachis?   (a Paco y a mí)—Los Mariachis nos cantan.
To whom do the Mariachis sing?   The Mariachis sing to us.

1. (a mí) _____

2. (a él) _____

3. (a Ud.) _____

4. (a ti) _____

5. (a ella) _____

6. (a nosotros) _____

7. (a ellos) _____

8. (a ellas) _____

9. (a Uds.) _____

10. (a él y a ella) _____

II.   Answer using the redundant indirect object pronoun and the expression in parentheses.

Model: —¿A quiénes vende él la casa?   To whom does he sell the house?
(A Juan y a María)
—**Él les vende la casa a Juan y a María.**   He sells the house to John and Mary.

1. ¿A quiénes da él el violín?

   (a Pedro y a Anita) _____

2. ¿A quiénes dice ella la frase?

   (a los alumnos) _____

3. ¿A quiénes escriben ellos sus ideas?

   (a Ana y a María) _____

4. ¿A quiénes traen ellas el regalo?

   (a nosotros) _____

5. ¿A quiénes explica la profesora esa regla?

   (a Elisa y a Ud.) _____

III. Restate the sentence changing the position of the indirect object pronoun, according to the models.

    (A) Model: No quiero hablarle.
                No le quiero hablar.
                I don't want to speak to him.

1. No deseo leerles. _____

2. No quieren hablarnos. _____

3. No puede mostrarte. _____

4. ¿No van a cantarme? _____

5. ¿No debemos decirle? _____

    (B) Model: No le debo hablar.
                No debo hablarle.
                I must not speak to him.

1. No les quiero hablar. _____

2. No le deseo cantar. _____

3. No me espera escribir. _____

4. No te pueden explicar. _____

5. No nos van a cantar. _____

IV. Restate the command in the appropriate AFFIRMATIVE form. Make all necessary changes.

    Model: ¡No les hable Ud.!   ¡No les hablen Uds.!   ¡No les hablemos!
           Don't speak to them!   Don't speak to them!   Let's not speak to them!

           ¡Hábleles Ud.!   ¡Háblenles Uds.!   ¡Hablémosles!
           Speak to them!   Speak to them!   Let's speak to them!

1. ¡No me hable Ud.! _____

2. ¡No nos escriba Ud.! _____

3. ¡No nos respondan Uds.! _____

4. ¡No nos lean Uds.! _____

5. ¡No le vendamos! _____

V. Give the command in the appropriate NEGATIVE form. Make all necessary changes. [Study the affirmative models seen in Exercise V.]

1. ¡Muéstrenos Ud.! _____

2. ¡Léanos Ud.! _____

3. ¡Enséñenme Uds.! _____

4. ¡Escríbanles Uds.! _____

5. ¡Respondámosle! _____

VI. Tell us what is being done as you and your family prepare to go home at the end of a trip abroad. Answer in the *present progressive* tense and the appropiate object *pronoun* in place of the *italicized nouns*. In (a) attach the pronoun to the participle and place the accent mark. In (b) place the object pronoun *before* the forms of **estar** in their optional position. Role-play.

Model: ¿*Estás hablando*   (a) *Estoy hablándoles.*
a los otros viajeros?   (b) *Les estoy hablando.*
Are you speaking   I am speaking to them.
to the other travelers'?

1. ¿Estás escribiendo tarjetas postales *a los tíos*? _____

2. ¿Están Uds. mandando *recuerdos* de México a los amigos? _____

3. ¿Están los padres pagando *la cuenta* al hotel? _____

4. ¿Está dando tu madre unas propinas *a la camarera*? _____

5. ¿Está distribuyendo tu hermana *dinero* a algunos pobres? _____

VII. Complete the dialogue using the Spanish vocabulary provided in parentheses. Be sure to supply the missing indirect object pronoun where indicated by the slash.

Model: He tells *me* the story. (Él/dice el cuento.)
Él **me** dice el cuento.

¡Es un reloj de oro!

Pablo: Hermanita, ¡tengo una sorpresa para ti!

1. Ana: ¡ _____!
Please tell *me*. What is it? (Favor de decir/¿Qué es?)
Pablo: ¡Es un reloj de oro!

2. Ana: _____
Of course! Dad always gives *you* (*fam.*) money. (¡Claro! Papá siempre/da dinero)
Pablo: No, chica. Yo me gano dinero trabajando en un supermercado.

3. Ana: ¿ _____?
And you give presents to *me*? (Y tú/das regalos)
Pablo: Me gusta dar regalos a la familia.

4. Ana: _____
Yes, that does give *us* joy. (Sí, eso es dar/alegría)
Pablo: ¡Y a nuestros padres también!

5. Ana: ¡ _____!
Please give something fantastic *to them*. (Favor de dar/algo fantástico)
Pablo: ¡Claro, hermanita!

VIII. Oral Proficiency: Act your part (Yo), or role play. *Later* write your part. [Review PALABRAS NUEVAS and ESTRUCTURAS of this WORK UNIT Twenty-four]

Situation: You are *el hombre* (or *la mujer*) *moral* of the story in this Work Unit. It is late. The tramp returns your wallet and asks why you are running. You explain why. [Three sentences are good; four very good; five or more are excellent.]

Vago: Aquí tiene Ud. su cartera ¿Por qué corre Ud.?

Yo:...

Clues: *Thank him for giving you (por dar...) the wallet;* tell *why you have to work late; of whom you are afraid at night; what time it already (ya) is; why you are hungry; with whom you have a date for dinner at home.* Other ideas?

*Dicen en el menú que la paella es
la especialidad de la casa.*

Julio wants to impress his girlfriend.
The only problem is that he has no money.

No me gustan las hamburguesas

Es sábado por la noche y Julio y Beatriz salen del cine. Julio está muy contento porque le gusta Beatriz. Ésta es la primera cita. Naturalmente, Julio quiere causar una buena impresión y dice:

—Bueno, Beatriz. No es muy tarde. No son todavía las diez. ¿Tienes hambre? ¿Quieres ir a tomar algo? ¿Un refresco, un helado? (En realidad Julio no tiene mucho dinero.)
—Pues sí, tengo hambre Julio. Vamos a ese restaurante "La Paella."

Los dos entran en el restaurante y toman asiento. El camarero les trae la lista de platos. Julio mira el menú. ¡Qué precios! Y la paella es el plato más caro. ¡Cuesta veinte dólares! Julio tiene solamente diez dólares en el bolsillo y menciona otros platos menos caros.

—Beatriz, dicen que las hamburguesas y las papas fritas son muy buenas aquí.
—No, no me gustan las hamburguesas. Dicen en el menú que la paella es la especialidad de la casa. ¿De qué es?
—Oh, es un plato de arroz, pollo, mariscos y legumbres. Personalmente prefiero comida más sencilla. ¿No te gustan los huevos? Preparan excelentes huevos duros aquí.

En ese momento entra el camarero.

Camarero:	¿Están Uds. listos para ordenar?
Julio:	Sí, yo quiero una tortilla a la española y una Coca-Cola.
Beatriz:	Y yo quiero la paella.
Julio:	Ay, Beatriz, tengo una confesión.
Camarero:	Lo siento, señorita, pero no hay más paella.
Beatriz:	No importa. ¿Qué confesión, Julio?
Julio:	Nada, nada. ¿No hay más paella? Oh, ¡qué lástima!

Palabras Nuevas

SUSTANTIVOS
el arroz the rice
Beatriz Beatrice
el camarero the waiter
la confesión the confession
la especialidad the specialty
la hamburguesa
    the hamburger
los huevos duros
    the hard-boiled eggs
Julio Julius
la legumbre the vegetable
la lista de platos the menu
el marisco the shellfish
la paella the paella
    (a Spanish specialty of
    rice, seafood, chicken,
    and vegetables)

las papas fritas
    the french fries
el pollo the chicken
la tortilla (*a la española*)
    the *(Spanish)* omelette

ADJETIVOS
caro,a expensive
sencillo,a simple

VERBOS
(*no*) me gusta(*n*)
    I do *(not)* like
¿No te gusta(*n*)?
    Don't you like?

(*no*) importa
    it does *(not)* matter
mencionar to mention
ordenar to order
lo siento I am sorry about it

OTRAS PALABRAS
causar una buena impresión
    to create a good
    impression
¿De qué es?
    What is it made of?
menos less
¡Qué lástima! What a pity!

Ejercicios

I. **(A) Preguntas.** Write your answer in a complete Spanish sentence.

1. ¿Por qué está contento Julio?
2. ¿Qué le pregunta Julio a Beatriz?
3. ¿Por qué no quiere ordenar Julio la paella?
4. ¿De qué es la paella?
5. ¿Cuál es la confesión de Julio?

1. _____

2. _____

3. _____

4. _____

5. _____

(B) Preguntas personales y generales. Write your answer in a complete Spanish sentence.

1. ¿Cuál es su comida favorita?
2. ¡Mencione Ud. algunos refrescos!
3. ¿Qué come Ud. generalmente con una hamburguesa?
4. ¿Cuánto dinero necesita Ud. para comprar una comida buena en un restaurante?

1. _____

2. _____

3. _____

4. _____

II. Word Hunt

Find the words in Spanish.

1. shellfish
2. rice
3. waiter
4. egg
5. plate
6. hard (boiled)
7. expensive
8. night
9. Saturday
10. movie
11. more
12. year
13. very
14. what
15. a (masc.)
16. eye

M	A	R	I	S	C	O	S
A	R	C	P	L	A	T	O
B	R	M	U	Y	M	A	S
N	O	C	H	E	A	D	A
Q	Z	I	C	A	R	O	Ñ
U	N	N	H	U	E	V	O
E	F	E	D	U	R	O	S
S	A	B	A	D	O	J	O

III. **Compositions:** Oral or written.

(A) Look at the picture at the beginning of this Work Unit. Describe the scene in Spanish to a friend. Tell what is happening.

(B) Tell about going to a restaurant. Include the following:

En el restaurante

1. Where you like to eat. 2. Who brings the menu. 3. What favorite dish you order. 4. Whom you go with. 5. Why it is necessary to have a great deal of money for the restaurant.

Estructuras de la lengua

Gustar to be pleasing, to like, is not like other verbs. It is *generally used only in the third persons:* gusta or gustan.

A. Gustar really means *to be pleasing*, but it is often used to convey the meaning of the English verb *to like*.

B. Gustar's subject *is the thing(s) that (are) pleasing.* Its subject generally appears *after* **gustar**.

C. The indirect *personal* object pronouns **(me, te, le, nos, os, les)** *tell to whom* the thing is pleasing and always stand *before* **gustar**.

Gusta before a *singular* subject	**Gustan** before a *plural* subject
Me gusta la flor. The flower is pleasing to me. I like the flower.	**Me gustan las flores.** The flowers are pleasing to me. I like the flowers.
Te gusta la flor. The flower is pleasing to you (fam. sing.). You (fam. sing.) like the flower.	**Te gustan** las flores. The flowers are pleasing to you. You (fam. sing.) like the flowers.
Le gusta la flor. The flower is pleasing to you (to him, to her). You (formal sing.) like the flower. He (she) likes the flower.	**Le gustan** las flores. The flowers are pleasing to you (to him, to her). You (formal sing.) like the flowers. He (she) likes the flowers.
Nos gusta la flor. The flower is pleasing to us. We like the flower.	**Nos gustan** las flores. The flowers are pleasing to us. We like the flowers.
Os gusta la flor. The flower is pleasing to you. You like the flower (fam. pl. in Spain).	**Os gustan** las flores. The flowers are pleasing to you. You like the flowers (fam. pl. in Spain).
Les gusta la flor. The flower is pleasing to them (to you). You (formal pl.) like the flower. They (masc., fem.) like the flower.	**Les gustan** las flores. The flowers are pleasing to them (to you). You (formal pl.) like the flowers. They (masc., fem.) like the flowers.

Rules:

1. The noun(s) *after* **gusta** and **gustan** are the subjects of **gusta** and **gustan**. **Gusta** stands *before a singular subject*. **Gustan** stands *before a plural subject*.

2. **Me, te, le, nos, os,** or **les** must always precede **gustar**. They indicate *who* "likes" or "is pleased" and are called indirect object pronouns. (See Unit 23 for a review of indirect object pronouns.)

D. Gustar's Spanish subject pronouns for *it* and *them (they)* are generally *not expressed*.

Me gusta.	**Me gustan.**
I like *it*.	I like *them*.
(It is pleasing to me.)	(They are pleasing to me.)
Les gusta.	**Les gustan.**
They like *it*.	They like *them*.
(It is pleasing to them.)	(They are pleasing to them.)

E. Interrogative **gustar** and negative **gustar**. **Gustar** before infinitives, used as subjects.

1. ¿**No** te gusta estudiar?	—**No** me gusta mucho.
Don't you like to study?	I don't like it very much.
2. ¿**No** le gustan las ensaladas?	—**No** me gustan mucho.
Don't you like salads?	I don't like them very much.

Rules:

1. To form the question simply place question marks both *before and after* the sentence. No change in word order is necessary.

2. To form the negative place **no** before **me, te, le, nos, os,** or **les**.

3. Infinitives (see **estudiar E.** 1. above) denoting actions that are liked or not liked will be the *subjects* of **gusta**.

F. Emphatic or clarifying expressions before **me, te, le, nos, os, les,** give clarity and emphasis to "the person(s) who likes (like)."

Emphatic or Clarifying Expressions	
A mí me gustan.	*I* like them. (They are pleasing *to me*.)
A ti te gustan.	*You* (fam. sing.) like them.
A Ud. le gustan. [Clarifies **le**.]	*You* (formal sing.) like them.
A él le gustan. [Clarifies **le**.]	*He* likes them.
A ella le gustan. [Clarifies **le**.]	*She* likes them.
A nosotros-as nos gusta.	*We* like it. (It is pleasing *to us*.)
A vosotros-as os gusta.	*You* (fam. pl.) like it.
A Uds. les gusta. [Clarifies **les**.]	*You* (formal pl.) like it.
A ellos les gusta. [Clarifies **les**.]	*They* (masc.) like it.
A ellas les gusta. [Clarifies **les**.]	*They* (fem.) like it.

Rules:

1. **A mí, a ti, a él, a ella, a Ud., a nosotros-as, a vosotros-as, a ellos-as, a Uds.,** are the forms that appearing before **me, te, le, nos, os, les,** emphasize or clarify them.

2. **Me, te, le, nos, os,** or **les** must stand before **gustar** even when the emphatic expressions are used.

G. **Gustar** with personal *object* nouns.

A María le gustan las flores.	Mary likes the flowers.
A la chica le gustan las flores.	The girl likes the flowers.
A Juan y a Pedro les gusta.	John and Peter like it.
A los chicos les gusta.	The boys like it.

Rules:

1. **A** precedes the person who likes, who is pleased (the objective form). Note that **a** precedes *each* person when there are more than one.

2. The corresponding indirect object pronoun, **le** or **les,** for example, must continue to stand before the forms of **gustar,** but it is *not* translatable, even when the noun—the person(s) who is (are) pleased—is stated.

STUDY THE RULES, EXAMPLES, AND MODELS BEFORE BEGINNING THE EXERCISES!

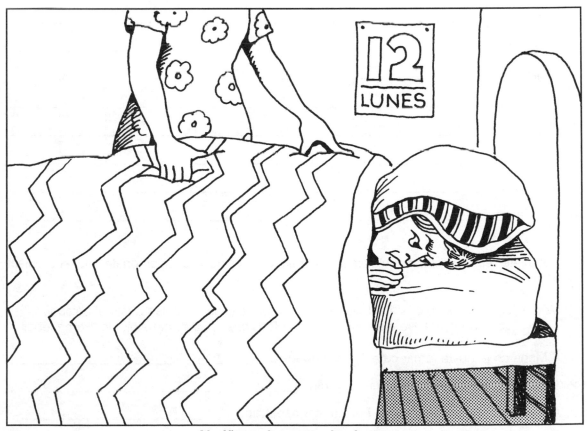

Al niño no le gustan los lunes.

Ejercicios

I. Beto will spend a week at his friend's house. Tell his mother what Beto does not like. Rewrite the model sentence *replacing the subject after* **gustar** with the new Spanish subject given in parentheses. Make the necessary change in the form of **gustar.**

Model: No le gustan los huevos.   (la fruta) No le **gusta la fruta.**
He doesn't like eggs.   He doesn't like fruit.

1. (el arroz) _____

2. (las legumbres) _____

3. (los mariscos) _____

4. (la tortilla) _____

5. (las hamburguesas) _____

II. Restate the model sentence *replacing the person before* **gustar** with the one given in parentheses. Make the necessary change in the indirect object *pronoun.*

Model: *A mí* no me gustan las peras.   (A Juan) **A Juan no le gustan las peras.**
I don't like pears.   John doesn't like pears.

1. (A nosotros) _____

2. (A Ud.) _____

3. (A Uds.) _____

4. (A mis hermanas) _____

5. (A su amigo) _____

6. (A Luisa y a Juan) _____

7. (A ti) _____

8. (A mí) _____

9. (A Pedro) _____

10. (A Lola) _____

III. Complete each emphatic statement affirmatively using the appropriate indirect object pronoun.

Model: A Juana no le gusta el béisbol.   Pero a ellos . . . sí **les** gusta el béisbol.
Joan does not like baseball.   But *they . . . they* certainly do like baseball.

1. A María no le gusta tomar café. **Pero a nosotras** _____

2. A ellos no les gusta el tenis. **Pero a Juan** _____

3. A Ana no le gustan las clases. **Pero a las maestras** _____

4. A nosotros no nos gusta ir al cine. **Pero a mi amiga** _____

5. A los chicos no les gustan los sábados. **Pero a mí** _____

6. A la chica no le gustan las fiestas. **Pero a tí** _____

7. A mí no me gustan las rosas. **Pero a Ud.** _____

8. A ti no te gusta el helado. **Pero a los chicos** _____

9. A Ud. no le gustan las comedias. **Pero a nosotros** _____

10. A ella no le gusta bailar. **Pero a Uds.** _____

IV. Give an appropriate affirmative response *replacing the words after* **gustar** with the expression **mucho.** Role-play.

> Models: —¿A Uds. les gusta el pan?   **—Nos gusta mucho.** We like it very much.
>   Do you (pl.) like bread?
>
>   —¿A Ud. le gustan los perros?   **—Me gustan mucho.** I like them very much.
>   Do you (sing.) like dogs?

1. ¿A Ud. le gusta la playa? _____

2. ¿A Uds. les gusta aprender? _____

3. ¿A ti te gustan aquellos zapatos? _____

4. ¿A Uds. les gustan las películas? _____

5. ¿A ti te gusta este sombrero? _____

V. Answer in the NEGATIVE omitting all nouns. Use the appropriate emphatic expressions and **gusta** or **gustan** as needed. Role-play.

> Model: —¿A Ana y a Ud. les gusta eso?   **—A nosotros no nos gusta.**
>   Do Ann and you like that?   We don't like it.

1. ¿A Luis y a Ud. les gusta la clase? _____

2. ¿A Juan le gusta ir al centro? _____

3. ¿A Elsa le gustan las frutas? _____

4. ¿A los alumnos les gustan los exámenes? _____

5. ¿A las chicas les gusta estudiar? _____

VI. Role-play the dialogue.

1. What do you like to do?—A ti ¿qué _____ _____ hacer?

2. I like to walk. —A mí _____ ⌐ _____ caminar.

3. Do your friends like to walk, too? —¿ _____ sus amigos _____
caminar también?

4. *He* (emphatic) doesn't like to walk but *she* (emphatic) does. —A _____ no
_____ caminar pero a _____ sí _____ gusta.

5. Fine. *I* (emphatic) like it, too. —Bueno. A _____ _____
_____ también.

VII. Oral Proficiency: Act your part (Yo), or role play. *Later* write your part. [Review PALABRAS NUEVAS and ESTRUCTURAS of this WORK UNIT Twenty-five]

Situation: You invited Laura and others to a restaurant. You order the main course, beverage, and dessert knowing what each one likes. [See menu: La Habana.] [Three sentences are good; four very good; five or more are excellent.]

 Camarero(a):   ¿Qué le gusta ordenar?
Yo:...

Clues: *Como platos principales: a mi amiga Laura le gusta(n)...; a los otros amigos les gusta(n)...; y a mí, me gusta(n). ...Para postre, a todos nos gusta(n)... Para bebida(s) nos gusta(n)... ¿Es todo caro pero bueno?* Other ideas?

RESTAURANTE LA HABANA

RESTAURANTE HISPANO-AMERICANO

Menú

Aperitivos/Sopas

Sardinas en Aceite con Huevos	5.75
Entremés Variado	4.75
Coctel de Camarones	5.25
Jugo de Naranja ....1.50 y	1.70
Coctel de Langosta	6.95
Sopa de Cebollas	2.75
Fabada Asturiana	3.50
Potaje de Chícharos y Lentejas ...	3.50

Carnes y Asados

Hígado a la Italiana	7.95
Bistec de Palomilla	8.85
Filete Mignon	14.25
Chuletas de Puerco	7.75
Bistec Empanizado	7.75
Bistec de Jamón, Habanera	6.90
Bistec de Hígado	5.95
Lechón y Moros, Vier.,Sáb. y Dom	10.50
Boliche Mechado	8.25

Aves

Medio Pollo a la Cubana	8.95
Medio Pollo a la Parrilla	8.95
Pollo Fricasé	8.95
Pollo en Cacerola	8.95
Chicharrón de Pollo	8.95
Asopao de Pollo	8.75

Bebidas

Café Expreso	2.30
Café Americano	2.25
Café con Leche	2.40
Té	2.25
Malta Hatuey	2.60
Sodas Variadas	1.40

Mariscos

Pescado en Escabeche	8.75
Filete de Pescado	8.75
Filete de Pescado Empanizado	8.75
Rueda de Serrucho Frita	8.75
Bacalao a la Vizcaína	8.95
Camarones Enchilados	9.75
Langosta a la Catalana	13.95
Camarones Rebozados Fritos	9.75
Langosta Enchilada	13.95
Calamares en su Tinta con Arroz ..	7.75

Postres

Flan de Calabaza	2.80
Pudín Diplomático	2.80
Pudín de Pan	2.80
Flan de Huevos	2.80
Tocino del Cielo	2.90
Coco Rallado con Queso	2.85
Casco de Guayaba con Queso	2.85
Casco de Naranja con Queso	2.85
Fruta Bomba con Queso	2.85
Helados Varíados	2.70

Faltaba un gran número de palabras.

Nowadays the news is often confusing;
especially if many of the words are missing!

Una noticia confusa

Todas las noches, cuando regresa del trabajo, Antonio toma asiento en el sillón más cómodo de la casa, fuma su pipa, y lee las últimas noticias en el periódico. Pero esta noche ¿qué pasa? Cuando empieza a leer el artículo más importante de la primera página, nota que falta un gran número de palabras. Teresita, su hija de cinco años, encontró un par de tijeras y cortó una docena de palabras del artículo. Ahora es casi imposible leerlo. Afortunadamente, la niña guardó todas las palabras y Antonio tiene que ponerlas en los espacios apropiados. ¿Puede Ud. ayudarlo? Aquí tiene Ud. el artículo.

Se escaparon tres [_____1_____] **peligrosos. Los Angeles,** [__2__] **de septiembre 2002.**

El jefe de policía reveló hoy que tres hombres se escaparon de la [_____3_____]

anoche. Estos hombres están armados y [_____4_____]. Los tres salieron ayer del

garaje de la prisión vestidos de mecánicos. (Más tarde [_____5_____] a tres

mecánicos atados en el [_____6_____].) El departamento de policía envió fotos y

[_____7_____] a todas las estaciones. El jefe del grupo tiene

[_____8_____] años y debe servir una sentencia de [_____9_____]

años por asesinato. Los otros dos son [_____10_____] y deben estar en la prisión por

cometer robo armado. Salieron del garaje en un viejo coche Chevrolet. Pero las autoridades

creen que robaron otro [_____11_____] más tarde. Los periódicos recibieron muchas

llamadas telefónicas con información pero hasta ahora el trío está en [_____12_____]

Selection: desesperados   descubrieron   21   el garaje
            libertad   criminales   la prisión ladrones
            36   cien   descripciones automóvil

Palabras Nuevas

SUSTANTIVOS
el artículo the article
el asesinato the murder
el automóvil the automobile
el coche the car
el departamento
  the department
el espacio the space
la estación the station
la foto the snapshot
el garaje the garage
el jefe the chief, the leader
el ladrón the thief
la libertad the freedom,
  the liberty
la llamada telefónica
  the telephone call
el mecánico the mechanic

el par the pair
la prisión the prison
el robo armado
  armed robbery
la sentencia the sentence
el sillón the armchair
Teresita Tessie, little Theresa
las tijeras the scissors

ADJETIVOS
apropiado,a appropriate
atado,a tied up
cómodo,a comfortable
desesperado,a desperato
peligroso,a dangerous
último,a last

VERBOS
cometer to commit

cortó he *(she)* did cut;
  you *(formal sing.)* did cut
encontró he *(she)* found,
  met; you *(formal sing.)*
  found, met
envió he *(she)* sent;
  you *(formal sing.)* sent
se escaparon they escaped;
  you *(formal pl.)* escaped
faltar to be missing, to lack
fumar to smoke
guardó he *(she)* kept;
  you *(formal sing.)* kept
recibieron they received;
  you *(formal pl.)* received
robaron they stole; you
  (formal pl.) stole
salieron they left;
  you *(formal pl.)* left

Ejercicios

I. **Preguntas.** Write your answer in a complete Spanish sentence.

1. ¿Qué hace Antonio todas las noches?
2. ¿Qué nota en la primera página del periódico?
3. ¿Qué cortó Teresita?
4. ¿Qué tiene que hacer Antonio ahora?
5. En el artículo, ¿cómo se escaparon los tres criminales?

1. _____

2. _____

3. _____

4. _____

5. _____

II. Match the two columns to form sentences. Write the correct letter.

A		B
1. Toma asiento en el sillón	_____	a) vestidos de mecánicos.
2. Nota que falta	_____	b) a todas las estaciones.
3. Los tres criminales salieron	_____	c) un gran número de palabras.
4. El jefe envió fotos	_____	d) de cien años.
5. Debe servir una sentencia	_____	e) más cómodo de la casa.

III. Emiliano has just seen a robbery. He is being questioned later by the police. What would you say in Spanish if you were Emiliano?

Policía:　¿Qué pasó aquí?

1. *Emiliano:* _____

Policía:　¿Cuándo ocurrió el robo?

2. *Emiliano:* _____

Policía:　¿Puede Ud. darnos una descripción del criminal?

3. *Emiliano:* _____

Policía:　¿Quién es Ud.? ¿Cuál es su nombre y dirección?

4. *Emiliano:* _____

Policía:　Muchas gracias. Ud. nos ayudó mucho.

IV. Picture Match: Choose and write the sentence(s) suggested by each sketch. Then tell something more about each one.

1.

2.

3.

4.
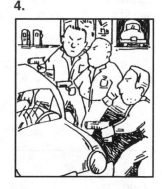

5.

a. Lee las últimas noticias en el periódico.
b. Cortó las palabras del artículo.
c. Salieron del garaje vestidos de mecánicos en un coche viejo.
d. Tres hombres se escaparon de la prisión.

e. Los hombres están armados.
f. Robaron otro automóvil.
g. La niña encontró un par de tijeras.
h. Toma asiento en el sillón.

1. _____

_____

2. _____

3. _____

_____

4. _____

5. _____

Estructuras de la lengua

The Preterite Indicative: Regular Verbs

A. The preterite tense denotes an action or actions that were begun in the past or that were completed in the past.

B. Learn the *two sets* of regular endings.

AR	ER and IR share one set of preterite endings.	
cantar *to sing*	**comer** *to eat*	**escribir** *to write*
I sang yesterday. I did sing yesterday.	I ate last night. I did eat last night.	I wrote last Saturday. I did write last Saturday.
Cant**é** ayer. cant**aste** cant**ó**	Com**í** anoche. com**iste** com**ió**	Escrib**í** el sábado pasado. escrib**iste** escrib**ió**
Cant**amos** ayer. cant**asteis** cant**aron**	Com**imos** anoche. com**isteis** com**ieron**	Escrib**imos** el sábado pasado. escrib**isteis** escrib**ieron**

Rules:

1. The characteristic vowel in the endings of the regular **ar** preterite is **a** except for the first person singular, which is **é**, and the third person singular, which is **ó**.

2. The characteristic vowel in the endings of the regular **er** and **ir** preterite is **i**.

3. Written accent marks appear on the final vowels of the first and third persons singular of the regular preterite tense except for **vi** and **vio** of the verb **ver**.

C. Use of the Preterite Tense

1. **Anoche en la fiesta María cantó pero Pablo sólo comió.**
   Last night at the party Mary sang, but Paul only ate.

2. **Ellas bailaron ayer pero Ud. no las vio.**
   They danced yesterday, but you did not see them.

Rule:

When expressions of completed past time such as **ayer** *yesterday*, **anoche** *last night*, **el año pasado** *last year* appear in the sentence, they are additional cues to indicate the use of the preterite tense, because they show that the action was begun or was terminated in the past.

STUDY THE RULES, EXAMPLES, AND MODELS BEFORE BEGINNING THE EXERCISES!

Ejercicios

I. We visited Osvaldo in the hospital. He was always sleepy. We left very soon. Restate the model sentence in the *preterite* tense substituting the subject in parentheses for the one in *italics*. Make the necessary changes in the verbs.

Model: *Yo* **entré** a las tres y **salí** a las tres y cuarto.   (El) **Él entró a la(s) . . . y salió a la(s) . . .**
I entered at 3:00 and left at 3:15.   He entered at . . . and left at . . .

1. (Juan) _____

2. (Tú) _____

3. (Tú y yo) _____

4. (Ud.) _____

5. (Uds.) _____

6. (Mis amigos) _____

7. (Yo) _____

II. Restate the MODEL sentence in the *preterite* tense substituting the appropriate form of the verb in parentheses for the expression in *italics*.

Model: *Yo escribí* la carta anoche.   (El / enviar) **El envió** la carta anoche.
I wrote the letter last night.   He sent the letter last night.

1. (Ud. / recibir)   _____

2. (Yo / cortar)   _____

3. (Yo / romper)   _____

4. (Nosotros / encontrar)   _____

5. (María / buscar)   _____

6. (Uds. / terminar)   _____

7. (Pedro y Juan / escribir)   _____

8. (Tú / responder)   _____

9. (Él y yo / perder)   _____

10. (Tú / describir)   _____

III. Answer in a complete Spanish sentence in the *preterite*. See models.

Model: a. —¿Comprendiste el libro?   **—Sí, comprendí el libro.**
Did you understand the book?   Yes, I understood the book.

b. —¿Y Elisa?   **—Elisa comprendió el libro también.**
And Elisa?   Elisa understood the book, too.

1. a. ¿Usaste el sombrero?   _____

b. ¿Y tu madre?   _____

2. a. ¿Aprendiste el pretérito? _____

   b. ¿Y tu hermano? _____

3. a. ¿Invitó Ud. al amigo? _____

   b. ¿Y los padres? _____

4. a. ¿Recibió Ud. el paquete? _____

   b. ¿Y yo? _____

5. a. ¿Bailaron ellos el tango anoche? _____

   b. ¿Y tu prima? _____

6. a. ¿Bebieron Uds. café ayer? _____

   b. ¿Y las chicas? _____

7. a. ¿Visitó Juan el museo? _____

   b. ¿Tú y yo? _____

8. a. ¿Lo comió todo? _____

   b. ¿Y ellas? _____

¿Lo comió todo?

9. a. ¿Saludaron los primos a la tía? _____

   b. ¿Y tú? _____

10. a. ¿Recibí yo el regalo? _____

   b. ¿Y Uds.? _____

IV. Rewrite each sentence in the *preterite* telling what happened yesterday.

1. Juan *entra* en la cocina. _____

_____

2. *Toma* pan y un vaso de leche. _____

_____

3. *Come* el pan y *bebe* la leche despacio. _____

_____

4. Pedro y Jorge *llegan* a su casa. _____

_____

5. *Comen* un poco de pan con Juan. _____

_____

6. Luego todos *salen* para la escuela donde *aprenden* mucho. _____

_____

7. *Escuchan* a la maestra en la clase y *practican* mucho en casa. _____

_____

8. Juan y yo *contestamos* muy bien. _____

_____

9. *Aprendemos* mucho cuando *escribimos* ejercicios. _____

_____

10. Yo también *estudio* y *asisto* a las clases. _____

_____

V. Oral Proficiency: Act your part (Yo), or role play. *Later* write your part. [Review PALABRAS NUEVAS and ESTRUCTURAS of this WORK UNIT Twenty-six]

Situation: You return home to find that a robbery occurred. The police officer asks for a complete report. [Three sentences are good; four very good; five or more are excellent.]

 Policía: ¿Cómo pasó este robo?
Yo:...

Clues: *When you left the house; whether you closed the doors and windows; at what time you returned; what or whom you found when you returned; how much they stole; whether you received dangerous calls; who called police. Other ideas?*

Nadie quiso darle un asiento a la anciana.

*Is today's generation really as bad as some
say? See if you agree with the article.*

¡Los muchachos de hoy son horribles!

Gregorio entra en la sala donde su padre lee una revista. Tiene un artículo en la mano y está muy excitado.

—Papá, ¡la semana pasada Ud. nos dijo que la generación de hoy es terrible! Pues tengo algo aquí que seguramente va a ser interesante para Ud.
—Bueno, hijo. A ver si ese artículo expresa mis opiniones.
—Pues, ¡escuche Ud.! El artículo comienza así:

Ayer, en el tren, vi algo que me molestó. Esa noche no pude dormir. Cinco o seis jóvenes tomaron asiento en el coche cuando entró una señora de unos setenta años. Nadie quiso darle el asiento a la anciana. ¡Absolutamente nadie! ¿Qué hicieron? Pues sacaron sus periódicos y empezaron a leer. Y la pobre señora tuvo que estar de pie.

Pero el incidente de ayer es típico. Todo fue muy diferente antes. Ya no hay respeto; ya no hay consideración para los ancianos como en los tiempos de nuestros padres. Los jóvenes de hoy vinieron a este mundo con todo. No necesitan nada y no quieren trabajar. Cuando vi el incidente de ayer, di las gracias a mis padres porque me enseñaron el respeto y la responsabilidad, y soy mejor hombre por eso.

—Bueno, papá, ¿qué piensa Ud. de este artículo? ¿No cree Ud. que es un poco exagerado?
—De ninguna manera. Ese escritor tiene razón. ¿De qué periódico es? Él conoce bien la generación de hoy.
—Él sabe mucho de la generación de Ud. también. Esto fue escrito en 1970. Encontré este viejo periódico en el sótano.

Palabras Nuevas

SUSTANTIVOS
la anciana the old woman
los ancianos the old
     people
la consideración
     the consideration,
     the kindness
el escritor the writer
la generación the generation
Gregorio Gregory
el incidente the incident
los jóvenes the young people,
     the youths
la opinión the opinion
el papá the daddy
el respeto the respect
la responsabilidad
     the responsibility
la revista the magazine

el sótano the basement
los tiempos the times

ADJETIVOS
exagerado,a exaggerated
excitado,a excited
horrible horrible
típico,a typical

VERBOS
comenzar (ie) *to* begin
dar las gracias to thank,
     to give thanks
di I gave
dijo he *(she)* said;
     you *(formal sing.)*
     said
encontrar to find
fue escrito it was written

hicieron they did, made;
     you *(formal pl.)* did, made
(no) **pude** I could *(not)*
quiso he *(she)* wanted;
     you *(formal sing.)* wanted
tener razón to be right
tuvo que he *(she)* had to;
     you *(formal sing.)* had to
vinieron they came;
     you *(formal pl.)* came

OTRAS PALABRAS
¡A ver! Let us see!
de ninguna manera
     by no means
de pie standing
por eso for that reason,
     because of that
ya no no longer

Ejercicios

I. (A) ¿Cierto (true) o falso (false)?

1. El padre de Gregorio lee un libro en la sala. _____

2. Gregorio le trae a su padre un artículo sobre un robo. _____

3. En el artículo setenta jóvenes molestaron a una anciana. _____

4. Los jóvenes de hoy no quieren trabajar porque lo tienen todo. _____

5. El padre de Gregorio expresa la opinión del escritor del artículo. _____

(B) Preguntas personales y generales. Write your answer in a complete Spanish sentence.

1. ¿Qué piensa Ud. de la generación de hoy? ¿Tiene respeto y consideración?
2. ¿Da Ud. su asiento a un anciano en el autobús o en el tren?
3. ¿Qué periódico lee Ud.?
4. ¿Tienen siempre razón sus padres?

1. _____

2. _____

3. _____

4. _____

II. Change the verbs of the following sentences from the present to the preterite.

1. Gregorio *entra* en la sala. _____

2. *Veo* algo en los trenes que me *molesta*. _____

3. Nadie *quiere* darle asiento. _____

4. Todos *sacan* sus periódicos y *empiezan* a leer. _____

5. Los jóvenes no *necesitan* nada. _____

III. ¿Cómo se dice en español?

1. He comes into the living room.
2. I have something here that is going to be interesting to you.
3. Nobody wanted to give her a seat.
4. The poor woman had to stand.
5. I'm a better man because of that.
6. Don't you think it is a bit exaggerated?

1. _____

2. _____

3. _____

4. _____

5. _____

6. _____

IV. Compositions: Oral or written.

(A) Look at the picture at the beginning of this Work Unit. Describe the scene in Spanish to a friend. Tell what is happening

(B) Tell about a considerate act that you have read about. Include the following:

Una cortesía

1. Where you saw the article. 2. Who gave a seat to another person. 3. Why the seat was given. 4. What the other person said. 5. Where and when this happened.

Estructuras de la lengua

The Preterite Indicative: Irregular Verbs

A. *Irregular preterite stems* require only *one set of irregular endings*.

1. **UV** is characteristic of these stems.　　　　2. **US** and **UP** are characteristic of these stems.

estar *to be*	tener *to have*	poner *to put*	saber *to know*
estuv: Pret. stem	**tuv:** Pret. stem	**pus:** Pret. stem	**sup:** Pret. stem
I was there.	I had a letter.	I put (did put) that there.	I knew (learned about) that.
Estuv**e** allí.	Tuv**e** una carta.	Pus**e** eso allí.	Sup**e** eso.
estuv**iste**	tuv**iste**	pus**iste**	sup**iste**
estuv**o**	tuv**o**	pus**o**	sup**o**
estuv**imos**	tuv**imos**	pus**imos**	sup**imos**
estuv**isteis**	tuv**isteis**	pus**isteis**	sup**isteis**
estuv**ieron**	tuv**ieron**	pus**ieron**	sup**ieron**

3. **I** is characteristic of these stems.　　　　4. **J** is characteristic of these stems.

venir *to come*	hacer *to do, make*	traer *to bring*	decir *to say, tell*
vin: Pret. stem	**hic:** Pret. stem	**traj:** Pret. stem	**dij:** Pret. stem
I came home.	I did (made) that.	I brought this.	I said the truth.
Vin**e** a casa.	Hic**e** eso.	Traj**e** esto.	Dij**e** la verdad.
vin**iste**	hic**iste**	traj**iste**	dij**iste**
vin**o**	hi**zo**	traj**o**	dij**o**
vin**imos**	hic**imos**	traj**imos**	dij**imos**
vin**isteis**	hic**isteis**	traj**isteis**	dij**isteis**
vin**ieron**	hic**ieron**	traj**eron**	dij**eron**

Rules:

1. The one set of endings for **ar, er,** or **ir** verbs that have irregular preterite stems is **e, iste, o, imos, isteis, ieron.** After **j** (Group 4) the third person plural ending is **eron.** Irregular preterites bear *no accent marks*.

271

2. The following additional irregular preterites are similar to some of the above verbs.

UV like **estar**	**U** like **poner** and **saber**	**i** like **venir** and **hacer**
andar *to walk*	**poder** *to be able*	**querer** *to want*
anduv: *Pret. stem*	**pud:** *Pret. stem*	**quis:** *Pret. stem*
Anduve *I walked*	**Pude** *I was able, could*	**Quise** *I wanted*
(etc.)	(etc.)	(etc.)

B. Identical special preterite forms for **ser** *to be,* **ir** *to go.*

ser *to be*	ir *to go*
fu: Pret. stem	**fu:** Pret. stem
I was a soldier.	I went home.
Fu**i** soldado.	Fu**i** a casa.
fu**iste**	fu**iste**
fu**e**	fu**e**
fu**imos**	fu**imos**
fu**isteis**	fu**isteis**
fu**eron**	fu**eron**

C. Dar: This **ar** verb has regular **er/ir** preterite endings.

D. Leer: **Y** replaces **i** in the third persons.

dar *to give*	leer *to read*
d: Pret. stem	**le:** Pret. stem
I gave thanks.	I did read that.
D**i** las gracias.	Le**í** eso.
d**iste**	le**íste**
d**io**	le**yó**
d**imos**	le**ímos**
d**isteis**	le**ísteis**
d**ieron**	le**yeron**

Rules:

1. **Ser** and **ir** being exactly alike in the preterite, can be distinguished only according to their use in the sentence.

2. **Leer** keeps its regular **le** stem, adds regular **er** endings, but changes the **ió** and **ieron** endings to **yó** and **yeron** in the third persons singular and plural. An accent mark is written on the **í** of the other personal endings. Conjugate **caer** *to fall,* **creer** *to believe* and **oír** *to hear* like **leer,** as in D, above.

STUDY THE RULES, EXAMPLES, AND MODELS BEFORE BEGINNING THE EXERCISES!

Ejercicios

I. Inés is a "correveidile" (a gossip). She tells all about everyone. Use the subject in parentheses in a complete sentence. Make necessary changes in all *preterite* verbs.

Model: La nieve *vino* y *cayó* todo el día. The snow came and fell all day.
   (Las lluvias) **Las lluvias vinieron** The rains came and fell all day.
   y cayeron todo el día.

(A) Ellos *tuvieron* la carta de la policía y la *pusieron* en la mesa.

1. (Yo) _____

2. (Pedro) _____

3. (Pedro y yo) _____

4. (Ud.) _____

5. (Los chicos) _____

(B) Juan *hizo* la tarea y la *trajo* a la clase muy tarde.

1. (Uds.) _____

2. (Ud.) _____

3. (Yo) _____

4. (La alumna) _____

5. (Nosotros) _____

(C) Ellos *dijeron* que sí y *dieron* las gracias por la invitación a la Casa Blanca.

1. (Mi madre) _____

2. (Ud.) _____

3. (Yo) _____

4. (Nosotros) _____

5. (Los abuelos) _____

(D) Los chicos *fueron* buenos sólo cuando los padres *vinieron* a la clase.

1. (La niña) _____

2. (Yo) _____

3. (Tú) _____

4. (Ellas) _____

5. (Ellas y yo) _____   **273**

(E) Los tíos *fueron* al teatro donde *vieron* una buena comedia sin pagar.

1. (Yo) _____

2. (Diego) _____

3. (Diego y yo) _____

4. (Mi amiga) _____

5. (Tú) _____

(F) María *leyó* la frase falsa y la *creyó*.

1. (Los primos) _____

2. (Nosotras) _____

3. (Yo) _____

4. (Tú) _____

5. (Ud.) _____

(G) Yo *oí* los gritos de la mujer cuando *estuve* en su casa.

1. (María) _____

2. (Ellos) _____

3. (María y yo) _____

4. (Tú) _____

5. (Yo) _____

(H) *Anduve* mucho y *supe* que *pude* hacerlo porque *quise* hacerlo. ¡Olé!

1. (Juan) _____

2. (Juan y yo) _____

3. (Juan y Ana) _____

4. (Yo) _____

5. (Tú) _____

II. Restate the sentence in the *plural* using the word cues.

1. La piedra cayó. (Las piedras) _____

2. La niña vino. (Las niñas) _____

3. Yo tuve razón. (Nosotros) _____

4. Yo hice el viaje. (Nosotros) _____

5. Él hizo el viaje. (Ellos) _____

6. Ella trajo la revista. (Ellas) _____

7. Ud. fue al cine. (Uds.) _____

8. Yo fui excelente. (Nosotros) _____

9. Ud. dijo la frase. (Uds.) _____

10. Ud. dio ayuda. (Uds.) _____

11. Él oyó el disco. (Ellos) _____

12. Ud. creyó el artículo. (Uds.) _____

13. Ella leyó el cuento. (Ellas) _____

14. Ella fue bonita. (Ellas) _____

15. Yo fui al mercado. (Nosotros) _____

III. Give an affirmative answer in a complete sentence using the cue words. Role-play.

1. ¿Quiénes estuvieron en la calle? (Mis amigos) _____

2. ¿Adónde fue Ud.? (a la tienda) _____

3. ¿Cuánto dinero trajo Ud.? (tres dólares) _____

4. ¿Quién hizo las compras? (Yo) _____

5. ¿Dónde pusieron Uds. las compras? (en la mesa) _____

IV. Tell what happened yesterday using the preterite tense of each verb. Role-play.

1. Vengo a la casa de Anita. _____

2. Es su cumpleaños. _____

3. Ella tiene regalos de los amigos. _____

4. Ellos le dicen: —Feliz cumpleaños. _____

5. Luego oyen discos en su casa. _____

6. Pueden oír mucho. _____

7. Yo quiero escuchar más. _____

8. Pero tengo que volver a casa. _____

9. Ando a casa. _____

10. Sé que es una buena fiesta. _____

V. Oral Proficiency: Act your part (Yo), or role play. *Later* write your part. [Review PALABRAS NUEVAS and ESTRUCTURAS of this WORK UNIT Twenty-seven]

Situation: Your aunt and uncle want to know how you spent your birthday, and whether you liked the gift they sent. [Three sentences are good; four very good; five or more are excellent.]

Los tíos: ¿Cómo pasaste tu cumpleaños? ¿Te gustó el regalo?
Yo:...

Clues: *Tell whether you had a good birthday; who gave the party; who came and brought gifts; where you all went in the evening; what everybody said on leaving (al salir); whether they all did well and all went well. Did you arrive home happy or tired?* Other ideas?

PEANUTS © 1995 United Features Syndicate.
Reprinted by permission.

Vocabulario:
copos de nieve *snowflakes*
estoy contando *I am counting*
los conté *I counted them*
perder tiempo *to waste time*
ya *already*

Highway signs in Mexico

En mi opinión el señor Ramírez no es culpable.

Guilty or innocent?
It's a tough decision to make.

La justicia siempre triunfa

Drama policíaco en un acto

Escena   Tribunal de la corte civil. Hay una docena de espectadores, más o menos. El juez está sentado al frente del salón. Todo el mundo escucha atentamente. Ahora llaman a los testigos.

Personajes   El juez
El abogado defensor
El fiscal
El primer testigo

Abogado: Llamo como primer testigo de la defensa, al señor Ángel Alpargata. Señor Alpargata, como ya sabe usted, el fiscal dice que el acusado, Ramiro Ramírez, cuando borracho, chocó su carro con la bicicleta de un muchacho. ¿Qué puede Ud. decirnos en la defensa del señor Ramírez?

Testigo: Eso no es verdad. El señor Ramírez es un hombre honrado. No es un borracho y por eso nunca conduce un coche en ese estado. En mi opinión no es culpable.

Fiscal: Protesto, protesto. Aquí en una corte de justicia no importan las opiniones. ¿Estuvo usted allí cuando ocurrió el accidente?

Testigo: No, señor. Nadie estuvo allí. Pero me dicen . . .

Fiscal: No importa eso. ¿Vio o no vio usted el accidente?

Testigo: No señor, el accidente ocurrió a las diez de la noche. ¿Verdad? Y a esa hora, yo estuve en mi cama cansado de trabajar todo el día.

Juez (muy enojado): — ¿Cómo? ¿En la cama? Pero esto es ridículo. ¿Por qué está Ud. aquí como testigo por el señor Ramírez? Ud. nunca vio nada.

Testigo: Pues. . . .Mi mujer dijo que. . . .Señor juez, Ramiro es mi cuñado.

Palabras Nuevas

SUSTANTIVOS
el abogado defensor
   the defense attorney
el accidente the accident
el acusado the defendant
la alpargata the slipper
la bicicleta the bicycle
el carro the car
la corte civil the civil court
el cuñado the brother-in-law
la defensa the defense
el drama policíaco
   the detective drama

el espectador the spectator
el estado the state
el fiscal the district attorney
el juez the judge
la mujer the wife
el testigo the witness
el tribunal the courtroom

ADJETIVOS
borracho,a drunk
culpable guilty

honrado,a honest
ridículo,a ridiculous

VERBOS
conducir to drive
chocar to crash
protestar to protest, to object

OTRAS PALABRAS
atentamente attentively
contra against
¿verdad? right?

279

Ejercicios

I. Preguntas. Write your answer in a complete Spanish sentence.

1. ¿Cuántos espectadores hay en la corte?
2. ¿Con qué chocó Ramiro Ramírez?
3. ¿Qué dice Angel sobre el carácter de Ramírez?
4. ¿Por qué protesta el fiscal?
5. ¿Por qué está enojado el juez?

1. _____

2. _____

3. _____

4. _____

5. _____

II. Unscramble the sentences in the boxes.

1.

¿qué	defensa?	en
decirnos	su	puede

2.

es	hombre	señor
el	un	honrado

3.

nos	las	no
opiniones	importan	aquí

4.

accidente	a	ocurrió
las	diez	el

1. _____

2. _____

3. _____

4. _____

III. Find the following words in the boxes.

1. lawyer	7. drunk
2. accused	8. D.A.
3. drama	9. less
4. car	10. act
5. judge	11. all
6. witness (word	12. as
is backward)	13. 10

A	B	O	G	A	D	O	J
C	O	C	H	E	F	G	U
U	T	O	D	O	I	I	E
S	M	E	N	O	S	T	Z
A	C	O	M	O	C	S	A
D	R	A	M	A	A	E	C
O	D	I	E	Z	L	T	T
B	O	R	R	A	C	H	O

IV. Picture Match: Choose and write the sentence(s) suggested by each sketch. Then tell something more about each one.

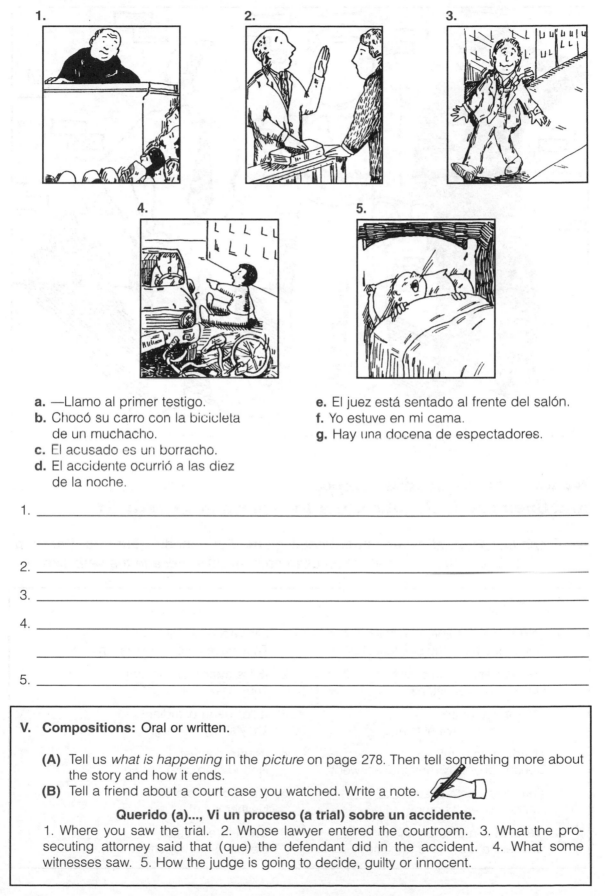

1.

2.

3.

4.

5.

a. —Llamo al primer testigo.
b. Chocó su carro con la bicicleta de un muchacho.
c. El acusado es un borracho.
d. El accidente ocurrió a las diez de la noche.

e. El juez está sentado al frente del salón.
f. Yo estuve en mi cama.
g. Hay una docena de espectadores.

1. _____

_____

2. _____

3. _____

4. _____

_____

5. _____

V. Compositions: Oral or written.

(A) Tell us *what is happening* in the *picture* on page 278. Then tell something more about the story and how it ends.

(B) Tell a friend about a court case you watched. Write a note.

Querido (a)..., Vi un proceso (a trial) sobre un accidente.

1. Where you saw the trial. 2. Whose lawyer entered the courtroom. 3. What the prosecuting attorney said that (que) the defendant did in the accident. 4. What some witnesses saw. 5. How the judge is going to decide, guilty or innocent.

Estructuras de la lengua

¡Nadie!   ¡Nunca!   ¡Nada!

Nunca, nada, nadie, tampoco, ni . . . ni . . . , ninguno in Emphatic and Unemphatic Negation: The Tag Question, ¿verdad?

A. *Emphatic:* **¡Nunca!** never!; **¡nada!** nothing!; **¡nadie!** nobody!; **¡tampoco!** neither!; **ni . . . ni . . .** neither . . . nor!; when used emphatically *precede the verb*, like **no.**

Questions	*Statements*
1. **¿No** tienen los libros chicos? Don't they have the small books?	1. Ellos **no** tienen libros. They have no books. (haven't any)
2. **¿Nunca** escuchan ellos? Don't they ever listen?	2. ¡Ellos **nunca** escuchan! They never listen!
3. **¿Nada** estudian? Don't they study anything?	3. ¡Ellos **nada** estudian! They study nothing.
4. **¿Nadie** contesta? Doesn't anybody (anyone) answer?	4. **¡Nadie** contesta! Nobody (no one) answers.
5. **¿Tampoco** está él en casa? Neither is he at home?	5. **¡Tampoco** está él! Neither is he!
6. **¿Ni** él **ni** ella está en casa? Neither he nor she is at home?	6. **¡Ni** él **ni** ella está! Neither is he nor she at home!

Rules:

1. **Nunca, nada, nadie, tampoco, ni . . . ni . . .** *precede the verb for emphasis* both in questions and in statements, like **no.**

2. **Jamás** may be used as a synonym for **nunca** (*never*). **Ninguno(a)** (*no one*) may be used as a synonym for **nadie**.

3. See Work Unit Nineteen for uses and forms of **ninguno** as an adjective.

4. Summary of English equivalents for negative words.

nunca:	never	not . . . ever
nada:	nothing	not . . . anything
nadie:	nobody	not . . . anybody
tampoco:	neither	not . . . either
ni . . . ni:	neither . . . nor	not either . . . or

B. *Unemphatic:* **Nunca, nada, nadie, tampoco, ni . . . ni:** Place **no** *before the verb.* Place **nunca, nada, nadie, tampoco, ni . . . ni** *after the verb.*

Emphatic Negation	Unemphatic Negation
1. —¿**Nunca** fuiste al cine? You *never* went to the movies?	—**No** fui **nunca.** I *never* went.
2. —¿**Nada** viste? You saw *nothing*?	—**No** vi **nada.** I saw *nothing*.
3. —¿**Nadie** fue contigo? *Nobody* went with you?	**No** fue **nadie.** *Nobody* went.
4. —¿**A nadie** invitaste? You invited *no one*?	—**No** invité a **nadie.** I invited *no one*.
5. —¿**Tampoco** lo invitaste a él? Neither did you invite him?	—No lo invité **tampoco** a él. I did not invite him either.
6. —¿**Ni** a ellos **ni** a ella invitaste? Neither them nor her did you invite?	—**No** invité **ni** a ellos **ni** a ella. I did not invite either them or her.

Rules:

1. *Unemphatic* negation in **no....nunca, no....nada, no...nadie, no . . . ni** or **no . . . tampoco** are not double negatives, but two halves of one negative indicating *normal, unemphatic negation.*

2. **Nadie** is the subject of the verb. **A nadie** is the object of the verb.

3. Learn the *opposite pairs*: **algo** *something*—**nada** *nothing*; **alguien** *some one (somebody)*—**nadie** *no one (nobody)*; **siempre** *always*—**nunca** *never*; **o . . . o . . .** *either . . . or . . .* —**ni . . . ni . . .** *neither . . . nor . . .* ; **también** *also*—**tampoco** *neither.*

C. The Spanish speaker requests agreement with a statement by adding **¿no es verdad?** or **¿verdad?**

---

1. Son españoles, **¿no es verdad?**
   They are Spaniards, *aren't they*?

2. Es domingo, **¿no es verdad?**
   It is Sunday, *isn't it*?

3. No hablan español, **¿verdad?**
   They don't speak Spanish, *do they*?

4. No estudian el francés, **¿verdad?**
   They don't study French, *right*?

Rules:

1. **¿No es verdad?** or **¿verdad?** usually follows the statement.

2. Both forms can be translated according to the meaning of the sentence to which they are added: *isn't it (so)?; aren't they?; isn't that right?;* etc.

STUDY THE RULES, EXAMPLES, AND MODELS BEFORE BEGINNING THE EXERCISES!

Ejercicios

I. **(A)** No matter what Claudio asks him, Alejandro gives him an EMPHATIC NEGATIVE answer. Tell his EMPHATIC NEGATIVE answer in a complete Spanish sentence according to the model. Role-play.

Model: —¿Sabe **alguien** todos los idiomas?
Does anyone know all (the) languages?

—**Nadie** sabe todos los idiomas.
Nobody (no one) knows all (the) languages.

1. ¿Comprende alguien todos los idiomas? _____

2. ¿Estudia alguien todos los días? _____

3. ¿Lee alguien todos los periódicos? _____

(B) Claudio thinks he knows his friend well, but he really does not know Alejandro's habits. Give his EMPHATIC NEGATIVE answer in a complete Spanish sentence according to the model. Role-play.

Model: —**¿Siempre** tienes clases hasta las cinco?
Do you *always* have classes until five o'clock?

—**Nunca** tengo clases hasta las cinco.
I *never* have classes until five.

1. ¿Siempre comes despacio? _____

_____

2. ¿Siempre estás triste después de un examen? _____

_____

3. ¿Siempre tienes hambre a las cuatro? _____

_____

(C) Tell what the friends definitely did *not* do to prepare for their trip. Give an EMPHATIC NEGA-TIVE answer in a complete Spanish sentence according to the model.

> Model: —¿Preparan los chicos **algo** para el desayuno?
> Are the boys preparing *something* for breakfast?
>
> —Los chicos **nada** preparan para el desayuno.
> The boys are preparing *nothing* for breakfast.

1. ¿Compraron los chicos algo para el viaje? _____

_____

2. ¿Recibieron ellos del tío algo para pagar el billete? _____

_____

3. ¿Comió Juan algo antes de salir de la casa? _____

_____

II. You are unwilling to take any suggestion. Answer in a complete sentence using in (a) **ni . . . ni . . .** ; and in (b) **tampoco** as indicated in the model. Role-play.

> Model: **a.** ¿Se permite o fumar o comer en el teatro?
> No se permite **ni** fumar **ni** comer en el teatro.
>
> Is it allowed to smoke or to eat in the theater?
> It is allowed *neither* to smoke *nor* to eat in the theater.
>
> **b.** ¿Y hablar?
> **Tampoco** se permite hablar.
>
> And to speak?
> Neither is it allowed to speak.

1. a. ¿Quieres o dormir o sólo descansar? _____

b. ¿Y escuchar un poco de música? _____

2. a. ¿Puedes o comer o beber algo? _____

b. Y ¿andar un poco? _____

3. a. ¿Te gusta o leer o mirar televisión? _____

b. Y ¿salir al jardín? _____

4. a. ¿Es posible asistir o al cine o al teatro mañana? _____

b. Y ¿al concierto de jazz y salsa? _____

III. Express the UNEMPHATIC NEGATIVE using the word in parentheses.

> Model: Los alumnos estudian.
> The students study.
>
> (nunca) Los alumnos **no** estudian **nunca.**
> The pupils never study.

1. María y yo leímos. (nada)

_____

2. Mira televisión cuando lee. (nadie)

_____

3. María quiere tomar o la sopa o la ensalada. (ni . . . ni . . .)

_____

4. ¿Desea comer unas frutas? (tampoco)

_____

5. Quieren comida. (ninguna)

_____

IV. Write the word in *italics* as a separate QUESTION. Then write a) an EMPHATIC NEGATIVE response and b) an UNEMPHATIC NEGATIVE response.

    (A) Model: —Tú *siempre* lees mucho.   a) —**¿Siempre?** Yo **nunca** leo mucho.
                You always read a great deal.   Always? I never read a great deal.

                                                 b) —Yo **no** leo **nunca** mucho.

1. Tú *siempre* cantas en casa.   a. _____

    b. _____

2. Ud. *siempre* toma el desayuno temprano.   a. _____

    b. _____

3. Laura y Antonio *siempre* pasan el verano en la escuela.   a. _____

    b. _____

    (B) Model: —*Juan* está cansado.   a) —**¿Juan? Nadie** está cansado.
                John is tired.   John? Nobody is tired.

                                          —**No** está **nadie** cansado.

1. *María* vino a mi casa con esquíes.   a. _____

    b. _____

2. *La familia* fue a esquiar en el invierno.   a. _____

    b. _____

3. Ellos tienen esquíes excelentes.   a. _____

    b. _____

    (C) Model: —Él lee *algo* de eso.   a) —**¿Algo?** Él **nada** lee de eso.
                   He reads something about that.   Something? He reads nothing about that.

                                          —Él **no** lee **nada** de eso.

1. Él sabe *algo* de México.   a. _____

    b. _____

2. El alumno contestó *algo* a la profesora   a. _____

    b. _____

3. Los niños oyen *algo* en la cocina.   a. _____

   b. _____

4. Los turistas necesitan *algo* para el viaje.   a. _____

   b. _____

(D) Model: —¿Estudiaron **algún** mapa?   a. —¿**Algún mapa? Ningún mapa**
             Did they study some map?   estudiaron.

                                                 b. —**No** estudiaron **ningún mapa.**
                                                 They did not study any map.
                                                 They studied no map.

1. ¿Compraron *algún regalo*? **a.** _____

   b. _____

2. ¿Llevaron *algunas flores*? **a.** _____

   b. _____

3. ¿Fué con ellos *o* el padre *o* la madre? **a.** _____

   b. _____

4. ¿Fué *también la hermana* con ellos? **a.** _____

   b. _____

V. Express a complete Spanish sentence using the vocabulary provided.

1 *Nobody* prepares a breakfast like our mother. Right?

   _____

   / prepara / desayuno como / madre /

2. Our father and I *never* prepare breakfast

   _____

   / padre / preparamos / desayuno /

3. But my sister takes *nothing* for breakfast Neither do you. True?

   _____

   / Pero / hermana / toma para / desayuno / tú /

4. You neither eat nor take orange juice. Do you?

   _____

   Tú / comes / tomas jugo de naranja /

5. You take nothing. Only coffee. No breakfast is bad for your health. Isn't it?

   _____

   Tú / Solamente café / desayuno es malo para la salud. /

VI. Oral Proficiency: Act your part (Yo), or role play. *Later* write your part. [Review PALABRAS NUEVAS and ESTRUCTURAS of this WORK UNIT Twenty-eight]

Situation: Rosalinda is very angry. She gave a party in your honor, *but you did not appear.* You explain why you could not come. [Three sentences are good; four very good; five or more are excellent.]

Rosalinda: ¡Estoy muy enojada! ¿Por qué no viniste?
Yo:...

Clues: *You never received the invitation; you knew nothing about the party; nobody called you or gave you information; nobody ever said anything about (de) the date or the time; you are not guilty, right? Other ideas?*

Vocabulario:
¿de veras? *really?*
eso dije *I said that*
has contado *you have counted*
han caído *have fallen*
lo apunté *I wrote it down*
lo mismo *the same*

VISTAS DE MÉXICO

Palace of Fine Arts, Mexico City

University, Mexico City

El trabajo de remediar injusticias debe
continuar de generación en generación.

Don Quijote, dressed as a medieval knight, set out to remedy injustice in his world.
In this Magic Realism story, Don Quijote appears and explains himself. Was he entirely mad?

¿Loco o cuerdo?

Sin nada más que hacer durante un verano, algunos amigos universitarios se proponían leer todas las aventuras maravillosas de cierto viejo cuya historia se lee por todo el mundo. Al final del verano los amigos discutían sobre la conducta rara del protagonista.

Álvaro:	Me reía tanto mientras leía las locuras de aquel viejo . . .
Blanca:	También me reía yo. Pero a la vez yo le compadecía las consecuencias que el pobre sufría en casi cada aventura.

En este momento se presentó el viejo de la historia.

El viejo:	Gracias por su compasión, noble doncella. Pero permítanme Uds. decirles que esas aventuras no eran locuras.
Álvaro (asombrado):	El autor mismo nos dio a entender que usted se volvió loco leyendo tantas historias de damas y caballeros andantes. Así que usted decidió ponerse yelmo, armadura y lanza y salir como ellos a buscar aventuras para remediar injusticias y defender a los indefensos.
El viejo:	Ese era mi propósito, pero no era por volverme loco. El autor no me conocía a fondo, ni me comprendía por entero.
Blanca:	¿Usted, señor, se conoce mejor?
El viejo:	Salí esa mañana tan temprano para encontrar mi juventud. Estaba aburrido de la vida retirada, sin nada más que hacer que leer antiguos libros y envejecerme.
Álvaro:	Pero, ¿no era una aventura loca luchar contra el molino de viento, por ejemplo?
El viejo:	El molino de viento no era más que un símbolo de los malhechores a quienes todos tenemos que vencer en toda época.
Blanca:	Ah, malhechores como los terroristas de hoy. ¿Y qué de las mujeres pobres y humildes a quienes usted trataba como a damas de alta clase, defendiendo sus derechos a ser respetadas?
Álvaro:	¿Y qué del pobre niño, Andrés, a quien ferozmente le pegaba su patrón? Usted trataba de defender al muchacho, pero sin éxito.
El viejo:	No importa el mal éxito. El trabajo de remediar injusticias debe continuar de generación en generación. Lo importante es empezar, llamar la atención a las injusticias.

El espectro de Don Quijote se iba. Ya no se veía su yelmo, armadura, ni lanza, ni su triste figura.

Blanca:	Entonces, ¿los idealistas no son los locos?
Álvaro:	Y, ¿quienes son los cuerdos? ¿La gente sin ideales?

Palabras Nuevas

SUSTANTIVOS
la armadura the armor
el caballero andante the knight
la dama the lady
el derecho the right

la doncella the damsel
la época the period of time
el espectro the ghost
el éxito the success
la lanza the lance

la locura the madness
el mal éxito the failure
el malhechor the evildoer
el molino de viento the windmill
el patrón the boss

el protagonista the main character
el propósito the purpose
el yelmo the helmet

VERBOS
avisar to inform
compadecía I was sympathetic
envejecerse to grow old
era was
importa is important
luchar to fight
pegar to beat

proponían were proposing
remediar to remedy
se iba was going away
se veía was seen
sufría used to suffer
vencer to defeat, to conquer
volverse loco to become crazy

ADJETIVOS
antiguo(a) ancient
asombrado(a) surprised
cuerdo(a) sane
indefenso(a) defenseless

raro(a) strange
respetado(a) respected
retirado(a) retired

OTRAS PALABRAS
a fondo thoroughly
ferozmente ferociously
lo importante the important thing
Mientras leía. While reading.
por entero entirely
cuyo(a) whose
mismo himself

Ejercicios

I. **(A) Preguntas.** Write your answer in a complete sentence.

1. ¿Qué libro se proponían leer?
2. Mientras leían, ¿qué hacían?
3. ¿Quién entró en la discusión del libro?
4. ¿Qué representaba el molino de viento?
5. ¿Cuál era el propósito de Don Quijote?

1. _____
2. _____
3. _____
4. _____
5. _____

(B) Preguntas personales y generales.

1. ¿Quién es más cuerdo, el idealista o el que no tiene ideales?
2. ¿Podemos remediar grandes injusticias rápido o tras generaciones?
3. ¿Qué le gusta más a usted, la vida retirada o la vida activa?
4. ¿Por qué?
5. ¿Está Don Quijote loco o cuerdo?

1. _____
2. _____
3. _____
4. _____
5. _____

II. Composition: Oral or written.

(A) Tell what is happening in the picture at the beginning of this WORK UNIT Twenty-nine.

(B) Write a note to a friend about an interesting story you are reading.

Una historia interesante

Querido(a) . . . ,
1. What the story is called. 2. Who the main character is. 3. Where the story takes place. (**tiene lugar** or **es**) 4. Why you like it. 5. What makes it interesting for your friend.

Estructuras de la lengua

The Imperfect Tense

A. Uses of the Imperfect Tense.

In contrast to the preterite tense which tells us that a past action or a description or condition was finished and completed (see Preterite, WORK UNITS Twenty-six and Twenty-seven), the imperfect tense shows:

1. An action or activity that was continuous, repeated, or customary, without an indicated end or indicated completion.

2. A past *condition*, *state of being*, or *description* where *no act* took place, e.g., **Yo estaba cansado** (I was tired); **él era médico** (he was a doctor); **ella tenía dinero** (she had money).

B. Regular Formation of the Imperfect Tense.

AR Infinitives	**ER** Infinitives	**IR** Infinitives
Tratar—To Try	**Leer**—To Read	**Vivir**—To Live
Yo trataba (I was trying; I used to try)	**Yo leía** (I was reading; I used to read)	**Yo vivía** (I was living; I used to live)
Tú tratabas	**Tú leías**	**Tú vivías**
Él; ella; Ud. trataba	**Él; Ella; Ud. leía**	**Él; ella; Ud. vivía**
Nosotros-as tratábamos	**Nosotros-as leíamos**	**Nosotros-as vivíamos**
Vosotros-as tratabais	**Vosotros-as leíais**	**Vosotros vivíais**
Ellos; Ellas; Uds. trataban	**Ellos; Ellas; Uds. leían**	**Ellos; Ellas; Uds. vivían**

Rules:

1. Remove the **AR**-infinitive ending. Add **aba, abas, aba, ábamos, abais, aban.**

2. Remove the **ER**-infinitive ending, and the **IR** infinitive ending. Add **ía, ías, ía, íamos, íais, ían.** Notice: the **ER**-infinitive-ending verbs, and the **IR**-infinitive-ending verbs use the same imperfect tense endings.

C. Learn these three irregular verbs in the imperfect tense.

Ir—To Go	Ser—To Be	Ver—To See
Yo iba (I was going; I used to go)	**Yo era** (I used to be; I was being; I was)	**Yo veía** (I used to see; I was seeing)
Tú ibas	**Tú eras**	**Tú veías**
Él; Ella; Ud. iba	**Él; Ella; Ud. era**	**Él; Ella; Ud. veía**
Nosotros-as íbamos	**Nosotros-as éramos**	**Nosotros-as veíamos**
Vosotros-as ibais	**Vosotros-as erais**	**Vosotros-as veíais**
Ellos; Ellas; Uds. iban	**Ellos; Ellas; Uds. eran**	**Ellos; Ellas; Uds veían**

STUDY THE RULES, EXAMPLES, AND MODELS BEFORE BEGINNING THE EXERCISES!

Ejercicios

I. Answer in a complete sentence the questions an investigator puts to you regarding a neighborhood crime. Use the appropriate tenses and the clues in parentheses. Role-play.

> Model: **—¿Qué día era?** (miércoles)   **—Era miércoles.**
> What day was it?   It was Wednesday.

1. ¿Qué hora era cuando usted salió a la calle? (las ocho de la noche) _____

   _____

2. ¿Dónde estaban usted y los vecinos cuando ocurrió el crimen? (en la calle) _____

   _____

3. ¿A quién esperaba usted allí? (a mi familia) _____

   _____

4. Mientras usted esperaba, ¿veía usted a la gente que pasaba por la calle? (a alguna) ____

   _____

5. Luego, ¿en qué dirección iban usted con su familia y toda la gente? (al festival en la calle

   Ocho) _____

6. ¿Qué querían ustedes mirar allí? (los fuegos artificiales–*the fireworks*) _____

   _____

7. ¿Qué día festivo celebraban todos? (el Cuatro de julio) _____

   _____

8. Entonces, ¿ustedes no sabían nada del crimen ni conocían a los malhechores? (verdad)

   _____

II. Show how cool you are. Answer in a complete affirmative sentence using the appropriate imperfect tense and according to the model. Role-play.

Model: —¿*Te sentiste* alegre en tu llegada a París? **—Ya me sentía alegre antes.**
Did you feel happy on your arrival in Paris? I was *already* feeling happy *before*.

1. ¿*Supiste* la noticia de la liberación? _____

2. ¿*Entendiste* el significado de la noticia? _____

3. ¿*Tuviste* bastante dinero francés de tu tío? _____

4. ¿*Conocieron* tú y tus compañeros a muchos amigos en París? _____

5. ¿*Estuvo* tu amigo francés en la recepción de bienvenida a las cuatro? _____

Remember: Some expressions showing *repetition* normally require the imperfect tense of the verb if it refers to the past.

a menudo often   **de vez en cuando** from time to time
a veces at times   **repetidas veces** repeatedly
algunas veces sometimes   **muchas veces** many times, often

Mientras (*while*) shows continuity. When the verb in the sentence refers to the past the imperfect tense is required after **mientras**.

III. Answer your friends' letter about the new movie theater. Include the cues that tell us to use the imperfect tense in the answers, according to the model. Role-play.

Model: —**¿Asistió mucha gente al cine**   **De vez en cuando asistía mucha gente al**
al principio? (de vez en cuando)   **principio.**
Did many people attend the   From time to time many people used to
movie theater at the beginning?   attend (were attending; did attend) at the
beginning.

1. ¿Ya *fueron* ustedes a ese cine nuevo? (a veces) _____

_____

2. ¿*Vieron* ustedes esa película popular? (repetidas veces) _____

_____

3. ¿*Compraron* ustedes entradas caras? (a menudo) _____

_____

4. ¿Fueron buenos otros estrenos (*shows*)? (de vez en cuando) _____

_____

5. ¿*Les gustaron* las rositas de maíz que usted comió en ese cine? (algunas veces) _____

_____

IV. **Oral Proficiency:** Act your part **(yo)**, or role-play. *Later* write your part. [Review PALABRAS NUEVAS and ESTRUCTURAS of this WORK UNIT]

Situation: You returned to the neighborhood after some twenty years. Your friend wants to know what memories it brought back and your impressions. [Three sentences are good; four very good; five or more are excellent.]

Luz:	¿Qué buscabas en el antiguo barrio?
Yo:	Mis memorias . . .

Clues: Tell, in the imperfect tense, what places you were looking for; your memories of what you used to do in each place; whom you were remembering; how many hours you were spending in the old neighborhood; how it looked to you (**parecer**); whether you were planning (**pensar**) another visit there and with whom. Other ideas?

VISTAS DE ESPAÑA

Plaza Mayor, Madrid

Puerta de Alcalá, Madrid

¡Qué lástima perder el único paseo
espacial de mi vida!

Problems of millionaires

Luna de miel

Madre:	¿Cuándo vendrá nuestra hija con su prometido?
Padre:	(mirando por la ventana) ¡Ya vienen!
Madre:	Me pregunto ¿qué desearán de nosotros como regalo de boda?

Los prometidos entran. Todos se abrazan, se besan y se sientan en el salón.

Padre:	Vamos al asunto. Tu madre y yo estamos bien provistos para nuestro futuro. Podremos regalarles en su boda una luna de miel inolvidable.
Hija:	¿Qué será, papá?
Novio:	Como ya estuvimos en todas partes, sería un viaje a la luna para la luna de miel.
Padre (en serio):	¡Qué inteligente eres, mi hijo! Casi eso. ¿Qué piensan de un paseo al espacio a la estación espacial como ya lo hicieron solamente unos pocos millonarios?
Hija:	¿Saldremos en cohete y todo?
Novio:	Este regalo les costará como cuarenta millones en total.
Padre:	Valdrá la pena una vez en la vida ver desde el espacio la tierra, satélites, otros planetas, y la luna de cerca—una verdadera luna de miel.
Hija:	Pero, papá, necesitaremos después de casarnos mucho más que esa luna de miel; una casa cómoda y moderna, con aire acondicionado y aspiradora centrales, con cocina bien equipada, lavadora/secadora, lavaplatos, además de todos los muebles, alfombras . . .
Novio:	. . . y televisores. Tienes razón, mi amor. Mejor una casa. Pero, ¡qué lástima perder el único paseo espacial de la vida!
Hija:	¿De acuerdo, entonces? Tendremos mucho que hacer antes de la boda y . . .
Novio:	Y pensar en dónde pondremos el televisor gigante.
Los novios (saliendo):	Tantísimas gracias a nuestros padres.
Madre (gritándoles):	Y en la casa nueva, ¡no olviden dos habitaciones para mis nietos venideros!
Padre:	Gracias al sentido práctico de nuestra hija, costará sólo *seis* millones.
Madre:	El sentido práctico ella lo tiene de mi lado. Si lo tuviera del tuyo, no tendríamos los cuarenta millones para esa luna de miel. ¡Ay! Tenemos el mismo problema de todos los millonarios . . . el de no tener suficientes millones.

Palabras Nuevas

SUSTANTIVOS
el aire acondicionado the air conditioner
la alfombra the carpet
la aspiradora the vacuum cleaner
el asunto the topic
la boda the wedding
el cohete the rocket
el espacio the space
la habitación the room

la lavadora y secadora the washer and dryer
el lavaplatos the dishwasher
la luna de miel the honeymoon
los muebles the furniture
el paseo the ride
el planeta the planet
el prometido the fiancé
los prometidos the engaged couple

el satélite the satellite
el sentido the sense

VERBOS
abrazarse to embrace
besarse to kiss one another
casarse to get married
desearán they will want
necesitaremos we will need
olvidar to forget
podremos we will be able

pondremos we will put
regalar to present a gift
¿Saldremos? Will we leave?
será it will be
sería it would be
suspirar to sigh
tendremos we will have
tendríamos we would have

Valdrá la pena. It will be worth it.
¿Vendrá? Will she come?

ADJETIVOS
equipado(a) equipped
gigante gigantic
inolvidable unforgettable
práctico(a) practical
provisto provided

único(a) unique, for only one
venidero(a) future

OTRAS PALABRAS
de acuerdo agreed
en serio seriously
me pregunto I wonder
tantísimas gracias so many thanks

Ejercicios

I. **(A) Preguntas**. Answer in a complete sentence.

1. ¿Qué proponen regalar los padres a los prometidos?
2. ¿Cuánto costará un paseo al espacio para dos personas?
3. ¿Quiénes ya hicieron un viaje a la estación espacial?
4. ¿Qué prefiere la hija?
5. ¿Qué problema tienen todos los millonarios?

1. _____
2. _____
3. _____
4. _____
5. _____

(B) Preguntas personales y generales.

1. ¿Adónde desearía usted ir para su luna de miel?
2. ¿Qué es posible ver desde una estación espacial?
3. ¿Qué clase de regalo aceptaría usted para una boda?
4. ¿Es mejor una luna de miel muy cara o comprar una casa bien equipada, con sus muebles? ¿Por qué?

1. _____
2. _____
3. _____
4. _____
5. _____

II. Compositions: Oral or written.

(A) Tell what is happening in the picture at the beginning of this WORK UNIT Thirty.

(B) Tell about a space trip you would like to take. Write a note about it. Include the following:

Un paseo al espacio

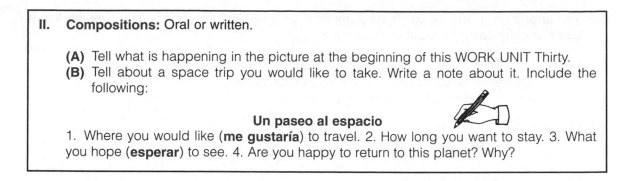

1. Where you would like (**me gustaría**) to travel. 2. How long you want to stay. 3. What you hope (**esperar**) to see. 4. Are you happy to return to this planet? Why?

Estructuras de la lengua

Part One: The Future Tense.

A. Regular Formation of the Future Tense.

AR-, **ER-,** and **IR**-ending infinitives all have the same future ending attached to the whole infinitive.

Dar—To give	**Ver**—To see	**Vivir**—To live
Yo daré (I will give)	**Yo veré** (I will see)	**Yo viviré** (I will live)
Tú darás	**Tú verás**	**Tú vivirás**
Él; Ella; Ud. dará	**Él; Ella; Ud. verá**	**Él; Ella; Ud. vivirá**
Nosotros-as daremos	**Nosotros-as veremos**	**Nosotros-as viviremos**
Vosotros-as daréis	**Vosotros-as veréis**	**Vosotros-as viviréis**
Ellos; Ellas; Uds. darán	**Ellos; Ellas; Uds. verán**	**Ellos; Ellas; Uds. vivirán**

Rule:

All future endings bear a written accent mark, *with the exception* of **nosotros.**

STUDY THE RULES, EXAMPLES, AND MODELS BEFORE BEGINNING THE EXERCISES!

Ejercicios

I.   You predict how the world of the future will be in twenty years. In a complete sentence use the future tense and the cues.

Model: Yo / vivir / en otro mundo
Yo viviré en otro mundo.
I will live in another world.

1. Todos los millonarios / viajar / al espacio _____

2. La gente / usar / carros eléctricos _____

3. Nosotros / comer / sólo píldoras _____

4. Yo / ir / a la luna _____

5. Nadie / ser / ignorante _____

II. You arrange how we will catch the early train for a weekend in the country. Use the future tense and the cues in a complete sentence.

Model: Mañana todos nosotros / salir / temprano
Mañana todos nosotros saldremos temprano.
Tomorrow we all will leave early

1. Mañana nosotros / tener / que tomar el tren a las seis _____

2. Tú / ponerte / el abrigo y / salir / a las cinco _____

3. Los otros también / salir / temprano _____

4. Yo / venir / a la estación antes que todos _____

5. Así / valer / la pena ir al campo por un fin de semana _____

III. Discuss with me how to get the job done. Answer in a complete sentence using the *future* tense of the verb in italics and the cues. Role-play.

Model: —¿*Tienes* mucho que hacer hoy? (más mañana)   —*Tendré* más mañana.
Do you have a lot to do today?   I will have more tomorrow.

1. ¿Me *dices* cómo hacer ese trabajo? (más mañana) _____

2. ¿*Hay* poco que hacer hoy? (mucho mañana) _____

3. ¿*Puedo* hacerlo ahora? (pasado mañana) _____

4. ¿*Sabes* explicármelo ahora? (pronto) _____

5. ¿*Quieren* los amigos ayudarnos? (algunos sí) _____

6. ¿*Cabemos* todos en un solo carro? (posiblemente) _____

7. ¿Qué *hacemos* si no? (hacer el viaje en dos carros) _____

Part Two: The Conditional Tense.

A. Regular Formation of the Conditional Tense.

AR-, **ER-**, **IR-**ending infinitives all have the same conditional attached to the whole infinitive.

Dar—To give	**Ver**—To see	**Vivir**—To live
Yo daría (I would give)	**Yo vería** (I would see)	**Yo viviría** (I would live)
Tú darías	**Tú verías**	**Tú vivirías**
Él; Ella; Ud. daría	**Él; Ella; Ud. vería**	**Él; Ella; Ud. viviría**
Nosotros-as daríamos	**Nosotros-as veríamos**	**Nosotros-as viviríamos**
Vosotros-as daríais	**Vosotros-as veríais**	**Vosotros-as viviríais**
Ellos; Ellas; Uds. darían	**Ellos; Ellas; Uds. verían**	**Ellos; Ellas; Uds. vivirían**

Rule:

All conditional endings bear a written accent mark.

STUDY THE RULES, EXAMPLES, AND MODELS BEFORE BEGINNING THE EXERCISES!

Ejercicios

I. After you hear some statements in the present tense, change them into the conditional tense.

Model: La gente **necesita** un aire acondicionado. (necesitar)
La gente **necesitaría** un aire acondicionado.

1. ¿Ama ella su lavadora y secadora? (amar) _____

2. El lleva el lavaplatos a su casa. (llevar) _____

3. Nosotros asistimos a la boda. (asistir) _____

4. ¿Recuerdan los hijos a sus padres? (recordar) _____

5. Julio y José caminan sobre la alfombra. (caminar) _____

II. If the conditions were right, what would you do? In you answer choose the condition from those given below and use the *conditional* tense. Role-play.

Conditions: De tener dinero, oportunidad, tiempo, salud, ayuda, más amigos, etc.

Model: —**¿Viajarás a Sudamérica?**   —**De tener dinero viajaría a Sudamérica.**
Will you travel to South America?   If I had the money I would travel to South America.

1. ¿Volará la familia a Puerto Rico? _____

2. ¿Leerán ustedes algo de la isla antes? _____

3. ¿Recibiré yo sus tarjetas de cada ciudad? _____

4. ¿Pospondrás el viaje por una buena razón? _____

5. ¿Obtendrán todos sus visas a tiempo? _____

6. ¿Saldrán ustedes pronto? _____

7. ¿Valdrá la pena ir por un mes? _____

8. ¿Querrá la familia vivir allí? _____

III. Oral Proficiency: Act your part (**Yo**) or role-play. *Later*, write your part. [Review PALABRAS NUEVAS and ESTRUCTURAS of this WORK UNIT THIRTY]

Amigo-a: ¿Podremos hacer un viaje extraterrestre?
Yo: ¿Por qué no?

Situation: Plan a space trip with a friend. [Three sentences are good; four are very good; five or more are excellent.]
Clues: Tell if you had or have enough money and time; where would you go; how you would get there; what transportation you would use; when you will leave and from where; when you will return. Would the trip be worthwhile and why? Other ideas?

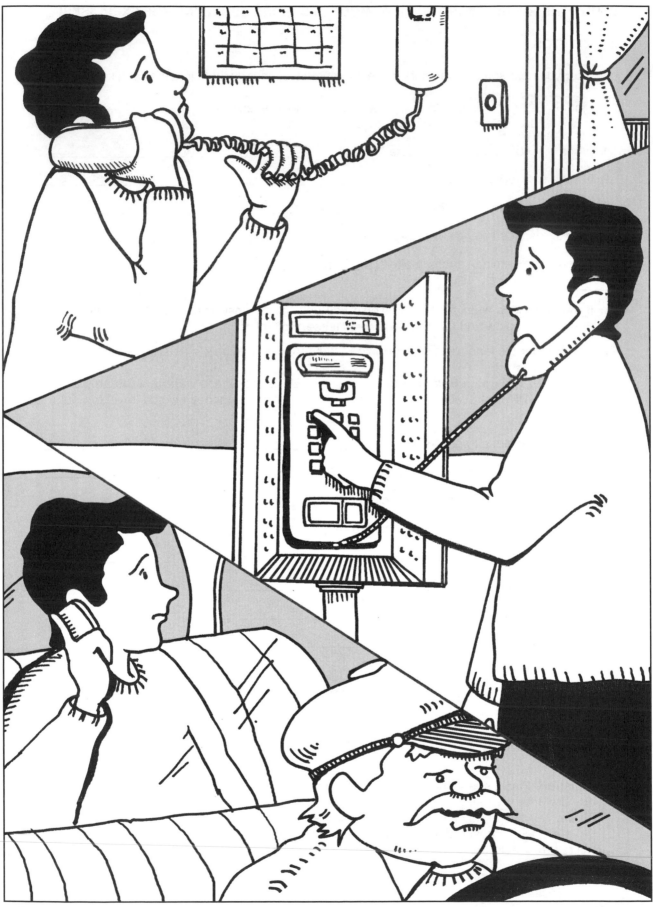

—Hola, ¿María?
—Usted, señor, tiene un número equivocado.

What a mess a little piece of paper caused!

¡Número equivocado!

Se conocieron David y María García la noche anterior en un club universitario. Supieron que tenían boletos para el mismo vuelo a España a la mañana siguiente, a las seis. Decidieron reunirse delante de la casa de la muy bella María. Tomando el mismo taxi pueden llegar juntos al aeropuerto y así arreglar asientos vecinos en el avión.

David se despierta a las cuatro para telefonear a María y despertarla a tiempo. Él busca en todos los bolsillos el papelito con el número de teléfono y la dirección de ella. ¡Nada!

David corre a su guía telefónica. Pero, ¡hay tantas María Garcías! Decide llamar a la primera. Descuelga el receptor. Marca el número. El teléfono suena.

David (con apuro):	María ¿te levantas?
María (bosteza):	Estaba dormida. Me acosté tarde anoche.
David:	¡Apúrate para no perder el avión!
María:	¿Qué avión? ¿Quién es usted? (María cuelga el receptor).

Se hace tarde. David se afeita, se lava, se baña, se quita el pijama, se viste y se peina rápido. Se pone la chaqueta y toma la maleta. Mientras espera un taxi encuentra un teléfono público. Llama a la segunda María.

David (con prisa):	Hola, ¿te vistes y te preparas para salir?
María:	¿Quién se interesa?
David:	¡Me llamo David!
María:	Yo no conozco a ningún David. (María cuelga).

Ya en el taxi para el aeropuerto David se acuerda de su nuevo teléfono celular. Trata de recordar el número.

David (desesperado):	María, ¡toma tu maleta! Nos reunimos delante de tu casa.
María:	¿Qué maleta? ¡Usted, señor, tiene un número equivocado!

David se pone ya bastante nervioso. En el aeropuerto ve a María en la fila que espera para subir al avión.

David (en voz alta):	¡María! ¡Qué suerte encontrarte por fin!
María (gritando):	¡Idiota, me dejaste esperándote en la calle delante de mi casa! ¿Por qué no me llamaste?
David:	Uh . . . Uh . . . Uh . . . ¿Deseas desayunarte en un café aquí cerca?

Se sentaron en el avión, él en una fila muy atrás, ella en la fila muy adelante. El avión despega a las seis de la mañana. Va a aterrizar en España por la tarde. En el vuelo, ¿va a tener David bastante tiempo para explicarle todo a María? ¿Va a necesitar David pasar toda la vida con ella para excusar la pérdida del papelito?

Palabras Nuevas

SUSTANTIVOS
el apuro the haste
el teléfono público the public phone
la fila atrás the back row
la guía telefónica the phone book

la manera the way, the manner
la maleta the suitcase
el número equivocado the wrong number
el número de teléfono the phone number

el papelito the small piece of paper
la pérdida the loss
el teléfono celular the cell phone
el vuelo the flight

305

VERBOS
acordarse(ue) de,
   recordar(ue) to remember
acostarse(ue) to go to bed
afeitarse to shave oneself
apurarse to hasten, to hurry
arreglar to arrange
aterrizar to land
bañarse to bathe oneself
bostezar to yawn
colgar(ue) to hang up
conocerse to become
   acquainted
desayunarse to breakfast
descolgar(ue) el receptor to
   pick up the receiver
despegar to take off

despertar(ie) to awake others
despertarse(ie) to wake
   oneself
esperar to wait for
interesarse to be interested
llamar to call
llamarse to be named
lavarse to wash oneself
levantarse to get up
marcar to dial
peinarse to comb oneself
perder(ie) to miss, to lose
ponerse to put on, to
   become + adjective or
   adverb
quedarse to stay, to remain

quitarse to take off (clothing)
reunirse(ú) to meet by
   appointment
telefonear to phone
supieron they found out,
   learned
vestirse(i) to dress oneself,
   to get dressed

OTRAS PALABRAS
asientos vecinos
   neighboring seats
dormido-a asleep
nervioso-a nervous
por fin finally
Se hace tarde. It is getting
   late.

Ejercicios

I. **Preguntas**. Answer in a complete sentence.

1. ¿Qué quieren David y María arreglar al llegar juntos al aeropuerto?
2. ¿Qué perdió David?
3. ¿Qué hizo David tres veces?
4. ¿Dónde tuvo María que esperar el taxi de David?
5. ¿Va David a tener bastante tiempo en el vuelo para explicarle todo a María?

1. _____

2. _____

3. _____

4. _____

5. _____

II. **Preguntas personales y generales.**

1. ¿A qué aeropuerto va usted para tomar un vuelo a España?
2. ¿Cómo contesta usted a una llamada equivocada?
3. ¿Está usted enojado(a) cuando no recibe una llamada prometida?
4. ¿Cuál usa usted más, el teléfono en casa, el teléfono público, o un celular?

1. _____

2. _____

3. _____

4. _____

5. _____

II. Composition: Oral or written.

(A) Tell us what is happening in the picture at the beginning of this Work Unit.
(B) Tell a friend about an important phone call you are waiting for. Write a note.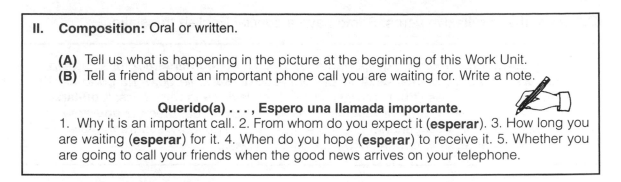

Querido(a) . . . , Espero una llamada importante.
1. Why it is an important call. 2. From whom do you expect it (**esperar**). 3. How long you are waiting (**esperar**) for it. 4. When do you hope (**esperar**) to receive it. 5. Whether you are going to call your friends when the good news arrives on your telephone.

Estructuras de la lengua

Reflexive Verbs

A. Verbs whose action affects the same person who is the subject, e.g., **lavarse** (to wash *oneself*): **La mamá lava al niño** as compared with **La mamá se lava.** (The mother washes the child. The mother washes herself, the mother *gets washed*.)

Lavarse—To Wash Oneself

Yo me lavo I wash *myself*
Tú te lavas You (fam.) wash *yourself*

Él se lava He washes *himself*
Ella se lava She washes *herself*
Usted se lava You (formal sing.) wash *yourself*

Nosotros-as nos lavamos We wash *ourselves*
Vosotros-as os laváis You (fam. pl.) wash *yourselves*

Ellos se lavan They (m.) wash *themselves*
Ellas se lavan They (f.) wash *themselves*
Ustedes se lavan You (form. pl.) wash *yourselves*

B. Position of the reflexive object pronouns **me, te, se, nos, os, se.**

1. Directly before the conjugated verb; e.g., **Yo no me lavo.** *I do not wash myself.*

2. Attached to affirmative commands; e.g., **¡Lávese Ud.!, ¡Lávate!** *Wash Yourself!* **¡Lávense Uds.!** *Wash yourselves!* **¡Lavémonos!** *Let's wash ourselves!* (Drop the **s** from **lavemos** before adding **nos**). Place accent mark when attaching, on the normally stressed syllable.

3. Your choice:
   (a) When the sentence is composed of a conjugated verb followed by a reflexive complementary infinitive, the reflexive object pronoun can be used either before the conjugated verb or attached to the end of that infinitive, e.g., **¿Te quieres lavar ahora?** or **¿Quieres lavarte ahora?** *Do you want to wash yourself now?*
   (b) When the verb is in the progressive tense, the reflexive object pronoun can be used either before the conjugated **estar** or attached to the end of the present participle, e.g., **¿Te estás lavando? ¿Estás lavándote?** *Are you washing yourself?*

C. Reciprocal uses of **nos, os, se.**

Nos escribimos	**Os escribís**	**Se escriben**
We write to each other (to one another)	You write to each other (to one another)	They (you pl.) write to each other (to one another)

D. Learn these reflexive verbs. Some have a special English translation.

> **Acordarse**(ue) *to remember*; **despertarse**(ie) *to wake up*; **dormirse**(ue) *to fall asleep*; **levantarse** *to get up*; **sentarse**(ie) *to sit down*; **acostarse** *to lie down (to go to bed)*; **afeitarse** *to shave oneself*; **bañarse** *to bathe oneself*; **lavarse** *to wash oneself*; **quitarse** *to take off*; **ponerse** *to put on*; **vestirse** *to dress oneself, to get dressed*; **apurarse** *to hasten, to hurry up*; **desayunarse** *to eat breakfast*; **irse** *to go away*; **sentirse**(ie) **bien** *to fell well*; **divertirse**(ie) *to have a good time, amuse oneself.*

STUDY THE RULES, EXAMPLES, AND MODELS BEFORE BEGINNING THE EXERCISES!

Ejercicios

I. Describe the beginning and the end of the day in your house and in neighboring homes. Use the appropriate form of the verbs in parentheses in complete sentences.

> Model: **En mi casa todos nosotros (vestirse rápido)**
> **En mi casa todos nosotros nos vestimos rápido.**
> In my house we all get dressed fast.

1. Por la mañana yo (despertarse y levantarse inmediatamente) _____

2. Tú en la casa enfrente (afeitarse y peinarse) _____

3. La familia de arriba (lavarse y bañarse) _____

4. En mi casa nosotros (quitarse el pijama y ponerse la ropa para el día) _____

5. Las familias ya (sentarse a la mesa y desayunarse) _____

6. Uds. en la casa al lado (irse y apurarse) _____

7. De noche nosotros (sentirse bien y divertirse) _____

8. Luego todos (acostarse y dormirse) a las diez _____

II. Command everyone in a complete affirmative sentence. Role-play.

> Model: **—¡No nos acostemos temprano!**   **—¡Acostémonos temprano!**
> Let's not go to bed early!   Let's go to bed early!

1. ¡No se acuerden Uds. de la mala noticia! _____

2. ¡No se apure Ud. ahora! _____

3. ¡No se ponga Ud. la chaqueta nueva! _____

4. ¡No nos quitemos el sombrero! _____

5. ¡No se sienten Uds. en el sofá! _____

III. Mamá wants to know how the family is readying itself to go out. Answer her using the *present progressive tense* and place the reflexive pronoun in the alternate position attached to the participle. Remember the accent mark. Role-play.

Model: **—¿Te estás lavando?** **—Sí, estoy lavándome.**
Are you washing yourself? Yes, I'm washing myself.

1. ¿Se están bañando los hermanitos? _____

2. ¿Se está vistiendo tu hermana? _____

3. ¿Se está afeitando tu papá? _____

4. ¿Te estás apurando tú? _____

5. ¿Nos estamos preparando para salir ahora? _____

IV. Will we all get an early start? Answer in a complete sentence placing the reflexive pronoun in the alternate position attached to the infinitive. Role-play.

Model: **—¿Te quieres divertir?** **—Sí, quiero divertirme.**
Do you want to have a good time? Yes, I want to have a good time (enjoy myself).

1. ¿Te quieres despertar a tiempo? _____

2. ¿Se pueden levantar todos temprano? _____

3. ¿Nos debemos quitar el pijama y vestir rápido? _____

4. ¿Se desea la familia desayunar en casa o afuera? _____

5. ¿Me voy a divertir pasando todo el día con la familia? _____

V. Oral Proficiency. Act your part (**yo**), or role-play. Later, write your part. [Review PALABRAS NUEVAS and ESTRUCTURAS of this WORK UNIT]

Situation: Your friend tells you he has so many things to do this Saturday, that he cannot go out with you. Offer suggestions to help him schedule all his tasks, leaving him time for going out in the evening. Use **tú.** [Three sentences are good; four very good; five or more excellent.]

 Amigo(a): ¡Perdóname! No puedo reunirme contigo este sábado. Tengo tantas cosas que hacer.
Yo: Tienes tiempo si sigues un programa. ¡Escúchame!

Clues: Say to him: You have to wake up early. You can shave, wash, put on your clothes fast. You cannot have breakfast at home, but you can take coffee outside (**fuera**). You hurry to the stores, to the library (**biblioteca**) and to the post office (**correo**). Should you take a taxi home? Why? At home you should lie down and rest a little. At six o'clock you are going to bathe and to dress on time. Have a good time in the evening! Other ideas?

*Pienso estudiar para médico. ¡Tuvieron
tanto éxito mis recetas!*

Love made him find the cure.

Mi nieto, el médico

Personajes:	Doctor Abel Bueno, abuelita Doña Dolores Misericordia, su nieto de quince años, José Mercedes.
Dr. Bueno (abre la puerta):	Buenas Tardes. ¡Pasen! ¿En qué puedo servirles?
Nieto:	Doctor, le pido consejo para mi querida abuelita. Ella siente dolor por todo el cuerpo. Duerme poco de noche. Ya no ríe ni sonríe. Quiero tenerla cerca por muchos años. No debe morir, doctor.
Dr. Bueno: (a la abuela)	Entonces, ¡déjame hablar con tu abuela! Señora Misericordia, ¿dónde siente Ud. dolor? ¿Y cuándo?
Abuela:	Señor doctor, mi nieto no le miente. Todos los días siento dolor de garganta cuando le repito mil veces a mi nieto que él debe llegar a tiempo a su trabajo en el supermercado. Si él no hace eso, lo van a despedir.
Dr. Bueno:	¿Y sufre Ud. otro dolor?
Abuela:	Sí, uno más. Siento un dolor de pecho cuando él me cuenta cómo él se divierte y hace reír a sus amigos en las clases.
Dr. Bueno:	¿Hay más?
Abuela:	Mmmm . . . ah, sí. Si no duermo toda la noche, a la mañana, siento dolor por todo el cuerpo cuando le preparo el desayuno y su ropa de vestir.
Dr. Bueno:	¿Y por qué no duerme Ud.?
Abuela:	Mi nieto, José Mercedes, a las nueve de la noche empieza a tocar su música rock y no termina antes de la una.
Nieto:	¿Ve Ud., señor, cuántos dolores siente mi pobre abuela? Le pido consejo con todo el corazón.
Dr. Bueno:	Claro. Pero tú, José Mercedes, tienes que escribir la receta para tu abuelita.
Nieto (sorprendido):	¿Yo, señor? ¿Cómo?
Dr. Bueno:	¡Escribe lo que tú vas a hacer, para ayudar a tu abuelita a no sentir dolores!
Nieto:	¿Dónde? ¿Cuándo?
Dr. Bueno:	En mi papel de recetas y ahora. ¡Y vuelve a verme con tu abuelita en ocho días!
Nieto (termina de escribir):	Claro, claro. Tengo las recetas. Hasta luego.

Ocho días después, en la clínica del doctor Abel Bueno. Los mismos personajes.

Dr. Bueno:	¡Ajá! ¿Qué tal, José Mercedes? ¿Tuvieron éxito tus recetas?
José Mercedes:	Sí, mucho éxito.
Dr. Bueno (a la abuela):	¿Durmió Ud. anoche, señora?
Abuela:	Sí, señor doctor, dormí bien anoche.
Dr. Bueno:	¿Sintió Ud. dolores la semana pasada?
Abuela:	No sentí ni un dolor.
Dr. Bueno (al nieto):	José Mercedes, hiciste bien al seguir tus buenas recetas. ¡Felicitaciones!
José Mercedes:	Gracias, doctor Bueno. Pienso estudiar para médico. ¡Tuvieron tanto éxito mis recetas!

Y así empezó la carrera de José Mercedes, quien llegó a ser un médico compasivo y famoso.

¿Y la abuela? Oh, la abuela se casó con el doctor Abel Bueno. ¡Continúa sin dolor alguno!

Palabras Nuevas

SUSTANTIVOS
la carrera the career
el colega the classmate, schoolmate
la clínica the doctor's office
el consejo the advice
el dolor the pain
el dolor de pecho the chest pain
¡Felicitaciones! Congratulations!
el nieto the grandson
la receta the prescription

OTRAS PALABRAS
a tiempo on time

al seguir(i) in following
compasivo-a compassionate
con todo el corazón with all my heart
estudiar para . . . to study to become . . .
mil veces a thousand times
por todo mi cuerpo all over my body
tener tanto éxito to be so successful

VERBOS
casarse to marry
contar(ue) to narrate, to tell
despedir(i) to dismiss, to fire

divertir(ie) to amuse
dormir(ue) to sleep
¿Durmió? Did you sleep?
llegar a ser to become
mentir(ie) to lie
morir(ue) to die
pedir(i) to request, ask for
preferir(ie) to prefer
reír(i) to laugh
repetir(i) to repeat
sentir(ie) to feel (followed by a noun) to regret
¿Sintió? Did you feel?
servir(i) to serve
sonreír(i) to smile
tocar to play (music)

Ejercicios

I. **(A) Preguntas.** Answer in a complete sentence.

1. ¿Qué le pide el nieto al médico?
2. ¿Quién causó los dolores de la abuela?
3. ¿Por qué no duerme la abuela toda la noche?
4. ¿En cuánto tiempo cambió José su conducta?
5. ¿Por qué piensa José que tiene talento para ser médico?

1. _____
2. _____
3. _____
4. _____
5. _____

(B) Preguntas personales y generales. Answer in a complete Spanish sentence.

1. ¿Para qué carrera piensa Ud. estudiar?
2. ¿Qué música prefiere Ud. tocar o escuchar?
3. Para tener éxito, ¿llega Ud. a tiempo a la escuela o al trabajo?
4. ¿A quién quiere Ud. mucho?

1. _____
2. _____
3. _____
4. _____

II. Picture Match: Look at the four drawings and match each to the appropriate sentence. Then tell something more about each one.

1.

2.

3.

4.

a. —Siento dolor de garganta. Le repito mil veces que él tiene que llegar a tiempo

b. —Siento dolor de pecho cuando él me cuenta cómo hace reír a la clase.

c. —¡Escribe en las recetas cómo vas a ayudar a tu abuelita a no sentir dolores!

d. —No puedo dormir cuando él toca su música rock hasta la una.

e. —Mis recetas tuvieron tanto éxito. ¡Pienso estudiar para médico!

1. _____

2. _____

3. _____

4. _____

III. Compositions: Oral and written.

  A. Tell what is happening in the picture at the beginning of this Work Unit. Tell how the story begins.
  B. Tell something about going to the hospital. Write a note to a friend.

  Querido(a) . . . , prefiero volver a casa.

1. What pain(s) you feel. 2. How little you sleep. 3. What food you ask for but do or do not receive. 4. When you prefer to return home. 5. Whether the prescriptions are successful. 6. Whether you want to study **(para)** to be a doctor now.

Estructuras de la lengua

Part One. Present Tense of Stem-Changing Verbs of IR Infinitives: Class II and Class III

A. Class II–Present Tense.

o > ue	e > ie
Dormir—To Sleep	**Sentir**—To Feel + noun
1. Yo duermo	**Yo siento**
2. Tú duermes	**Tú sientes**
3. Él, Ella, Ud. duerme	**Él, Ella, Ud. siente**
4. Nosotros-as dormimos	**Nosotros-as sentimos**
5. Vosotros-as dormís	**Vosotros-as sentís**
6. Ellos, Ellas, Uds. duermen	**Ellos, Ellas, Uds. sienten**

Examples:	**—¿Duermes bien?**	**—¿Sientes dolor?**
	Do you sleep well?	Do you feel pain?
	—Duermo a pierna suelta.	**—Lo siento.**
	I sleep like a log.	I regret it, I am sorry.
Commands:	**—¡Duerma Ud.!**	**—¡Sienta Ud!**
	—¡Duerman Uds.!	**—¡Sientan Uds!**
	—¡Durmamos!	**—¡Sintamos!**

Rules:

1. **O > UE:** Some **IR**-ending infinitives change **o** to **ue** in their stem in the present tense in persons 1, 2, 3, 6; and in the commands **Ud.** and **Uds.** However, in the **nosotros-as** command (let us) the **o** changes to **u**, *only;* for example, **dormir(ue)**: d**ue**rme tú, d**u**rmamos nosotros.

2. **E > IE:** Other **IR**-ending infinitives change **e** in their stem to **ie** in the present tense in persons 1, 2, 3, 6; and in the commands **Ud.** and **Uds.** However, in the **nosotros-as** command (let us) the **e** changes to **i** alone. Learn this group, including **sentir(ie)** and **sentirse**, *to feel* (before adverbs and adjectives); **divertir(ie)**, *to amuse*; **divertirse(ie)**, *to enjoy oneself, to have a good time*; **mentir(ie)**, *to lie (tell a lie)*; **preferir(ie)**, *to prefer.*

B. Class III—Present Tense.

e > i	e > í
Pedir—To Request, Ask for	**Reír**—To Laugh
1. Yo pido	Yo río
2. Tú pides	Tú ríes
3. Él, Ella, Ud. pide	Él, Ella, Ud. ríe
4. Nosotros-as pedimos	Nosotros reímos
5. Vosotros-as pedís	Vosotros reís
6. Ellos, Ellas, Uds. piden	Ellos, Ellas, Uds. ríen

Examples: —¿Qué pides?   —¿Por qué ríes?
             What do you ask for?   Why do you laugh?
             —Pido justicia.   —Río porque es cómico.
             I ask for fairness   I laugh because it is funny.

Commands: —¡Pida Ud.!   —¡Ría Ud.!
             —¡Pidan Uds.!   —¡Rían Uds.!
             —¡Pidamos!   —¡Riamos!

Rules:

1. **E > I:** The **e** in the stem of *some* **IR-**ending infinitives changes to **i** in the present tense in persons 1, 2, 3, 6, and in all three formal commands, **Ud., Uds.,** and **nosotros-as** (let us). These are called Class III stem-changing verbs. Memorize this group. Like **pedir(i),** common verbs that change are **despedir(i)**, *to dismiss, fire*; **despedirse(i)**, *to take leave, to say good-bye*; **repetir(i)**, *to repeat*; **servir(i)**, *to serve*; **vestir(i)**, *to dress*; and **vestirse(i)**, *to get dressed.*

2. **E > í:** The **e** in the stem of the special **IR-**ending infinitive **reír** changes to an **í** with an accent mark in the present tense in persons 1, 2, 3, 6, and in commands **Ud.** and **Uds.** But in the **nosotros-as** *(let us)* command the **e** changes to an **i** without the accent mark. Learn this group, including **reír(i)** and **reírse(i)**, *to laugh*; **sonreír(i)** and **sonreírse(i)**, *to smile.*

STUDY THE RULES, EXAMPLES, AND MODELS BEFORE BEGINNING THE EXERCISES!

Ejercicios

I.   At the doctor's office. Answer the doctor in complete sentences. Role-play.

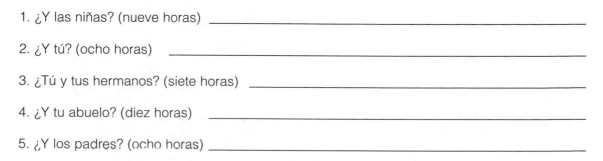

(A) Model: Médico: —¿Cuántas horas **duerme** el niño?   —Él **duerme** diez horas.
              How many hours does the child *sleep*?   He *sleeps* ten hours.

1. ¿Y las niñas? (nueve horas) _____

2. ¿Y tú? (ocho horas) _____

3. ¿Tú y tus hermanos? (siete horas) _____

4. ¿Y tu abuelo? (diez horas) _____

5. ¿Y los padres? (ocho horas) _____

(B) Tell the doctor how ill you and the team feel after the soccer match, and what hurts. Role-play.

Clues: mal, enfermo, no muy bien, así-así, dolor de cabeza, dolor de estómago, dolor de pecho, dolor de garganta, dolor de pie.

Model: **—¿Cómo se siente Ud? ¿Dónde siente Ud. dolor?**
How do you *feel*? Where do you *feel pain*?
—Yo me siento mal. Siento dolor de estómago.
I *feel* sick. I *feel pain* in my stomach.

1. ¿Cómo te sientes tú? ¿Dónde sientes dolor? _____

2. ¿Y ustedes todos? _____

3. ¿Y el otro equipo? _____

4. ¿Y todos los futbolistas? _____

II. Tell how everyone has a good time at the family party, and dies of laughter at the jokes. Role-play.

Model: **—¿Te diviertes y mueres de risa de los chistes?**
Do you have a good time and die laughing at the jokes?
—Me divierto y muero de risa de los chistes.
I have a great time and die laughing at the jokes.

1. ¿Se divierten los primos y mueren de risa de los chistes? _____

2. ¿Y la amiga, Beatriz? _____

3. ¿Y tú? _____

4. ¿Y ustedes todos? _____

III. **(A)** Tell which is preferred, to give a party or to attend one. Do you lie? Role-play.

Model: **—¿Prefiere Ud. dar una fiesta o asistir? ¿Miente?**
Do you prefer to give a party or to attend one? Are you lying?
—Prefiero asistir a una fiesta. Yo no miento.
I prefer to attend a party. I'm not lying.

1. ¿Prefieres dar una fiesta o asistir? ¿Mientes? _____

2. ¿Y ustedes todos? _____

3. ¿Y sus amigos? _____

4. ¿Y tu mejor amiga, Elena? _____

(B) Tell how you dress for the occasion, then smile when you look in the mirror.

Clues: elegante, casual, de mi mejor ropa, deportivo.

Model: **—¿Cómo te vistes para la ocasión? ¿Te sonríes luego al espejo?**
How do you dress for the occasion? Do you smile at yourself in the mirror after?
—Yo me visto elegante y luego me sonrío al espejo.
I dress elegantly and then smile at myself in the mirror.

1. ¿Cómo se visten ustedes? ¿Se sonríen luego al espejo? _____

2. ¿Y los jóvenes? _____

3. ¿Y tu amiga? _____

4. ¿Y usted? _____

(C) Model: **—En la fiesta ¿pides tu helado favorito y lo sirves a otros?** At the party, do you ask for your favorite ice cream and serve it to others?
—Sí, pido un helado de vainilla y lo sirvo a otros.
Yes, *I ask for* a vanilla ice cream and *serve it* to others.

Clues: de vainilla, de chocolate, de fresas, de nueces.

1. ¿Piden algunos invitados un helado favorito y lo sirven a otros? _____

2. ¿Y el hermanito de la familia? _____

3. ¿También, tú? _____

4. ¿Y ustedes todos? _____

(D) Model: **—En casa, ¿repites los chistes y ríes otra vez?**
At home do you repeat the jokes and laugh again?
—Sí, repito los chistes y río otra vez.
Yes, I *repeat* the jokes and *laugh* again.

1. ¿Repiten los amigos los chistes y ríen otra vez? _____

2. ¿Y ustedes todos? _____

3. ¿También el amigo triste? _____

4. ¿Y tú? _____

IV. **Dialogue Completion:** José Mercedes brings Lola, who works with him in the supermarket, to meet his abuelita. Role-play.

Linda: —Mucho gusto señora. ¿Ya no _____ Ud. dolores?
                                       (1) feel

Abuela: —Ya me _____ bien. ¿Te _____ un café?
                    (2) feel   (3) serve

Linda: —Ahora no, gracias. Pero le _____ permiso para visitarla en otra ocasión.
                                (4) ask for

317

Abuela: —¡Claro! José te _____ mucho. ¿ _____ Uds. trabajando
                        (5) amuse   (6) have a good time

         en el supermercado? ¿Verdad?

Linda: —Oh, sí. Nosotros nos _____ de sus chistes. Yo _____ mucho.
                                  (7) smile   (8) laugh

Abuela: —Yo lo _____. Los dueños _____ un trabajo serio.
                (9) regret   (10) prefer

Linda: —¡No lo sienta, señora!. Ellos no lo _____. Nosotros _____ bien al público.
                                    (11) fire   (12) serve

II. Part Two: Preterite Tense Stem-Changing Verbs of IR Infinitives.

In the preterite tense all stem-changing verbs of IR infinitives change only in the third person and the sixth person.

o > u	e > i	e > i	e > ie > í
Dormir	**Sentir**	**Pedir**	**Reír**
1. **Yo dormí**	sentí	pedí	reí
2. **Tú dormiste**	sentiste	pediste	reíste
3. **Él, Ella, Ud. durmió**	sintió	pidió	rió
4. **Nosotros-as dormimos**	sentimos	pedimos	reímos
5. **Vosotros-as dormisteis**	sentisteis	pedisteis	reísteis
6. **Ellos, Ellas, Uds. durmieron**	sintieron	pidieron	rieron
Present Participle **durmiendo**	sintiendo	pidiendo	riendo
Like **dormir:** **dormir(se)** **morir**	Like **sentir:** **divertir(se)** **mentir** **preferir**	Like **pedir:** **despedir(se)** **repetir** **servir** **vestir(se)**	Like **reír(se):** **sonreír(se)**
Examples: —¿**Durmió Ud.?** Did you sleep? —**Dormí.** I slept.	—¿**Lo sintió Ud.?** Did you regret it? —**Lo sentí.** I felt sorry.	—¿**Qué pidió?** What did you request? —**Pedí pan.** I asked for bread.	—¿**Rió Ud.?** Did you laugh? —**Reí.** I laughed.

Rules:

1. *Carefully* pronounce the preterite forms of each verb above, noting the sound change as the vowel changes from **O** to **U**, and from **E** to **I** *in the third person and the sixth person, only.*

2. You have seen the **O** to **U** and the **E** to **I** changes before, in the **nosotros** commands: **¡Durmamos!, ¡Sintamos!, ¡Pidamos!, ¡Riamos!**

3. Notice the **O** to **U** and the **E** to **I** changes *in the present participles.*

STUDY THE RULES, EXAMPLES, AND MODELS BEFORE BEGINNING THE EXERCISES!

Ejercicios

I. **(A)** Express your disbelief in a complete sentence. Use **¡Imposible! Ud. no** in the preterite tense, according to the model. Role-play.

Model: —**Yo divertí a todos ayer.**   —**¡Imposible! Ud. no divirtió a nadie.**
        I amused everybody yesterday.   Impossible. You did not amuse anybody.

1. Dormí doce horas anoche. _____

2. Sentí frío en la playa. _____

3. Pedí un millón al banco. _____

4. Reí en el cine hasta morir. _____

5. Repetí de memoria todo el libro. _____

(B) You continue to express disbelief. In a complete sentence, use **¡Imposible! Uds. no** in the preterite tense, according to the model. Role-play.

Model: —**Despedimos a todos.**   —**¡Imposible! Uds. no despidieron a todos.**
        We discharged (fired) everyone.   Impossible! You (pl.) did not fire everyone.

1. Nosotros vestimos en oro a la niña. _____

2. Mentimos mil veces ayer. _____

3. Preferimos perder la lotería. _____

4. Servimos vino en la fiesta. _____

5. Morimos de hambre ayer. _____

II. **(A)** Tell us you did do these thing yesterday. Use **Pero yo** in a complete sentence in the preterite tense according to the model. Role-play.

Model: —**No lo siento hoy.**   —**Pero yo lo sentí ayer.**
        I don't regret it today.   But, I regretted it yesterday.

1. No duermo mucho. _____

2. No siento dolor. _____

3. No pido dinero. _____

4. No río mucho. _____

5. No repito todo. _____

(B) Tell us that these friends did the same things yesterday, too. Use **Ayer también** and the preterite tense according to the model. Role-play.

Model: —**Él duerme mucho.**　　　　　—**Ayer también durmió mucho.**
　　　　He sleeps a great deal.　　　　Yesterday, too, he slept a lot.

1. El chico prefiere jugar. _____

2. Ellas le sirven helado. _____

3. El chico sonríe. _____

4. El chico casi muere de dolor. _____

5. Ellas lo sienten. _____

III. Dialogue Completion: Juana complained to the owner of the restaurant about the bad effect she suffered after eating there the night before. Use the verbs in the PRETERITE TENSE. Role-play.

1. Juana entró en el restaurante y preguntó. —¿A qué hora _____ Uds. la comida ayer?
　　　　　　　　　　　　　　　　　　　　　　　　　　　　　　(servir)

2. El propietario respondió, —Nosotros la _____ desde las cinco hasta las diez.
　　　　　　　　　　　　　　　　　　　　　　　(servir)

3. Juana:　—Yo _____ dolor de estómago anoche después de comer aquí a las nueve.
　　　　　　　　　(sentir)

4. Propietario: —Yo lo siento mucho señora. Pero Ud. no _____ anoche. 5. ¿_____
　　　　　　　　　　　　　　　　　　　　　　　　　　　　　(morir)　　　　　　　　(pedir)

　　Ud. nuestra paella?

6. Juana: —Yo no la _____. 7. Ud. me _____ el arroz con pollo.
　　　　　　　　　　　　(pedir)　　　　　　　　(servir)

8. Propietario: —Menos mal. La otra clienta _____ la paella. 9. Y ella _____ anoche.
　　　　　　　　　　　　　　　　　　　　　　　　　(preferir)　　　　　　　　　(morir)

IV. Oral Proficiency: Act your part (**Yo**), or role-play. Later, write your part. [Review PALABRAS NUEVAS and ESTRUCTURAS of this WORK UNIT Thirty-two]

Situation: Your friend asks what kind of movie you prefer to see. You tell him/her how each kind of film makes you feel.
[Three sentences are good; four very good; five or more are excellent.]

 Amigo(a): Dan comedias, tragedias y películas de horror.
¿Cuál prefieres ver?
Yo: ...

Clues: Tell him which films amuse you more; whether you laugh and repeat the jokes; after what kind of film last week you felt terror (**terror**) or sadness (**tristeza**) and did not sleep well; which you prefer to see today; what you do if it is a bad movie—sleep or eat popcorn (**rositas de maíz**); whether they serve good popcorn in the movie theather. Other ideas?

VISTAS DE ESPAÑA

Santuario de Loyola en Azpeitia (Guipúzcoa)

Catedral de Jaén (Andalucía)

Courtesy of the Spanish National Tourist Office, New York.

—¡Cómo me voy a divertir! Oh bendita
libertad, ¡cómo voy a gozar de ti!

Have you heard of the greatest street festival ever? On the Calle Ocho, Miami...

¡Festival en la calle Ocho!

—Querido diario. Parece que mi quinceañera pasó sólo ayer. ¡Tantas amistades que vinieron a celebrar mis quince años! Ya estoy llenando solicitudes para ingresar en la universidad. ¿Quién lo creería?

El teléfono interrumpe:	—Oye, Carolina. Habla Laura. ¡Sal de inmediato! Todos vamos al festival en la calle Ocho.
Carolina:	—¡Ay! No puedo, Laura. Mis padres ya han salido. A mí me han prohibido salir antes de completar esta última solicitud. Además mi abuelita está en la casa. Ella me ha dicho que no. Lo siento. Adiós.
Suena el teléfono:	—¿Carolina? Te llevo al festival. Vengo ahora mismo.
Carolina:	—Ah, Marcos, ¡no vengas! No he terminado mi última solicitud. He escrito sólo la mitad.
Marcos:	—¡Ya vengo! Entre los dos la completamos en el carro en un abrir y cerrar de ojos camino a la calle Ocho. Así es posible ir al festival y volver en pocas horas antes de regresar tus padres, o de despertarse tu abuelita de su siesta diaria.

—Hasta luego, querido diario. ¡Me voy a divertir! Oh bendita libertad, ¡cómo voy a gozar de ti en la vida universitaria, ¡fuera de casa!

Bastante tarde los padres vuelven a casa. Despiertan a la ya dormida Carolina.

Madre:	Hemos vuelto del mejor festival que jamás hemos visto.
Padre:	—Tanta comida típica de cada región hispana.
Madre:	—Y música tocada y cantada por los músicos hispanos más populares, y baile por todas partes. Fue una lástima perderlo. La próxima vez, Carolina, no debes gastar tiempo escribiendo en tu diario en vez de cumplir con tus responsabilidades. ¿Terminaste tu solicitud?
Carolina:	—Sí mamá, lo he hecho. ¡Déjame volver a dormir. Estoy tan cansada.
Padre (a la madre):	—¡Pobre chica! ¿Tomó tanto tiempo que perdió el festival? ¿Necesitó todo el día para terminar una solicitud?
Madre:	—¿Quién sabe? Mejor así, luego se divertirá bastante en la vida universitaria.

Palabras Nuevas

SUSTANTIVOS
las amistades the circle of friends
el carro the car
el diario the diary
la libertad the liberty, freedom
la mitad the half
el músico the musician
la quinceañera girl celebrating her fifteenth birthday (Hispanic equivalent to a sweet sixteen).

la responsabilidad the responsibility
la siesta the nap
la solicitud the application

VERBOS
cumplir con to fulfill
dejar to let
gastar to waste, to spend
ingresar to enter (college, army, etc.)
interrumpir to interrupt
ha dicho has said
he escrito have written

he hecho have done
he visto have seen
hemos vuelto we have returned
¡Sal! Leave!
volver(ue) a to return to

ADJETIVOS
bendito-a blessed
cantado-a sung
dormido-a asleep
hispano-a Hispanic
tocado-a played (mus.)
universitario-a university (adj.)

323

OTRAS PALABRAS
ahora mismo right now
de inmediato immediately
entre los dos between the
two (of us)

Fué una lástima! It was a
pity!
fuera (de) outside (of)
camino a on the way to

en un abrir y cerrar de ojos
in a blink; rapidly
en vez de instead of

Ejercicios

I. (A) Preguntas.

1. ¿Para qué está llenando Carolina solicitudes? _____

2. ¿Qué le han prohibido los padres a Carolina? _____

3. ¿Con quién ha salido y completado la solicitud? _____

4. ¿Qué piensan los padres al ver a Carolina dormida? _____

5. ¿De qué va Carolina a gozar en la vida universitaria? _____

(B) Preguntas generales y personales.

1. ¿Qué cumpleaños entre familias hispanas es similar al *sweet sixteen* norteamericano?

2. ¿En qué parte de Miami son los festivales hispanos más impresionantes?

3. ¿Para qué universidades llenaría usted solicitudes?

4. ¿A cuál preferiría ingresar?

5. ¿Con qué responsabilidades debe usted cumplir?

II. Compositions: Oral or written.

(A) Tell what is happening in the picture facing the story of this Work Unit.
(B) Tell your diary what responsibilities you have to fulfill for yourself, for your family, or for
others.
Querido diario, ¿sabes las responsabilidades
que tengo en mi vida?
1. What your responsibilities are. 2. Whether you can fulfill all or some of them completely.
3. Why not all. 4. How much time your responsibilities leave you for enjoying life. 5. What
you like to do in your free time.

Estructuras de la lengua

The Present Perfect Tense

A. The present perfect tense tells us that the event, action, or state for being of the
verb *has happened very recently.*

B. Regular formation of the present perfect tense:

AR Verbs **Enviar**	—**¿Les has enviado el dinero?** *Have you* (fam. sing.) *sent them the money?*	—**Todavía no se lo *he* enviado.** I *have* not yet *sent* it to them.
ER verbs **Responder**	—**¿No han respondido Uds. su carta?** *Haven't you* (pl.) *answered* their letter?	—**Nosotros ya se la *hemos* respondido.** We *have* already *answered* it for them.
IR verbs **Recibir**	—**Entonces él, o ella, o Ud. ya ha recibido el dinero.** Then he, or she, or you (polite sing.) have already received the money?	—**Sí, ellos todos ya lo *han recibido*. Yo no.** Yes, they all have already received it. Not I.

Rules:

1. The Spanish present prefect tense has two parts, as it does in English: The appropriate verb form of **haber** (*to have*, not to be confused with **tener,** which means *to own, to hold, to have*) and the past participle that follows **haber,** telling us *what has occurred.*

2. The personal forms of **haber** (*to have*) are:

   Yo he _____   Nosotros-as hemos _____

   Tú has _____   Vosotros-as habéis _____

   Él; Ella; Ud. ha _____   Ellos; Ellas; Uds. han _____

3. To form the regular past participle, drop the **ar** from the **ar** infinitive. Add **ado** to the remaining stem of the verb, e.g., **enviar: envi + ado = enviado.**

4. Drop the **er** from the **er** and the **ir** from an **ir** infinitives. Add **ido** to the remaining stem, e.g., **responder: respond + ido = respondido** and **recibir: recib + ido = recibido**. Note: the past participle of **ir**, *to go*, is **ido** (*gone*), e.g., **He ido,** I have gone.

5. No word may separate the forms of **haber** and their *past* participles. Negatives and object pronouns precede the forms of **haber.** In questions the subject may follow only the complete two-part tense.

C. Irregular past participles need to be memorized. Common irregular past participles are:

1. (a) Past participles ending in **to: abierto (abrir), cubierto (cubrir), escrito (escribir), puesto (poner), visto (ver), vuelto (volver).**

   (b) Past participles that are compounds of the above, e.g., **descubierto (descubrir), devuelto (devolver).**

2. Past participles ending in **cho: dicho (decir), hecho (hacer).**

3. Past participles ending in **ído**, e.g., **caído (caer), creído (creer), leído (leer), construído (construir), oído (oir), traído (traer).**

STUDY THE RULES, EXAMPLES, AND MODELS BEFORE BEGINNING THE EXERCISES!

Ejercicios

I. You and your family check on closing the house before leaving on vacation. Answer in a complete sentence using the present perfect tense and the cues suggested in parentheses. Role-play.

Model: —**¿Has olvidado la llave? (Yo no la)**   —**Yo no la he olvidado.**
            Have you forgotten the key?   I have not forgotten it.

1. ¿Quién ha cerrado las ventanas? (Yo las) _____

2. ¿Quiénes han atendido a la electricidad? (Nosotros la) _____

3. ¿Han llevado ustedes el gato al vecino? (Nosotros lo) _____

4. ¿He dejado una noticia al cartero? (Tú se la) _____

5. ¿Ha traído Juan las maletas al carro? (Él las) _____

II. You are vacationing in Cuba: Answer your friends' long distance calls and letters using the present perfect tense, and supply the appropriate object pronouns. Role-play.

Model: —**¿ Te cubres contra el sol?**   —**Me he cubierto contra el sol.**
            Do you cover yourself against   I have covered myself against the sun.
            the sun?

1. ¿Abres y lees *mis cartas*? _____

2. ¿Oyen ustedes *la música típica*? _____

3. ¿Dices mucho *en inglés a los indígenas*? (*natives*) _____

4. ¿Ve la familia *cosas interesantes*? _____

5. ¿Hacen sus padres *muchas visitas a sus amigos* allí? _____

6. ¿Se ponen todos *loción protectora* contra el sol? _____

7. ¿Escriben tus padres *a mis padres*? _____

8. ¿Y vuelve tu hermana *a casa antes de los otros*? _____

III. **Directed Dialogue.** A foolish customer returned a small book on dieting. You may use the suggested answers or your own. Respond in the present perfect tense. Role-play.

1. Dependiente: —¿Por qué ha devuelto usted ese libro?

Cliente: _____
            Say: It has not seemed (**parecer**) useful (**útil**) to me.

2. Dependiente: —¿Qué clase de libro ha pedido usted?

Cliente: _____
            Say: I have asked for a good book about diets.

3. Dependiente: —Ese libro sobre dietas les ha gustado a muchos clientes.

   Cliente: _____

   Say: It has not pleased me. It is too small.

4. Dependiente: —Ese pequeño libro les ha ayudado a muchos a perder peso (*weight*).

   Cliente: _____

   Say: You have not understood me.

5. Dependiente: —Por favor, usted no se ha explicado bien.

   Cliente: _____

   Say: I have been thin. I need a bigger book in order to *gain* weight (**ganar peso**)!

IV. Oral Proficiency: Act your part (**Yo**) or Role-play. *Later* write your part. [Review **PALABRAS NUEVAS** and **ESTRUCTURAS** of this **WORK UNIT**]

Situation: Your friend chats with you on his cell phone. He wants you to tell him everything you have done today. Tell your friend everything using the present perfect tense. [Three sentences are good; four very good; five or more are excellent.]

Amigo: —¿Qué has hecho hoy?
Yo: —Hoy, como otros días, ha sido un poco interesante y también un poco rutinario.

Clues: Using the present prefect tense, tell your friend what routine things and what interesting things you have done today. You may begin with waking up at a certain hour and telling whether it was too late or early and what has happened since then; whether any of you have enjoyed yourselves a little or very much; whether any part has been boring. Other ideas?

¡Pasa, señorita! ¡Ven!

Young men often try to impress
pretty girls, but sometimes that can be dangerous!

Puesto vacante

Anuncio clasificado: Necesitamos persona bilingüe para trabajar en una oficina durante el verano. Debe saber operar computadoras y máquinas de oficina. Conocimiento de mecanografía y taquigrafía útil. Experiencia no es necesaria. Salario negociable. Personas interesadas, presentarse a Vizcaíno y Cía, S.A., avenida Baltasar, número 555.

Escena: Oficina principal de la compañía. Al lado de una pared hay archivos. En diferentes lugares hay mesas con computadoras, una fotocopiadora, máquinas de fax y calculadoras. La recepcionista va a la puerta para llamar a la próxima candidata sentada en la sala de espera. Pepe, el joven gerente, está sentado en su escritorio y habla en su teléfono celular.

Personajes:	*Ramona:* Recepcionista de la compañía de importación/exportación Vizcaíno y Cía.
Pepe:	Joven de veinticinco años, nuevo gerente de oficina.
Inocencia:	Chica de diecinueve años, estudiante de universidad, busca empleo temporario.
Hugo Vizcaíno:	Hombre distinguido de cincuenta años, presidente y dueño de la compañía.

Ramona:	¡Pasa, señorita! ¡Ven! Este es Pepe Ruiz, nuestro gerente de oficina.
Pepe:	Buenos días. ¿Cómo te llamas?
Inocencia:	Me llamo Inocencia. Vengo por el puesto de secretaria.
Pepe:	Muy bien. ¡Siéntate! Voy a hacerte varias preguntas.
Inocencia:	Está bien. Y después, supongo que tendré que hablar con el presidente para obtener el empleo.
Pepe:	¡De ninguna manera! Yo tengo toda la autoridad aquí. (Pepe trata de impresionar a la joven.) Te diré un secreto. El presidente de la compañía es un viejo. Muchas veces, el pobre anciano se duerme en las conferencias. ¡Yo tengo que hacer todas las decisiones importantes!
Inocencia:	¡Ay! ¡Estoy tan impresionada!
Pepe:	Bueno. Vamos a comenzar. ¡Haz las cosas siguientes! Primero, ¡haz una lista de estos exportadores, en orden alfabético, en el procesador de texto! ¡Haz dos fotocopias y pon una copia en el archivo! Después, ¡toma dictado de una carta y manda la carta por fax a una tienda en Bogotá! (Inocencia hace todas las cosas perfectamente.)
Pepe:	¡Estupendo! ¡No digas ni una palabra! El puesto es tuyo. (Entra Hugo Vizcaíno)
Vizcaíno:	Inocencia, ¡dime cómo salió la entrevista!
Pepe:	¿Uds. se conocen?
Vizcaíno:	¡Claro, es mi hija!
Inocencia:	(Al oído de Pepe) Y mira, ¡el viejo no duerme!

Palabras Nuevas

SUSTANTIVOS

el anuncio clasificado the want ad

el archivo the file cabinet

la autoridad the authority

la computadora the computer

el conocimiento the knowledge

el dueño the owner

el empleo the employment, job

el exportador the exporter

la fotocopia the photocopy

el gerente de oficina the office manager

la mecanografía the typing

la máquina de fax the fax machine

el procesador de texto the word processor

la recepcionista the receptionist
la sala de espera the waiting room
la secretaria the secretary
la taquigrafía the shorthand
el teléfono celular the cell phone

VERBOS
¡No digas! Don't say!
¡Escribe! Write!

hacer preguntas to ask questions
¡Haz! Make!
impresionar to impress
¡Manda! Send!
¡Mira! Look!
obtener to obtain, to get
¡Pon! Put!
¡Siéntate! Sit down!
Supongo. I suppose.
¡Toma! Take!
¡Ven! Come!

OTRAS PALABRAS
al oído in his ear, whispering
¿Cómo salió? How did it go?
¡de ninguna manera! no way!
y Cía. (compañía, abbrev.) and Co.

ADJETIVOS
¡estupendo(a)! terrific!
vacante vacant

Ejercicios

I. **(A) Preguntas.** Write your answer in a complete sentence.

1. ¿Qué necesita la compañía de Vizcaíno?
2. ¿Qué debe conocer el nuevo empleado?
3. Según el gerente, ¿cómo es el dueño de la compañía?
4. ¿Qué tiene que hacer la nueva secretaria?
5. ¿Quién es Hugo Vizcaíno?

1. _____

2. _____

3. _____

4. _____

5. _____

(B) Preguntas personales y generales. Write your answer in a complete Spanish sentence.

1. ¿En qué parte del periódico busca usted puestos vacantes?
2. Mencione algunas máquinas empleadas en una oficina moderna.
3. ¿Quién dirige el trabajo de la oficina?
4. ¿Por qué es importante la computadora en nuestra sociedad actual?
5. ¿Cuáles son las ventajas de un teléfono celular?

1. _____

2. _____

3. _____

4. _____

5. _____

II. **Compositions:** Oral or written.

(A) Look at the picture at the beginning of this Work Unit. Tell what is happening.
(B) Tell about a job interview. Include the following:

Una entrevista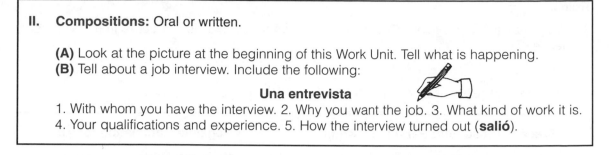

1. With whom you have the interview. 2. Why you want the job. 3. What kind of work it is.
4. Your qualifications and experience. 5. How the interview turned out (**salió**).

STUDY THE RULES, EXAMPLES, AND MODELS BEFORE BEGINNING THE EXERCISES!

Estructuras de la lengua

Commands for the Familiar *tú*.

A. Regular affirmative commands for **tú** compared with the present tense for **tú**.

Present Tense Origin	Affirmative Command
1. **¿Tomas (tú) una fruta?** Are you taking a piece of fruit?	1. **¡Toma (tú) una pera!** Take a pear!
2. **¿Comes bastante?** Are you eating enough?	2. **¡Come un postre!** Eat a dessert!
3. **¿Decides entre la pera y un flan?** Are you deciding between the pear and a custard?	3. **¡Decide por el flan!** Opt for the custard!

Rules:

1. Regular affirmative **tú** commands are formed by simply dropping the **s** from the present tense of **tú**.

2. Use exclamation points before and after **tú** commands.

3. **Tú** may follow the command. The use of **tú** is optional. It is used for clarity or emphasis.

B. Irregular affirmative commands for **tú.**

From Infinitive Stems	Unique Affirmative *Tú* Commands
1. **¡Pon (tú) la mesa!** (*Poner*) Set the table, please!	1. **¡Di hola!** Say "Hi"!
2. **¡Sal de la cocina!** (*Salir*) Leave (get out of) the kitchen!	2. **¡Haz bien!** Do well!
3. **¡Ten paciencia!** (*Tener*) Have patience!	3. **¡Sé bueno!** Be good!
4. **¡Val un millón pronto!** (*Valer*) Be worth a million soon!	4. **¡Vé a la alameda!** Go to the mall!
5. **¡Ven con nosotros!** (*Venir*) Come with us!	

Rules:

Memorize those irregular affirmative commands for **tú** that do not come from the present tense.

C. Regular negative commands for **tú**.

Present Tense First Person *Yo* Origin	Negative Commands for *Tú*
1. **Yo tomo la manzana** (*tomar*) I am taking the apple	**¡No la tomes tú!** Don't you take it!
2. **Yo como el flan** (*comer*) I am eating the custard.	**¡No lo comas tú!** Don't you eat it!
3. **Yo extingo las velas** (*extinguir*) I extinguish the candles	**¡No las extingas tú!** Don't you extinguish them!
4. **Yo se le digo a papá** (*decir*) I'm telling it to dad	**¡No se lo digas tú!** Don't you tell it to him!
5. **Yo no me pongo los guantes** (*poner*) I'm not putting on my gloves.	**¡No te los pongas tú tampoco!** Don't you put them on either!

Rules:

1. Negative commands for **tú** are formed from the present tense stem of the first person, **yo,** replacing the **o** ending by **es** for **ar-**ending infinitives, and by **as** for **er-** and **ír-**ending infinitives, e.g., **Yo le hablo. ¡No le hables tú!** (*hablar*); **Yo lo hago. ¡No lo hagas tú!** (*hacer*); **Yo vengo. ¡No vengas tú!** (*venir*).

2. Memorize these additional sets of **tú** commands for easy recall: **¡Di! ¡No Digas!**; **¡Pon! ¡No pongas!**; **¡Sal! ¡No salgas!** (*salir*); **¡Ten! ¡No tengas!** (*tener*); **¡Val! ¡No valgas!** (*valer*).

3. Object pronouns and reflective pronouns *precede the negative* command, but are attached to the end of the affirmative command, e.g., **¡Házmelo, por favor!** (Do it for me, please!) **¡No se lo hagas!** (Don't do it for him! [her, them]).

4. See Work Unit Sixteen for a comparison with the commands for **usted, ustedes, nosotros,** and for the use of the accent mark on affirmative commands that have attachments.

D. Irregular negative commands for **tú,** compared with their affirmative command forms. *Memorize.*

Affirmative	Negative	Affirmative	Negative
1. **¡Da!** Give!	**¡No des!** Don't give!	3. **¡Sé!** Be!	**¡No seas!** Don't be!
2. **¡Está!** Be!	**¡No estés!** Don't be!	4. **¡Vé!** Go!	**¡No vayas!** Don't go!

Ejercicios

I. Advise me as a friend what to do when traveling abroad. Express the affirmative **tú** command in complete sentences. Use the vocabulary provided and the exclamation points.

Model: Caminar por sus calles.
¡Camina por sus calles!
Walk through their streets!

(A) Using regular affirmative commands for **tú.**

1. hablar / su idioma. _____

2. aprender / sus costumbres. _____

3. vivir / como ellos. _____

4. beber / solamente agua mineral. _____

5. usar / el transporte del pueblo. _____

(B) Using irregular affirmative commands for **tú.**

1. tener / paciencia. _____

2. ponerse / zapatos cómodos. _____

3. ir / por todas partes con calma. _____

4. decirles / buenas cosas de su patria. _____

5. salir / para el aeropuerto a tiempo. _____

6. ser / un buen embajador. _____

7. venir / a casa pronto. _____

8. hacer / bien a todos! _____

II. Advise me now what *not* to do when I travel abroad. Use the negative command for **tú** in complete sentences. Use the vocabulary provided, and the exclamation points. Role-play.

Model: ¡Háblales en su idioma! (No / en inglés)
¡No les hables en inglés!
Don't speak to them in English!

1. ¡*Haz* bien! (No / dificultades) _____

2. ¡*Sal* de día! (No / a solas de noche) _____

3. ¡*Ten* confianza! (No / miedo) _____

4. ¡*Ponte* ropa ordinaria! (No / tu mejor ropa) _____

5. ¡*Ven* y *vé* con cuidado! (No / ni / sin el mapa del área) _____

6. ¡*Dales* recuerdos a los familiares! (No / una mala impresión) _____

7. ¡*Diles* buenos días a todos! (No / "hola") _____

8. ¡*Sé* cortés con todos! (No / desagradable) _____

9. ¡*Está* de buen humor todo el día! (No / de mal humor) _____

10. ¡*Toma* agua mineral! (No / agua corriente) _____

III. Directed Dialogue: **Buscando empleo** (*looking for a job*). Give me advice as a friend using the familiar **tú** commands. Role-play.

1. **Necesito empleo**.

_____

Look for it in the classifieds!

2. **No puedo trabajar muchas horas.**

_____

Tell it to the manager!

3. **Es necesario ganar bastante para pagar mis estudios.**

_____

Decide how much you need!

4. **Tiene que ser un trabajo fácil.**

_____

Don't say that (**eso**) to the manager!

5. **No sé cómo causar una buena impresión.**

_____

Put on your best clothing (**ponerse ropa**) and speak well!

IV. Oral Proficiency. Act your part (**yo**) or role-play. Then write it. [Review **Palabras Nuevas** and **ESTRUCTURA DE LA LENGUA** of this Work Unit Thirty-four]

Situation: Your friend **Marta,** has a job interview tomorrow. You give Marta advice using the command forms for **tú.** [Three sentences are good; four very good; five or more excellent.]

Marta: Mañana tengo una entrevista importante para un puesto interesante. ¡Dime cómo debo prepararme para tener éxito!
Yo: Primero . . .

Clues: Be optimistic (**optimista**). Give your history of employment (**empleo**). Tell the boss which office machines you know how to use, and what else you can do. Make a good impression with your clothing, you hair. Speak slowly and calmly (**con calma**). Other ideas?

Jama Coaque region, Ecuador.
Seated figurine, ceramic, period 500 BC–
AD 500, 13″ × 6 3/4″.

Gift of Jonathan, Peter, and Timothy Zorach. 86.107.10.
Photograph ©, The Brooklyn Museum.

Part Two
IDIOMS AND DIALOGUES

Fórmulas de cortesía

Unit 1: Conversación entre el maestro, su nuevo alumno y una señorita, hermana del alumno, la cual lo lleva a la escuela. Es el primer día de la escuela.

Conversation among the teacher, his new pupil, and a young lady who is the pupil's sister, who takes him to school. It is the first day of school.

Greetings

Maestro: —Hola, amigo.

Hi, (hello) friend.

Alumno: —Buenos días, señor.

Good day (good morning), sir.

Señorita: —Buenos días, señor.

Familiar: **Hola.** *Hello.*
Formal: **Buenos días.** *Hello.*
Buenas tardes. *Good afternoon* or *early evening.*
Buenas noches. *Good evening* (late); *good night.*
Señora *m'am, Mrs.*
Señorita *Miss.* **Señor** *Mr.*

Please. Thanks

M: —¡Pasen Uds., por favor!

Come in, please.

— ¡Haga Ud. el favor de pasar, señorita!

Please come in, miss.

—¡Haz el favor de pasar, niño!

Please come in, child.

Por favor may follow the request, which is in the COMMAND form. **Haga(n) Ud.(s) el favor de** . . . (formal) and **haz el favor de** . . . (fam. sing. **tú**) precede the request, which is in the INFINITIVE form.

A: —(Muchas) gracias, señor profesor.

Thank you (very much), teacher.

Srta: —Mil gracias.

Many thanks.

Maestro in grade-school **Señor profesor** courtesy form

Welcome (to my house etc.)

M: —Bienvenido, niño.

Welcome, child.

—Bienvenida, señorita.

Welcome, miss.

—Bienvenidos, todos.

You are all welcome.

Bienvenido-a agrees in gender and number with the person(s) welcomed.

Introductions

M:	—Me llamo José López. ¿Cómo te llamas tú, niño?	My name is Joseph Lopez. What is your name, child?
A:	—Me llamo Pepe, servidor.	My name is Joey, at your service.
M:	—¿Y cómo se llama tu hermana?	And what is your sister's name?
A:	—Mi hermana se llama Rosa.	My sister's name is Rose.
M:	—Dispense, señorita. ¿Se llama Ud. Rosa?	Excuse me, miss. Is your name Rose?
Srta:	—Me llamo Rosa Ortiz, servidora.	My name is Rose Ortiz, at your service.
M:	—Mucho gusto.	Great pleasure. (Pleased to meet you.)
Srta:	—El gusto es mío.	The pleasure is mine.

Llamarse *to be named, to be called*

me llamo
te llamas
se llama
nos llamamos
os llamáis
se llaman

Servidor-a *At your service.* Courtesy form used after giving one's name in introductions.

To Shake Hands. Of Course

M:	—¿Me das la mano, Pepe?	Will you shake hands, Joe?
A:	—¡Cómo no! Le doy la mano, señor.	Of course, I'll shake hands, sir.

Dar la mano *to shake hands*

doy	damos
das	dais
da	dan

Polite Inquiries

M:	—¿Qué tal, niño?	How are things, child?
A:	—Sin novedad.	Nothing new.
M:	—Pero, ¿cómo estás tú Pepe?	But how are you, Joe?
A:	—(Estoy) muy bien. ¿Y cómo está Ud., señor?	(I am) very well. And how are you, sir?
M:	—Así, así. No estoy enfermo. ¿Y Ud., señorita?	So, so. I am not sick. And you, miss?
Srta:	—No estoy muy bien. Estoy enferma.	I am not very well. I am ill.

Estar *to be* (health)

estoy	estamos
estás	estáis
está	están

¿Qué tal?

337

Taking Leave

Srta: —Con permiso. Hasta mañana.	Excuse me. Until tomorrow.	**Con permiso** *Excuse me:* courtesy form when leaving early or upon inconveniencing a person; also, **dispense.**
M: —Le doy las gracias por la visita.	I thank you for the visit.	
Srta: —De nada, señor profesor. (No hay de qué.)	You are welcome, teacher. (You are welcome.)	**Dar las gracias** *to thank*

Dar las gracias *to thank*

doy	damos
das	dais
da	dan

M: —Hasta luego. (Hasta la vista.)	Until later. (See you later.)
Srta: —Adiós.	Good-bye.

Farewells: fam.: **Hasta luego (hasta la vista);** *formal:* **Adiós.**

STUDY THE IDIOMS BEFORE BEGINNING THE EXERCISES!

Exercises

I. Write the expression that best completes the sentence, and circle the letter.

1. Cuando mi amigo entra en mi casa, yo le digo: _____
   a. —Bienvenido. b. —Adiós. c. —Dispense. d. —Sin novedad.

2. Si mi amigo me presenta a su profesor, le doy _____
   a. dinero. b. una revista. c. la mano. d. un beso.

3. Cuando mi madre me da la comida, yo le doy _____
   a. la mano. b. las gracias. c. un vaso de leche. d. un dólar.

4. Acepto la invitación a la casa de un amigo cuando le digo: _____
   a. —Con mucho gusto. b. —Hola. c. —Con permiso. d. —Así, así.

5. Si *no* puedo aceptar una invitación digo: _____
   a. —De nada. b. —Mucho gusto. c. —Dispense. d. —Servidor.

6. Si yo visito a una persona en el hospital le digo: _____
   a. —¿Cómo esta Ud.? b. —¿Cómo se llama Ud.? c. —Dispense. d. —Bienvenido.

7. Cuando una persona me da las gracias, le contesto: _____
   a. —Hasta luego. b. —Bienvenido. c. —De nada. d. —Buenas noches.

8. Si quiero conocer a una persona le pregunto: _____
   a. —¿Cómo se llama Ud.? b. —¿Qué es esto? c. —¿Dónde estás? d. —¿Adiós?

9. Antes de interrumpir una conversación digo: _____
   a. —Sin novedad. b. —Con permiso. c. —Gracias. d. —No hay de qué.

10. Si mi amigo necesita un favor de mí, yo le respondo: _____
    a. —¡Cómo no! b. —¡Pase Ud.! c. —¡Por favor! d. —Gracias.

II. Write *two* appropriate rejoinders in Spanish from the selection given. Circle the letters.

1. —Te doy las gracias: _____ / _____
   a. —No hay de qué. b. —De nada. c. —Buenas tardes. d. —Así, así.

2. —Te doy el dinero que necesitas: _____ / _____
   a. —Te doy las gracias. b. —No muy bien. c. —De nada. d. —Muchas gracias.

3. —¿Cómo estás?: _____ / _____
   a. —No hay de qué. b. —Adiós. c.—No estoy bien. d. —Estoy enfermo.

4. —¿Entro ahora?: _____ / _____
   a. —De nada. b.—¡Entre Ud. por favor! c. —Así, así. d.—¡Haz el favor de pasar!

5. —¿Qué tal?: _____ / _____
   a. —Por favor. b. —Sin novedad. c. —Muy bien. d. —¿Cómo te llamas?

6. —Hola: _____ / _____
   a. —Buenos días. b. —Buenas tardes. c. —Así, así. d. —De nada.

7. —Adiós: _____ / _____
   a. —Hasta luego. b. —Bienvenido. c. —Hasta la vista. d. —Sin novedad.

8. —¡Dispense! _____ / _____
   a. —Hola. b. —Así, así. c. —¡Cómo no! d.—Con mucho gusto.

III. Write the appropriate rejoinder, and then circle the letter.

1. Uds. llegan a mi casa por la mañana.

   Yo digo: —_____
   a. Buenos días. b. Buenas tardes. c. Buenas noches.

2. Yo pregunto: —¿Cómo está tu familia?

   Tú respondes: — _____
   a. Buenas tardes. b. Adiós. c. Así, así.

3. Yo pregunto: —¿Cómo se llama Ud.?

   Ud. responde: — _____
   a. Mi amigo se llama Juan. b. Buenas tardes. c. Me llamo Juan, servidor.

4. Yo digo: —¡Haga Ud. el favor de entrar!

   Ud. responde: — _____
   a. Le doy las gracias. b. De nada. c. Estoy bien.

5. Ud. dice:—Buenas tardes.

   Yo respondo: — _____
   a. Hola. b. Servidor(a). c. No muy bien.

6. Ud. pregunta: —¿Se llama Ud. Laura?

   Yo respondo: — _____
   a. Sí, muchas gracias.   b. Sí, servidora.   c. Sí, buenas noches.

7. Yo digo: —Adiós.

   Ud. responde: — _____
   a. Hasta la vista.   b. Dispense.   c. Mucho gusto.

8. Yo digo: —Me llamo Juan.

   Ud. responde: — _____
   a. Mucho gusto. b. Dispense.   c. Hasta la vista.

9. Yo digo: —Yo te doy la mano.

   Tú dices: — _____
   a. Bien.   b. De nada.   c. Mucho gusto

10. Yo digo: —Gracias.

    Tú respondes: — _____
    a. ¿Cómo está? b. Buenos días.   c. No hay de qué.

IV. Rewrite the following sentences *with their letters* in the logical order of sequence.

Model: a. Hasta luego   b. Sin novedad.   c. ¿Qué tal?   d. Buenos días.
1. (d.) *Buenos días.*   3. (b.) *Sin novedad.*
2. (c.) *¿Qué tal?*   4. (a.) *Hasta luego.*

(A) a. Dices: —No hay de qué.   b. Te doy las gracias.   c. Tú me das un regalo.

1. _____

2. _____

3. _____

(B) a. Yo te doy la mano y digo: —Mucho gusto.   b. Tú respondes: —Me llamo Víctor,
   servidor.   c. Yo pregunto: —¿Cómo te llamas?

1. _____

2. _____

3. _____

(C) a. —Entonces, lo invito para mañana.   b. —Haga Ud. el favor de venir a mi casa esta
   tarde.   c. —Muchas gracias.   d. —Dispense. Estoy enfermo hoy.

1. _____

2. _____

3. _____

4. _____

V. Rewrite the sentence, using the correct expression for *how* or *what*: **¿Cómo?** or **¿Qué?**

1. ¿_____?   3. ¿_____?
    (se llaman ellos)   (está Ud.)

2. ¿_____?   4. ¿_____?
    (tal)   (te llamas)

          5. ¿_____?
             (está tu familia)

VI. Complete from the selection below. (See the dialogues on pages 336–338.)

Juan: —_____ tardes, _____ profesor.
                 1   2

El profesor: —Bienvenido, Juan Gómez: ¡Haga Ud. el _____ de entrar!
                                                       3

¿Me _____ Ud. la mano?
        4

Juan: —Sí, ¡_____ no! ¿Cómo _____ Ud.?
               5   6

El profesor: —Estoy bien; no estoy _____.
                                   7

Juan: —Deseo darle las _____ por la ayuda con el trabajo.
                          8

El profesor: —No hay de_____. ¿ _____tal, Juan? ¿Y la familia?
                          9   10

Juan: —_____ novedad. La familia _____ bien. Yo _____
             11   12   13

bien. Tengo que regresar a casa ahora. _____ permiso. Buenas _____.
                                       14   15

El profesor: — _____, Juan.
              16

Selection: **adiós, buenas, cómo, con, da, enfermo, está, estoy, favor, gracias, está, tardes, qué, señor, sin, qué.**

VII. Copy the Spanish sentence. Then rewrite the sentence, substituting the expressions in parentheses for the appropriate words in *italics*. Make all necessary changes in the verb.

Model: *Él* le da las gracias por *la comida.*   **He thanks him for the meal.**
    (Tú/dinero)   **Tú le das las gracias por el dinero.**
                                             (You thank him for the money.)

(A) *Yo* le doy las gracias por *la visita.* _____

1. (Nosotros/el favor) _____

2. (El maestro/la bienvenida) _____

3. (Sus amigos/su invitación) _____

4. (Tú/los regalos) _____

(B) *Ella* le da la mano *a Juan.* _____

1. (Yo/al profesor) _____

2. (Nosotros/a la vecina) _____

3. (Tú/mi padre) _____

4. (Los oficiales/al astronauta) _____

(C) *Señorita,* ¡haga Ud. el favor de *pasar*! _____

1. (Señora,/responder a la carta) _____

2. (Caballeros,/entrar) _____

3. (Señor,/salir ahora) _____

4. (Señoritas,/poner la mesa) _____

(D) *Niño,* ¡haz el favor de *dar la mano*! _____

1. (Ana,/escuchar al maestro) _____

2. (Chico,/leer el cuento) _____

3. (Prima,/llegar a tiempo) _____

4. (Hijo,/dar las gracias a mamá) _____

(E) ¡Pasen Uds., *por favor*! _____

1. (¡Den Uds. la mano!) _____

2. (¡Escriba Ud.!) _____

3. (¡Conteste Ud. en español!) _____

4. (¡Vengan Uds. acá!) _____

VIII. Replace **por favor** with the appropriate form of **hacer el favor de.** Make necessary changes in the verb form and in the word order.

(A) Model: ¡Trabajen Uds. menos, por favor! **¡Hagan Uds. el favor de trabajar** menos!
Work less, please! (*pl.*) Please work less! (*pl.*)

1. ¡Den Uds. la mano, por favor! _____

2. ¡Tomen Uds. asiento, por favor! _____

3. ¡Salgan Uds. más tarde, por favor! _____

4. ¡Escriban Uds. su dirección, por favor! _____

5. ¡Hablen Uds. menos aquí, por favor! _____

(B) Model: ¡Trabaje Ud. menos, por favor!   **¡Haga Ud. el favor de trabajar** menos!
            Work less, please!   Please work less!

1. ¡Dé Ud. las gracias, por favor! _____

2. ¡Tome Ud. café, por favor! _____

3. ¡Ponga Ud. el libro aquí, por favor! _____

4. ¡Reciba Ud. este dinero, por favor! _____

5. ¡Coma Ud. más, por favor! _____

IX. Write a complete Spanish sentence supplying the missing words for the expressions given below the line.

Model: Les doy/mano/profesores.
        Les doy la mano a los profesores.   I shake hands with the teachers.

1. ¡ _____ !
            Haz/favor/aprender/lección

2. ¡ _____ !
            Haz/favor/abrir/ventana

3. ¡ _____ !
            Hagan /favor/ no hablar/en/clase

4. ¡ _____ !
            Pasen/al otro cuarto/favor

5. ¡ _____ !
            Les doy/gracias/padres

Pablo Picasso, *Guernica*. Museo de Arte Reina Sofía. Protest against bombing of civilians in the Spanish town of Guernica during the Spanish Civil War of 1936–1939.

El tiempo, la edad, las sensaciones

Unit 2: Conversaciones breves sobre el tiempo, la edad y unas sensaciones.

Little conversations about the weather, age, and some sensations.

A. El tiempo	*The Weather*	

Hace . . .	It is . . . (idiomatic)	**Hace** expresses *what kind of weather it is. It* is understood.
1. —¿Qué tiempo hace?	What kind of weather is it? How is the weather?	
2. —Hace (muy) buen tiempo.	It is (very) good weather.	**Muy** emphasizes the adjectives **buen** and **mal.**
3. —¿Hace calor?	Is it warm?	
4. —Hace sol pero no hace calor.	It is sunny but it is not hot.	**No** appears before **hace** in the negative sentence.
5. —Entonces está fresco.	Then it is cool.	
6. —Sí, está fresco* pero no hace frío.	Yes, it is cool but it is not cold.	

Muy—Mucho; Poco.	*Very; Slightly*	
1. —¿Hace muy mal tiempo?	Is it very bad weather?	
2. —Sí, hace mucho calor. (Hace mucho frío.)	Yes, it is very hot. (It is very cold.)	**Mucho** emphasizes the nouns: **calor, fresco, frío, sol, viento.**
3. —¿Hace mucho viento?	Is it very windy?	
4. —Hace poco viento pero hace mucho sol.	It is slightly windy but it is very sunny.	

1. —¿Está nevando ahora?	Is it snowing now?	Weather verbs that do not need **hace:**
2. —No. Está lloviendo.	No. It is raining.	**llover** (ue) to rain and
3. —¿No nieva aquí?	Doesn't it snow here?	**nevar** (ie) to snow
4. —Nieva poco, pero llueve mucho.	It snows a little, but it rains a great deal.	

* **Está fresco** is commonly used for *it is cool* (weather).

B. Tener_____años (meses) *Idiomatic: to be_____years (months) old.*

---

1. —¿Cuántos años tienes tu?	How old are you? (*fam.*)	
(¿Cuántos años tiene Ud.?)	How old are you? (*formal*)	
2. —Tengo (catorce) años	I am (fourteen) years old	*Age in numbers:*
		tener . . . años
3. —¿Y tu hermanito?	And your little brother?	**tener . . . meses**
		tengo, tienes, tiene
4. Él tiene dos meses.	He is two months old.	tenemos, tenéis, tienen

---

C. Tener sensaciones	*Idiomatic: to be*	*Sensations:*
1. —¿Qué tienen Uds.?	What is the matter with you? (*pl.*)	**tener** *to be the matter with*
2. —Tenemos (mucho) dolor de cabeza (dolor de muelas; dolor de estómago)	We have a (bad) headache. (toothache; stomachache)	**tener dolor de** . . . *to have a pain in . . .*

---

1. —¿Tienen Uds. calor?	Are you warm?	**mucho** emphasizes the masculine nouns:
2. —Tenemos (mucho) calor.	We are (very) warm.	*warmth:* **calor**
. . . . frío	. . . . cold	*cold:* **frío**
. . . . sueño	. . . . sleepy	*sleepiness:* **sueño**
. . . . interés	. . . . interested	*interest:* **interés**
. . . . miedo	. . . . afraid	*fear:* **miedo**
3. —¿Tienen Uds. hambre?	Are you hungry?	
4. —Yo no tengo mucha hambre pero mi her-mano tiene mucha sed.	I am not very hungry, but my brother is very thirsty.	**mucha** emphasizes the feminine nouns: *hunger:* **hambre** *thirst:* **sed**

STUDY THE IDIOMS BEFORE BEGINNING THE EXERCISES!

Exercises

I. Write an affirmative answer in a complete Spanish sentence. Translate your answer into English.

1. ¿Está muy fresco* en el otoño? _____

_____

2. ¿Hace mucho frío y mucho viento en el invierno?_____

_____

3. ¿Hace mucho calor en el verano? _____

_____

4. ¿Hace mucho sol en Puerto Rico? _____

_____

5. ¿Llueve mucho en abril? _____

_____

6. ¿Está lloviendo mucho ahora? _____

_____

7. ¿Nieva mucho en diciembre? _____

_____

8. ¿Está nevando hoy? _____

_____

9. ¿Hace muy buen tiempo en mayo? _____

_____

10. ¿Hace muy mal tiempo en noviembre? _____

_____

II. (A) Write an affirmative answer in a complete Spanish sentence, using the appropriate word for *very*: **muy** or **mucho.**

Model: ¿Hace calor?   Hace **mucho** calor.
       Is it warm?   It is very warm. (hot)

1. ¿Hace frío en el invierno? _____

2. ¿Hace calor en el verano? _____

3.*¿Está fresco en el otoño? _____

4. ¿Llueve en abril? _____

5. ¿Hace buen tiempo en la primavera? _____

6. ¿Hace mal tiempo en febrero? _____

7. ¿Nieva en enero? _____

8. ¿Hace viento en marzo? _____

*__Está fresco__ is commonly used for *it is cool* (weather).

347

(B) Write an affirmative answer using **poco** according to the model.

Model: ¿Hace mucho calor hoy?   Hace **poco** calor.
Is it very warm today?   It is slightly (hardly) warm.

1. ¿Hace mucho sol hoy? _____

2. ¿Hace mucho frío hoy? _____

3.*¿Está muy fresco hoy? _____

4. ¿Hace mucho viento hoy? _____

5. ¿Llueve mucho hoy? _____

6. ¿Nieva mucho hoy? _____

7. ¿Hace mucho calor hoy? _____

III. Write a factual answer in a complete Spanish sentence. Place **no** before the verb *if* your answer is negative.

Model: ¿Hace buen tiempo en el desierto?   No hace buen tiempo en el desierto.
Is it good weather in the desert?   It is not good weather in the desert.

1. ¿Nieva mucho en la Florida? _____

2. ¿Llueve mucho en el desierto? _____

3. ¿Está lloviendo dentro de la casa? _____

4. ¿Está fresco en la primavera? _____

5. ¿Está nevando dentro de la casa? _____

6. ¿Hace mucho calor en Alaska? _____

7. ¿Hace mucho frío en África? _____

8. ¿Hace mucho sol en Puerto Rico? _____

9. ¿Hace buen tiempo en Londres? _____

10. ¿Hace mal tiempo en California? _____

IV. Write an affirmative answer in a complete Spanish sentence, using the expression in parentheses. Be sure each sentence has a verb.

Model: ¿Qué tiempo hace en la Florida?
_____   **Hace mucho sol en la Florida.**
(mucho sol)   It is very sunny in Florida.

1. ¿Qué tiempo hace en el verano? _____
(mucho calor)

2. ¿Qué tiempo hace en el invierno? _____
(mucho frío)

3. ¿Qué tiempo hace en abril? _____
(llueve mucho)

*Está muy fresco is commonly used for *it is very cool* (weather).

4. ¿Que tiempo hace en diciembre? _____
(nieva mucho)

5. ¿Qué tiempo hace en marzo? _____
(mucho viento)

6. ¿Qué tiempo hace entre el frío de invierno y el calor de verano? _____

_____
(fresco)

7. ¿Qué tiempo hace ahora? _____
(nevando mucho)

8. ¿Que tiempo hace en este momento? _____
(lloviendo mucho)

9. ¿Qué tiempo hace en mayo? _____
(muy buen tiempo)

10. ¿Qué tiempo hace en noviembre? _____
(muy mal)

V. Write a sentence, using the expressions in parentheses and the *appropriate form* of **tener.**

Model: (el chico/ interés en eso)   El chico tiene interés en eso.
                                      The boy is interested in that.

1. (Nosotros/sueño aquí) _____

2. (Tú/frío sin abrigo) _____

3. (Juan y Carlos/calor ahora) _____

4. (Ud./dolor de cabeza hoy) _____

5. (Anita/sed y bebe) _____

6. (Yo/hambre y como) _____

7. (Uds./miedo del agua) _____

8. (Luis/dolor de muelas hoy) _____

9. (Ud. y yo/dolor de estómago) _____

10. (Luis y Ud. / interés en ella) _____

VI. Write an affirmative answer in a complete Spanish sentence beginning with **Ella tiene** and using the cue words in parentheses.

Model: ¿Si no duerme?

_____   **Ella tiene sueño si no duerme.**
(sueño)   She is sleepy if she does not sleep.

1. ¿Si no come? _____
(hambre)

2. ¿Si no bebe? _____
(sed)

349

3. ¿Si no estudia? _____

(miedo)

4. ¿Y si no va al lago? _____

(calor)

5. ¿Y si no va al dentista? _____

(dolor de muelas)

6. ¿Y si no toma aspirinas? _____

(dolor de cabeza)

7. ¿Y si abre la puerta? _____

(frío)

8. ¿Y si come mucho? _____

(dolor de estómago)

9. ¿Y si hoy es su cumpleaños? _____

(quince años)

10. ¿Y si no duerme? _____

(sueño)

VII. Write an affirmative answer in a *short* complete sentence using the appropriate word for *very*:
mucho, mucha, or muy, according to the model.

Model: ¿Tienes hambre por la mañana?   Sí, tengo **mucha** hambre.
Are you hungry in the morning?   Yes, I'm very hungry.

1. ¿Tienes frío en el invierno? _____

2. ¿Tenemos calor en el verano? _____

3. ¿Tienen ellos interés en eso? _____

4. ¿Tiene María hambre cuando no come? _____

5. ¿Tiene Pepe sed cuando no bebe? _____

6. ¿Tengo yo miedo cuando hay un examen? _____

7. ¿Tienes sueño cuando estas cansado? _____

8. ¿Tienes dolor de cabeza si no estás bien? _____

9. ¿Hace buen tiempo si hace fresco? _____

10. ¿Hace mal tiempo cuando llueve? _____

VIII. Complete with the *appropriate form* of **hacer, tener, estar,** or a dash if no addition is necessary.

1. ¿Qué tiempo _____?

2. Yo _____ dolor de cabeza.

3. Ya no _____ mucho viento.

4. Pero _____ fresco.

5. Nosotros _____ dolor de dientes.

6. Hoy _____ mal tiempo.

7. No _____ buen tiempo.

8. ¿Cuántos años _____ ella?

9. Ellos _____ mucha hambre.

10. Siempre _____ nevando.

11. ¿Estás enfermo? ¿Qué _____?   13. Aquí _____ nieva poco.

12. No _____lloviendo ahora.   14. No _____llueve mucho.

15. Pero _____ calor, no hace frío.

IX. Write the expression that best completes the sentence, and circle the letter.

1. Cuando hace mucho sol _____
   a. tenemos frío   b. tenemos hambre   c. hace frío   d. tenemos calor

2. En el cumpleaños de mi amiga, le pregunto: — _____
   a. ¿Tienes frío?   b. ¿Qué tienes?   c. ¿Cuántos años tienes?   d. ¿Qué tiempo hace?

3. Cuando está enferma, María _____
   a. tiene dolor   b. tiene quince años   c. hace calor   d. hace frío

4. Cuando visita al dentista, el niño _____
   a. hace viento   b. tiene miedo   c. tiene sed   d. hace buen tiempo

5. Si no bebo varios vasos de agua _____
   a. nieva   b. tengo sed   c. tengo frío   d. llueve

6. Cuando ella no toma el almuerzo_____
   a. es hombre   b. tiene hambre   c. hace mal tiempo   d. hace fresco

7. Si ella no duerme ocho horas _____
   a. tiene sed   b. está lloviendo   c. hace fresco   d. tiene sueño

8. Si Juan tiene veinte años y yo tengo quince, él _____
   a. tiene cinco años más   b. tiene un mes más   c. hace viento   d. nieva

9. Para saber si hace frío, pregunto: — _____
   a. ¿Qué tiempo hace?   b. ¿Cuántos años tiene?   c. ¿Qué tiene?   d. ¿Está nevando?

10. Si Ana está enferma le pregunto: — _____
    a. ¿Está lloviendo?   b. ¿Qué tienes?   c. ¿Cuántos años tienes?   d. ¿Qué tiempo hace?

X. Write a rejoinder in a complete Spanish sentence using the *appropriate verb* and the expressions in parentheses.

1. Ud. dice: —Voy a comer.

   Yo respondo: — _____
   (Ud./mucha hambre)

2. Tú dices: —Bebo mucha agua fría.

   Yo respondo: — _____
   (Tú/mucha sed)

3. Él dice: —Vas a la cama temprano.

   Yo respondo: — _____
   (Yo/mucho sueño)

4. La madre dice: —Hace mucho viento hoy.

   Respondemos: — _____
   (Nosotros no/mucho frío)

351

5. María dice: —Hace mucho frío.

   Su padre responde: — _____

   (Y/nevando mucho)

6. Juan dice: —Tengo mucho calor hoy.

   Su amigo responde: — _____

   (Claro,/mucho sol)

7. Mi madre dice: —Debes llevar el paraguas.

   Yo respondo: — _____

   (¡No quiero porque no/lloviendo mucho!)

8. El médico dice: —Tu hermano debe tomar aspirinas y no puede comer hoy.

   Yo pregunto: — _____

   (¿,/él/dolor/estómago y/cabeza?)

9. La maestra pregunta: —¿Tiene Ud. hermanos menores?

   Yo respondo: — _____

   (Yo/quince años/y mis hermanos/quince meses)

10. La vecina dice: —¿Qué tiempo hace hoy?

   Mi madre responde: — _____

   (Siempre/muy mal/en noviembre)

La hora, la fecha

Unit 3: Conversaciones entre una niña
y su madre.

Conversations between a child
and her mother.

A. La hora	*Telling Time*	
1. —¿Qué hora es?	What time is it?	Time is feminine.
2. —Es la una.	It is one o'clock.	**Una** is the *only* number in *feminine* form. **La** *precedes* **una.**
3. —¿Qué hora es ahora?	What time is it now?	**Las** *precedes all other hours.*
4. —Son las dos. No es la una.	It is two o'clock. It isn't one.	**No** is placed *before* **es** or **son** in a negative sentence.
1. —¿Son las cuatro?	Is it four o'clock?	**En punto** *on the dot; exactly.*
2. —Son las cuatro en punto.	It is four exactly.	
1. —Son las cinco y *treinta*?	Is it five *thirty*?	*Add the minutes after the hour. Use* **y** *(plus, and).*
2. —Sí, son las cinco y *media*.	Yes, it is *half past* five.	**Media** *half* (past)
1. —¿Son las ocho y *quince*?	Is it eight *fifteen*?	
2. —Sí, son las ocho y *cuarto*.	Yes, it is a *quarter* past eight.	**Cuarto** *quarter* (past)
1. —¿No son las doce *menos cuarto*?	Isn't it a *quarter to* twelve?	*Use* **menos** *(minus, less) to subtract the minutes from the hour.*
2. —No. Es la una menos *cuarto*.	No. It is *four* minutes *to* one.	*Add minutes only up to thirty. Past the half hour, name the next hour, and subtract the required minutes. Use* **menos.**
3. —Siempre salimos a almorzar entre las doce y media y la una menos veinte y cinco.	We always go out to lunch between half past twelve and twelve thirty-five.	
1. —¿Cuándo comes más: por la mañana, por la tarde, o por la noche?	When do you eat more: in the morning, in the afternoon, or at night?	**Por la mañana, por la tarde, por la noche** *in the morning, afternoon, evening,* are used when *no hour is stated.*

353

2. —A las 8 de la mañana no tengo tiempo. A la una de la tarde y a las seis de la tarde como más.

At 8 A.M. I have no time. At 1 P.M.. and at 6 P.M. leat more.

De la mañana A.M., **De la tarde** P.M. (afternoon and *early* evening are used when *the hour is stated).*

3. —¿A qué hora vas a dormir?

At what time do you go to sleep?

A la, a las mean *at* when telling time.

4. —Voy a la cama a las once de la noche.

I go to bed at eleven P.M.

¿A qué hora? is *at what time?*
De la noche is P.M. for late evening and night.

B. La fecha

The Date

---

1. —¿Qué día es hoy?

What day is it today?

Days and months are *not usually capitalized.*

2. —Hoy es viernes.

Today is Friday.

3. —¿A cuántos estamos?

What is the date?

The day and date *precede* the month.

4. —Estamos a doce de octubre.

It is October 12.

5. —¿Cuál es la fecha completa?

What is the complete date?

Except after **estamos a, el** is used before the date:
El doce de octubre
October 12.

6. —Hoy es viernes el doce de octubre.

Today is Friday, October 12.

7. —¿Qué celebramos el doce de octubre?

What do we celebrate on October 12?

On is understood when **el** *precedes the date:*
El doce de octubre
On October 12th.

8. —Celebramos el **Día de la Raza** el doce de octubre.

We celebrate Columbus Day on October 12.

9. —Y el **Día de las Américas** cae el catorce deabril.

And Pan American Day falls on April 14th.

10. —¿Y el dos de mayo?

And on May 2?

11. —El dos de mayo es el **Día de la Independencia** de España.

May 2 is Spain's Independence Day.

12. —¿Y el cuatro de julio?

And the fourth of July?

13. —El cuatro de julio es el **Día de la Independencia** de los Estados Unidos.

July 4 is the United States' Independence Day.

14. —¿Cuándo celebramos la **Navidad?**	When do we celebrate Christmas?	Simple cardinal numbers express the date *except* for the first of the month.
15. —Celebramos el **Día de la Navidad** el veinte y cinco de diciembre.	We celebrate Christmas on December 25.	
16. —¿Qué fiestas caen el primero del mes?	What holidays fall on the first of the month?	**Primero** expresses the *first* day of the month.
17. —**El Año Nuevo** cae el primero de enero. El **Día de los Inocentes** cae el primero de abril.	New Year's falls on January first. April Fools' Day falls on April first.	

STUDY THE IDIOMS BEFORE BEGINNING THE EXERCISES!

Exercises

I. **Write the translation of the Spanish sentence.** Then (1) rewrite the Spanish sentence, substituting the expression in parentheses for the words in *italics*; (2) translate each Spanish sentence you write.

Model: ¿A qué hora *salen*?   **At what time do they leave?**
(regresan)   (1) **¿A qué hora regresan?**   (2) **At what time do they return?**

1. ¿A qué hora *almuerzas*? _____

    a. (vas a la cama) (1) _____

    (2) _____

    b. (comemos) (1) _____

    (2) _____

    c. (estudian) (1) _____

    (2) _____

2. Salimos *a las seis de la tarde.* _____

    a. (a las once de la noche) (1) _____

    (2) _____

    b. (a las ocho de la mañana) (1) _____

    (2) _____

    c. (a la una de la tarde) (1) _____

    (2) _____

3. Estudian *por la noche.* _____

    a. (por la mañana) (1) _____

    (2) _____

    b. (por la tarde) (1) _____

    (2) _____

    c. (por la noche) (1) _____

    (2) _____

4. *¿Cuál es la fecha de* hoy? _____

    a. (¿A cuántos estamos?) (1) _____

    (2) _____

    b. (¿Qué fiesta cae?) (1) _____

    (2) _____

    c. (¿Qué día es?) (1) _____

    (2) _____

5. Hoy es *el primero de mayo.* _____

    a. (el dos de junio) (1) _____

    (2) _____

    b. (el veinte y uno de noviembre) (1) _____

    (2) _____

    c. (el veinte de octubre) (1) _____

    (2) _____

6. *Hoy es el* primero de abril.

    a. (Estamos a) (1) _____

    (2) _____

    b. (La fiesta cae) (1) _____

    (2) _____

    c. (Mañana es) (1) _____

    (2) _____

II. **¿Qué hora es?** Write an answer in a complete Spanish sentence.

1. (1 o'clock) _____

2. (2 o'clock) _____

3. (3 o'clock) _____

4. (5:15 P.M.) _____

5. (6:30 A.M.) _____

6. (6:45 P.M.) _____

III. Write an affirmative answer in a complete Spanish sentence using the verbs given in parentheses and the ideas given below the writing line.

1. ¿A qué hora de la mañana comes?

(Como) _____
        (8 A.M.)

2. ¿A qué hora de la tarde sales de la clase?

(Salgo) _____
        (1 P.M.)

3. ¿Cuándo regresas a casa?

(Regreso) _____
          (in the afternoon)

4. ¿A qué hora de la noche estudias?

(Estudio) _____
          (9:30 P.M.)

5. ¿Qué hora es cuando vas a dormir?

(Son/voy) _____
          (10:40 exactly)

IV. Write an affirmative answer in a complete Spanish sentence, selecting the correct date. (Write out the numbers in Spanish in your answer.)

1. Hoy celebramos el Día de la Independencia norteamericana. ¿Cual es la fecha?

_____

a. 4 de julio   b. 1 de enero   c. 12 de octubre   d. 25 de diciembre

2. Hoy es la Navidad. ¿A cuántos estamos?

_____

   a. 2 de mayo   b. 1 de enero   c. 25 de diciembre   d. 12 de febrero

3. Hoy es el Día de la Raza. ¿Cuál es la fecha?

_____

   a. 4 de julio   b. 14 de julio   c. 12 de octubre   d. 12 de febrero

4. Hoy es el Día de Año Nuevo. ¿A cuántos estamos?

_____

   a. 25 de diciembre   b. 4 de julio   c. 1 de enero   d. 1 de abril

5. Hoy es el Día de los Inocentes. ¿Cuál es la fecha?

_____

   a. 1 de abril   b. 14 de abril   c. 2 de mayo   d. 2 de octubre

6. Hoy celebramos el Día de las Américas. ¿A cuántos estamos hoy?

_____

   a. 4 de julio   b. 14 de abril   c. 2 de mayo   d. 1 de abril

V. Rewrite each sentence, correcting the expressions in *italics*.

1. La Navidad cae *el primero de enero*.

_____

2. Pregunto: —¿Cuál es la fecha de hoy? Tú respondes: —*Son las dos*.

_____

3. Pregunto: —¿Qué hora es? Tú respondes:—*Es el* dos.

_____

4. El Día de la Raza es *el cuatro de julio*.

_____

5. El Día de la Independencia norteamericana cae *el doce de octubre*.

_____

6. El Día de Año Nuevo cae *el veinte y cinco de diciembre*.

_____

7. El Día de las Américas cae *el dos de mayo*.

_____

8. El Día de la Independencia española cae *el catorce de abril*.

_____

VI. Write the question suggested by each statement. Use the cues in parentheses and question marks.

Model: Ana es linda.　　　　　　　　　　(Quién) **¿Quién es linda?** Who is pretty?

1. _____

　　Hoy es martes el tres de marzo. (Cuál)

2. _____

　　Estamos a jueves el trece de abril. (A cuántos)

3. _____

　　Son las diez de la mañana. (Qué)

4. _____

　　Comen a la una de la tarde. (A qué)

5. _____

　　Celebramos La Navidad el veinte y cinco de diciembre. (Cuándo)

VII. Complete using the appropriate equivalent of "*what*": **¿cómo?, ¿cuál?, ¿qué?** or **¿cuántos?**

1. ¿ _____ hora es?　　　　3. ¿ _____ se llama Ud.?

2. ¿ _____ es la fecha de hoy?　　4. ¿A _____ estamos?

　　　　　　5. ¿A _____ hora comes?

VIII. Complete the sentence, using the appropriate verb: **es, estamos, llama,** or **son.** (The same verb may be used appropriately more than once.)

1. ¿A cuántos _____ hoy?　　　5. Hoy _____ lunes.

2. ¿Qué hora _____?　　　　　6. Hoy _____ martes.

3. ¿Cómo se _____ su padre?　　7. _____ la una menos cuarto.

4. ¿Cuál _____ la fecha de hoy?　8. _____ las diez y media.

IX. Complete with the appropriate article **el, los, la, las.** Write a dash if *no* article is needed.

1. Hoy es _____ dos de junio.　　5. Es _____ una de _____ tarde.

2. Estamos a _____ diez de junio.　6. Son _____ ocho de _____ mañana.

3. ¿Cuál es _____ fecha de hoy?　7. Comemos a _____ cinco.

4. Hoy es _____ viernes.　　　　8. Miramos la televisión por _____ noche,

　　　　　　　　　　　　　　　　　　o a _____ cuatro de _____ tarde.

X. Write the Spanish equivalent adapted from the dialogues, pages 353–355.

1. What time is it?　_____

2. It is one P.M.　_____

3. What time is it now? _____

4. It is two. It is not one. _____

5. Is it four o'clock exactly? _____

6. It is four forty. _____

7. Is it five thirty now? _____

8. Yes, it is half past five. _____

XI. Complete in Spanish. (Consult DIALOGUES, pages 355–356, for review.)

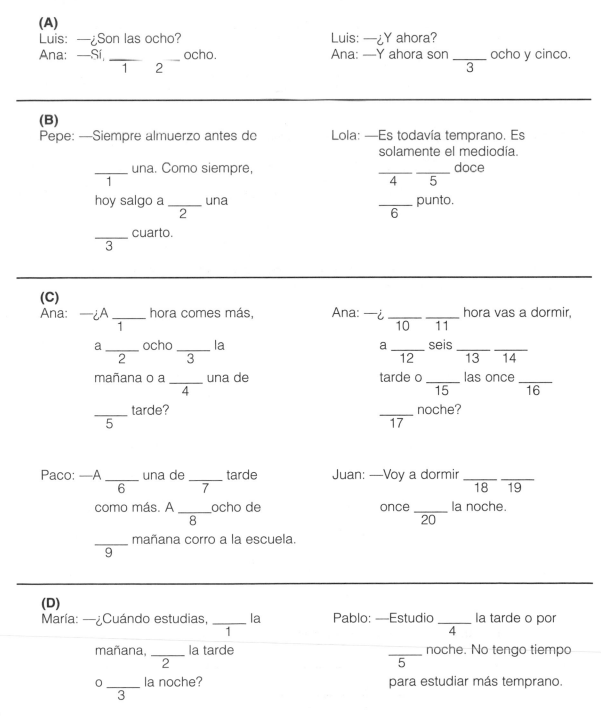

(A)
Luis: —¿Son las ocho?

Ana: —Sí, ____ ____ ocho.
           1   2

Luis: —¿Y ahora?

Ana: —Y ahora son ____ ocho y cinco.
                   3

(B)
Pepe: —Siempre almuerzo antes de

       ____ una. Como siempre,
         1

       hoy salgo a ____ una
              2

       ____ cuarto.
         3

Lola: —Es todavía temprano. Es
        solamente el mediodía.

       ____ ____ doce
        4   5

       ____ punto.
        6

(C)
Ana: —¿A ____ hora comes más,
           1

      a ____ ocho ____ la
        2   3

      mañana o a ____ una de
               4

      ____ tarde?
      5

Ana: —¿ ____ ____ hora vas a dormir,
         10   11

      a ____ seis ____ ____
        12   13   14

      tarde o ____ las once ____
           15   16

      ____ noche?
      17

Paco: —A ____ una de ____ tarde
         6   7

      como más. A ____ocho de
             8

      ____ mañana corro a la escuela.
      9

Juan: —Voy a dormir ____ ____
               18   19

      once ____ la noche.
          20

(D)
María: —¿Cuándo estudias, ____ la
                  1

      mañana, ____ la tarde
            2

      o ____ la noche?
        3

Pablo: —Estudio ____ la tarde o por
               4

      ____ noche. No tengo tiempo
      5

      para estudiar más temprano.

En la clase

Unit 4: En la clase: Conversación entre el maestro y una alumna.

In class: A conversation between the teacher and a student.

¿De quién? Whose?

Maestro: —¿De quién es la clase?	Whose class is it?
Alumna: —Es mi clase.	It is my class.

La clase de español The Spanish class

M: —¿Qué clase es?	What class is it?	**De** meaning *about;* **La clase de español; la lección de español; el maestro de español.** The class *about* the Spanish language, etc.
A: —Es la clase de español.	It is the Spanish class.	

Es verdad It is true. That's right.

M: —¿Estudias la lección de español?	Are you studying the Spanish lesson?
A: —Sí, es verdad.	Yes, that's right. (True, so)

Prestar atención To pay attention

M: —¿Prestas atención?	Do you pay attention?	**prestar**	
A: —Presto atención en la clase.	I pay attention in class.	presto	prestamos
		prestas	prestáis
		presta	prestan

Querer a To love

M: —¿Quieres al profesor de español?	Do you love the Spanish teacher?	**querer**	
A: —Sí, quiero al profesor.	Yes, I love the teacher.	quiero	queremos
		quieres	queréis
		quiere	quieren

Querer decir To mean

M: —¿Qué quiere decir **'chica'**?	What does **chica** mean?	In **querer decir, querer** is conjugated; **decir** does *not* change its infinitive form.
A: —**'Chica'** quiere decir **'muchacha'**.	**Chica** means **muchacha**.	

¿Cómo se dice? How do you say?, how does one say?

M: —¿Cómo se dice **'chico'** en inglés?	How do you say **chico** in English?	**Se** represents impersonal "*you*" or "*one.*"
A: —Se dice **'boy'**.	One says "boy." (You say "boy.")	

Estar de pie To be standing

---

		estar	
M: —¿Para qué estás de pie?	Why are you standing?	estoy	estamos
A: —Estoy de pie para contestar.	I'm standing in order to answer.	estás	estáis
		está	están

Saber *before an infinitive* To know how (can)

---

		saber	
M: —¿Sabes escribir español?	Do you know how to write Spanish?	sé	sabemos
A: —Sí, sé leer también.	Yes, I know how to read, too.	sabes	sabéis
		sabe	saben

Salir bien en To pass (a test, a course, etc.)
Salir mal en To fail (a test, a course, etc.)

---

		salir	
M: —¿Sales mal o bien en el examen?	Do you fail or pass a test?	salgo	salimos
A: —No salgo mal en el examen. Salgo bien porque es fácil.	I don't fail the test. I pass because it is easy.	sales	salís
		sale	salen

Creer que sí (no) To believe so (not)

---

		creer	
M: —¿Hay que estudiar para salir bien?	Is it necessary to study in order to pass?	creo	creemos
A: —Creo que no.	I don't think so.	crees	creéis
M: —Yo creo que sí. Si no estudias no sabes contestar.	I think so. If you do not study you don't know how to answer.	cree	creen

---

¡Concedido! Agreed!

Por eso Therefore

A: —¡Concedido! Por
    eso, hay que
    estudiar.

Right! (Agreed!) Therefore,
one must study.

STUDY THE IDIOMS BEFORE BEGINNING THE EXERCISES!

Exercises

I.   **Write the translation of the Spanish sentence.** Then (1) rewrite the Spanish sentence, substituting the expressions in parentheses for the words in *italics*; (2) translate each Spanish sentence you write.

Model: *Ellos* prestan atención *al circo*.   **They pay attention to the circus.**
a. (Tú/al tigre) (1) **Tú prestas atención al tigre.**   (2) **You pay attention to the tiger.**

1. *Yo* quiero *a mi madre*. _____

  a. (Tú/a la maestra) (1) _____

  (2) _____

  b. (Nosotros/a los amigos) (1) _____

  (2) _____

  c. (Juan/a la chica) (1) _____

  (2) _____

  d. (Ana y Pepe/a sus hermanos) (1) _____

  (2) _____

  e. (Yo/al compañero de clase) (1) _____

  (2) _____

2. *Ellos* saben *tocar el piano*. _____

  a. (Yo/cantar la canción) (1) _____

  (2) _____

  b. (María/bailar la bamba) (1) _____

  (2) _____

  c. (Tú/hablar español) (1) _____

  (2) _____

  d. (Tú y yo/jugar al tenis) (1) _____

  (2) _____

e. (Ellos/tocar el violín) (1) _____

(2) _____

3. *Luis y Pedro* están *de pie.* _____

a. (Yo/de pie) (1) _____

(2) _____

b. (Ud. y yo/levantados) (1) _____

(2) _____

c. (Ud./sentado) (1) _____

(2) _____

d. (Tú/de pie) (1) _____

(2) _____

e. (Los chicos/de pie) (1) _____

(2) _____

4. *Yo* salgo *bien en el examen.* _____

a. (Tú/mal en la clase) (1) _____

(2) _____

b. (Juan y yo/bien en el examen) (1) _____

(2) _____

c. (Los alumnos/mal en sus estudios) (1) _____

(2) _____

d. (Yo/bien en los exámenes) (1) _____

(2) _____

5. ¿Qué quiere decir *la palabra*? _____

a. (¿Qué/decir las frases?) (1) _____

(2) _____

b. (¿Qué/decir tú?) (1) _____

(2) _____

c. (¿Qué/decir Juan?) (1) _____

(2) _____

6. *Yo* creo *que sí.* _____

    a. (Él y yo/que no) (1) _____

    (2) _____

    b. (La madre/que no) (1) _____

    (2) _____

    c. (Tú/que sí) (1) _____

    (2) _____

II. Complete the response.

1. —¿Estás sentado cuando contestas?
   —No. Estoy _____ pie.

2. —¿Es tu pluma?
   —No. No sé _____quién es la pluma.

3. —¿Sabes el inglés?
   —Sí, Yo _____el inglés.

4. —¿Sabes escribir el chino?
   —No. No _____ _____el chino.

5. —¿Sales mal en el examen de español?
   —No. Salgo bien _____ el examen.

6. —¿Quieres a tu profesora?
   —Sí, _____ _____mi profesora.

7. —¿Quieres decir que ella es bonita?
   —Quiero _____ que es una buena
      maestra.

8. —¿Cómo se dice **maestra** en inglés?
   —Se _____ "teacher" o _____
      dice "instructor".

9. ¿Hay que prestar atención en la clase de
   español?
   —Sí, _____ _____ prestar atención.

10. —¿Es verdad?
    —Sí, es _____

11. —¿Cree tu profesora que si?
    —____ verdad. Mi profesora cree _____
       _____.

12. —¿Cree tu amigo que sí?
    —No. Mi amigo _____ que _____.

13. —¿Crees que sí?
    —Sí. Yo _____ _____ sí.

14. —¿Por eso prestas atención?
    — Sí, _____ eso, _____ atención.

15. —¿Concedido?
    —Sí ¡_____!

III. Write the appropriate rejoinder in Spanish, and circle the letter.

1. Ud. dice: —Sé escribir muy bien el español.
   Yo respondo: — _____
   a. ¿Cree Ud. que sí?   b.¿A cuántos estamos hoy?   c. ¿Cómo se llama Ud.?

2. Ud. pregunta: —¿De quién es el libro?
   Yo respondo: — _____
   a. Creo que no.   b. Queremos al alumno.   c. No sé de quién es.

3. Ud. dice: —¡Tome Ud. esta silla, por favor!
   Yo respondo: —Gracias pero _____
   a. quiero estar de pie.   b. quiero salir bien.   c. quiero hablar español.

4. Ud. dice:—Hay que salir bien en el examen.
Yo respondo: _____
a. ¡Concedido! b. Sabemos bailar. c. Estamos de pie.

5. Ud. dice: —Quiero a mi maestra.
Yo respondo:— _____
a. ¿Cómo se dice **maestro?** b. ¿Qué quiere decir **maestro?** c. ¡Por eso prestas atención!

IV. Write an affirmative response in a complete Spanish sentence, using the cue word in paren-
theses at the beginning of the answer. Then translate your answer.

Model: ¿Hay que estudiar?

_____   **¡Concedido! Hay que estudiar.**
(¡Concedido!)   *Agreed! One must study.*

1. ¿Está Ud. en una clase de español? _____
(Estoy)
_____

2. ¿Está la maestra de pie? _____
(La maestra)
_____

3. ¿Sabe Ud. cómo se dice *"book"* en español? _____
(Sí, sé)
_____

4. ¿Sabe Ud. de quién es el libro? _____
(Yo)
_____

5. ¿Sabe Ud. leer el español? _____
(Yo)
_____

6. ¿Presta Ud. atención? _____
(Sí, yo)
_____

7. ¿Hay que trabajar en la clase de historia? _____
(Hay)
_____

8. ¿Sale Ud. bien en los exámenes? _____
(Salgo)
_____

9. ¿Quieres mucho a la maestra? _____
(Quiero)
_____

10. ¿No es verdad que la maestra cree que si? _____
(Es)
_____

V. Write the expression that best completes the sentence, and circle the letter.

1. Cuando el maestro enseña yo _____
   a. estoy de pie   b. presto atención   c. toco la guitarra   d. creo que sí

2. Cuando leo para la clase _____
   a. quiero a mi padre   b. creo que sí   c. creo que no   d. estoy de pie

3. Cuando el maestro es simpático yo _____
   a. lo quiero mucho   b. se dice: —chico   c. salgo mal   d. pienso que hay que salir

4. Para salir bien en la clase de español _____
   a. hay que escuchar   b. hay que salir mal   c. sé tocar el piano   d. aprendo el inglés

5. Para saber el dueño del lápiz pregunto: — _____
   a. ¿A quién quieres?   b. ¿Cómo se dice *lápiz*?   c. ¿De quién es esto?   d. ¿Qué es esto?

6. Para aprender una palabra le pregunto a la profesora: — _____
   a. ¿Qué quiere decir eso?   b. ¿Sales bien en el examen?   c. ¿Hay que aprender?
   d. ¿Sabes leer?

7. Para saber una pronunciación yo pregunto: — _____
   a. ¿Hay que estudiar?   b. ¿Cómo se dice esto?   c. ¿De quién es?   d. ¿A quién quieres?

8. Practico la guitarra porque quiero _____
   a. estar de pie   b. salir bien en inglés   c. bailar a la música   d. saber tocar música

9. Estudio mucho en casa para _____
   a. creer que sí   b. salir bien   c. prestar atención   d. estar de pie

10. Si es verdad yo digo: — _____
    a. Creo que sí   b. Creo que no   c. Por eso   d. Hay que estudiar

VI. Write the entire expression from the second column that means the *same* as the word in *italics*. Before each expression write its corresponding letter.

1. *Escucho* _____   a. ¿Qué quiere decir?

2. *¿Qué significa?* _____   b. de pie

3. *¿A quién amas?* _____   c. ¡Concedido!

4. *¡Cómo no!* _____   d. Presto atención.

5. *levantado* _____   e. ¿A quién quieres?

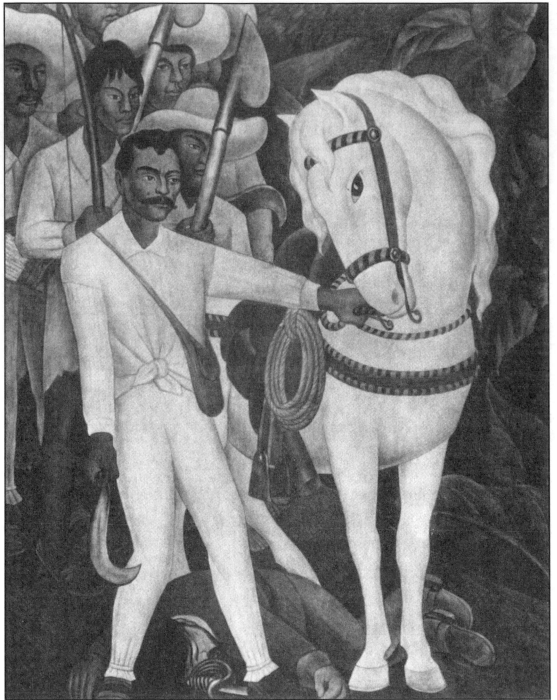

Diego Rivera, *Agrarian Leader Zapata.*

Un sábado en el parque

Unit 5: Un sábado en el parque.

A Saturday in the park.

Conversación entre una vecina y un alumno sobre qué va a hacer el alumno el sábado en el parque.

Conversation between a neighbor and a pupil about how he plans to spend his Saturday in the park.

Asistir a To attend

Sra.:	—¿No asistes a la escuela hoy?	Don't you attend school today?	**asistir**
			asisto / asistimos
			asistes / asistís
Alumno:	—No asisto hoy. Es sábado.	I don't today. It's Saturday.	asiste / asisten

---

Ir a + *noun* To go to

S:	—¿Adónde vas?	Where are you going?	**ir**
			voy / vamos
A:	—Voy al parque.	I'm going to the park.	vas / vais
			va / van

Ir de paseo To go for a walk

S:	—¿Por qué vas al parque?	Why are you going to the park?
A:	—Voy de paseo allí.	I'm going for a walk there.

Subir a To get on *(vehicle)*

S:	—¿Cómo vas a llegar al parque?	How are you going to get to the park?	**subir**
			subo / subimos
			subes / subís
A:	—Primero, subo al tren.	First, I get on the train.	sube / suben

bajar

bajo	bajamos
bajas	bajáis
baja	bajan

Bajar de To get off (*vehicle*)
Entrar en To enter

S: —¿Y luego?

A: —Luego, bajo del tren y entro en el parque.

And then?

Then, I get off the train and enter the park.

entrar

entro	entramos
entras	entráis
entra	entran

Ir a + *infinitive* to be going to (do); **Dar un paseo a pie** to take a walk; **Dar un paseo a caballo** to ride horseback; **Dar un paseo en bicicleta** to take a ride on a bicycle; **Dar un paseo en automóvil** to take a ride in a car.

S: —¿Qué vas a hacer en el parque?

A: —Voy a dar un paseo a pie o en bicicleta.

S: —¿No das un paseo a caballo?

A: —Sí, doy un paseo a caballo cuando tengo dinero.

S: —¿Por qué no das un paseo en automóvil?

A: —No doy paseos en automóvil porque no tengo automóvil.

What are you going to do in the park?

I'm going to take a walk, or go bicycle riding.

Don't you go horseback riding?

Yes, I ride when I have money.

Why don't you take a ride in a car?

I don't go riding in a car because I have no car.

dar

doy	damos
das	dais
da	dan

Por todas partes Everywhere
Todo el mundo Everyone, everybody

S: —¿Quién está en el parque?

A: —Todo el mundo está allí.
Por todas partes hay gente y flores.

Who is in the park?

Everyone is there.

Everywhere there are people and flowers.

Poner la mesa To set the table
Salir de To leave
Regresar a casa To go home
Estar en casa To be at home
Tocar el piano, el violín, la guitarra
To play the piano, violin, guitar

To express "home" use
1. **a casa** after a verb of
locomotion: **correr, volver**
2. **en casa** after **estar**

S: —¿Cuándo sales del parque?

When do you leave the park?

A: —Salgo del parque temprano para volver a casa.

I leave the park early to return home.

S: —¿Qué haces en casa?

What do you do at home?

A: —En casa, primero pongo la mesa. Después de comer, toco el piano y mis hermanos tocan el violín y la guitarra.

At home, first I set the table. After eating, I play the piano, and my brothers play the violin and the guitar.

poner

pongo	ponemos
pones	ponéis
pone	ponen

STUDY THE IDIOMS BEFORE BEGINNING THE EXERCISES!

Exercises

I. **Write the translation of the sentence.** Then (1) rewrite the Spanish sentence, substituting the expressions in parentheses for the words in *italics;* (2) translate each Spanish sentence you write.

Model: *Me* gusta la clase *de historia.*
a. (Les/de inglés)

I like the history class.
(1) Les gusta la clase de inglés.
(2) They like the English class.

1. *Yo* doy un paseo *a caballo.* _____

a. (Tú/a pie) (1) _____

(2) _____

b. (Uds./en automóvil) (1) _____

(2) _____

c. (Nosotros/en bicicleta) (1) _____

(2) _____

2. *Nosotros* bajamos *del tren.*

(a) (El piloto/del avión) (1) _____

(2) _____

    b. (Los amigos/del coche) (1) _____

    (2) _____

    c. (Yo/del autobús) (1) _____

    (2) _____

3. *Todo el mundo* asiste *al teatro.*

    a. (Yo/a la escuela) (1) _____

    (2) _____

    b. (Ellos/al cine) (1) _____

    (2) _____

    c. (Nosotros/a las fiestas) (1) _____

    (2) _____

4. *Yo* pongo la mesa *con el mantel.* _____

    a. (Tú/la mesa con vasos) (1) _____

    (2) _____

    b. (Ana y yo/la mesa con cucharas) (1) _____

    (2) _____

    c. (Marta/la mesa con cuchillos) (1) _____

    (2) _____

    d. (Yo/la mesa con servilletas) (1) _____

    (2) _____

5. *Tú y yo* entramos *en el cine.* _____

    a. (Ud./en la casa) (1) _____

    (2) _____

    b. (Ud. y Juan/en la clase) (1) _____

    (2) _____

    c. (Yo/en la escuela) (1) _____

    (2) _____

6. *Yo* voy de paseo *por todas partes.*

    a. (Yo/de paseo al parque) (1) _____

(2) _____

b. (Tú/de paseo a casa) (1) _____

(2) _____

c. (Ellos/de paseo al cine) (1) _____

(2) _____

d. (Tú y yo/de paseo al centro) (1) _____

(2) _____

II. Write an affirmative answer in a complete Spanish sentence. Begin with the cue in parentheses. *Then translate your answers.*

1. ¿Asistes a la escuela los lunes? _____
   (asisto)

   _____

2. ¿Vas de paseo al parque? _____
   (voy)

   _____

3. ¿Subes al tren para ir al parque? _____
   (subo)

   _____

4. ¿Bajas del tren y entras en el parque? _____
   (bajo)

   _____

5. ¿Primero das un paseo a pie y luego en bicicleta? _____
   (primero doy)

   _____

6. ¿Sabes tocar un instrumento como el violín? _____
   (sé tocar)

   _____

7. ¿Está todo el mundo por todas partes del parque? _____
   (todo el mundo)

   _____

8. ¿Sales del parque para ir a casa? _____
   (salgo)

   _____

9. ¿Pones la mesa antes de comer? _____
   (pongo)

   _____

10. ¿Tocas la guitarra, el piano y el violín en casa? _____
    (toco)

    _____

III. Write a *logical* or factual answer in a complete Spanish sentence.

1. ¿Quién asiste a la escuela *todo el mundo* o *nadie*?

   _____

2. ¿Qué sabe Ud. tocar bien *las paredes* o *la guitarra*?

   _____

3. ¿Hay mucha gente por todas partes *del campo* o *de la ciudad*?

   _____

4. ¿Antes de comer pones la mesa con *un mantel* o con *una manta*?

   _____

5. ¿Cuándo das un paseo en bicicleta a la playa *el lunes* o *el sábado*?

   _____

6. ¿De dónde sales a las tres *del cine* o *de la escuela*?

   _____

7. ¿A qué subes para llegar al piso del vecino al *ascensor* o *al avión*?

   _____

8. ¿Cómo regresas a casa *a caballo* o *a pie*?

   _____

9. ¿Por dónde das un paseo a caballo por *la calle* o por *el parque*?

   _____

10. ¿En dónde entras a las ocho de la mañana en *el dormitorio* o en *la clase*?

   _____

IV. Write the appropriate response or rejoinder, and circle the letter.

1. —Vamos a la escuela todos los días.

   _____

   a. —Todo el mundo da paseos.   b. —Siempre asistimos a las clases.

   c. —Entramos en casa.

2. —Vamos a comer.

   _____

   a. —Voy a poner la mesa.   b.—Voy a dar un paseo.

   c.—Voy a bajar del tren.

3. —Son las ocho de la mañana.

   _____

   a. —Es hora de entrar en la escuela.   b. —Es hora de poner la mesa.

   c. —Es hora de ir a dormir.

4. —Voy al parque.

_____

a. —¿Va Ud. a pie?   b. —¿Sale Ud. del cine?
             c. —¿Entra Ud. en la tienda?

5. —¿Dónde hay alumnos?

_____

a. —Hay muchos maestros.   b. —Están por todas partes.
             c.—Todo el mundo es alumno.

V. Write the expression that best completes the sentence, and circle the letter.

1. Cuando doy un paseo al centro _____
   a. voy a pie   b. subo al avión   c. voy a caballo   d. asisto a la clase

2. Voy al parque porque deseo _____
   a. tocar el piano   b. salir mal   c. ir de paseo   d. poner la mesa

3. Cuando hace buen tiempo _____va de paseo.
   a. el automóvil   b. todo el mundo   c. la guitarra   d. la bicicleta

4. En la primavera todo el mundo da paseos _____
   a. en las escuelas   b. por todas partes   c. en los edificios   d. en los museos

5. Prestamos atención al maestro cuando _____
   a. asistimos   b. salimos   c. estamos de pie   d. damos paseos

VI. Rewrite the following sentences *with their letters* in a *logical sequence*.

Para llegar a la escuela: *To reach my school.*

a. Entro en la clase. 1. _____

b. Bajo del tren. 2. _____

c. Subo al tren. 3. _____

d. Salgo de mi casa. 4. _____

e. Veo que todo el 5. _____
    mundo asiste.

VII. Complete in Spanish.

1. Voy _____casa.   6. Doy un paseo _____pie.

2. Estoy _____casa.   7. Subimos _____tren.

3. Doy un paseo _____bicicleta.   8. Asisto _____la clase.

4. Pedro baja _____automóvil.   9. Damos un paseo _____automóvil.

5. Él va _____paseo al centro.   10. Entras _____la clase.

VIII. Complete, using an appropriate expression from the selection provided below.

1. La tía: —¿No asistes _____ la escuela hoy, Paco?

2. Paco: —Yo no _____ hoy porque es sábado.

3. La tía: —Entonces, ¿adónde _____?

4. Paco: —Voy _____ paseo al parque. Allí doy un paseo _____ pie o _____ bicicleta. Si tengo dinero _____ un paseo _____ caballo.

5. La tía: —Aquí tienes dinero para _____ un _____ a caballo.
   Paco: —Mil gracias.

Selection: **a, asisto, dar, de, doy, en, paseo, vas**

La cita

Unit 6: La cita

The Appointment (The Date):

En el supermercado. Juan quiere salir con Alicia, quien trabaja en el supermercado. Alicia decide finalmente no salir con él porque él le hace muchas preguntas.

At the supermarket. John wants to go out with Alice, who is working in the supermarket. She finally decides not to go out with him because he asks so many questions.

Juan: —¿Asistes al cine a menudo?

Alicia: —Asisto muchas veces con mis amigos.

Do you go to the movies often?

I go often with my friends.

Sinónimos
a menudo often
muchas veces often

J: —¿Deseas ir de nuevo hoy?

A: —¿Otra vez? Sí. Gracias.

Do you want to go again today?

Again? Yes. Thanks.

Sinónimos
de nuevo again
otra vez again

J: —¿Deseas ir conmigo en seguida?

A: —No. Más tarde. Tengo mucho trabajo.

How about going with me right away?

No. Later. I have a great deal of work.

Antónimos
en seguida right away (immediately)
más tarde later

J: —¿No terminas en seguida?

A: —No. Termino poco a poco hoy.

Won't you be finishing at once?

No. I'll be finishing little by little (gradually) today.

Antónimos
en seguida at once
poco a poco little by little (gradually)

J: —¿Así no llegamos tarde?

A: —No. Llegamos a tiempo.

Won't we arrive late this way?

No. We'll arrive on time.

Antónimos
tarde late
a tiempo on time

J: —¿Trabajaste también el sábado pasado?

A: —Sí, y trabajé toda la semana pasada, el mes pasado y el año pasado.

Did you work last Saturday, too?

Yes, and I worked all last week, last month, and last year.

"Last _____"
el sábado pasado last Saturday
la semana pasada last week
el año pasado last year
el mes pasado last month

J: —¿Y trabajas el sábado que viene?

A: —El sábado próximo, la semana próxima, el mes próximo, y el año próximo.

And *next* Saturday?

Next Saturday, next week, next month, and next year.

"Next _____"
el año que viene next year
el año próximo next year
Antónimos
_____ **pasado-a** last
_____ **próximo-a** (que viene) next

J: —Así trabajas mucho pero estudias pocas veces como yo.

A: —No. Estudio a menudo (muchas veces).

Then you work a great deal, but you study rarely like me.

No. I often study.

Antónimos
pocas veces rarely
a menudo (muchas veces) often

J: —Entonces ¿vas conmigo al cine todas las semanas?

A: —No voy ni esta noche, ni esta semana, ni este mes, ni este año.

Then will you go with me to the movies every week?

No, I'm not going tonight, or this week, or this month, or this year.

Antónimos
todas las semanas every week
esta semana this week
todas las noches every night
esta noche tonight

J: —¿Por qué no deseas salir conmigo ahora?

A: —No tengo tiempo para hablar contigo hoy ni todos los días, ni todos los meses, ni todos los años.

Why don't you want to go out with me now?

I don't have time to chat with you today, or every day, or every month, or every year.

todos los días every day
hoy today
todos los meses every month
este mes this month
todos los años every year
este año this year

STUDY THE IDIOMS BEFORE BEGINNING THE EXERCISES!

I. (1) Write an affirmative answer in a complete Spanish sentence beginning your answer with the cue words in parentheses. (2) Translate your answer into English.

1. ¿Asistes a fiestas a menudo? (1) _____
   (Asisto)

   (2) _____

2. ¿Fuiste a muchas fiestas el mes pasado? (1) _____
   (Fui)

   (2) _____

3. ¿Llegas muchas veces a tiempo? (1) _____
   (Llego)

   (2) _____

4. ¿Deseas ir de nuevo? (1) _____
   (Deseo)

   (2) _____

5. ¿Quieres ir en seguida? (1) _____
   (Quiero)

   (2) _____

6. ¿Terminas el trabajo para la clase más tarde? (1) _____
   (Termino)

   _____

   (2) _____

7. ¿Estudias pocas veces este año como el año pasado? (1) _____
   (Estudio)

   _____

   (2) _____

8. ¿Luego aprendes poco a poco? (1) _____
   (Aprendo)

   (2) _____

9. ¿Pero trabajaste mucho toda la semana pasada? (1) _____
   (Trabajé)

   _____

   (2) _____

10. Entonces ¿vas a México el año próximo como todos los años? (1) ____
    (Voy)

    _____

    (2) _____

11. ¿Celebras el cumpleaños la semana próxima? (1) _____
    (Celebro)

    _____

    (2) _____

12. ¿Vas al campo otra vez el mes que viene? (1) _____
    (Voy)

    (2) _____

13. ¿Das una fiesta esta semana como todas las semanas? (1) _____
    (Doy)

    _____

    (2) _____

14. ¿Sales esta noche como todas las noches? (1) _____
    (Salgo)

    (2) _____

15. ¿Asistes a las clases hoy como todos los días? (1) _____
    (Asisto)

    _____

    (2) _____

II. Write the expression that best completes the sentence, and circle the letter.

1. Para ver todas las buenas películas hay que ir al cine _____
   a. a menudo   b. sin dinero   c. a caballo   d. con dolor

2. Conocen muchos países porque viajan a Europa _____
   a. todos los días   b. todos los años   c. más tarde   d. en seguida

3. Ayer tuvimos un examen, y hoy hay un examen _____
   a. a tiempo   b. de nuevo   c. poco a poco   d. muchas veces

4. La escuela se abre a las ocho y nosotros entramos en la clase _____
   a. todos los sábados   b. el domingo que viene   c. a tiempo   d. el año pasado

5. Si no podemos salir en seguida, vamos a salir _____
   a. más tarde   b. anoche   c. el mes pasado   d. otra vez

III. Write the expression that best completes the answer, and circle the letter.

1. —¿Cómo aprendes el español?

   —Lo aprendo _____
   a. el año pasado   b. todos los meses   c. poco a poco

2. —¿Hay que estudiar hoy?

   —Siempre hay que estudiar _____
   a. todos los días   b. el mes pasado   c. el año pasado

3. —¿Presta la clase atención a menudo?

   —Sí, _____
   a. escucha muchas veces   b. presta atención en seguida   c. estudia pocas veces

4. —¿Cuándo celebramos un cumpleaños?

—Lo celebramos _____
   a. todos los años   b. todos los meses   c. todas las semanas

5. —¿Pones la mesa de nuevo?

—Sí, la pongo _____
   a. pocas veces   b. otra vez   c. el mes pasado

IV. Write the expression that means the opposite of the expression in *italics*. Circle the letter.

1. Estudian *pocas veces*. _____
   a. poco a poco   b. a menudo   c. más tarde   d. la próxima semana

2. Van *la semana próxima*. _____
   a. la semana pasada   b. antes   c. tarde d. la semana que viene

3. Aprenden *en seguida*. _____
   a. en punto   b. a tiempo   c. poco a poco   d. a menudo

4. Viene *más tarde*. _____
   a. muchas veces   b. en seguida   c. pocas veces   d. el año pasado

5. Llega a *tiempo*. _____
   a. en seguida   b. tarde   c. en punto   d. a menudo

V. Complete in Spanish with the appropriate expression from the selection below.

1. Pepe: —¿Sales _____ menudo?

2. Lola: —Sí, salgo muchas _____

3. Pepe: —¿Tienes tiempo para salir _____ noche?

4. Lola: — _____ seguida no tengo tiempo, pero _____ tarde sí.

5. Pepe: —Entonces salgamos temprano para llegar al cine _____ tiempo.

6. Lola: —Salimos todas _____ semanas y nunca llegamos tarde. ¡No lo repitas

   _____ nuevo la semana _____!

Selection: **a, de, en, esta, las, más, próxima, veces**

VISTAS DE ESPAÑA

Catedral de Jaén

El Alcázar de Segovia

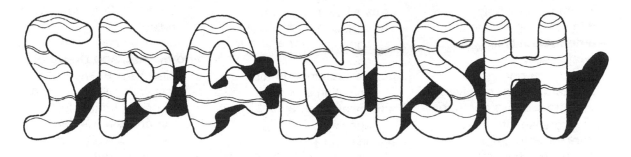

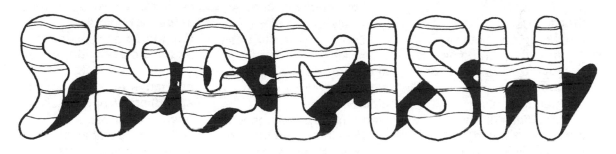

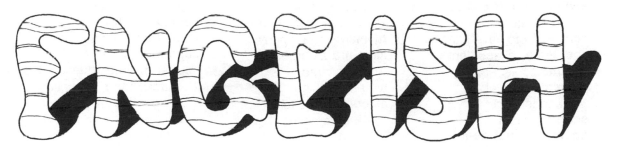

Vocabulary

Spanish-English

A

a at, in, to, on; **a causa de** because of; **a la derecha** on the right; **a menudo** often; **a veces** at times

a fondo thoroughly

a la vez at the same time

a tiempo on time

abajo below

abierto, -a open

abogado, -a *m. f.* lawyer; **abogado, -a defensor** defense attorney

abrazarse to embrace

abrigo *m.* overcoat

abril *m.* April

abrir to open

abuela *f.* grandmother; **abuelita** *f.* grandma; **abuelo** *m.* grandfather; **abuelos** *m. pl.* grandparents, grandfathers

aburrido, -a bored

acá here, around here

acabar de (regresar) to have just (returned)

acabar de to have just

accidente *m.* accident

aceptar to accept

acerca de about, concerning

acero *m.* steel

acordarse (ue) de to remember

acostarse (ue) to go to bed

actividad *f.* activity

activo, -a active

actor *m.* actor

actriz *f.* actress

actual present day

además besides, moreover

adiós good-bye

adivinanza *f.* riddle

admirar to admire

¿adónde? where

aeropuerto *m.* airport

afeitarse to shave oneself

aficionado *m* fan (sports, etc.); **ser aficionado-a** to be a fan of

afortunadamente fortunately

afuera outside

agencia de viajes *f.* travel agency

agosto August

agradable agreeable

agua *f.* water

ahora now; **ahora mismo** right now; **por ahora** for now

aire acondicionado air conditioner

aire *m.* air, **al aire libre** in the open air

ajá aha

al to the, at the, in the **al aire libre** outdoors; **al fin** finally, at last; **al + inf.** upon __ing; **al dar** upon striking

al seguir(i) in following

alcoba *f.* bedroom

aldea *f.* town

alegre happy, lively, cheerful; **me alegro mucho;** I'm very happy, I'm glad

alegremente happily

alemán, -a *m./f.* German

Alemania *f.* Germany

alfombra *f.* carpet

Alfredo Alfred

algo something

algodón *m.* cotton

alguien someone, somebody

algún (o) -a some; **algunas veces** sometimes

alimentos *m. pl.* food

allá there, around there

allí there

almacén *m.* department store

almorzar (ue) to lunch

almuerzo *m.* lunch; **tomar el almuerzo** to have lunch

alquiler *m.* rent

alto, -a tall, high

alumno, -a *m./f.* student

amable friendly, pleasant

amarillo, -a yellow

americano, -a *m./f.* American

amigo, -a *m./f.* friend

amiguito, a *m./f.* little friend

amistades *f.* circle of friends

amor *m.* love

anaranjado, -a orange

ancho, -a wide

anciano *m.* old man

andar to go, to walk; **andar en bicicleta** to go bicycle riding

animal *m.* animal

año *m.* year; **Año Nuevo (el)** New Year; **el año pasado** last year; **tener ___ años** to be ___ years old; **¿cuántos años tiene Ud.?** how old are you?

anoche last night

ansioso, -a anxious, worried

antes (de) before

antiguo, -a ancient, former

anuncio clasificado *m.* want ad

apartamento *m.* apartment

apendicitis *f.* appendicitis

apetito *m.* appetite

aplicado, -a studious

apreciar to appreciate

aprender to learn

aprisa in a hurry

apurarse to hasten, to hurry

apuro *m.* haste

aquel *m.* that; **aquella** *f.* that; **aquellas** *f. pl.* those; **aquellos** *m. pl.* those

aquí here

árbol *m.* tree

archivo *m.* file cabinet

aritmética *f.* arithmetic

armadura *f.* armor

armario *m.* closet

arreglar to arrange

arriba above, up

arroz *m.* rice

artículo *m.* article

artista *m./f.* artist

asa *f.* handle

asado-a roasted

ascensor *m.* elevator

asesinato *m.* murder

así so, (in) this way; **así, así** so, so

asiento *m.* seat

asientos vecinos neighboring seats

asistir (a) to attend
asombrado-a surprised
aspiradora *f.* vacuum cleaner
asunto *m.* topic
atados tied up
atención *f.* attention;
    prestar atención to pay
    attention; **con atención**
    attentively
atentamente attentively
aterrizar to land (plane)
atleta *m./f.* athlete
atractivo, -a attractive
aún even
aunque although
autobús *m.* bus;
    autobús turístico
    sightseeing bus
automóvil *m.* automobile
autor *m.* author
autoridad *f.* authority
avenida *f.* avenue
aventura *f.* adventure
avión *m.* airplane
avisar to inform
ayer yesterday
ayuda *f.* aid, help
azúcar *m.* sugar
azul blue

B

bailar to dance
baile *m.* dance
bajar to go down, to put
    down; **bajar (de)** to get
    down (from)
bajito, -a short
bajo, -a low, short
balcón *m.* balcony
bañarse to bathe oneself
banco *m.* bank, bench
bandera *f.* flag
baño *m.* bath; **cuarto de**
    baño *m.* bathroom
banquero, -a *m./f.* banker
barato, -a cheap
barbería *f.* barber shop
barco *m.* ship, boat
barra *f.* bar, rod
barrio *m.* district
bastante enough
beber to drink
bebida *f.* drink
béisbol *m.* baseball
bello, -a pretty
bendito-a blessed
besarse to kiss one another

beso *m.* kiss
biblioteca *f.* library
bicicleta *f.* bicycle
bien well, good
bienvenido, -a welcome
billete *m.* ticket, bill
blanco, -a white
blusa *f.* blouse
boca *f.* mouth
boda *f.* wedding
bodega *f.* grocery store
bolsillo *m.* pocket
bonito, -a pretty
borracho, -a drunk
borrador *m.* eraser
bosque *m.* woods
bostezar to yawn
bota *f.* boot
bote *m.* boat
botella *f.* bottle
brazo *m.* arm
breve brief
brillante brilliant
bueno, -a good, well; all
    right
bufanda *f.* muffler
buscar to look for

C

caballero andante *m.* knight
caballero *m.* gentleman
caballo *m.* horse; **a caballo**
    on horseback
cabello *m.* hair
cabeza *f.* head
cada each
caer to fall; **caerse** to fall
    down; **se cayó** he fell
    down
café *m.* coffee, café (informal
    restaurant)
cafetería *f.* cafeteria
caja *f.* box
calcetines *m. pl.* socks
caliente warm, hot
calle *f.* street
calor *m.* heat; **hacer**
    (mucho) calor to be
    (very) warm (weather);
    tener calor to be warm
    (persons)
cama *f.* bed; **guardar cama**
    to stay in bed
camarero, -a waiter, waitress
cambiar to change, exchange
caminar to walk, to go
camino *m.* road

camisa *f.* shirt
campamento *m.* camp;
    campamento de verano
    summer camp
campo *m.* field, country
Canadá (el) *m.* Canada
canal *m.* channel
canción *f.* song
cansado, -a tired
cantado, -a sung
cantar to sing
Caperucita Roja Little Red
    Riding Hood
capital *f.* capital
capitán *m.* captain
capítulo *m.* chapter
cara *f.* face
cárcel *f.* jail
cariñosamente
    affectionately
Carlos Charles
carnaval *m.* carnival
carne *f.* meat
carnicero, -a *m./f.* butcher
caro, -a expensive, dear
carrera *f.* career
carro *m.* car
carta *f.* letter
cartera *f.* purse, wallet
cartero *m./f.* letter carrier
cartón *m.* cardboard
casa *f.* house; **en casa** at
    home; **casa particular**
    private house; **Casa**
    Blanca (la) the White
    House
casarse (con) to marry
casarse to get married
casi almost
caso *m.* case
castellano *m.* Spanish,
    Castilian
causa *f.* cause
caverna *f.* cave
celebrar to celebrate
cena *f.* supper; **tomar la**
    cena to have supper
centavo *m.* cent
central central
centro *m.* downtown
cerca (de) near
cercano, -a nearby
ceremonias *f.* ceremonies
cereza *f.* cherry
cero *m.* zero
cerrado, -a closed
cerrar (ie) to close

cesto, -a *m./f.* basket
chal *m.* shawl
chaleco *m.* dest
chanclos *m.* galoshes
chaqueta *f.* jacket
charlar to chat
cheque *m.* check
chica *f.* girl
chico *m.* boy
chino, -a *m./f.* Chinese
chocar to crash
chocar to hit (accident)
chocolate *m.* chocolate
chófer or **chofer** *m./f.* driver
cielo *m.* sky; **mi cielo** my darling
cien (to) a hundred
ciencia *f.* science
cierto, -a (a) certain
cine *m.* movie(s)
circo *m.* circus
cita *f.* date, appointment
ciudad *f.* city
¡claro! of course!
claro, -a clear
clase *f.* **sala de clase** classroom
clima *m.* climate
clínica *f.* doctor's office
coche *m.* car; **en (por) coche** by car; **coche patrullero** patrol car
cocina *f.* kitchen; **clase de cocina** *f.* cooking class
cocinar to cook
cocinero, -a *m./f.* cook
cohete *m.* rocket
colega *m.* classmate, schoolmate
colegio *m.* high school, private boarding secondary school
colgar (ue) to hang up
Colón Columbus
color *m.* color
comedor *m.* dining room
comenzar (ie) to begin
comer to eat
comercial commercial
comerciante *m./f.* business person
comestibles *m. pl.* groceries
cometer faltas to make errors
comida *f.* meal, dinner, food
como like, as
¿cómo? how? what do you mean? **¡cómo no!** of

course! **¿cómo que no?** what do you mean, "no"?
cómodo, -a comfortable; **cómodamente** comfortably
compadecía was sympathetic
compañero, -a *m./f.* companion, frlend
compañero, -a de clase *m./f.* classmate
comparar to compare
compasivo-a compassionate
compra *f.* purchase; **ir de compras** to go shopping
comprar to buy
comprender to understand
computadora *f.* computer
con with **conmigo** with me; **contigo** with you (*fam.*)
con todo el corazón with all my heart
¡concedido! agreed!
concierto *m.* concert
concurso *m.* contest
conducir to drive, to lead
congelado, -a frozen
conocer to know (acquainted)
conocerse to become acquainted
consejero, -a *m./f.* counselor
consejo *m.* advice
conservar to conserve
construir to construct
consultorio *m.* clinic
consultorio sentimental *m.* advice to the lovelorn
contar (ue) to narrate, to tell, to count
contento, -a happy; **contentamente** happily
contestar to answer
contra against
conversación *f.* conversation
conversar to converse, to chat
copiar to copy
corbata *f.* tie
correcto, -a correct; **correctamente** correctly

correr to run
cortar to cut
cortés polite(ly)
corto, -a short
cosa *f.* thing
cosméticos *m. pl.* cosmetics
costa *f.* coast
costar (ue) to cost; **cuesta** it costs
crecer to grow
creer to believe, to think; **creer que sí (no)** to believe so (not)
crema *f.* cream
criminal *m./f.* criminal
crudo, -a raw
cruzar to cross
cuaderno *m.* notebook
cuadro *m.* picture
¿cuál? which (one)?, what?
cuando when; **¿cuándo?** when?
¿cuánto, a? how much? **¿cuánto tiempo?** how long?; **¿cuántos, -as?** how many?; **¿cuántos años tiene?** How old is he (she)?; **¿a cuántos estamos hoy?** what's today's date?
cuarto *m.* room, quarter; **cuarto de baño** bathroom
cubrir to cover
cuchara *f.* spoon
cucharita *f.* teaspoon
cuchillo *m.* knife
cuello *m.* collar, neck
cuenta *f.* bill
cuento *m.* story
cuerdo-a sane
cuerpo *m.* body
cuesta it costs
culpable guilty
cultivar to grow
cultural cultural
cumpleaños *m.* birthday
cumplir con to fulfill
cuñado *m.* brother-in-law
curar to cure
cuyo-a whose

D

dama *f.* lady
dar to give; **dar la mano** to shake hands; **dar las gracias** to thank; **dar un**

paseo to take a walk; **dar un paseo a caballo, a pie, en automóvil** to go horseback riding, to take a walk, to take a drive

de of, from; than; **de acuerdo** in agreement; **de compras** shopping; **de día** by day; **de la mañana** A.M.; **de la noche** P.M.; **de la tarde** P.M.; **de nada** you're welcome; **de ninguna manera** by no means; **de noche** at night; **de nuevo** again; **de pie** on foot; **de repente** suddenly

de acuerdo agreed

de inmediato immediately

debajo (de) below, underneath

deber to owe, must; ought to

débil weak

decidir to decide

decir to say, to tell; **¿cómo se dice . . .?** how do you say . . .?

decisión f. decision

dedo m. finger

defender (ie) to defend

dejar to leave, to permit, to let; **dejar caer** to drop

del of the, in the

delante (de) in front (of)

delgado, -a slender, thin

delito m. offense, crime

demás m. pl. others

demasiado, -a too much

democracia f. democracy

dentro inside

... de pecho chest pain

dependiente, -a m./f. clerk

derecho m. the right; straight ahead; **a la derecha** to the right

desafortunadamente unfortunately

desayuno m. breakfast; **desayunar (se)** to eat breakfast; **tomar el desayuno** to have breakfast

descansar to rest

descolgar (ue) el receptor to pick up the receiver

describir to describe

descubrir to discover

desde from, since

desear to wish, to want

desearán they will want

desesperado, -a desperate

desierto, -a deserted

despacio slowly

despedir (i) to dismiss, to fire

despegar to take off (plane)

despertar (ie) to awake others

despertarse (ie) to wake oneself, wake up

después (de) after(wards)

detestar to detest

detrás de behind

día de entrevistas entre los padres y maestros Open School Day

Día de la Raza Columbus Day (October 12)

Día de los Inocentes April Fool's Day (Aprill 1)

día m. day; **al día siguiente** the next day; **buenos días** good morning; **de día** by day; **todos los días** everyday

diario m. the diary

diarlo, -a daily

diciembre December

dictado m. dictation

dictadura f. dictatorship

diente m. tooth

diferencia f. difference

diferente different

difícil difficult

dificultad f. difficulty

diligente diligent

dinero m. money

Dios m. God; **¡Dios mío!** My God!

director, -a m./f. principal

dirlgir to direct; **dirigirse** to go toward

disco compacto m. CD

disco m. record

discutían they were discussing

dispense Ud. excuse me

disputa f. dispute

distinto, -a different

divertir (ie) to amuse

divertirse (ie) to enjoy oneself

doblar la esquina to turn the corner

docena f. dozen

doctor, -a m./f. doctor

dólar m. dollar

dolor m. ache, pain; **dolor de cabeza (muelas, estómago)** headache (toothache, stomachache)

domingo m. Sunday

dominó m. dominoes

doncella f. damsel

donde where; **¿dónde?** where?

dormir (ue) to sleep

dormitorio m. bedroom

Dorotea Dorothy

dos two

drama m. drama, play

ducha f. shower

dueño, -a m. owner

duermo I sleep

dulce sweet; **dulces** m. pl. candy

durante during; for (time)

¿Durmió? Did you sleep?

duro, -a hard

E

e and

edad f. age

edificio m. building

ejercicio m. exercise

él he, it

el m. the

eléctrico, -a electric

elegante elegant

elemental elementary

ella she, it; **ellas** they, them

empezar (ie) to begin

empleado, -a m./f. employee, clerk

empleo m. job, employment

en in, on, at; **en casa** at home; **en punto** sharp, exactly; **¿en qué puedo servirle?** what can I do for you?; **en seguida** immediately; **en vez de** instead of; **en voz baja** in a whisper

en serio seriously

enamorado, -a in love

encontrar (ue) to meet, to find

enero January

enfermedad f. illness

enfermero, -a m./f. nurse

enfermo, -a sick, ill

enojado, -a angry
enorme enormous, large
Enrique Henry
ensalada f. salad; **ensalada de papas** potato salad
enseñanza f. teaching
enseñar to show, to teach
entender (ie) to understand
entero, –a entire, all
entonces then
entrada f. ticket, entrance
entrar (en) to enter
entre between, among
entre los dos between the two (of us)
entrevista f. interview
envejecerse to grow old
enviar to send
época f. period of time
equipado-a equipped
equipo m. team
equivocado, -a mistaken
era was
eran they were
error m. error
es is **(ser)**
esa f. that; **esas** f. pl. those
escape m. escape
¡Escribe! Write!
escribir m. to write
escritor, -a m./f. writer
escritorio m. desk
escuchar to listen to
escuela f. school; **escuela superior** high school
ese m. that; **esos** m. pl.
eso that (neut.) **por eso** therefore
esos m. pl. those
espacio m. space
espalda f. back
España f. Spain
español, -a Spanish m./f. Spaniard
espectro m. ghost
esperanza f. hope
esperar to hope, to wait for
espléndido, -a splendid
esposa f. wife
esposo m. husband
esposos m. pl. husbands, husband and wife, Mr. and Mrs.
esquiar to ski
esta f. this; **esta noche** tonight

estación espacial f. space station
estación f. seas on, station
estado m. state
Estados Unidos (los) m. pl. the United States
estante m. shelf
estar to be; **estar bien (mal)*** to be well (ill); **está bien** O.K.; **¿cómo está usted?** how are you?; **estar de pie** to be standing
estas f. pl. these
estás you are (fam. s.)
este m. east
este m. this
esto this (neut.)
estómago m. stomach
estos m. pl. these
estrecho, -a narrow
estrella f. star
estudiante m./f. student
estudiar para to study to become …
estudiar to study
estudios m. pl. studies
estudioso, -a studious
estupendo, -a stupendous
etiqueta f. label
Europa f. Europe
evento m. event
exactamente exactly
examen m. examination
examinar to test
excursión f. trip
exhausto, -a exhausted
éxito m. success
experiencia f. experience
explicar to explain
explorador, -a m./f. explorer, Boy Scout, Girl Scout
explorar to explore
extraño, -a strange
extraordinario, -a extraordinary
extravagante extravagant

F
fábrica f. factory
fácil easy
fácilmente easily
falda f. skirt
falta f. mistake
faltar to be missing

familia f. family; **toda la familia** the whole family
familiar m./f. family member
famoso, -a famous
fantasma m. ghost
fantástico, -a fantastic
farmacia f. pharmacy
fatigado, -a tired
favor m. favor; **hacer el favor de + inf.** please; **por favor** please
favorito, -a favorite
fecha f. date; **¿cuál es la fecha de hoy?** what is today's date?; **¿a cuántos estamos hoy?** what is today's date?
¡Felicidades! Congratulations!
¡Felicitaciones!
Felipe Phillip
feliz happy, content
felizmente happily
feo, -a ugly
ferozmente ferociously
ferrocarril m. railroad
fiebre f. fever
fiesta f. party
fila f. line
fin m. end; **al fin** at last; **fin de semana** m. weekend; **por fin** finally
fiscal m./f. district attorney
flaco, -a thin, skinny
flor f. flower
flotar to float
forma f. form
foto (grafía) f. photo(graph)
francés m. French, Frenchman; **francesa** Frenchwoman (girl)
Francia f. France
Francisco Frank, Francis
frase f. sentence
frecuentemente frequently
frente m. front; **al frente** in front
fresco, -a fresh, cool
frío, -a cold, cool; **hacer frío** to be cold (weather); **tener frío** to be cold (persons)
frito, -a fried
fruta f. fruit
fuera (de) outside (of)

fuerte strong
fumar to smoke
fútbol *m.* football, soccer

G
gafas *f. pl.* sunglasses
ganar to earn, to win
garganta *f.* throat
gaseosa *f.* soda
gastar to spend, waste
gatito, -a *m./f.* kitten
gato, -a *m./f.* cat
generalmente generally
generoso, -a generous
gente *f.* people
geografía *f.* geography
gerente de oficina *m.* office manager
Gertrudis Gertrude
gigante giant, gigantic
gimnasio *m.* gymnasium
golpe *m.* blow
gordo, -a fat
gorra *f.* cap
gota *f.* drop
gozar to enjoy
grabado *m.* picture
gracias *f. pl.* thanks; **dar las gracias** to thank; **muchas gracias** thank you very much
gramática *f.* grammar (book)
gran great
grande big, large
gratis free
grave serious
gris gray
gritar to shout
grito *m.* shout
guante *m.* glove; **guante de béisbol** baseball glove
guapo, -a handsome
guardar to keep; **guardar cama** to stay in bed
guía *m.* guide
guia telefónica *f.* phone book
Guillermo William
guitarra *f.* guitar
guitarrista *m./f.* guitarist
gustar to like, to be pleasing; **me, te, le gusta** I, you, (he), (she), you like(s); **nos, os, les gusta** we, you, they, you like.

gusto *m.* pleasure; **con mucho gusto** gladly, with much pleasure

H
ha conocido has known
ha dicho has said
había there was, were
habitación *f.* room
hablar to speak
hacer to do, to make; **hacer buen (mal) tiempo** to be good (bad) weather; **hacer frío (calor, sol, viento, fresco)** to be cold (warm, sunny, windy, cool) weather; **hacer el favor de + inf.** please; **hacer preguntas** to ask questions; **hace una semana (un mes, etc.)** (a month ago, etc.)
haga el favor de + inf. please
hallar to find
hambre *f.* hunger; **tener hambre** to be hungry
hasta until, up to
hasta la vista until I see you again; **hasta luego** until then; **hasta mañana** until tomorrow
hay there is, there are; **no hay de qué** you're welcome; **hay que + inf.** one must
¡Haz! Make!
he escrito have written
he hecho have done
he terminado have finished
he visto have seen
helado *m.* ice cream
hemos vuelto we have returned
hermana *f.* sister; **hermano** *m.* brother; **hermanos** *m. pl.* brother(s) and sister(s)
hermoso, -a beautiful
hice I made, did **(hacer)**
hierba *f.* grass
hierro *m.* iron
hija *f.* daughter; **hijo** *m.* son; **los hijos** *m. pl.* son(s) and daughter(s)
hijita, -o *f./m.* little daughter, little son

hispánico, -a Hispanic
hispano, -a Hispanic, Spanish-speaking
hispanoamericano, -a Spanish-American
historia *f.* story, history
histórico, -a historic
hoja *f.* leaf
hola hello
hombre *m.* man
hombro *m.* shoulder
honor *m.* honor
honrado, -a honest, honorable
hora *f.* hour, time; **¿a qué hora?** at what time?; **a la una** at one o'clock; **a las dos** at two o'clock; **a esta(s) hora(s)** at this time; **por hora** by the hour; **¿qué hora es?** what time it it?; **es la una** it's one o'clock; **son las dos** it's two o'clock
hormiga *f.* ant
hospital *m.* hospital
hotel *m.* hotel
hoy today
hueso *m.* bone
huevo *m.* egg; **huevos duros** hard-boiled eggs
huir to flee

I
idea *f.* idea
idioma *m.* language
impermeable *m.* raincoat
importa is important
importante important
imposible impossible
impresión *f.* impression
indefenso-a defenseless
independencia *f.* independence
indígena *m.* native
indio, -a *m./f.* Indian
Inés Agnes, Inez
información *f.* information
Inglaterra *f.* England; **Inglés** *m.* English, Englishman; **Inglesa** Englishwoman
inglés *m.* English language, English
inglesa *f.* English (female)

ingresar to enter (college army, etc)

inmediatamente immediately

inolvidable unforgettable

insistir to insist

instrumento *m.* instrument

inteligencia *f.* intelligence

inteligente intelligent

interés *m.* interest

interesante interesting

interesar to interest

interesarse to be interested

interrumpir to interrupt

invierno *m.* winter

invitación *f.* invitation

invitado, -a *m./f.* guest; invited

invitar to invite

ir go; **ir a casa (a la escuela, de paseo)** to go home (to school, for a walk); **ir de compras** to go shopping

Isabel Elizabeth

isla *f.* island

Italia *f.* Italy

italiano, -a Italian

izquierdo *m.* left; **a la izquierda** to the left

J

Jaime James

jamás never, not ever, ever

jardín *m.* garden

Jorge George

José Joseph

joven *m./f.* young person

Juan John

Juana Jane, Joan

juego *m.* game

jueves *m.* Thursday

juez *m.* judge

jugar (ue) (a) to play

jugo *m.* juice; **jugo de naranja** orange juice

julio July

junio June

junto together

K

kilómetro *m.* kilometer

L

la (las) *f. pl.* the; **las (veo)** (I see) them

La Paz Bolivian capital

labio *m.* lip

laboratorio *m.* laboratory

lado *m.* side; **al lado de** beside, next to; **por otro lado** on the other hand

ladrón *m.* thief

lago *m.* lake

lámpara *f.* lamp

lana *f.* wool

lanza *f.* lance

lápiz *m.* pencil

largo, -a long

las *f. pl.* the, them

lástima pity; **¡qué lástima!** what a shame!

latín *m.* Latin

latinoamericano, -a Latin-American

lavadora y secadora *f.* washer and dryer

lavaplatos *m.* dishwasher

lavar (se) to wash (oneself)

le gusta he, she, (you) it (like)s

le gustaron he, she, you, it liked

le him, you *in Spain*

le to him, to her, to you, to it

lección *f.* lesson

leche *f.* milk

lectura *f.* reading

leer to read

legumbres *f. pl.* vegetables

lejos de far from

lengua *f.* language, tongue

lento, -a slow

les gusta they, you like

les to them, to you

letrero *m.* sign

levantado, -a up, standing

levantarse to get up

leve light

liberal liberal

libertad *f.* liberty, freedom

libra *f.* pound

libre free

libro *m.* book

limón *m.* lemon

lindo, -a pretty

lista *f.* lista; **lista de platos** menu

listo, -a ready

llamar to call; **llamar a la puerta** to knock at the door; **llamar(se)** to (be) called; to (be) name(d); **¿cómo se llama Ud?** what's your name.

llamarse to be named

llave *f.* key

llegar a ser to become

llegar to arrive

llenar to fill

llevar to carry, to wear, to take

llorar to cry

llover (ue) to rain

llueve it rains, it's raining

lluvia *f.* rain

lo importante the important thing

lo *m.* him, it, you; **los** *m. pl.* the, them, you; **lo siento (mucho)** I'm (very) sorry; **lo que** what

lo que what (in a statement)

Lo siento I am sorry about it, I regret it

lobo, -a *m./f.* wolf

loco, -a crazy

locura *f.* madness

locutor *m.* announcer

Londres London

luchar to fight

luego next, then; **hasta luego** until then, see you later

lugar *m.* place

Luís Louis

Luisa Louise

luna de miel *f.* honeymoon

luna *f.* moon

lunes *m.* Monday

luz *f.* light

M

madera *f.* wood; **de madera** wooden

madre *f.* mother

maestro, -a *m./f.* teacher; **maestro de ceremonias** master of ceremonies

magnífico, -a magnificent

mal badly, ill

mal éxito *m.* failure

maleta *f.* suitcase

malhechor *m.* evildoer

malo, -a bad, ill

mamá *f.* mom, mommy

mañana *f.* morning, tomorrow; **de la mañana** A.M.; **por la mañana** in

the morning; **hasta mañana** until tomorrow
¡Manda! Send!
mandar to order, to send
manejar to drive
manera f. way, manner
mano f. hand; **dar la mano** to shake hands; **en las manos de** in the hands of
mantel m. tablecloth
mantequilla f. butter
manzana f. apple
mapa m. map
máquina de escribir f. typewriter
máquina de fax f. fax machine
mar m. sea
marcar to dial
marchar to walk
María Mary
marido m. husband
marisco m. shellfish
Marta Martha
martes m. Tuesday
más most, more; **más tarde** later; **lo más pronto posible** as soon as possible
material m. material
mayo May
mayor older, larger
me (to) me, myself
me gusta (n) I like
me pregunto I wonder
me presento I introduce myself
mecanografía f. typing
medianoche f. midnight
medias f. pl. stockings
médico m./f. doctor
medio, -a half, **en medio de** in the middle of; **media hora** half an hour
mejor better; **el mejor** best
melodía f. melody
memoria f. memory
menor younger, smaller
menos few, less, minus; **al menos** at least
mentir (ie) to lie
mentón m. chin
menudo, -a small; **a menudo** often
mercado m. market

mes m. month; **el mes pasado** last month
mesa f. desk, table; **poner la mesa** to set the table
meter to put (in)
método m. method
mexicano, -a Mexican
México Mexico
mezcla f. mixture
mí me
mi, mis my
micrófono m. microphone
miedo m. fear
mientras leía while I was reading
mientras while
miércoles Wednesday
Miguel Michael; **Miguelito** Mike
mil one thousand
mineral mineral
minuto m. minute
mío, -a (of) mine, my
¡Mira! Look!
mirar to look (at)
mismo, -a same; **lo mismo** the same
mitad f. half
moderno, -a modern
molestar to bother
molino de viento m. windmill
momento m. moment
mono m. monkey
montaña f. mountain
monte(s) m. (pl.) mountain(s)
monumento m. monument
moreno, -a dark-haired, dark-eyed brunette*
morir (ue) to die
mostrar (ue) to show
mover (ue) to move
mozo m. boy, waiter
muchacha f. girl; **muchacho** m. boy (teenagers)
mucho, -a much, a lot
muchos, -as many
muebles m. pl. furniture
muerto, -a dead
mujer f. woman, wife
mundo m. world; **todo el mundo** everyone
muñeca f. doll
museo m. museum
música f. music
músico m./f. musician

muy very; **muy bien** very well

N
nacer to be born
nación f. nation
nacional national
nada nothing; **de nada** you're welcome
nadar to swim
nadie no one, anyone
naranja f. orange
nariz f. nose; **narices** pl. noses
natación f. swimming
navaja f. razor
Navidad f. Christmas; **Feliz Navidad** Merry Christmas; **Día de Navidad** Christmas Day
necesario, -a necessary
necesitar to need
negocio m. business
negro, -a black
nene m. infant
nervioso, -a nervous
nervioso-a nervous
ni nor, not even
ni . . . ni neither . . . nor
nieta f. granddaughter; **nieto** m. grandson; **nietos** m. pl. grandchildren
nieva it snows, it's snowing
nieve f. snow
nilón m. nylon
ninguno, -a none
niño, -a m./f. child
¡No digas! Don't say!
¿no? really?, no?
no importa it doesn't matter
noche f. night; **buenas noches** good night, good evening; **de noche** at night; **de la noche** P.M.; **esta noche** tonight; **por la noche** in the evening, at night
nombre m. name
normal normal
norteamericano, -a North American
nos us, to us, ourselves
nos gusta we like
nosotros, -as we, us
nota f. grade, note
notar to note, to comment on

*For some Central Americans **moreno** means *black*

noticia *f.* news
novedad *f.* novelty; **sin novedad** as usual
novela *f.* novel
noviembre November
nuestro, -a (of) our(s)
Nueva York New York
nuevo, -a new; **de nuevo** again
Nuevo Mundo New World
número de teléfono *m.* phone number
número equivocado *m.* wrong number
número *m.* number
numeroso, –a numerous
nunca never

O
o or
obedecer to obey
obra *f.* work
observar to observe
octubre October
ocupado, -a (en) busy (with)
oficina *f.* office
ofrecer to offer
oír to hear
ojo *m.* eye
olvidar to forget
operación *f.* operation
operar to operate
opinión *f.* opinion
ordenar to order
oreja *f.* ear
oro *m.* gold
otoño *m.* autumn
otro, -a (an) other; **otros, -as** others(s); **otras veces** on other occasions

P
Pablo Paul
paciencia *f.* patience
paciente *m./f.* patient
Paco Frank
padre *m.* father; **padres** *m. pl.* parents, mother(s) and father(s)
pagar to pay (for)
página *f.* page
país *m.* country
paja *f.* straw
pájaro *m.* bird
palabra *f.* word
palacio *m.* palace

pálido, -a pale; **se puso pálido** he turned pale
pan *m.* bread
panadería *f.* bakery
panadero *m.* baker
pantalones *m. pl.* pants
pañuelo *m.* handkerchief
papá *m.* dad, father
papas *f. pl.* potatoes; **papas fritas** French fries
papel *m.* paper
papelito *m.* small piece of paper
paquete *m.* package
par *m.* pair
para for, in order to; **para que** in order that; **¿para qué?** why?
parada *f.* stop, military parade
paraguas *m.* umbrella
paralítico, -a paralyzed
pardo, -a brown
parecer to look like, seem; **¿qué te parece?** what do you think of it?
pared *f.* wall
pareja *f.* pair, couple
pariente *m./f.* relative; **parientes** *pl.* relatives
parque *m.* park; **parque zoológico** *m.* zoo
párrafo *m.* paragraph
parte *f.* part; **por todas partes** everywhere
participar to participate
particular private, particular
partido *m.* game, match, political party
partir to leave, to depart
pasado, -a past; **el año pasado** last year; **el mes pasado** last month; **la semana pasada** last week
pasajero, -a passenger
pasar to spend (time), to happen; **pasar un buen (mal) rato** to have a good (bad) time; **¡pase Ud.!** come in!; **¿qué le pasa a Ud.?** what's the matter with you? **¿qué pasa?** what's going on?
Pascua Florida *f.* Easter

paseo *m.* walk; **dar un paseo** to take a walk; **ir de paseo** to go for a walk
pasión *f.* passion
pasta dentífrica *f.* toothpaste
pastel *m.* cake, pie
patatas *f. pl.* potatoes
patio *m.* yard
patria *f.* country, motherland
patrón, -a *m./f.* boss
payaso *m.* clown
pecho *m.* chest
pedazo *m.* piece
pedir (i) to request, ask for
Pedro Peter
pegar to beat
peinarse to get combed
película *f.* movie
peligroso, -a dangerous
pelo *m.* hair
pelota *f.* ball
pensar (ie) to think; **pensar en** to think of; **pensar +** *inf.* to intend
pensión *f.* boarding house
pequeño, -a small
pera *f.* pear
perder (ie) to miss, to lose
pérdida *f.* loss
perdóneme excuse me
perezoso, -a lazy
perfecto, -a perfect
periódico *m.* newspaper
permiso *m.* permission; **con permiso** excuse me
pero but
perro, -a *m./f.* dog; **perrito** *m.* puppy
persona *f.* person
personaje *m.* character
personalidad *f.* personality
pescado *m.* fish
piano *m.* piano
pie *m.* foot; **a pie** on foot; **al pie de** at the bottom of; **estar de pie** to be standing
piedra *f.* stone
pierna *f.* leg
piloto *m.* pilot
pimienta *f.* pepper
pintar to paint; **pintado, -a** painted
pintura *f.* painting
pipa *f.* pipe

piso *m.* floor, story, apartment; **piso de arriba (abajo)** upstairs (downstairs)
pizarra *f.* blackboard
planeta *m.* planet
planta *f.* plant
plata *f.* silver
plato *m.* dish (of food)
playa *f.* beach
plaza *f.* square, plaza
pluma *f.* pen
pobre poor
poco, -a few, little; **pocas veces** few times; **poco a poco** little by little; **poco después** shortly afterward **un poco de** *m.* a little of
poder (ue) to be able; **puede** he, she, (you) can, is (are) able; **no poder más** not to be able to go on
podremos we will be able
policía *m./f.* police officer
pollo *m.* chicken
¡Pon! Put!
pondremos we will put
poner to put, to place; **poner la mesa** to set the table
ponerse to put on, to become
por entero entirely
por fin finally
por for, through, by, times (multiply); **por ahora** for now; **por eso** therefore; **por favor** please; **por fin** at last; **por hora** per hour; **por la mañana (tarde, noche)** in the morning (afternoon, evening); **por otro lado** on the other hand; **por supuesto** of course; **por todas partes** everywhere
¿por qué? why?
por todo mi cuerpo all over my body
porque because
portugués, -a *m./f.* Portuguese
postre *m.* dessert
practicar to practice
práctico-a practical
precio *m.* price

preferido, -a favorite
preferir (ie) to prefer
pregunta *f.* question; **hacer preguntas** to ask questions
preguntar to ask; **preguntar por** to ask about
prehistórico, -a prehistoric
preocupado, -a worried
preparar to prepare
presentar to present; to introduce
presente *m.* present; **me presento** I introduce myself
presidente *m.* president
prestar to lend; **prestar atención** to pay attention; **prestar juramento** to be sworn in
pretérito *m.* preterite
primavera *f.* spring
primero, -a first
primo, -a *m./f.* cousin
principal main
prisa *f.* speed, haste; **de (con) prisa** in a hurry
privilegio *m.* privilege
problema *m.* problem
procesador de texto *m.* word processor
procesión *f.* procession
producto *m.* product
profesor, -a *m./f.* teacher
programa *m.* program
prometer to promise
prometido *m.* fiancé
prometidos *m.* engaged couple
pronto soon
pronunciar to pronounce
propio, -a own
proponía were proposing
propósito purpose
protagonista *m.* main character
provisto-a provided
próximo, -a next
público *m.* public
pueblo *m.* town
puedo I can **(poder)**
puente *m.* bridge
puerco *m.* pig
puerta *f.* door
puertorriqueño, -a Puerto Rican
pues well

puesto *m.* job, position
pulso *m.* pulse; caution
punto *m.* period; **en punto** on the dot (on time)
pupitre *m.* desk
puro, -a pure

Q
que that, than, who; **¡qué!** how . . .!, what a . . .!, what!; **¿qué?** what?, which?; **¿qué hay?** what's the matter?, what's up?; **¿qué le pasa a Ud.?** what's the matter with you?; **¿qué pasa?** what's going on?; **¿qué tal?** how's everything?; **que viene** next, that is coming; **lo que** what
quedar to remain
querer (ie) to want, to love; **querer a** to love; **querer decir** to mean; **¿qué quiere decir . . .?** what does . . . mean?
querido, -a dear
queso *m.* cheese
quien (es) who; **¿quién (es)?** who?; **¿a quién(es)?** to whom?; **¿de quién(es)?** whose?, of whom?; **¿para quién?** for whom?
quinceañera *f.* fifteenth birthday celebrated in Hispanic families like a sweet sixteen
quitarse to take off (clothing)

R
rabo *m.* tail
radio *m./f.* radio
Ramón Raymond
rancho *m.* ranch
rápido, -a rapid; **rápidamente** rapidly
raro-a strange
rascacielos *m.* skyscraper
rato *m.* a while; **pasar un buen (mal) rato** to have a good (bad) time
real real
recepcionista *f.* receptionist
receta *f.* prescription
recibir to receive

recién recently

recordar (ue) to remember

refresco *m.* cool drink, refreshment

regalar to present a gift

regalo *m.* gift

regla *f.* rule

regresar to return

regreso *m.* return

reír (i) to laugh

reloj *m.* watch

remediar to remedy

remoto, -a far away

repetir (i) to repeat

resfriado *m.* cold (illness)

respetado-a respected

respirar to breathe

responder to answer

responsabilidad *f.* responsibility

respuesta *f.* answer

restaurante *m.* restaurant

retirado-a retired

reunión *f.* get-together, meeting

reunirse (ú) to meet by appointment

revista *f.* magazine

Ricardo Richard

rico, -a rich; **¡qué rico!** how delicious!

risa *f.* laughter

ritmo *m.* rhythm

robar to steal, to rob

rodilla *f.* knee

rojo, -a red

romántico, -a romantic

ropa *f.* clothes; **ropa interior** *f.* underwear

rosa *f.* rose

rositas de maiz *f. pl.* popcorn

rubio, -a blond

ruido *m.* noise

ruso, -a *m./f.* Russian

S

sábado *m.* Saturday

saber to know; **saber + *inf.*** to know how to

sacar to take out, to stick out *(fam.)*; **sacar fotos** to take pictures; **sacar una nota** to get a mark

sal *f.* salt

¡Sal! Leave!

sala de espera *f.* waiting room

sala *f.* living room; **sala de clase** classroom

salir (de) to leave, to go out; **salir bien (mal)** to make out well (badly), to pass (fail), unsuccessfully; **salir el sol** sunrise

saltar to jump

salud *f.* health

saludar to greet

santo, -a *m./f.* saint

satélite *m.* satellite

satisfecho, -a satisfied

se *(reflex.)* himself, herself, yourself, itself, them-selves, yourselves; **se +** *3rd person vb.* one, they, you *(in a general sense)*

se hace tarde it is getting late

se iba was going away

se veía was seen

secretaria, -o secretary

secreto *m.* secret

secundario, -a secondary

sed *f.* thirst; **tener sed** to be thirsty

seda *f.* silk

seguida; en seguida at once

seguir (i) to follow

seguro, -a sure, certain

seis six

semana *f.* week; **todas las semanas** every week

sencillo, -a simple

señor *m.* Mr., sir, gentleman

señora *f.* Mrs., lady

señorita *f.* Miss, lady

sentado-a seated

sentarse (ie) to sit down

sentido *m.* sense, feeling

sentir (ie) to feel (followed by a noun); to regret; **lo siento (mucho)** I'm (very) sorry

septiembre September

ser to be; **ser la hora de +** *inf.* to be time to

será it will be

sería it would be

serio, -a serious

servicio *m.* service

servidor, -a at your service

servilleta *f.* napkin

servir (i) to serve; **sirve para** is used for

sesenta sixty

setenta seventy

si if, whether

sí yes; **sí que** indeed

siempre always

¡Siéntate! Sit down!

siento I'm sorry

siesta *f.* nap, short rest

significar to mean; **esto significa** this means

siguiente following, next

silencio *m.* silence

silla *f.* chair

sillón *m.* armchair

simbolizar to symbolize

similar similar

simpático, -a nice, pleasant

sin without

sincero, -a sincere

¿Sintió? Did you feel?

sitio *m.* place

sobre on, over, about

sobre todo especially

sobrina *f.* niece; **sobrino** *m.* nephew; **sobrinos** *m. pl.* nephew(s) and nieces(s)

sofá *m.* couch, sofa

sol *m.* sun; **hacer sol** to be sunny; **salir el sol** sunrise

solamente only

solicitud *f.* application

solitario, -a lonely

sólo only

solo, -a alone

solterón *m.* bachelor

solución *f.* solution

sombrero *m.* hat

somos we are **(ser)**

son they are **(ser)**

sonar (ue) to ring

sonido *m.* sound

sonreír (i) to smile

sopa *f.* soup

soplar to blow (out)

sorprendido, -a surprised

sorpresa *f.* surprise

sótano *m.* basement

su, sus his, her, their, your, its

subir to go up; **subir a** to get into, go up to; **subir en avión** to go up in a plane

subterráneo *m.* subway

suburbio *m.* suburb

sudar to sweat
sueldo *m.* salary
suelo *m.* ground
suena rings
sueño *m.* dream; **tener sueño** to be sleepy
suerte *f.* luck
sufría used to suffer
sufrimiento *m.* suffering
sufrir to suffer
supermercado *m.* supermarket
supieron they found out
supo he found out **(saber)**
sur *m.* south

T
tal such (a); **¿qué tal?** how are things?
talento *m.* talent
también also
tampoco neither, not . . . either
tan . . . como as . . . as
tan so, as
tantísimas gracias so many thanks
tanto, -a so much, as much
tantos-as as many, so many
tapa *f.* cover
taquigrafía *f.* shorthand
tarde *f.* afternoon, late; **buenas tardes** good afternoon, **de la tarde** P.M.; **más tarde** later; **por la tarde** in the afternoon; **tarde o temprano** sooner or later
tarea *f.* task, homework
tarjeta *f.* card
taxi *m.* taxi
taza *f.* cup
te gusta you (*fam.*) like
té *m.* tea
te you, to you, yourself
teatro *m.* theater
techo *m.* ceiling, roof
telefonear to telephone
teléfono celular *m.* cell phone
teléfono *m.* telephone
televidente *m.* TV viewer
televisión *f.* television
televisor *m.* television set
temperatura *f.* temperature
temprano early
tendero *m.* storekeeper

tendremos we will have
tendríamos we would have
tenedor *m.* fork
tener to have; **tener . . . años** to be . . . years old; **tener calor** to be warm; **tener hambre** to be hungry; **tener interés** to be interested; **tener miedo** to fear; **tener prisa** to be in a hurry; **tener que + *inf.*** to have to; **tener razón** to be right; **tener sed** to be thirsty; **tener sueño** to be sleepy; **tener tanto éxito** to be so successful; **¿qué tiene Ud.?** what's the matter with you?
tenis *m.* tennis
tercer third
terminar to end, to finish
tertulia *f.* chat, social gathering
testigo *m.* witness
ti you
tiempo *m.* time, weather; **a tiempo** on time; **hacer buen (mal) tiempo** to be good (bad) weather; **mucho tiempo** for a long time; **al mismo tiempo** at the same time
tienda *f.* store; **tienda de ropa** clothing store; **tienda de comestibles** grocery store
tierra *f.* earth
tigre *m.* tiger
tijeras *f. pl.* scissors
timbre *m.* bell
tinta *f.* ink
tío *m.* uncle; **tía** *f.* aunt; **tíos** *m. pl.* aunt(s) and uncle(s)
tirar to throw
tiza *f.* chalk
tocadiscos *m.* record player
tocado, -a played (mus.)
tocar to play (an instrument); to touch, to knock
todo, -a all, everything; **todo el día** *m.* all day; **todo el mundo** everybody
todos, -as every, all; **todos los días** everyday; **todas las semanas** every week
¡Toma! Take!

tomar to take, to drink; **tomar el almuerzo** to have lunch; **tomar la cena** to have supper; **tomar el desayuno** to have breakfast; **tomar asiento** to get seated
Tomás Thomas
tonto, -a silly, stupid, dumb
tópico *m.* topic
torpe dull, stupid
torta *f.* cake
tortilla *f.* omelet
tostado *m.* toast
trabajador hardworking
trabajar to work
trabajo *m.* work
traer to bring
traficante *m.* dealer
tráfico *m.* traffic
traje de correr *m.* jogging suit
traje *m.* suit; **traje de baño** bathing suit
trataba were treating, were trying
tratar de to deal with, to try to, to treat
tren *m.* train
triste sad
tristemente sadly
tristeza *f.* sadness
trusa *f.* bathing suit
tú you
tu, tus your (*fam.*)
tulipán *m.* tulip
turista *m./f.* tourist

U
Ud(s). you (abbrev.)
un(o), una *m./f.* a, an, one; **unos, -as** some, a few; **un poco de . . .** a bit of . . .
único, -a only, unique
universidad *f.* university
usar to use, to wear
usted (es) you (*pl.*)
útil useful

V
va he, she, you go (es) **(ir)**
vacaciones *f. pl.* vacation; **las vacaciones de verano** summer vacation
vago, -a *m./f.* vagrant, bum
valdrá la pena it will be worthwhile

valer to be worth; **vale** it costs

van they go **(ir)**

varios, -as several

vaso *m.* glass

veces times; **a veces** at times; **algunas veces** sometimes; **otras veces** other times

vecindario *m.* neighborhood

vecino, -a *m./f.* neighbor, *(adj.)* neighboring

vegetal *m.* vegetable

vela *f.* candle

¡Ven! Come!

vencer to defeat, to conquer

vender to sell

¿Vendrá? Will she come?

venidero, -a future

venir to come

venta sale; **a la venta** for sale

ventana *f.* window

ventanilla *f.* window (of a car or bus)

verano *m.* summer

verdad *f.* truth; **¿no es verdad?** isn't it so?; **¿verdad?** right

verde green

vestido *m.* dress, suit

vestido, a(de) dressed (in)

vestirse (i) to dress oneself

vez *f.* time; **por primera vez** for the first time; **a veces** at times; **algunas veces** sometimes; **muchas veces** many times, often; **otra vez** again; **otras veces** on other occasions; **pocas veces** a few times

viajar to travel

viaje *m.* trip

viajero, -a *m./f.* traveler

Vicente Vincent

vida *f.* life; **mi vida** my darling

vidrio *m.* glass

viejo, -a old; **el viejo** old man

viento *m.* wind; **hacer viento** to be windy

viernes *m.* Friday

vino *m.* wine

violín *m.* violin

visita *f.* visit

visitar to visit

Víspera *f.* **de Todos los Santos** Halloween

vista *f.* view, sight; **hasta la vista** until I see you again

vivir to live

volar (ue) to fly

volumen *m.* volume, book

volver (ue) to return; **volver a mirarlo** to see something again

volverse loco to become crazy

votar to vote

voz *f.* voice; **en voz baja** in a whisper

vuelo *m.* flight

vuestro, -a (of) your(s) *(fam.)*

Y

y and

ya now, already

¡ya lo creo! I should say so!

ya no no longer

yelmo *m.* helmet

yo I

yo no not I

Z

zapatos *m.* shoes

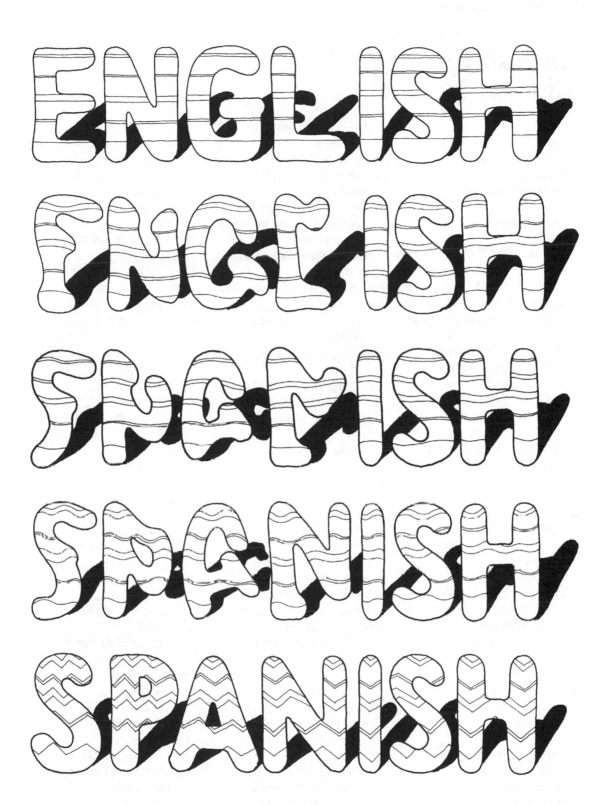

Vocabulary
English-Spanish

A

a, an **un, -a**
able, can **poder (ue)**
to be able **poder**
above **arriba, sobre**
absent **ausente**
advice **el consejo;** to the lovelorn **consultorio sentimental**
affectionately **cariñosamente**
after **después (de)**
afternoon **la tarde;** good afternoon **buenas tardes;** in the afternoon **por la tarde;** P.M. **de la tarde**
again **de nuevo, otra vez**
against **contra**
agreed **de acuerdo**
agreed! **¡concedido!** in agreement **de acuerdo**
air conditioner **aire acondicionado**
air **el aire;** in the open air **al aire libre**
airplane **el avión**
all day **todo el día**
all over my body **por todo mi cuerpo**
all right **bueno, -a**
all **todo, -a**
always **siempre**
A.M. **de la mañana**
to amuse **divertir(ie)**
ancient **antiguo-a**
angry **enojado, -a**
animal **el animal**
announcer **el locutor, la locutora**
another **otro, -a**
answer **la respuesta;** to answer **contestar, responder**
ant **la hormiga**
apartment **el piso, el apartamento**
apple **la manzana**
application **la solicitud**
appointment **la cita**
April **abril**
arm **el brazo**
armchair **el sillón**
armor **la armadura**

to arrange **arreglar**
to arrive **llegar**
to ask for **pedir**
as **como;** as . . . as **tan . . . como**
as many, so many **tantos-as**
at **a, en;** at once **en seguida;** at the **al, a la, en el, en la;** at last **al fin;** at least **al menos**
at the same time **a la vez**
to attend **asistir**
to (pay) attention **prestar atención**
attentively **con atención**
aunt **la tía**
August **agosto**
authority **la autoridad**
automobile **el automóvil**
autumn **el otoño**
avenue **la avenida**

B

bachelor **el solterón, el soltero**
back **la espalda**
bad **malo, -a**
barber shop **la barbería**
basement **el sótano**
basket **el cesto, la cesta**
to bathe oneself **bañarse**
bathing suit **la trusa**
bathroom **el cuarto de baño**
to be a fan of **ser aficionado a**
to be born **nacer**
to be **estar;** to be standing **estar de pie;** to be well (ill) **estar bien (mal)**
to be **ser;** to be time to **ser hora de +** *inf.;* to be afraid **tener miedo;** be cold **tener frío;** be hungry **tener hambre;** be in a hurry **tener prisa;** be sleepy **tener sueño;** be thirsty **tener sed;** be warm **tener calor;** be . . . years old **tener . . . años**
to be successful **tener éxito**
beach **la playa**
to beat **pegar**

beautiful **hermoso, -a**
because **porque;** because of **a causa de**
to become acquainted **conocerse**
to become crazy **volverse loco**
to become **llegar a ser**
bed **la cama**
bedroom **el dormitorio**
before **antes (de)**
behind **detrás (de)**
to believe **creer;** believe so (not) **creer que sí (no)**
bell **el timbre**
below **abajo**
best **el mejor**
better **mejor**
between **entre**
between the two (of us) **entre los dos**
bicycle **la bicicleta**
big **grande**
bill **la cuenta**
birthday **el cumpleaños**
bit of **un poco de . . .**
blackboard **la pizarra**
blond **rubio, -a**
blouse **la blusa**
blow **el golpe**
to blow (out) **soplar**
blue **azul**
boat **el bote, el barco**
body **el cuerpo**
bone **el hueso**
book **el libro**
boot **la bota**
bored **aburrido, -a**
boss **el patrón**
to bother **molestar**
boy **el niño, el chico, el muchacho**
bread **el pan**
to breakfast **desayunarse**
breakfast **el desayuno**
to bring **traer**
brother **el hermano;** brother-in-law **el cuñado**
brown **pardo, -a**
brunette **moreno, -a**
building **el edificio**
bus **el autobús**

businessperson **el comerciante, la comerciante**
butchershop **la carnicería**
butter **la mantequilla**
to buy **comprar**
by **por;** by no means **de ninguna manera**

C
cake **la torta**
to call **llamar**
camp **el campamento;** summer camp **el campamento de verano**
can **poder (ue)**
Canada **el Canadá**
candle **la vela**
cap **la gorra**
captain **el capitán**
car **el carro, el coche**
cardboard **el cartón**
career **la carrera**
carnation **el clavel**
carnival **el carnaval**
carpet **la alfombra**
to carry **llevar**
Castillian **el castellano**
cat **el gato, la gata**
cave **la caverna**
CD **el disco compacto**
cell phone **el teléfono celular**
chair **la silla**
chalk **la tiza**
to change **cambiar**
channel **el canal**
character **el personaje**
to chat **charlar**
cheerful **alegre**
cheese **el queso**
chest **el pecho**
chest pain **el dolor de pecho**
chin **el mentón**
Chinese **el chino, la china**
Christmas **la Navidad**
circle of friends **las amistades**
class **la clase**
classmate **el colega**
classroom **la sala de clase**
clinic **el consultorio**
clothes **la ropa;** clothing store **la tienda de ropa**
coffee (house) **el café**
cold **el frío** (weather); **el resfriado** (illness); to be cold (persons) **tener frío;** to

be cold weather **hacer frío**
color **el color**
Columbus **Colón**
Columbus Day **el Día de la Raza**
Come! **¡Ven!**
to come **venir**
comfortable **cómodo, -a**
compassionate **compasivo-a**
computer **la computadora**
concert **el concierto**
Congratulations! **¡Felicidades! ¡Felicitaciones!**
to conserve **conservar**
to construct **construir**
contest **el concurso**
cool **fresco, -a**
cotton **el algodón**
country **el país, la patria** (nation)
cousin **el primo, la prima**
cover **la tapa**
to crash **chocar**
crazy **loco, -a**
cup **la taza**
curtain **la cortina**
to cut **cortar**

D
damsel **la doncella**
to dance **bailar**
dangerous **peligroso, a**
date **la cita**
date **la fecha;** what's today's date? **¿cuál es la fecha de hoy? ¿a cuántos estamos hoy?**
daughter **la hija**
day **el día;** the next day **al día siguiente;** everyday **todos los días**
to deal with, to try to **tratar de**
December **diciembre**
to defeat, to conquer **vencer**
defense attorney **el abogado defensor**
defenseless **indefenso-a**
democracy **la democracia**
department store **el almacén**
desk **el escritorio, la mesa, el pupitre** (small student's classroom desk)
dessert **el postre**
to dial **marcar**
diary **el diario**

dictation **el dictado**
Did you feel? **¿Sintió?**
Did you sleep? **¿Durmió?**
to die **morir(ue)**
different **diferente**
difficult **difícil**
to dine **cenar, comer;** dining room **el comedor;** dinner **la cena, la comida**
dish **el plato**
dishwasher **el lavaplatos**
to dismiss, to fire **despedir(i)**
district attorney **el fiscal, la fiscal**
district **el barrio**
divided by **dividido por**
doctor **el doctor, la doctora, el médico, la médica**
doctor's office **la clínica**
dog **el perro, la perra**
to do **hacer;** to do well (on an examination) **salir bien;** to do poorly **salir mal**
doll **la muñeca**
Don't say! **¡No digas!**
door **la puerta**
downstairs **piso de abajo**
dozen **la docena**
dress **el vestido**
to dress oneself **vestirse(i)**
to drink **beber, tomar**
driver **el chófer, chofer**
to drive **conducir, manejar, guiar**
driver **el chófer, la chófer**
to drop **dejar caer**
drunk **borracho, -a**
duty **el deber**

E
ear **la oreja, el oído** (inner)
early **temprano**
to earn **ganar**
earth **la tierra**
easy **fácil**
to eat **comer**
egg **el huevo;** hard-boiled eggs **huevos duros**
elevator **el ascensor**
to embrace **abrazarse**
to end **terminar**
engaged couple **los prometidos**
England **Inglaterra;** English **el inglés;** Englishman **el inglés;** Englishwoman **la inglesa**

English **el inglés**
English **la inglesa**
English language **el inglés**
to enjoy **gozar**
enough **bastante**
to enter (college army, etc)
    ingresar
to enter **entrar**
entirely **por entero**
equals **son**
equipped **equipado-a**
eraser **el borrador**
error **la falta**
even **aún**
evening **la noche;** in the
    evening **por la noche;**
    P.M. **de la noche**
every **todo, -a;** everybody
    todo el mundo; every
    Sunday **todos los
    domingos;** everything
    todo; every week **todas
    las semanas;** every-
    where **por todas partes**
evildoer **el malhechor**
examination **el examen**
to exchange **cambiar**
excuse me! **¡dispense Ud.!,
    ¡perdón! ¡perdóneme
    Ud.!**
exercise **el ejercicio**
exhausted **exhausto, -a**
to explain **explicar**
expensive **caro, -a**
eye **el ojo**

F
face **la cara**
failure **el mal éxito**
to fall **caer**
fall **el otoño**
family **la familia**
fan (sports etc.) **aficionado,
    -a**
far (from) **lejos (de)**
father **el padre**
fax machine **la máquina de
    fax**
to fear (be afraid) **tener
    miedo de**
February **febrero**
to feel (followed by a noun);
    to regret **sentir(ie)**
feeling **el sentido**
ferociously **ferozmente**
few **poco, -a; pocos, -as**
fiancé **el prometido**

field **el campo**
fifteenth birthday (girl's) **la
    quinceañera**
to fight **luchar**
file cabinet **el archivo**
to fill **llenar**
finally **por fin**
finger **el dedo**
to flee **huir**
flight **el vuelo**
floor **el piso**
to forget **olvidar**
flower **la flor**
to fly **volar (ue)**
to follow **seguir**
foot **el pie**
for **para, por**
fork **el tenedor**
fortunately **afortunadamente**
found out (they) **supieron**
France **Francia**
free **libre;** (for) free **gratis**
French **el francés;**
    Frenchman **el francés;**
    Frenchwoman **la
    francesa**
Friday **viernes**
friend **la amiga, el amigo**
from **de, desde**
front **el frente**
frozen **congelado, -a**
fruit **la fruta**
to fulfill **cumplir con**
furniture **muebles** m.
future **venidero, -a**

G
galoshes **los chanclos**
garden **el jardín**
gentleman **el señor**
Germany **Alemania;** German
    (lang. and person) **el
    alemán; la alemana**
Gertrude **Gertrudis**
to get combed **peinarse**
to get late **hacerse tarde**
to get married **casarse**
to get off, down (from) **bajar
    de**
to get on **subir a**
to get seated **tomar asiento**
to get up **levantarse**
ghost **el fantasma**
ghost **el espectro**
gigantic **gigante**
girl **la niña; la chica,
    la muchacha**

to give **dar;** give thanks **dar
    las gracias**
glass **el vidrio;** (for drinking)
    el vaso
gloves **los guantes** m.
to go **ir;** go down **bajar;** go
    for a walk **ir de paseo,
    dar un paseo;** go home
    ir a casa; go on foot **ir a
    pie;** go out **salir;** go
    shopping **ir de compras;**
    go to school **ir a la
    escuela;** go up **subir**
gold **el oro**
good **bien, bueno, -a**
goodbye **adiós**
to go to bed **acostarse(ue)**
granddaughter **la nieta**
grandfather **el abuelo**
grandmother **la abuela**
grandparents **los abuelos**
grandson **el nieto**
grass **la hierba**
gray **gris**
green **verde**
groceries **los comestibles**
grocery store **la bodega**
    (Carib.), **la tienda de
    comestibles**
ground **el suelo**
to grow old **envejecerse**
guide **el guía, la guía**
guilty **culpable**
gymnasium **el gimnasio**

H
hair **el pelo, el cabello**
half **medio, -a;** (one) half **la
    mitad;** half an hour
    media hora
Halloween **la Víspera de
    Todos los Santos**
hand **la mano;** to shake
    hands **dar la mano**
handkerchief **el pañuelo**
to hang up **colgar(ue)**
to happen **pasar**
happy **alegre, contento, -a,
    feliz**
hardworking **trabajador, -a**
has said **ha dicho**
haste **el apuro**
to hasten, to hurry **apurarse**
hat **el sombrero**
have done **he hecho**
have finished **he terminado**
have just **acabar de**

have seen **he visto**
to have **tener;** to have to
tener que; to have just
acabar de
have written **he escrito**
head **la cabeza;** headache
el dolor de cabeza
health **la salud**
to hear **oír**
heat **el calor;** to be warm
(weather) **hacer calor;** to
be warm (persons) **tener
calor**
hello **hola**
helmet **el yelmo**
help **la ayuda**
to help **ayudar**
hen **la gallina**
her **su, sus, la, (para) ella**
here **aquí**
high **alto, -a**
him **lo, le, (para) él**
his **su, sus**
Hispanic **hispano-a**
to hit (accident) **chocar**
home **la casa,** at home **en
casa**
homework **la tarea, el trabajo**
honeymoon **luna de miel** f.
horse **el caballo**
hospital **el hospital**
hotel **el hotel**
hour **la hora**
house **la casa;** private house
una casa particular
how? **¿cómo?;** how are you?
¿cómo está Ud.?; how
are things? **¿qué tal?**
how many? **¿cuántos, -as?**
how much? **¿cuánto, -a?**
how old is he (she)?
¿cuántos años tiene?
human **humano, -a**
hunger **el hambre**; to be
hungry **tener
hambre**
to hurt **doler**
hurry **la prisa;** in a hurry **de
(con) prisa**
husband **el marido**

I

I am sorry about it, regret it **lo
siento**
I wonder **me pregunto**
illness **la enfermedad**
immediately **de inmediato**

important **importante;** is
important **importa**
important thing **lo
importante**
in **en**
in a hurry **a prisa**
infant **el nene, la nena**
in following **al seguir(i)**
to inform **avisar**
in front **al frente**
in front of **delante de**
in order to **para**
in the middle **en medio de**
ink **la tinta**
inside **dentro**
intelligent **inteligente**
interested **interesado-a**
to interrupt **interrumpir**
interview **la entrevista**
invitation **la invitación**
iron **el hierro**
Italian (lang. and person)
el italiano
Italy **Italia**

J

jacket **la chaqueta**
jail **la cárcel**
January **enero**
job **el empleo, el puesto**
jogging suit **el traje de
correr**
jokingly **en broma**
judge **el juez**
July **julio**

K

to keep **guardar**
key **la llave**
to kiss one another **besarse**
kitchen **la cocina**
knee **la rodilla**
knife **el cuchillo**
knight **el caballero andante**
to know **conocer;**
(acquainted), **saber;** to
know how **saber +** inf.

L

label **la etiqueta**
lady **la dama**
lamp **la lámpara**
lance **la lanza**
to land(plane) **aterrizar**
language **la lengua,
el idioma**
large **grande**

late **tarde**
later **más tarde**
to laugh **reír(í)**
lawyer **el abogado**
lazy **perezoso, -a**
to learn **aprender**
at least **a lo menos**
to leave **salir (de)**, partir,
dejar
Leave! **¡Sal!**
left **el izquierdo;** to the left **a
la izquierda**
leg **la pierna**
lesson **la lección**
to let **dejar**
letter-carrier **el cartero**
liberty, freedom **la libertad**
to lie **mentir(ie)**
life **la vida**
to like (be pleasing) **gustar**
line **fila** f.
lips **los labios**
to listen (to) **escuchar**
little **poco, -a;** little by little
poco a poco
to live **vivir**
living room **la sala**
long **largo, -a**
Look! **¡Mira!**
to look (at) **mirar**
loss **la pérdida**
love **el amor**
to love **querer (a)**
luck **la suerte**
lunch **el almuerzo;** to have
lunch **almorzar (ue),
tomar el almuerzo**

M

madness **la locura**
magazine **la revista**
main character **el, la
protagonista**
to make **hacer**
Make! **¡Haz!**
many **muchos, -as**
map **el mapa**
March **marzo**
mark **la nota;** to get a mark
sacar una nota
market **el mercado**
to marry **casarse (con)**
master of ceremonies
**maestro de
ceremonias**
May **mayo**
meal **la comida**

to mean **querer decir, significar;** what does . . . mean? **¿qué quiere decir . . .?**
meat **la carne**
to meet by appointment **reunirse(ú) con**
menu **la lista de platos**
Merry Christmas **Feliz Navidad**
method **el método**
Mexico **México**
Michael **Miguel**
microphone **el micrófono**
in the middle **en medio de**
midnight **la medianoche**
milk **la leche**
minus **menos**
minute **el minuto**
Miss **(la) señorita**
to be missing **faltar**
to miss, to lose **perder(ie)**
mistaken **equivocado, -a**
mixture **la mezcla**
Monday **lunes**
money **el dinero**
monkey **el mono, la mona**
month **el mes**
moon **la luna**
more **más**
morning **la mañana;** good morning **buenos días;** in the morning **por la mañana**
mother **la madre**
mountain **la montaña**
mouth **la boca**
movie **la película**
movies, movie theater **el cine**
Mr. **(el) señor**
much **mucho, -a**
muffler **la bufanda**
museum **el museo**
music **la música**
musician **el músico**
my **mi, mis; mío, -a**

N

name **el nombre;** what is your name? **¿cómo se llama Ud.?, ¿cómo te llamas?**
nap **la siesta**
napkin **la servilleta**
to narrate, to tell **contar(ue)**
narrow **estrecho, -a**

native **el indígena**
near **cerca (de)**
neck **el cuello**
to need **necesitar**
neighbor **el vecino, la vecina**
neighborhood **el vecindario, el barrio**
neighboring seats **asientos vecinos**
neither ... nor **ni ... ni**
neither, not ... either **tampoco**
nephew **el sobrino**
nervous **nervioso, -a**
never **nunca, jamás**
new **nuevo, -a;** nothing's new **sin novedad**
New York **Nueva York**
newspaper **el periódico**
niece **la sobrina**
night **la noche;** good night (evening) **buenas noches;** last night **anoche;** at night **de noche**
no? **¿no?**
noise **el ruido**
none **ninguno, -a**
noon **el mediodía**
no one **nadie**
north **el norte**
nose **la nariz; las narices** (pl.)
not I **yo no**
notebook **el cuaderno**
nothing **nada**
November **noviembre**
now **ahora**
number **el número**
nurse **el enfermero; la enfermera**
nylon **el nilón**

O

October **octubre**
of **de;** of course **por supuesto**
office **la oficina**
office manager **el gerente de oficina**
often **a menudo**
O.K. **está bien**
old **viejo, -a**
to be ___ years old **tener ___ años**
older **mayor**
omelet **la tortilla**

on **en, sobre**
on time **a tiempo**
one **un, una, uno**
only **solamente, sólo; único, -a**
to open **abrir**
or **o, u**
orange **la naranja**
orange (color) **anaranjado, -a**
orange juice **jugo de naranja**
others(s) **otro(s)**
our **nuestro, -a**
outside **afuera**
outside (of) **fuera (de)**
over **sobre**
overcoat **el abrigo**
to owe **deber**
own **propio, -a**
owner **el dueño, -a**

P

package **el paquete**
page **la página**
pain **el dolor**
pair **el par, la pareja**
palace **el palacio**
pants **los pantalones**
paper **el papel**
paragraph **el párrafo**
parents **los padres**
park **el parque**
party **la fiesta**
past **el pasado**
patrol car **el coche patrullero**
pen **la pluma**
pencil **el lápiz**
people **la gente**
pepper **la pimienta**
period of time **la época**
permission **el permiso;** excuse me **con (su) permiso**
to permit, let **dejar**
to phone **telefonear**
phone book **la guía telefónica**
phone number **el número de teléfono**
to pick up the receiver **descolgar(ue) el receptor**
picture **el cuadro, el grabado**
piece of paper (small) **el papelito**

pilot **el piloto**
pity **lástima;** what a pity!
  ¡qué lástima!
place **el lugar, el sitio**
plant **la planta**
planet **el planeta**
to play a game **jugar (ue) -a**
to play the piano **tocar el
  piano**
played (mus.) **tocado-a**
pleasant **simpático, -a**
please **hacer el favor de +
  inf. por favor**
plus **y**
P.M. **de la tarde, de la noche**
pocket **el bolsillo**
poor **pobre**
popcorn **las rositas de
  maíz**
Portuguese (lang. and
  person) **el portugués;
  el portugués, la
  portuguesa**
potatoes **las patatas, las
  papas** (Latin-American)
pound **la libra**
practical **práctico-a**
to prefer **preferir(ie)**
prehistoric **prehistórico, -a**
to prepare **preparar**
prescription **la receta**
present **el regalo**
to present **presentar**
to present a gift **regalar**
president **el presidente**
pretty **bonito, -a, lindo, -a**
price **el precio**
principal **el director**
privilege **el privilegio**
program **el programa**
to propose **proponer**
provided **provisto-a**
purpose **el propósito**
Put! **¡Pon!**
to put **poner**
to put on, to become
  ponerse

Q
quarter **el cuarto**
question **la pregunta;** to
  question **preguntar**

R
radio **la radio, el radio**
railroad **el ferrocarril**

rain **la lluvia;** to rain **llover
  (ue)**
raincoat **el impermeable**
raw **crudo, -a**
razor **la navaja**
to read **leer**
ready **listo, -a**
receptionist **la recepcionista**
red **rojo, -a**
relative **el pariente, la
  pariente;** relatives **los
  parientes**
to remedy **remediar**
to remember **recordar(ue)**
rent **el alquiler**
to repeat **repetir(i)**
to request, ask for **pedir(i)**
respected **respetado-a**
responsibility **la
  responsabilidad**
restaurant **el restaurante**
retired **retirado-a**
to return **regresar, volver
  (ue)**
returned **vuelto**
rich **rico, -a**
riddle **la adivinanza**
ride, walk **el paseo**
right **el derecho**
right **el derecho;** to the right
  a la derecha; to be right
  tener razón
right now **ahora mismo**
right? **¿verdad?**
to ring **sonar;** it rings **suena**
road **el camino**
rocket **el cohete**
romantic **romántico, -a**
roof **el techo**
room **el cuarto, la
  habitación**
rose **la rosa**
rule **la regla**
Russian (lang. and person)
  el ruso; el ruso, la rusa

S
sad **triste;** sadness **la
  tristeza**
salad **la ensalada**
salary **el sueldo**
salt **la sal**
same **mismo, -a**
sane **cuerdo-a**
satellite **el satélite**
Saturday **sábado**

to say, tell **decir;** how do
  you say . . .? **¿cómo se
  dice . . .?**
scissors **las tijeras**
sea **el mar**
season **la estación**
seat **el asiento**
seated **sentado-a**
secret **el secreto**
secretary **la secretaria**
to see **ver**
to send **enviar**
Send! **¡Manda!**
sense **el sentido**
sentence **la frase**
September **septiembre**
to serve **servir(i)**
sharp **en punto**
to shave oneself **afeitarse**
shellfish **el marisco**
shirt **la camisa**
shoes **los zapatos**
short **bajo, -a, bajito, -a,
  corto, -a**
shorthand **la taquigrafía**
shoulder **el hombro**
sick **enfermo, -a; mal (o, -a)**
sightseeing bus **el autobús
  turístico**
sign **el letrero, el cartel**
silver **la plata**
similar **similar**
simple **sencillo, -a**
to sing **cantar**
sir **(el) señor**
Sit down! **¡Siéntate!**
skirt **la falda**
sky **el cielo**
to sleep **dormir (ue);** to be
  sleepy **tener sueño**
slender **delgado, -a**
small **pequeño, -a**
smile **la sonrisa**
to smile **sonreír(í)**
to smoke **fumar**
snow **la nieve;** to snow **nevar
  (ie);** it snows **nieva**
so many thanks **tantísimas
  gracias**
so **tan;** so much **tanto**
so-so **así, así**
socks **los calcetines**
soda **la gaseosa**
sofa **el sofá**
soldier **el soldado, la
  soldado**

403

solution **la solución**

son **el hijo**

song **la canción**

soon **pronto;** as soon as possible **lo más pronto posible;** sooner or later **tarde o temprano**

south **el sur**

South America **la América del Sur, Sudamérica;** South American **sudamericano, -a**

space **el espacio**

space station **estación espacial** *f.*

Spain **España;** Spaniard **el español, la española**

Spanish language **el español**

to speak **hablar**

speed **la prisa**

to spend (time) **pasar;** (money) **gastar**

spoon **la cuchara**

spring **la primavera**

star **la estrella**

to stay in bed **guardar cama**

steel **acero** *m.*

to stick out **sacar**

stockings **las medias**

store **la tienda**

story **el cuento**

strange **extraño, -a; raro-a**

straw **la paja**

street **la calle**

strong **fuerte**

student **el alumno, la alumna, el estudiante, la estudiante**

to study **estudiar**

to study to become … **estudiar para**

stupid **tonto, -a**

subway **el subterráneo**

success **el éxito**

such (a) **tal**

suddenly **de repente**

to suffer **sufrir**

sugar **el azúcar**

suit **el traje**

suitcase **la maleta**

summer **el verano**

summer vacation **las vacaciones de verano**

sun **el sol;** to be sunny **hacer sol**

Sunday **domingo**

sung **cantado-a**

sunglasses **las gafas**

supermarket **el supermercado**

supper **la cena**

surprised **asombrado-a; sorprendido, -a**

to sweat **sudar**

to swim **nadar**

swimming **la natación**

T

table **la mesa;** to set the table **poner la mesa**

tablecloth **el mantel**

to be worth while **valer la pena**

to take off (clothing) **quitarse**

to take off (plane) **despegar**

to take **tomar;** to take a walk **dar un paseo;** take a horseback ride **dar un paseo a caballo;** to go on foot **ir a pie;** to take a car ride **dar un paseo en automóvil;** to take out **sacar;** to take pictures **sacar fotos**

Take! **¡Toma!**

tall **alto, -a**

taxi **el taxi**

tea **el té**

to teach **enseñar;** teaching **la enseñanza**

teacher **el maestro, la maestra, el profesor, la profesora**

team **el equipo**

teaspoon **la cucharita**

to telephone **telefonar**

telephone **el teléfono**

television **la televisión;** T.V. viewer **el televidente**

temple **el templo**

ten **diez**

thank you (very much) **(muchas) gracias**

that **ese, esa, aquel, aquella** *(dem. adj.),* **que** *(rel. pro.)*

the **el, los** *(masc.),* **la, las** *(fem.)*

theater **el teatro**

their **su, sus**

them **los, las, (para) ellos, -as**

then **luego**, entonces

there **allí**

there is, are **hay;** there was, there were **había**

therefore **por eso**

these **estos, -as**

thin **delgado, -a; flaco, -a**

to think (of) **pensar (en)**

third **tercer, -a**

thirst **la sed;** to be thirsty **tener sed**

thoroughly **a fondo**

to be named **llamarse**

topic **el asunto**

to treat **tratar**

those **aquellos, -as; esos, -as**

thousand **mil**

throat **la garganta**

to throw **tirar**

Thursday **jueves**

tie **la corbata**

tiger **el tigre**

time **el tiempo; la vez** at the same time **al mismo tiempo a la vez;** on time **a tiempo** (instance) few times **pocas veces;** many times **muchas veces**

time **la hora;** at what time? **¿a qué hora?;** at one o'clock **a la una;** at two o'clock **a las dos;** what time is it? **¿qué hora es?;** it's one o'clock **es la una;** it's two o'clock **son las dos;** on the dot **en punto**

times **las veces;** (multiply) **por**

tired **cansado, -a; fatigado, -a**

to **a**

today **hoy**

together **junto**

tomorrow **mañana;** until tomorrow **hasta mañana**

tongue **la lengua**

too much **demasiado, -a**

tooth **el diente**

to the **al, a la, a los, a las**

town **el pueblo, la aldea**

train **el tren**

to travel **viajar;** travel agency **la agencia de viajes**

tree **el árbol**

trip **la excursión, el viaje**

truth **la verdad**
Tuesday **martes**
tulip **el tulipán**
typing **la mecanografía**

U
ugly **feo, -a**
umbrella **el paraguas**
uncle **el tío**
under **debajo (de)**
to understand **comprender, entender (le)**
underwear **la ropa interior**
unforgettable **inolvidable**
unfortunately **desafortunadamente**
unique **único-a**
United Nations **las Naciones Unidas**
United States **los Estados Unidas**
until I see you again **hasta la vista**
until then **hasta luego**
up **arriba**; upstairs **piso de arriba**
us **nos, para nosotros, -as**
to use **usar**
useful **útil**

V
vacation **las vacaciones**
vacuum cleaner **la aspiradora**
vagrant **el vago, la vaga**
vegetables **las legumbres, los vegetales**
very **muy**
to visit **visitar**
voice **la voz**; in a low voice **en voz baja**

W
waiter **el mozo, el camarero**
waiting room **la sala de espera**
to wake **despertar(ie)**
to wake oneself, awake **despertarse(ie)**
walk **el paseo**; to walk **caminar**; to take a walk **dar un paseo**
wall **la pared**
wallet **la billetera, la cartera**
to want **desear, querer (ie)**

want ad **el anuncio clasificado**
was **era**
was going away **se iba**
was seen **se veía**
was sympathetic **compadecía**
to wash oneself **lavarse**
washer and dryer **la lavadora y secadora**
to waste, to spend **gastar**
watch **el reloj**
water **el agua**
way, the manner **la manera**
we **nosotros, -as**
weak **débil**
to wear **llevar, usar**
weather **el tiempo**; to be good (bad) weather **hacer buen (mal) tiempo**; to be warm (cold) **hacer calor (frío)**; to be sunny (windy) **hacer sol (viento)**; to be cool **estar fresco**
wedding **la boda**
Wednesday **miércoles**
week **la semana**; last week **la semana pasada**; next week **la semana próxima, que viene**
welcome **bienvenido, -a**; you're welcome **de nada, no hay de qué**
well **bien, bueno, -a**
what (in a statement) **lo que**
what? **¿qué?, ¿cuál?**; what's going on? **¿qué pasa?**; what's the matter? **¿qué hay?**; what's the matter with him? **¿qué tiene él?**
when **cuando**
when? **¿cuándo?**
where **donde**
where? **¿dónde?**
which **que** (rel. pro.)
which? **¿qué + noun?**
which (one)? **¿cuál?**; which (ones)? **¿cuáles?**
while **mientras**
white **blanco, -a**
White House **la Casa Blanca**
who **que** (rel. pro.); who? **¿quién? -es?**; whom? to whom? **¿a quién? -es?**;

whose? of whom? **¿de quién -es?**
whose **cuyo-a**
why? **¿por qué?, ¿para qué?**
wide **ancho, -a**
wind **el viento**; to be windy **hacer viento**
windmill **el molino de viento**
window **la ventana, la ventanilla** (car or bus)
wine **el vino**
winter **el invierno**
to wish **desear, querer**
with all my heart **con todo el corazón**
with **con**; with me **conmigo**; with you (fam.) **contigo**
without **sin**; without stopping **sin parar**
witness **el testigo**
wolf **el lobo, la loba**
woman **la mujer**
wood **la madera**
wooden **de madera**
woods **el bosque**
wool **la lana**
word **la palabra**
word processor **el procesador de texto**
work **el trabajo**
to work **trabajar**
worried **preocupado, -a**; **ansioso, -a**
to be worth **valer**
to write **escribir**
Write! **¡Escribe!**
wrong number **el número equivocado**

Y
to yawn **bostezar**
year **el año**
yellow **amarillo, -a**
yesterday **ayer**
you **tú** (fam.)
you **usted (es)** (formal); **Ud(s).** (abbrev.)
young man (woman) **el (la) joven**
younger **menor**
your **su, sus** (formal)
your **tu, tus** (fam.)

Z
zoo **el parque zoológico**

Verb Reference Chart

A. Typical Regular **AR, ER, IR** Infinitives. Present Tense and Commands

Subject Pronouns	AR: Cantar—to sing		ER: Comer— to eat		IR: Vivir—to live	
	Present	Preterite	Present	Preterite	Present	Preterite
Yo	canto	canté	como	comí	vivo	viví
Tú	cantas	cantaste	comes	comiste	vives	viviste
Él, Ella, Ud.	canta	cantó	come	comió	vive	vivió
Nosotros (as)	cantamos	cantamos	comemos	comimos	vivimos	vivimos
Vosotros (as)	cantáis	cantasteis	coméis	comisteis	vivís	vivisteis
Ellos (as), Uds.	cantan	cantaron	comen	comieron	viven	vivieron
Direct Commands	¡Canta tú! ¡No cantes! ¡Cante(n) Ud(s).! Sing! ¡Cantemos! Let us sing!		¡Come tú! ¡No comas! ¡Coma(n) Ud(s).! Eat! ¡Comamos! Let us eat!		¡Vive tú! ¡No vivas! ¡Viva(n) Ud(s).! Live! ¡Vivamos! Let us live!	

B. Common Level One Irregular and Spelling-Changing Verbs: **Present Tense, Preterite Tense, and Direct Commands**

Infinitive	PRESENT TENSE is listed first PRETERITE TENSE is listed second	Direct Commands
Andar to go, to walk	*regular in the present tense: See Chart A.* anduve anduviste anduvo anduvimos anduvisteis anduvieron	*regular commands: See Chart A.*
Caber to fit	quepo cabes cabe cabemos cabéis caben cupe cupiste cupo cupimos cupisteis cupieron	¡Quepa(n) Ud(s).! ¡Cabe tú! ¡No quepas! ¡Quepamos!
Caer to fall	caigo caes cae caemos caéis caen caí caíste cayó caímos caísteis cayeron	¡Caiga(n) Ud(s).! ¡Cae tú! ¡No caigas! ¡Caigamos!
Conocer to know	conozco conoces conoce conocemos conocéis conocen *regular in the preterite tense: See Chart A.*	¡Conozca(n) Ud(s).! ¡Conoce! ¡No conozcas! ¡Conozcamos!
Creer to believe	*regular in the present tense: See Chart A.* creí creíste creyó creímos creísteis creyeron	*regular commands: See Chart A.*
Dar to give	doy das da damos dais dan di diste dio dimos disteis dieron	¡Dé Ud.! ¡Den Ud(s).! ¡Da! ¡No des! ¡Demos!
Decir to say, to tell	digo dices dice decimos decís dicen dije dijiste dijo dijimos dijisteis dijeron	¡Diga(n) Ud(s).! ¡Di! ¡No digas! ¡Digamos!
Estar to be (health, etc)	estoy estás está estamos estáis están estuve estuviste estuvo estuvimos estuvisteis estuvieron	¡Esté(n) Ud(s).! ¡Está! ¡No estés! ¡Estemos!

Hacer to do, to make	hago haces hace hacemos hacéis hacen hice hiciste hizo hicimos hicisteis hicieron	¡Haga(n) Ud(s).! ¡Haz! ¡No hagas! ¡Hagamos!
Ir to go	voy vas va vamos vais van fui fuiste fue fuimos fuisteis fueron	¡Vaya(n) Ud(s).! ¡Vé! ¡No vayas! ¡Vamos!
Leer to read	*regular in the present teerrse: See Chart A.* leí leíste leyó leímos leísteis leyeron	*regular commands: See Chart A.*
Oír to hear	oigo oyes oye oímos oís oyen oí oíste oyó oímos oísteis oyeron	¡Oiga(n) Ud(s).! ¡Oye! ¡No oigas! ¡Oigamos!
Poder can, to be able	puedo puedes puede podemos podéis pueden pude pudiste pudo pudimos pudisteis pudieron	None
Poner to put	pongo pones pone ponemos ponéis ponen puse pusiste puso pusimos pusisteis pusieron	¡Ponga(n) Ud(s).! ¡Pon! ¡No pongas! ¡Pongamos!
Querer to want	quiero quieres quiere queremos queréis quieren quise quisiste quiso quisimos quisisteis quisieron	¡Quiera(n) Ud(s).! ¡Quiere! ¡No quieras! ¡Queramos!
Saber to know (facts), to know (how)	sé sabes sabe sabemos sabéis saben supe supiste supo supimos supisteis supieron	¡Sepa(n) Ud(s).! ¡Sabe! ¡No sepas! ¡Sepamos!
Salir to go out, to leave	salgo sales sale salimos salís salen *regular in the preterite tense: See Chart A.*	¡Salga(n) Ud(s).! ¡Sal! ¡No salgas! ¡Salgamos!
Ser to be	soy eres es somos sois son fui fuiste fue fuimos fuisteis fueron	¡Sea(n) Ud(s).! ¡Sé! ¡No seas! ¡Seamos!
Tener to have	tengo tienes tiene tenemos tenéis tienen tuve tuviste tuvo tuvimos tuvisteis tuvieron	¡Tenga(n) Ud(s).! ¡Ten! ¡No tengas! ¡Tengamos!
Traer to bring	traigo traes trae traemos traéis traen traje trajiste trajo trajimos trajisteis trajeron	¡Traiga(n) Ud(s).! ¡Trae! ¡No traigas! ¡Traigamos!
Venir to come	vengo vienes viene venimos venís vienen vine viniste vino vinimos vinisteis vinieron	¡Venga(n) Ud(s).! ¡Ven! ¡No vengas! ¡Vengamos!
Ver to see	veo ves ve vemos veis ven vi viste vio vimos visteis vieron	¡Vea(n) Ud(s).! ¡Ve! ¡No veas! ¡Veamos!

C. Imperfect Tense

Regular   Irregular

Subjects	AR: Tomar	ER: Comer	IR: Vivir	Ir	Ser	Ver
Yo	tomaba	comía	vivía	iba	era	veía
Tú	tomabas	comías	vivías	ibas	eras	veías
Él; Ella; Ud.	tomaba	comía	vivía	iba	era	veían
Nosotros-as	tomábamos	comíamos	vivíamos	íbamos	éramos	veíamos
Vosotros-as	tomabais	comíais	vivíais	ibais	erais	veíais
Ellos; Ellas; Uds.	tomaban	comían	vivían	iban	eran	veían

D. Regular Future, Conditional, Present Progressive, Present Perfect Tenses

1. AR-ending infinitives, e.g., Tomar (*to take*)

Subject Pronouns	Future	Conditional	Present Progressive	Present Perfect
	will take	*would take*	*am (is are) taking*	*have (has) taken*
Yo	tomaré	tomaría	estoy tomando	he tomado
Tú	tomarás	tomarías	estás tomando	has tomado
Él; Ella; Ud.	tomará	tomaría	está tomando	ha tomado
Nosotros-as	tomaremos	tomaríamos	estamos tomando	hemos tomado
Vosotros-as	tomaréis	tomaríais	estáis tomando	habéis tomado
Ellos; Ellas; Uds.	tomarán	tomarían	están tomando	han tomando

2. ER-ending infinitives, e.g., Comer (*to eat*)

Subjects	*will eat*	*would eat*	*Am (is, are) eating*	*have (has) eaten*
Yo	comeré	comería	estoy comiendo	he comido
Tú	comerás	comerías	estás comiendo	has comido
Él; Ella; Ud.	comerá	comería	está comiendo	ha comido
Nosotros-as	comeremos	comeríamos	estamos comiendo	hemos comido
Vosotros-as	comeréis	comeríais	estáis comiendo	habéis comido
Ellos; Ellas; Uds.	comerán	comerían	están comiendo	han comido

3. IR-ending infinitives, e.g., Vivir (*to live*)

Subjects	*will live*	*would live*	*am (is, are) living*	*have lived*
Yo	viviré	viviría	estoy viviendo	he vivido
Tú	vivirás	vivirías	estás viviendo	has vivido
Él; Ella; Ud.	vivirá	viviría	está viviendo	ha vivido
Nosotros-as	viviremos	viviríamos	estamos viviendo	hemos vivido
Vosotros-as	viviréis	viviríais	estáis viviendo	habéis vivido
Ellos; Ellas; Uds.	vivirán	vivirían	están viviendo	han vivido

E. Irregular Verbs in One or More of These Tenses: *First person singular only is given. Consult **D** for endings of the complete conjugations.*
*Asterisk indicates irregular form.

Infinitive	Future	Conditional	Present Progressive	Present Perfect
Decir: to say, tell	Yo **diré***	**diría***	estoy **diciendo***	he **dicho***
Hacer: to do, make	Yo **haré***	**haría***	estoy haciendo	he **hecho***
Ir: to go	Yo iré	iría	estoy **yendo***	he ido
Leer: to read	Yo leeré	leería	estoy **leyendo***	he **leído***
Oír: to hear	Yo oiré	oiría	estoy **oyendo***	he **oído***
Poder: to be able	Yo **podré***	**podría***	estoy **pudiendo***	he podido
Poner: to put	Yo **pondre***	**pondría***	estoy poniendo	he **puesto***
Querer: to want	Yo **querré***	**querría***	estoy queriendo	he querido
Saber: to know	Yo **sabré***	**sabría***	estoy sabiendo	he sabido
Salir: to go out	Yo **saldré***	**saldría***	estoy saliendo	he salido
Tener: to have	Yo **tendré***	**tendría***	estoy teniendo	he tenido
Valer: to be worth	Yo **valdré***	**valdría***	estoy valiendo	he valido
Venir: to come	Yo **vendré***	**vendría***	estoy **viniendo***	he venido
			Like present participle of **leer:** **caer-cayendo, creer-creyendo, traer-trayendo,**	Like past participle of **leer:** **caer-caído, creer-creído, traer-traído**

SPANISH-ENGLISH VOCABULARY

Answer Key

Lecciones Preparatorias

Lesson I: La casa

Exercise A. 1. No señor (señorita, señora), no es la puerta. Es el teléfono. 2. No señor (señorita, señora), no es el radio. Es la puerta. 3. Sí señor, es la lámpara. 4. No señor, no es el padre. Es el hermano. 5. No señor, no es la madre. Es la hermana. 6. No señor, no es el disco. Es la mesa. 7. Sí señor, es la ventana. 8. No señor, no es el teléfono. Es el disco compacto. 9. No señor, no es la cocina. Es el televisor. 10. No señor, no es la sala. Es la flor.

Lesson II: Una escuela

Exercise A. 1. Es un libro. 2. Es un cuaderno. 3. Es un pupitre. 4. Es una mesa. 5. Es una pizarra. 6. Es una pluma. **Exercise B.** 1. Sí señor (señorita, señora), es un papel. 2. Sí señor, es un cuaderno. 3. No señor, es una mesa. 4. No señor, es una pluma. **Exercise C.** 1. Es un lápiz. 2. Es un libro. 3. Es una pizarra. 4. Es un mapa. 5. Es un televisor. 6. Es una ventana. 7. Es una puerta. 8. Es un gato.

Lesson III: La ciudad

Exercise A. 1. Es una revista. 2. Es un policía. 3. Es un edificio. 4. Es un coche. 5. Es una mujer. **Exercise B.** 1. No es una revista. Es un periódico. 2. Es un hombre. 3. No es un coche. Es un autobús. 4. Es el cine. 5. No es un profesor. Es un policía. **Exercise C.** 1. El muchacho está en la clase. 2. El policía está en la calle. 3. La madre está en la cocina. 4. El radio está en la mesa. 5. El hombre está en la puerta.

Lesson IV: Los alimentos

Exercise A. 1. Compro dos botellas de leche. 2. Compro un pan. 3. Compro jugo de naranja. 4. Compro helado (de chocolate). 5. Compro queso. **Exercise B.** 1. No compro helado. Compro mantequilla. 2. No compro naranjas. Compro manzanas. 3. No compro dulces. Compro huevos. 4. Compro flores. 5. No compro una Coca-Cola. Compro dos botellas de leche.

Lesson V: Acciones

Exercise A. 1. El profesor escribe en la pizarra. 2. La muchacha come el pan. 3. El alumno sale de la escuela. 4. El policía bebe la Coca-Cola. 5. El hombre lee el periódico. **Exercise B.** 1. La mujer no mira la televisión. Escucha el radio. 2. La hermana canta. 3. El policía no corre. El policía descansa. 4. Carlos no estudia. Mira la televisión. 5. María no come el queso. Bebe la leche.

Lesson VI: Descripciones

Exercise A. 1. El hombre es grande. 2. La lección es difícil. 3. El profesor es viejo. 4. El alumno es gordo. 5. La madre es trabajadora. **Exercise B.** 1 El elefante no es pequeño. Es grande. 2. No hay pocos alumnos en la clase. Hay muchos. 3. La casa no está aquí. Está allí. 4. el helado está delicioso. 5. El hombre come mucho.

Lesson VII: El cuerpo humano

Exercise A. 1. Es una rodilla. 2. Es un brazo. 3. Es una boca. 4. Es un pecho. 5. Es un hombro. **Exercise B.** 1. No son orejas; son brazos. 2. No son bocas; son orejas. 3. No son narices; son piernas y pies. 4. No son mentones; son labios. 4. No son cuellos; son manos. **Exercise C.** 1. los ojos. 2. las piernas, los pies. 3. la boca. 4. los hombros. 5. la espalda. 6. el estómago.

Part One: Structures and Verbs

Work Unit 1:
Answers to Reading Exercises: ¡La televisión es muy importante!
Exercise I. (A) 1. estudiosa 2. lección de español 3. papel (cuaderno) 4. periódico. . .sala **409**

5. radio, cocina 6. hermano 7. importante 8. mirar 9. mañana 10. amor, pasión **Ex. I. (B)** 1. cuaderno 2. español 3. lápiz 4. televisión. 5. español. **Exercise II.** 1. Yo necesito estudiar. 2. Esta noche hay programas interesantes. 3. Es muy fácil. 4. Es mi programa favorito. 5. No es necesario estudiar el español. **Exercise III.** 1. lápiz 2. sala 3. libro 4. cuaderno 5. frase 6. hermano 7. también 8. con 9. fácil 10. ahora 11. hay 12. mira 13. noche 14. lee 15. esta **Exercise IV.** Compositions are Ad lib.

Answers to Grammar Exercises: The Noun and the Definite Article (Singular)

Exercise I. (A) 1. La escuela es interesante. 2. El libro . . . 3. La gramática . . . 4. La clase de historia . . . 5. El español . . . **Ex I. (B)** 1. El muchacho Carlos habla español. 2. La estudiante Ana . . . 3. El hermano . . . 4. La muchacha Pepita, . . . 5. El señor profesor . . . . **Exercise II.** 1. Es el examen. 2. Es el papel. 3. . . . el lápiz. 4. . . . la palabra 5. . . . el cuaderno. 6. . . . el hombre. 7. . . . la mujer. 8. . . . el amor. 9. . . . la frase. 10. . . . la mano. 11. . . . la clase. **Exercise III.** 1. El señor Moreno mira el programa de televisión esta noche. 2. La profesora Mendoza necesita el mapa de España. 3. El presidente Guzmán entra en la ciudad capital de la nación. 4. La señorita Gómez estudia el idioma toda la noche. 5. La señora Molina escucha la radio todo el día. **Exercise IV.** 1. El profesor habla español y lee el español. Ahora estudia el . . . 2. La alumna habla francés y lee el francés. Ahora estudia el . . . 3. El muchacho habla italiano y lee el italiano. Ahora estudia el . . . 4. Luis habla inglés y lee el inglés. Ahora estudia el . . . 5. La muchacha habla alemán y lee el alemán. Ahora estudia el . . . **Exercise V. (A)** 1. Pancho estudia el inglés en el avión de México. 2. . . . en la clase de inglés. 3. . . . en el coche. 4. . . . en la sala. 5. . . . en la avenida. **Ex V. (B)** 1. Pancho también escucha la música en inglés. 2. . . . el disco compacto . . . 3. . . . la canción . . . 4. . . . la lección . . . 5. . . . la radio . . . **Ex V. (C)** 1. Lee el periódico. 2. . . . el idioma. 3. . . . el diccionario. 4. . . . el vocabulario. 5. . . . la novela en inglés. **Ex V. (D)** 1. Miran la ciudad de Nueva York. 2. . . . el tren subterráneo. 3. . . . la calle importante de Wall Street. 4. . . . la televisión interesante. 5. . . . el programa favorito. 6. . . . el mapa de toda la nación. **Exercise VI.** 1. La 2. la 3. la 4. la 5. el 6. – 7. La 8. la 9. – 10. el 11. la 12. la 13. el 14. – 15. el 16. - 17. el 18. el 19. – 20. la. **Exercise VII.** Sample answers are provided. Your variations are encouraged. **(A)** El español es fácil. Es también interesante, importante y necesario. **(B)** Yo necesito el libro de gramática. El diccionario también es importante. **(C)** —El examen de español es muy fácil. No es importante. —Es posible estudiar mañana. —Quiero mirar "El amor y la pasión". — " . . . . " es también mi programa favorito.

Work Unit 2:
Answers to Reading Exercises: Todo es rápido en la ciudad
Exercise I. (A) 1. c 2. d 3. b 4. d 5. c. **Ex. I. (B)** 1. Nueva York es una ciudad grande. 2. Los edificios . . . 3. . . . las calles. 4. . . . las aldeas. 5. . . . ahora (hoy). **Exercise II.** 1. d. 2. e. 3. a. 4. c. 5. b **Exercise III.** 1. lápiz 2. amor 3. cines 4. importante 5. una 6. dinero 7. ahora 8. descansar **Exercise IV.** 1. a, d, e 2. b, f 3. c 4. e **Exercise V.** Compositions are Ad lib.

Answers to Grammar Exercises: The Noun and the Definite Article (Plural)

Exercise I. 1. Los chicos son estudiosos 2. Las muchachas. . . 3. Los hombres. . . 4. Las lecciones. 5. Las mujeres . . . 6. Los profesores. 7. Los cines . . . 8. Los trenes . . . 9. Los días . . . 10. Las flores. **Exercise II.** 1. Estudio todos los libros sobre España. 2. Necesito todos los folletos. 3. Uso todos los mapas. 4. Escucho todas las canciones y todos los programas desde España. 5. Uso todos los trenes y los carros allí. 6. Escucho todos los idiomas en casetes. 7. Visito todas las universidades y los museos allí. **Exercise III.** 1. La Habana habla español. 2. El Canadá . . . inglés y francés. 3. El Perú . . . español. 4. La Argentina . . . español. 5. Los Estados Unidos . . . inglés. 6. El Panamá . . . español e inglés. 7. El Salvador . . . español. 8. La Florida . . . inglés. 9. Los Estados Unidos de México . . . español. 10. El Brasil . . . portugués. **Exercise IV.** 1.a. El amor es todo. 1.b. Pero la experiencia es (la) profesora. 2.a. La televisión es importante. 2.b. Pero el aire fresco es necesario. 3.a. Las ciudades aquí son grandes. 3.b. Pero los parques son pequeños. 4.a. Los programas de T.V. son tontos. 4.b. Pero los museos son interesantes. 5.a. Las universidades son excelentes. 5.b. Pero el dinero no es fácil para pagarlas. **Exercise V.** 1. Sí, los padres también. 2. Sí, los hermanos . . . 3. Sí, los abuelos . . . 4. Sí, los tíos . . . 5. Sí, los hijos, Juan, Ana y Sonia . . . **Exercise VI.** Oral Proficiency. Ad lib.

Work Unit 3:
Answers to Reading Exercises: El cumpleaños de Joselito
Exercise I. (A) 1. cumpleaños, años. 2. mundo, ocupado 3. trabajar, ayudar. 4. cantar, bailar 5. refrescos, torta. 6. torta, triste, llorar. **Ex. I. (B)** 1. Joselito está solo en su cuarto. 2. Los padres compran la magnífica piñata típica. 3. Los amiguitos llevan regalitos. 4. Los vecinos caminan a la casa de la familia Hernández. 5. Joselito va a soplar las velas, cortar la torta y tomar el pedazo más grande. Va a ayudar en la fiesta. **Ex. I. (C)** 1. Un niño sopla las velas. 2. Una piñata está llena de dulces. 3. Yo quiero un regalo, una piñata, etc. . . . 4. Todo el mundo está contento. 5. Todos gritan:—¡Felicidades! ¡Feliz cumpleaños! **Exercise II.** 1. d 2. e 3. a 4. b 5. c. **Exercise III.** 1. feliz 2. escuchar 3. llegar 4. invitar 5. cumpleaños 6. importante 7. dulces 8. abuela 9. desear 10. escuela 11. soplar. **Exercise IV.** Ad lib.

Answers to Grammar Exercises: The Present Indicative Tense: Regular AR Conjugation
Exercise I. (A) 1. Sí. Él. . . 2. Ella. . . 3. Ellos. . . 4. Ellas. . . 5. Nosotros-as **Ex. I. (B)** 1. Yo bailo y canto. 2. El baila y canta. 3. Ud. baila y canta. 4. Tú bailas y cantas. 5. Uds. bailan y cantan. 6. Tú y yo bailamos y cantamos. 7. Ella baila y canta. 8. Ellas bailan y cantan. 9. Ellos bailan y cantan. 10. Nosotros bailamos y cantamos. **Ex. I. (C)** 1. a. Sí, ella trabaja. b. nosotros no trabajamos. 2. a. Sí, ellos preguntan. b. Pedro no pregunta. 3. a. Sí, los amigos escuchan. b. Tú y yo no escuchamos. 4. a. Sí, yo contesto. b. Juanita y Pablo no contestan. 5. a. Sí, ellos caminan b. Yo no camino. **Ex. I. (D)** 1. ¿No desea el niño ayudar? 2. ¿No explica el abuelo bien? 3. ¿No compran los padres una torta? 4. ¿No gritan los amigos "Felicidades"? **Exercise II.** 1. Primero, bajo a la calle. 2. Entonces, camino a la escuela con (los) amigos. 3. Después de las clases busco un regalo para llevar a mi amiga, Lola, mañana. 4. Mañana celebramos su cumpleaños en mi casa. 5. Sí, nosotros trabajamos. Si tú ayudas es más interesante. Pero los amigos llegan esta noche para preparar las cosas para mañana. 6. No, no. Si tú regresas a la escuela mañana no es imposible ayudar en la fiesta. **Exercise III.** Ad lib.

Work Unit 4:
Answers to Reading Exercises: La carta misteriosa
Exercise I. (A) 1. recibe (lee); comprende. 2. sabe; escribe. 3. sale; corre. 4. abre; vive. 5. asisten; comen. **Ex. I. (B)** 1. Juanita lee la invitación. 2. Es muy tarde. 3. Ella no sabe quién escribe la carta (qué reunión es; por qué es a las once; es tarde; no hay nadie en las calles; está loca de curiosidad). 4. Es a las once de la noche. 5. No hay luz. Un fantasma abre la puerta. **Ex. I. (C)** 1. Es necesario escribir invitaciones para (invitar a los amigos a) las fiestas. 2. Hay tortas, helados y dulces. 3. Necesitamos música. 4. Todo el mundo escribe cartas a los amigos. 5. El treinta y uno de octubre es misterioso porque es la Víspera de Todos los Santos y hay fantasmas con máscaras en las calles a las once de la noche. **Exercise II.** 1. fiesta. 2. aquí 3. nerviosa. 4. tarde 5. abre 6. sorprendida 7. misteriosa 8. amigo. **Exercise III.** Ad lib. **Exercise IV.** 1. f 2. a, e 3. d 4. b, c.

Answers to Grammar Exercises: The Present Indicative Tense: Regular ER and IR Conjugations
Exercise I. (A) 1. Sí. Ella. . . 2. Él. . . 3. Ellas. . . 4. Nosotros. . . 5. Ellos. . . **Ex. I. (B)** 1. Yo respondo. . . 2. Ud. responde. . . 3. Tú respondes. . . 4. Ella responde. . . 5. Uds. responden. . . 6. Ud. y yo respondemos. . . 7. Ellos responden. . . 8. Él responde. . . 9. Nosotras respondemos. . . 10. Él y ella responden. . . **Ex. I. (C)** 1. a. Sí, nosotros comemos. . . b La niña come. . . 2. a. Sí, yo respondo. . . b. María responde. . . 3. a. Sí, ellos aprenden. . . b. Nosotros aprendemos. . . 4. a. Sí, José lee. . . b. Yo leo. . . 5. a. Sí, nosotros comprendemos. . . b. Los muchachos comprenden. . . **Ex. I. (D)** 1. Sí, yo corro. . . 2. Sí, nosotros vendemos. . . 3. Sí, María y yo creemos. . . 4. Sí, las primas ponen. . . 5. Sí, yo como. . . **Exercise II. (A)** 1. Él. . . 2. Nosotros -as. . . . 3. Ellas. . . 4. Ellos. . . 5. Nosotros -as. . . **Ex. II. (B)** 1. Tú asistes. . . 2. Ud. asiste. . . 3. Ellos asisten. . . . 4. Uds. asisten. . . 5. Ella y yo asistimos. . . 6. Ellas asisten. . . 7. Yo asisto. . . 8. Él asiste. . . 9. Ella asiste. . . 10. Nosotras asistimos. . . **Ex. II. (C)** 1. a. Sí, Carlos recibe. . . b. Las hermanas reciben. . . 2. a. Sí, los amigos escriben. . . b. Nosotros escribimos. . . 3. a. Sí, yo vivo. . . b. Los primos viven. . . 4. a. Sí, Ud. cubre. . . b. Nosotros cubrimos. . . 5. a. Sí, nosotros subimos. . . b. Luis sube. . . **Ex II. (D)** 1. Sí, nosotros partimos . . . 2. Sí, yo asisto 3. Sí, Juanita recibe . . .

4. Sí, Uds escriben . . . 5. Sí, ellos suben . . . **Exercise III. (A)** 1. Señor López, Ud. entra. . . 2. Señora Gómez, Ud. cree. . . 3. Profesor Ruiz, Ud. vive. . . 4. Señorita Marín, Ud. toca. . . 5. Doctor Muñoz, Ud. escribe. . . . **Ex. III. (B)** 1. Pepe, tú trabajas. . . 2. Ana, tú contestas. . . 3. Carlos, tú aprendes. . . 4. Niño, tú corres. . . 5. Niña, tú describes. . . **Ex. III. (C)** 1. ¿Comprendo yo. . . ? 2. ¿Corre Carlitos. . . ? 3. ¿Desean los niños. . . ? 4. ¿No asistimos él y yo. . . ? 5. ¿No tomamos Pedro y yo. . . ? **Exercise IV.** 1. Vivimos en los Estados Unidos. 2. Hablamos inglés. Comprendemos el . . . 3. Subimos . . . 4. No llevamos: . . . 5. Leemos . . . **V.** Ad lib.

Work Unit 5
Answers to Reading Exercises: ¿Conoce usted historia?
Exercise I. (A) 1. historia. 2. inteligente, aplicado 3. estudia, aprende 4. muerto 5. enfermo **Ex. I. (B)** 1. El señor. . . es presidente de los Estados Unidos. 2. Una persona que está enferma va al hospital. 3. Debo ir a la escuela para aprender. 4. No hay (Hay . . .) alumnos perezosos en la clase de español. 5. Aprendo mucho de los Estados Unidos en la clase de historia. **Exercise II.** 1. El profesor decide usar otros métodos. 2. Jaimito va a contestar primero. 3. Estoy en esta clase de historia tres años. 4. ¿Dónde vive el presidente? 5. ¿Quién es el presidente de los Estados Unidos? **Exercise III.** Ad lib.

Answers to Grammar Exercises: Interrogative Words
Exercise I. 1. ¿Cuánta experiencia tiene Ud.? 2. ¿Cuánto dinero puede Ud. contribuir? 3. ¿Cuántos votos piensa Ud. atraer? 4. ¿Cuántas voluntarias . . 5. ¿En cuántos debates . . . **Exercise II.** 1.a. ¿A quién escribe Ana . . . ? 1.b. Ana escribe a su nuevo amigo, Luis. 2.a. ¿Cuándo toma Luis el tren? 2.b. Luis toma el tren ahora. 3.a. ¿Cuántos amigos leen las cartas? 3.b. Tres amigos leen . . . 4.a. ¿Dónde sufre Luis un accidente? 4.b. Luis sufre . . . en el tren. 5.a. ¿Qué leemos . . . ? 5.b. Leemos la noticia. 6.a. ¿Quién corre al hospital? 6.b. Ana corre al hospital. 7.a. ¿Quiénes preguntan mucho? 7.b. Las chicas preguntan mucho. 8.a. ¿Cómo escribimos Marta y yo? 8.b. Escribimos de prisa. 9.a. ¿Por qué no sufre Luis ahora? 9.b. Porque regresa a casa. 10.a. ¿Para qué vamos a comprar un regalo? 10.b. Para celebrar la cura de Luis. 11.a. ¿Cuáles flores compramos? 11.b. Compramos rosas y tulipanes. **Exercise III.** 1.a. ¿Cómo aprenden Uds. a pintar? 1.b. Asistimos a las clases de pintura (*painting*). 2.a. ¿Por qué pintan Uds.? 2.b. Debemos pintar. 3.a. ¿Cuáles venden Uds.? 3.b. Vendemos todas. 4.a. ¿Para qué venden Uds.? 4.b. Vendemos para ganar dinero. 5.a. ¿A quiénes explican Uds. el trabajo? 5.b. Explicamos a los tontos que preguntan mucho. **Exercise IV.** 1. ¿A quiénes debe Ud. dinero? 2. ¿Cuántos dólares necesita Ud.? 3. ¿Para qué? 4. ¿Por qué necesita Ud. todo esto ahora? 5. ¿Adónde va Ud.? ¿A cual? 6. ¿Qué estudia Ud.? 7. Magnífico. Mañana Ud. trabaja aquí. **Exercise V.** Ad lib.

Work Unit 6:
Answers to Reading Exercises: El trabajo de la mujer es fácil
Exercise I. 1. Alicia no va de compras hoy porque está enferma. 2. Alicia necesita unas cosas de la tienda de comestibles. 3. Antonio va a la tienda de comestibles. 4. Antonio compra una docena de huevos, una botella de leche, un pan, una libra de mantequilla, queso, jugo de naranja y unas manzanas. 5. Todo eso es doce dólares, cincuenta centavos. 6. Es inteligente porque compra todo sin lista. **Exercise II.** 1. docena 2. huevos 3. queso 4. dólares 5. centavos 6. jugo 7. leche 8. fruta 9. pan 10. tres 11. libra 12. ¿cuánto? 13. cosas 14. sale 15. sé **Exercise III.** 1. Compro . . . (manzanas). 2. Pago . . . (dólares). 3. Yo (no) sé comprar todo sin lista. 4. El trabajo de la mujer (no) es fácil. **Exercise IV.** 1. c, f 2. a 3. d, e 4. b. **Exercise V.** Ad lib.

Answers to Grammar Exercises: The Indefinite Articles: *Un, Una, Unos, Unas* Alguno, Ninguno
Exercise I. 1. Necesito un pan. 2. Busco comestibles en una tienda grande. 3. Unos dependientes ayudan. 4. Compro unas manzanas. 5. Pago unos dólares. **Exercise II.** 1. Solamente algunos productos. 2. Solamente alguna ayuda. 3. Solamente algún queso. 4.

Solamente algunas frutas. 5. Solamente algún dinero. **Exercise III.** 1. Ningún músico . . . 2. Ninguna comida . . . 3. Ningunos artistas . . . 4. Ningunas amigas.. 5. Ninguna está feliz. **Exercise IV.** 1. algunos 2. ningunos 3. algún 4. ningún 5. alguna 6. Ninguna 7. algunas 8. ningunas 9. Alguno 10. Ninguno **Exercise V.** Ad lib.

Work Unit 7:
Answers to Reading Exercises: Vamos a un país tropical
Exercise I. (A) 1. Marta desea descansar en una playa bonita. 2. Miguel prefiere pasar las vacaciones donde no hace calor. 3. Quieren nadar y tomar el sol en Chile en junio. 4. Es el invierno en Chile en junio. 5. Es posible esquiar en junio en Chile, cuando hace calor aquí. **Ex. I. (B)** 1. Hoy hace. . . 2. Quiero ir a . . . 3. Hace sol y calor en. . . 4. Todo el mundo va a la playa. 5. Hace mucho frío en diciembre, enero y febrero. **Exercise II.** 1. primavera 2. mes 3. amor 4. mayo 5. invierno 6. sol **Exercise III.** 3, 5, 1, 4, 2 **Exercise IV.** Compositions are Ad lib.

Answers to Grammar Exercises: Cardinal Numbers 1–31; Times: Days, Months; Seasons
Exercise I. 1. nueve 2. veinte y tres (veintitrés). 3. diez 4. doce 5. veinte y uno (veintiuno) 6. treinta 7. diez y seis (dieciséis) 8. ocho 9. quince 10. veinte y siete (veintisiete) 11. diez y siete (diecisiete) 12. catorce 13. seis 14. cuatro 15. treinta. **Exercise II.** 1. abril 2. mayo 3. junio 4. agosto 5. septiembre 6. octubre 7. diciembre 8. enero 9. diciembre 10. primero **Exercise III.** 1. La primavera produce las primeras flores. 2. En el invierno hace mucho frío. 3. En el verano hace mucho calor. 4. Celebro mi cumpleaños en . . . 5. Mis estación favorita es . . . porque . . . **Exercise IV.** 1. Es la. . . (1:15) 2. Son las. . . (2:30). 3. Son las. . . (12:15). 4. Es la. . . (12:35). 5. Son las. . .(10:45). **Exercise V.** 1. . . .tres y media de la tarde. 2. . . .una menos cuarto (quince) de la mañana. 3. . . . cuatro menos veinte de la mañana. 4. . . .hora es? 5. . . .a las ocho de la noche. **Exercise VI.** 1. Sí, estudiamos a las cinco de la tarde. 2. Sí, tomamos el almuerzo a la una de la tarde. 3. Sí, dormimos a las once menos veinte de la noche. 4. Sí, toman el desayuno a las nueve y media de la mañana. 5. Sí, estudian a la una menos cuarto de la tarde. **Exercise VII.** 1. a. Hoy no es miércoles el treinta y uno de diciembre. b. Hoy es jueves el primero de enero. 2. a. No es todavía la primavera en el mes de junio. b. Tenemos . . . el verano en el mes de julio. 3. a. No son las doce del mediodía. b. Es la una de la tarde. 4. a. No llegamos el miércoles el treinta de septiembre. b. Llegamos el jueves el primero de octubre. 5 a. No celebramos el día de la Navidad el veinte y cuatro de noviembre. b. Celebramos . . . el veinte y cinco de diciembre. **Exercise VIII.** 1. . . .lunes, martes, miércoles, jueves y viernes. 2. El sábado. . . 3. El domingo . . . 4 . . .siete . . . 5. . . .treinta y un . . . 6. . . .veinte y cuatro . . . 7. . . .a las ocho y media de la mañana. 8. . . . veinte y una . . . 9. a las tres y veinte y cinco de la tarde. 10. . . .a las once menos veinte de la noche. **Exercise IX.** Ad lib. **Exercise X.** 1. a. El hombre usa (la) gorra, (la) chaqueta, (los) pantalones y (la) bufanda. b. La mujer usa (el) sombrero, (el) abrigo, (las) botas y (los) guantes. c. Yo uso chaqueta, sombrero, guantes y bufanda. Ad lib. 2. a. La chica usa la blusa, la falda, los calcetines y los zapatos. b. El chico usa el traje de correr y los zapatos de correr. c. Yo uso (los) pantalones, (los) calcetines y (los) zapatos. Ad lib. 3. a. Las chicas usan la trusa o el traje de baño, las gafas y el sombrero. b. El salvavidas usa el pantalón corto, la camiseta y las sandalias. c. Yo uso la trusa en la piscina, las sandalias y las gafas. Ad lib. 4. a. El hombre usa el traje, la camisa, la corbata, el paraguas. b. La mujer usa el impermeable, los chanclos y las medias. c. Yo uso (el) impermeable y el paraguas. Ad lib.

Work Unit 8:
Answers to Reading Exercises: Así es la vida
Exercise I. (A) 1. . . . sale 2. ve . . . cita 3. cae . . . pone 4. cine . . . fin . . . semana 5. equipo . . . fútbol **Ex. I. (B)** Este sábado voy. . . 2. (No) Estoy ocupado(a). 3. Dan. . . 4. Voy . . . después de la clase de español. 5. Cuando tengo unos momentos libres. . . **Exercise II.** 1. Perdone, señorita, ¿es éste su libro? 2. Voy a mi clase de álgebra. 3. Ve a Josefina delante de él. 4. Este sábado dan una película buena. **Exercise III.** 1. Paco invita a Josefina al cine. 2. Josefina no tiene tiempo libre 3. Alejandro invita a Josefina a ver una película. 4. Josefina no está ocupada y sale. 5. Alejandro es el capitán del equipo de fútbol. **Exercise IV.** 1. b, c 2. a 3. f 4. d, e **Exercise V.** Ad lib.

Answers to Grammar Exercises: Irregular Verbs of the Present Indicative Tense

Exercise I. 1. —Yo salgo ahora. 2. Yo conozco. . . 3. Yo vengo. . . 4. Yo le traigo. . . 5. Yo caigo. . . 6. Yo hago. . . 7. Yo pongo. . . 8. Yo voy. . . 9. Yo oigo. . . 10. Yo le doy. . . **Exercise II. (A)**1. Tú vienes a papá, le dices felicidades, y le das un beso. 2. Él viene . . . dice . . . da . . . 3. Ellos vienen . . . dicen . . . dan . . . 4. Nosotros venimos . . . decimos . . . damos . . . 5. Ud. viene . . . dice . . . da . . . 6. Yo vengo . . . digo . . . doy . . . **Ex. II. (B)** 1. Tú vas a casa y oyes la canción que tienes que aprender. 2. El chico va . . . oye . . . tiene . . . 3. Las chicas van . . . oyen . . . tienen . . . 4. Tú y yo vamos . . . oímos . . . tenemos . . . 5. Uds. van . . . oyen . . . tienen . . . 6. Yo voy . . . oigo . . . tengo . . . **Exercise III.** 1.a. Voy al zoológico. 1.b. Ellos también van . . . 2.a. Veo el animal feroz. 2.b. Ellos también ven . . . 3.a. Juan trae comida. 3.b. Yo también traigo . . . 4.a. Conozco al amigo . . . 4.b. Nosotros conocemos . . . 5.a. Sé la fecha . . . 5.b. Ellas también saben. 6.a. Salgo hoy para el hospital. 6.b. Nosotros salimos . . . 7.a. Pongo las flores en la mesa. 7.b. Nosotros ponemos . . . 8.a. Hago preparaciones . . . 8.b. Ellas también hacen . . . **Exercise IV.** 1. (Yo) salgo de la casa ahora. 2. (Yo) traigo . . . 3. (Yo) vengo . . . 4. (Yo) veo . . . 5. (Yo) pongo . . . 6. (Yo) doy . . . 7. (Yo) hago . . . 8. (Yo) digo . . . 9. (Yo) sé . . . 10. (Yo) tengo . . . 11. (Yo) conozco . . . 12. (Yo) oigo . . . 13. (Yo) voy . . . 14. (Yo)(me) caigo . . . 15. (Yo) digo . . . **Exercise V.** Ad lib.

Work Unit 9:
Answers to Reading Exercises: Una excursión por la ciudad
Exercise I. (A) 1. Diego y Hortensia visitan a los Estados Unidos. 2. El primer autobús sale a las doce en punto. 3. Tienen veinte pisos. 4. En el parque es posible mirar los animales, sacar fotos o tomar un helado. 5. Ella tiene billetes para todos los cabarets. **Ex. I. (B)** 1. Hay hoteles, museos y grandes almacenes. 2. El subterráneo corre debajo de la tierra. 3. Hay muchos rascacielos en el barrio comercial. 4. Es bueno tomar un autobús turístico. 5. Es bueno descansar en un hotel o en casa. **Exercise II.** 1. Bienvenidos a esta excursión. 2. Uds. ven los edificios de la universidad a la izquierda. 3. A la derecha . . . la Biblioteca Central. 4. Esta es una ciudad famosa por sus rascacielos. 5. Es posible caminar y tomar un helado. **Exercise III.** 1. c 2. e 3. d 4. a 5. b **Exercise IV.** Compositions are Ad lib.

Answers to Grammar Exercises: Uses of the Preposition *a*
Exercise I. 1. Camino a la escuela con amigos. 2. Corro al autobús. 3. Escucho bien a los maestros. 4. Voy al parque después. 5. Regresamos a las casas. **Exercise II.** 1. Salgo a la oficina 2. Corro al tren subterráneo 3. Asisto a la escuela. 4. Voy al parque. 5. Vuelvo a la casa. 6. . . . voy al museo, a los almacenes o al concierto. 7. Ando a la biblioteca, al zoológico y al centro. **Exercise III.** 1. Escucho el español con atención. 2. . . .al padre . . . 3. . . .los casetes. . . 4. . . .a las amigas. . . 5. . . .los discos. . . 6. . . .a Luis. . . 7. . . .a los profesores. . . 8. . . .la radio . . . 9. a la madre . . . 10. . . .a Ana. . . **Exercise IV.** 1. a. Necesito el lápiz. b. Necesito al amigo. 2. a. Visito el país. b. . . . a los primos. 3. a. No escucho la radio. b. . . .a la madre. 4. a. Prefiero las melodías. b. . . . a la tía. 5. a. Conozco el programa. b. . . .al chico. **Exercise V.** 1. Miro el drama y al actor principal 2. Miramos al artista y las pinturas 3. Todos miramos el autobús y al señor guía. 4. Miro a la gente y los rascacielos. 5. Miro los animales y a los niños. **Exercise VI.** 1. Vengo a oír al presidente esta noche. 2. No lo quiero escuchar por la T.V. . . . 3. Principio a comprender más su política. 4. Enseño a mi hermano a comprender . . . 5. Claro, aprendemos a votar con inteligencia. 6. Ayudo a mis amigos a decidir. 7. Seguro, invitamos a los otros a votar . . . 8. A los pocos días los otros van a decidir votar . . . 9. Al salir de la cabina de votar deseo gritar "Gracias a Dios por la democracia". **Exercise VII.** 1. Prefiero jugar al . . . 2. Aprendo a (jugar bien) 3. Principio a practicar (por la tarde) 4. Invito a . . . a practicar conmigo 5. Enseño a (Daniel) a jugar bien. 6. El maestro de tenis ayuda a todos a practicar bien. 7. Muchos vienen a aprender. 8. Debemos practicar todos los días. 9. Sé jugar mejor ahora. **Exercise VIII.** Ad lib.

Work Unit 10:
Answers to Reading Exercises: ¿De quién es este hueso?
Exercise I. (A) 1. regalos 2. etiquetas 3. un día 4. cambiar 5. un hueso **Ex. I. (B)** 1. Uso "Feliz Navidad". 2. Un buen regalo para un abuelo es una navaja o. . . 3. Es para Rosalía. 4. Un buen

regalo es una falda. 5. No quiero recibir un hueso. Quiero . . . **Exercise II.** *Horizontales*: 1. Navidad 6. al 7. va 9. nene 12. el 14. Yo 15. sorpresas 16. viejo 17. hay. *Verticales*: 1. navajas 2. ve 3. dar 4. al 5. abuelos 7. lee 10. perro 11. ir 13. le 14. ya **Exercise III.** 1. d 2. c 3. a 4. b 5. e **Exercise IV.** Ad lib. **Exercise V.** 1. d, f 2. e 3. a, c 4. b.

Answers to Grammar Exercises: Uses of the Preposition *de*

Exercise I. 1. Los lápices son del chico. 2. . . .de la abuela 3. . . .del abuelo 4. . . .de Juan. 5. . . .de mi padre. 6. . . .de los hermanos. 7. . . .de María y de Pedro. 8. . . .de sus amigos. 9. . . .de las primas. 10 . . .del hermano y de la hermana **Exercise II.** 1. Las casas son del señor Alarcón. 2. Ella es la madre de la muchacha. 3. Somos los profesores del chico. 4. Es el padre de la amiga. 5. Es la clase del estudiante de español. **Exercise III.** 1. Es el libro de la prima 2. Son las bicicletas de los muchachos. 3. Son los cuadernos del chico. 4. Es . . . de mis padres. 5. Es . . . del primo. 6. Son . . . de Juan y de Luisa. 7. Son . . . del hombre. 8. Es . . . de las hermanas. 9. Es . . . de los chicos. 10 Son . . . del muchacho. **Exercise IV.** 1. Es de los Estados Unidos. 2. Enseña la clase de historia. 3. Mi casa es de piedra y de madera. 4. Las cortinas son de algodón y de nilón. 5. Mi abuelo es del Canadá. 6. Mi reloj es de plata y de oro. 7. Mi hermanito habla del parque. 8. Mi hermanita va a la clase de inglés. 9. Mi blusa y mi falda son de lana y de seda. 10. La profesora de español enseña aquí. **Exercise V.** 1. Acabo de llegar de un partido de fútbol. 2. Gozo más de jugar. 3. No sé jugar. Trato de aprender. 4. Un amigo del equipo enseña a jugar. 5. No debo pagarle. Es gratis. 6. Los aficionados ayudan al equipo a ganar casi siempre. 7. Comienzo a practicar a las cuatro. 8. Termino de practicar antes de las seis. 9. No dejo de practicar ni un día para ser campeón. 10. Quizás prefiero más ser aficionado al fútbol americano. **Exercise VI.** 1. Ud. necesita salir a jugar al tenis. 2. Ud. debe tratar de aprender. 3. Ud. acaba de pesar doscientas libras. 4. Ud. va a gozar de jugar al tenis. 5. Si, porque Ud. necesita dejar de comer todo el día y caminar mucho. **Exercise VII.** Ad lib.

Work Unit 11:
Answers to Reading Exercises: ¿Quién soy yo?

Exercise I. 1. Virgilio no presta atención a la profesora. 2. Lee un libro de adivinanzas. 3. La ventana deja entrar aire en la clase. Es de vidrio. 4. Uso una tiza para escribir en la pizarra. Uso una pluma y un lápiz para escribir en el cuaderno. 5. Una puerta es útil para entrar y salir. Generalmente es de madera. **Exercise II.** 1. alumno. 2. diente. 3. inteligente 4. ventana 5. información 6. negro 7. atención 8. norteamericano 9. pizarra 10. abrir **Exercise III.** Compositions are Ad lib.

Answers to Grammar Exercises: *Ser* to be

Exercise I. 1. La chica es de los Estados Unidos. 2. Yo soy. . . 3. Tú eres. . . 4. Ud. es. . . 5. Ella es. . . 6. Roberto es. . . 7. Nosotros somos. . . 8. Tú y yo somos. . . 9. Uds. son. . . 10. Eduardo y Pablo son. . . **Exercise II.** 1. Sí, es un sudamericano heroico. 2. Si, es un norteamericano noble. 3. Sí, es un cubano patriótico. 4. Sí, es una artista mexicana. 5. Sí, es una poeta chilena. **Exercise III.** 1.a. ¿A qué hora es la comida? b. La comida es a las seis. 2.a. ¿Dónde es la comida? b. La comida es en el restaurante "Olé". 3.a. ¿Ocurre la comedia en Nueva York? 3.b. La comedia ocurre en la Habana. 4.a. ¿Muestran también películas en la Habana? 4.b. Muestran las películas en California y la Florida. 5.a. ¿Dónde hubo muchos accidents? 5.b. Hubo muchos accidents en la calle sin luces. **Exercise IV.** 1. a. Soy de los Estados Unidos. b. El chico es de los Estados Unidos también. 2. a. Somos americanos. b. Ellos son. . . 3. a. Tú y yo somos personas. b. Los hermanos son. . . 4. a. Yo soy alumno -a b. La chica es alumna . . . 5. a. Ud. y el Sr. Delibes son maestros. b. La señora es maestra. **Exercise V.** 1. —Soy alumno -a. 2. —Sí, soy norteamericano -a. 3. —Mis ojos son negros. 4. —Soy inteligente y hermoso -a. 5. —Mis padres son de los Estados Unidos. 6. —Mi padre es capitán. 7. —Somos alumnos del Sr. López. 8. —Mi casa es azul. 9. —La mesa y la silla son de madera. 10. —Deseo ser profesor -a. **Exercise VI.** Ad lib.

Work Unit 12:
Answers to Reading Exercises: Una enfermedad imaginaria
Exercise I. (A) 1. No sale porque dice que está enfermo. 2. Ella está muy preocupada. 3. El muchacho está sentado en la cama. 4. Tiene dolor de cabeza y garganta. 5. No hay examen de matemáticas mañana. **Ex. I. (B)** 1. Mi madre está preocupada por mi salud. 2. Guardo cama cuando estoy enfermo. 3. Digo—Aaaaah. 4. Sufro en la clase de. . . 5. Cuando tengo hambre, (Yo) tomo una fruta, etc. **Exercise II.** 1. Su madre está triste y preocupada. 2. Estoy mejor; tengo hambre; quiero comer. 3. Ay cómo sufre mi pobre hijo. 4 En ese momento suena el teléfono. **Exercise III.** 1. a,e 2. b 3. c 4. d, f. **Exercise IV.** Ad lib.

Answers to Grammar Exercises: *Estar* to be; contrasting uses of *Estar* and *Ser*
Exercise I. 1. (Yo) estoy muy bien hoy. 2. Los padres están . . . 3. El hermano está . . . 4. Tú también estás . . . 5. Nosotros estamos . . . **Exercise II.** 1. —No estoy en otro planeta. Estoy en la tierra. 2. —No estoy triste cuando recibo dinero. Estoy alegre. 3. —Mis amigos y yo no estamos presentes en la clase los sábados. Mis amigos y yo estamos ausentes. 4. —Los alumnos no están de pie cuando escriben en sus cuadernos. Los alumnos están sentados. 5. — Las escuelas no están abiertas los domingos. Las escuelas están cerradas. 6. —Los profesores no están sentados todo el día. Los profesores están ocupados. 7. —La gente en el hospital no está bien. La gente en el hospital está enferma. 8. —La gente no está descansada al fin del día. —La gente está cansada al fin del día. **Exercise III.** 1a. El periódico ya está abierto. 1.b. Las revistas también están abiertas. 2.a. El alumno ya está aburrido. 2.b. Toda la clase también está aburrida. 3.a. La madre ya está cansada. 3.b. El padre también ya está cansado. 4.a. Joselito ya está sentado. 4.b. Los otros niños ya están sentados. 5.a. Los clientes ya están ocupados. 5.b. Las clientas también ya están ocupadas. **Exercise IV.** 1. . . . está . . . 2. . . . es . . . 3. . . . está . . . 4. . . . es . . . 5. . . . es . . . 6. . . . está . . . 7. . . . es . . . 8. . . . está . . . 9. . . . está . . . 10. . . . son . . .
Exercise V. Ad lib. **Part II. Exercise I.** 1. Nada está pasando. 2. Mi hermano está leyendo. 3. No estamos comiendo. 4. Está preparando un pollo asado. 5. Sí, algunos están viniendo ahora. 6. Bueno, yo te estoy invitando a comer con nosotros. **Exercise II.** 1. Estoy hablando del Museo de Arte. 2. Estoy mirando algunas pinturas. 3. Estoy oyendo (escuchando) un casete y comprendiendo mucho más. 4. Estoy diciendo la verdad. 5. Yendo a los museos estoy aprendiendo a gozar del arte mucho más.

Work Unit 13:
Answers to Reading Exercises: El consultorio sentimental
Exercise I. 1. La chica española es alta y delgada, interesante y simpática, con pelo negro y ojos verdes. 2. El "querido desesperado" es bajito y gordo, pero generoso, con pelo como un mono. 3. Va a llevar un sombrero alto para parecer más alto y para cubrir su pelo. 4. Va a estar tan flaco como la chica. 5. Es. . . **Exercise II.** 1. querido 2. flaco 3. alto 4. gordo 5. ojos 6. además 7. pelo 8. mono 9. barbería 10. comer 11. todo 12. un 13. sus 14. dice 15. si **Exercise III.** 1. Un muchacho está enamorado de una chica española. 2. La chica tiene el pelo negro y los ojos verdes. 3. Ella dice que no quiere salir con él. 4. El muchacho no desea ir a la barbería. 5. No tiene apetito y no quiere comer. **Exercise IV.** Compositions are Ad lib.

Answers to Grammar Exercises: Descriptive Adjectives and Limiting Adjectives
Exercise I. 1. Juana es tan alta y elegante como Juan. 2. Luisa es tan inglesa y rubia como Luis. 3. Josefa es tan española y morena como José. 4. Angela es tan sincera y agradable como Angel. 5. Carla es tan alemana y práctica como Carlos. **Exercise II.** 1. Los hijos son alumnos aplicados. 2. Pero las ciencias son difíciles. 3. Los chicos ingleses son primos. 4. Los tíos son médicos españoles. 5. Las abuelas son señoras españolas. 6. Las madres son mujeres inteligentes y prácticas. 7. Las tías son personas liberales. 8. Los señores profesores son alemanes. No son españoles. **Exercise III.** 1. a. Muchas contestan bien. b. Muchas alumnas contestan bien. c. Muchas alumnas lindas contestan bien. d. Muchas alumnas lindas y amables contestan bien. 2. a. Los muchachos hablan hoy. b. Todos los muchachos hablan hoy. c. Todos los muchachos españoles hablan hoy. d. Todos los muchachos españoles hablan inglés hoy. e. Todos los muchachos españoles hablan poco inglés hoy. 3. a. Mi amiga lee aquí. b. Mi amiga lee revistas aquí. c. Mi amiga lee varias revistas aquí. d. Mi amiga lee varias revistas interesantes

aquí. e. Mi amiga lee varias revistas interesantes y cómicas aquí. 4.a. El autor escribe ahora. b. . . . una historia. b. . . . una historia famosa. c. El autor ruso escribe ahora una historia famosa. d. El otro autor ruso . . . **Exercise IV.** 1. Algunos chicos españoles trabajan mucho. Algunas chicas españolas trabajan mucho también. 2. Ellas compran sombreros bonitos y baratos. Ellas compran también muchas faldas bonitas y baratas. 3. La familia tiene otro coche nuevo y lindo. La familia tiene también otra casa nueva y linda. 4. Los chicos ven bastantes ciudades grandes y hermosas. Los chicos ven también varios países grandes y hermosos. **Exercise V.** Ad lib.

Work Unit 14:
Answers to Reading Exercises: El hombre más viejo del mundo
Exercise I. (A) 1. entrevista 2. cuatro mil años 3. come . . . duerme . . . mira 4. pelo largo 5. las comidas congeladas T.V. **Ex. I. (B)** 1. La persona más famosa es. . . 2. Hoy tenemos la televisión, la luz eléctrica, etc. 3. Mi comida favorita es el bistec con papas fritas etc. 4. Tengo . . . años. 5. Tengo una cita con mi amigo . . . **Exercise II.** 1. c 2. e 3. a 4. d 5. b **Exercise III.** 1. f 2. a 3. c, d 4. b, e. **Exercise IV.** Ad lib.

Answers to Grammar Exercises: Cardinal Numbers: 31–Three Billion
Exercise I. 1. Es setecientos. 2. Es quinientos. 3. Es novecientos. 4. Es sesenta y siete. 5. Es ciento cincuenta. 6. Es mil quinientos. 7. Es novecientos ocho. 8. Es trescientos treinta. 9. Es ciento quince. 10. Es quinientos cinco. **Exercise II.** 1. Treinta y diez son cuarenta. 2. Ochenta menos veinte son sesenta. 3. Ciento por dos son doscientos. 4. Mil dividido por dos son quinientos. 5. Treinta y cinco y treinta y seis son setenta y uno. **Exercise III.** 1. Cuarenta y un. . . 2. Cincuenta y una. . . 3. Ciento una. . . 4. Cien. . . 5. Ciento quince. . . 6. Seiscientas noventa y una. . . 7. Doscientas. . . 8. Doscientos sesenta y un. . . 9. Trescientos setenta y un. . . 10. Cuatrocientas ochenta y una. . . **Exercise IV.** 1. . . . novecientos noventa y una personas. 2. . . . mil . . . 3. . . . mil setecientos diez y siete . . . 4. . . . dos mil seiscientas sesenta y seis . . . 5. un millón de . . . 6. . . . dos millones . . . 7. . . . mil millones de . . . 8. . . . tres mil millones . . . **Exercise V.** 1. Estamos a . . . 2. La fecha de mañana es . . . 3. . . . el doce de octubre de mil cuatrocientos noventa y dos. 4. . . . el cuatro de julio de mil setecientos setenta y seis. 5. . . . el veinticinco de diciembre de dos mil cuatro. 6. . . . el primero de enero de dos mil cinco. 7. . . . el catorce de febrero de dos mil seis. 8. . . . el primero de abril de dos mil siete. **Exercise VI.** Free Dialogue. 1. Tengo . . . años. 2. La fecha de mi nacimiento es . . . 3. Mi dirección es calle (avenida) . . . número . . . , ciudad de . . . 4. Busco el puesto de . . . Tengo (no tengo) experiencia. 5. Quiero ganar . . . dólares al año. 6. En este banco tengo . . . dólares. **Part Two. Exercise I.** 1. Tiene tantos años como dientes. 2. . . . tanto pelo como . . . 4. . . . tantas amigas como . . . Tengo (no tengo) experiencia. 5. . . . tanta fama como . . . 6. . . . tantas mentiras como . . . **Exercise II.** 1. La heroína es más simpática que el monstruo. 2. La medicina cura más que el amor. 3. Un coche es menos costoso que un yate. 4. Una casa cuesta más de mil dólares. **Exercise III.** Ad lib.

Work Unit 15:
Answers to Reading Exercises: Queridos mamá y papá
Exercise I. 1. No tiene nada que hacer. 2. Va a un campamento de verano. 3. Escribe una carta a sus padres todos los días. 4. Quiere volver a casa. **Exercise II.** 1. Van a pasar las vacaciones lejos de la ciudad. 2. Vamos a hacer cosas nuevas todos los días. 3. Siempre come de día y de noche. 4. Todo el mundo grita y tira cosas. **Exercise III.** Querido Federico, Vamos al lago esta noche. Podemos ir a la isla en uno de los botes. Si el consejero sabe, va a estar muy enojado.

Tu amigo,
Inocencio.

Exercise IV. Compositions are Ad lib.
Answers to Grammar Exercises: Ordinal Numbers, Shortening of Adjectives *bueno* and *malo*
Exercise I. 1. Veo algún buen sombrero. 2. Alguna va a la buena tienda. 3. Paso el primer día solo mirando la tienda. 4. Leo durante la primera hora de la tarde. 5. Tengo el mal

pensamiento . . . 6. Cuento esta mala cosa a mi amiga. 7. En el cine lleno ocupo el tercer asiento . . . 8. Luego, en la casa escribo la tercera línea . . . **Exercise II.** 1. Es un buen chico. 2. No hace malas cosas. 3. No tiene un mal pensamiento. 4. Siempre tiene una buena idea. 5. No comete malos errores. **Exercise III.** 1. Soy el número uno. Gano el primer premio. 2. . . .número tres. . . .tercer premio. 3. . . .número cuatro. . . .cuarto premio. 4. . . .número cinco. . . .quinto premio. 5. . . . número siete. . . .séptimo premio. **Exercise IV.** 1. sexta visita 2. . . . octava blusa. 3. . . . novena pregunta. 4. . . . décima falta. 5. . . . primera hamburguesa. **Exercise V.** 1. Deseo el primer dólar. 2. Quiero ver un buen drama. 3. Deseo ser el mejor y el más rico de la clase. 4. Es más fácil la tercera hora. 5. Escribo la quinta frase. **Exercise VI.** 1. séptima 2. sexta 3. buen 4. malas 5. primeros 6. buenas 7. tercer 8. primer 9. buenos 10. segunda. **Exercise VII.** 1.b. Simón es un mejor vecino. 1.c. Tomás es el mejor vecino. 2.b. Las segundas . . . son peores. 2.c. las últimas . . . son las peores. 3.b. . . . es menor. 3.c. . . . es la menor. 4.b. . . . son mayores . . . 4.c. . . . son los mayores. 5.b. Es más rico que . . . 5.c. . . . es el más rico. **Exercise VIII.** Ad lib.

Work Unit 16:
Answers to Reading Exercises: Si está perdido, ¡llame a un policía!
Exercise 1. (A) 1. las ocho . . . jefe 2. sentado . . . coche 3. derecho . . . cuadras 4. tren . . . esquina . . . norte 5. reunión . . . ciudad **Ex. I. (B)** 1. Llamo a un policía. 2. Hay . . . cuadras entre la escuela y mi casa. 3. Una avenida es más grande (large, importante.) 4. Hay una tienda de comestibles, un edificio alto, etc. 5. El alumno a mi izquierda es. . . **Exercise II.** 1. Tiene una cita con su jefe. 2. En ese momento pasa un policía. 3. Si estás (está) perdido, llama (llame) a un policía. 4. Puede tomar el tren en la esquina. 5. ¡Pregunte a ese hombre que vende periódicos! **Exercise III.** Compositions are Ad lib. **Exercise IV.** 1. a, e 2. c, g 3. f, h 4. b 5. d

Answers to Grammar Exercises: Formation and Use of the Direct Commands
Exercise I. (A) 1. ¡Coma Ud. bien! 2. ¡Camine Ud. mucho! 3. ¡Tenga Ud. paciencia! 4. ¡Venga a visitarme Ud. mucho! 5. ¡Esté Ud. bien! **Ex. I. (B)** 1. ¡Tomen Uds. asiento! 2. ¡No fumen Uds.! 3. ¡Hagan Uds. ejercicios! 4. ¡Vayan Uds. al gimnasio! 5. ¡No sean Uds. perezosos! **Ex. I (C)** 1. ¡Corramos . . . ! 2. ¡No bebamos . . . ! 3. ¡Vivamos . . . ! 4. ¡Vamos . . . ! 5. ¡Demos . . . ! **Exercise II. (A)** 1. —Sí, ¡cante Ud. ahora! 2. —Sí, ¡responda Ud. ahora! 3. —Sí, ¡escriba Ud. ahora! 4. —Sí, ¡compre Ud. ahora! 5. —Sí, ¡lea Ud. ahora! **Ex. II. (B)** 1. —Sí, ¡hablen Uds. ahora! 2. —Sí, ¡aprendan Uds. ahora! 3. —Sí, ¡coman Uds. ahora! 4. —Sí, ¡anden Uds. ahora! 5. —Sí, ¡corran Uds. ahora! **Ex. II. (C)** 1. —¡Estudiemos ahora mismo! 2. —¡Bebamos . . . ! 3. —¡Asistamos . . . ! 4. —¡Entremos . . . ! 5. —¡Leamos . . . ! **Exercise III. (A)** 1. —Bueno, ¡venga Ud. tarde! 2. . . . oiga Ud. . . . 3. . . .conozca Ud. . . . 4. . . . haga Ud. . . . 5. . . .ponga Ud. . . . 6. . . . sea Ud. . . . 7. . . . dé Ud. . . . **Ex. III. (B)** 1. —Bueno, ¡sepan Uds. la verdad! 2. . . .digan Uds. . . . 3. traigan Uds. . . . 4. estén Uds. . . . 5. . . .tengan Uds. . . . 6. . . .vean Uds. . . . 7. . . .salgan Uds. . . . 8. . . . oigan Uds. . . . **Exercise IV.** 1. Estudie Ud. 2. Haga Ud. 3. Asista Ud. 4. Sea Ud. 5. Traiga Ud. 6. Sepa Ud. 7. Venga Ud. 8. Vaya Ud. 9. Conozca Ud. 10. Dé Ud. **Exercise V.** Ad lib.

Work Unit 17:
Answers to Reading Exercises: Su hija es una alumna excelente
Exercise I. (A) 1. vez . . . hablar . . . profesores 2. primer . . . enseñanza 3. biología 4. buena nota 5. Sonia **Ex. I. (B)** 1. Voy a sacar una . . . 2. Ellos dicen que soy un alumno . . . 3. Mi padre viene . . . veces al año. 4. . . .siempre sale bien en los exámenes. 5. Debo hacer mi tarea para aprender bien. **Exercise II.** 1. enseñar. 2. nota 3. tarea 4. gracias 5. examen 6. vez 7. siempre 8. sacar 9. tantos 10. aparecer **Exercise III.** Compositions are Ad lib.

Answers to Grammar Exercises: Possessive Adjectives
Exercise I. 1. Tengo mis cuadernos. 2. . . .sus casas. 3. tus comidas. 4. sus lecciones. 5. . . .sus programas. . . **Exercise II.** 1. No. Es nuestra profesora. 2. . . .nuestro coche. 3. No. Son nuestros padres. 4. . . .nuestras amigas. 5. . . .nuestros amigos. **Exercise III.** 1. Sí. Uso tu abrigo. 2. . . .tus pantalones 3. . . .Leo tu diario. 4. . . .Deseo tus casetes. 5. . . . Necesito tus discos compactos. **Exercise IV.** 1. No son los lápices de él. Son de ella. 2. . . .las camisas de él. Son de ella. 3. No es la amiga de él. Es de ella. 4. . . .el reloj de él. Es de ella. 5. No son los hermanos

de él. Son de ella. **Exercise V.** 1. No es el coche de Uds. Es el coche de ellos. 2. . . . la pelota de Uds. Es la pelota de ellos. 3. No son las chaquetas de Uds. Son las chaquetas de ellos. 4. . . .los abrigos de Uds. Son los abrigos de ellos. 5. No es la familia de Uds. Es la familia de ellos. **Exercise VI.** 1. Vendo mis coches. 2. . . .nuestras cartas. 3. . . .sus lecciones. 4. . . .sus cuartos. 5. . . .tu casa. 6. . . .su examen. 7. . . .nuestro mapa. 8. . . .nuestra respuesta. 9. . . .su casa. 10. . . .sus preguntas. **Exercise VII.** 1. mi 2. tu 3. nuestras . . . tus . . . mis 4. nuestros. **Exercise VIII.** Ad lib.

Work Unit 18:
Answers to Reading Exercises: Casa a la venta
Exercise I. (A) 1. Carlos ve un letrero delante de una casa. 2. Quiere ver la casa porque está a la venta. 3. En la cocina hay un refrigerador y una estufa. 4. Los dormitorios son grandes y claros. 5. Él va a poner su casa a la venta. **Ex. I. (B)** 1. Generalmente hay un refrigerador y una estufa en una cocina. 2. Hay . . . habitaciones en mi apartamiento. Son . . . 3. Hay casas modernas, trenes y autobuses. Hay muchas tiendas allí etc. 4. Pongo las palabras: Casa a la venta 5. Digo: Buenos días, ¿qué tal? **Exercise II.** 1. g 2. e 3. b 4. h 5. f 6. d 7. c 8. a **Exercise III.** 1. Casa a la venta. Pida informes adentro. 2. Toca a la puerta y espera unos momentos. 3. Buenos días, ¿en qué puedo servirle? 4. Mucho gusto en conocerle. 5. Dígame algo del vecindario. **Exercise IV.** 1. c, f 2. a, g 3. b 4. d 5. e, h **Exercise V.** Ad lib.

Answers to Grammar Exercises: Demonstrative Adjectives
Exercise I. (A) 1. Compro esta tiza. 2. Compro estas plumas. 3. Compro este lápiz. 4. Compro estos papeles. 5. Compro esta pintura. **Ex. I. (B)** 1. ¿Deseas esa silla ahí? 2. ¿Deseas ese escritorio ahí? 3. ¿Deseas esos periódicos ahí? 4. ¿Deseas esos libros ahí? 5. ¿Deseas esas plumas ahí? **Ex. I. (C)** 1. Miren aquellas fotografías allí. 2. Miren aquellas pinturas allí. 3. Miren aquella obra de arte allí. 4. Miren aquel cuadro allí. 5. Miren aquella estatua allí. **Exercise II.** 1. Reciben este papel y aquel libro. 2. Esta palabra . . . esa frase 3. . . .ese profesor . . . aquel alumno. 4. . . .esa puerta . . .aquella ventana. 5. . . .este pañuelo . . . ese zapato? **Exercise III.** 1. Leemos estos periódicos y esos artículos. 2. . . .estas sillas . . . aquellas camas 3. estos sombreros . . . aquellos vestidos. 4. . . . esas clases . . . aquellos profesores. 5. . . . esos vestidos . . . aquellas faldas. **Exercise IV.** 1. ¿Este amigo? Sí, gracias. 2. ¿Esta revista? . . . 3. ¿Estos cuentos? . . . 4. ¿Estas fotos? . . . 5. ¿Este papel? . . . **Exercise V.** 1. ¿Ese postre? No, gracias. 2. ¿Esa gramática? . . . 3. ¿Esos libros? . . . 4. ¿Esas manzanas? . . . 5. ¿Esos amigos? . . . **Exercise VI.** 1. este . . . ese 2. aquel 3. estos . . . esos 4. aquellos 5. aquellas . . . aquella 6. estas . . . esta 7. esa . . . 8. esas. **Exercise VII.** Ad lib.

Work Unit 19:
Answers to Reading Exercises: ¡Qué dientes tan grandes tienes!
Exercise I. (A) 1. f 2. c 3. f 4. f 5. f 6. c **Ex. I. (B)** 1. Contesto: —Soy yo. 2. Uso una pasta dentífrica. 3. (No) hay mucha diferencia . . . 4. Un buen nombre es. . . 5. Un animal que tiene los dientes grandes es el perro, (el elefante, etc.) **Exercise II.** Personalized answers: Ad lib. **Exercise III.** 1. frutas 2. dulces 3. flor 4. huevo 5. helado.

Answers to Grammar Exercises: Adverbs; Exclamatory ¡Qué!
Exercise I. 1. Pasan los domingos perezosamente. 2. Llega misteriosamente. 3. Reaccionan nerviosamente. 4. La contestan felizmente. 5.Van alegremente. **Exercise II.** 1. Juan estudia poco. 2. . . .ahora. 3. Nunca. . . 4. menos. . . 5. . . .cerca. 6. Mañana. . . 7. . . . allí 8. después. 9. . . .tarde. 10. . . .mal. **Exercise III.** 1. Explica lenta y claramente. 2. Comprendemos exacta y perfectamente. 3. Enseña sincera y honestamente. 4. Escucha simpática y amablemente. 5. Corren tonta y locamente. **Exercise IV.** 1. ¡Qué rápido corren los trenes! 2. ¡Qué lejos . . . ! 3. ¡Qué cerca . . . ! 4. ¡Qué pobre . . . ! 5. ¡Qué ricos . . . ! **Exercise V.** 1. ¡Qué casas! ¡Qué casas tan altas! 2. ¡Qué madre! ¡Qué madre tan buena! 3. ¡Qué niños! ¡Qué niños tan lindos! 4. ¡Qué cielo! ¡Qué cielo tan azul! 5. ¡Qué escuela! ¡Qué escuela tan grande! **Exercise VI.** 1. ¡Qué día tan interesante! 2. ¡Qué año tan importante! 3. ¡Qué muchacho tan simpático! 4. ¡Qué profesores tan amables! 5. ¡Qué clases tan buenas! **Exercise VII.** Ad lib.

Work Unit 20:
Answers to Reading Exercises: ¿Qué dice el horóscopo?
Exercise I. (A) 1. supersticiosas 2. fortuna 3. las noticias, los deportes 4. Acuario 5. gastar dinero **Ex. I. (B)** 1. Leo la sección de. . . 2. El día de mi nacimiento es. . . 3. Mi signo del zodíaco es. . . 4. Puedo ganar. . . 5. Un cartero trae las cartas. **Exercise II.** SIEMPRE ES IMPORTANTE ESTU-DIAR EL ESPAÑOL **Exercise III.** 1. h, e 2. d 3. c, g 4. a 5. b, f. **Exercise IV.** 1. ¡No pierda el tiem-po! Su oportunidad está aquí. 2. ¡Defienda sus derechos! ¡No sea tímido! 3. ¡Cambie su fortu-na! Ud. tiene suerte. 4. ¡Tenga paciencia! Su signo es favorable. 5. ¡No gaste mucho dinero! 6. Ad lib. 7. Ad lib.

Answers to Grammar Exercises: Stem-Changing Verbs of *ar* and *er* Infinitives
Exercise I. (A) 1. Tú piensas ir mañana. 2. Diego piensa. . . 3. Diego y María piensan . . . 4. Tú y yo pensamos . . . 5. Uds. piensan . . . 6. Yo pienso . . . **Ex. I. (B)** 1. ¿Almuerza Ud. a las doce? 2. ¿Almorzamos. . .? 3. ¿Almuerzan. . .? 4. ¿Almuerza. . .? 5. ¿Almuerzo. . .? 6. ¿Almuerzas. . .? **Exercise II.** 1. Ellos comienzan el examen. 2. ¿Encuentras tú. . .? 3. Ana y él entienden. . . 4. Él empieza. . . 5. Uds. no vuelven a. . . 6. Ella pierde. . . 7. Ud. no lo cierra. . . 8. Yo recuerdo. . . 9. ¿No lo empiezan ellas. . .? 10. Nosotros contamos. . . **Exercise III.** 1. Uds. comienzan a las cuatro. 2. Uds. cierran los libros a las diez. 3. Uds. pueden venir temprano. 4. Uds. vuelan a Madrid. 5. Nosotros queremos viajar en coche. 6. Nosotros no entendemos la novela. 7. Nosotras encontramos comida en la cafetería. 8. Yo nunca cuento los dólares. 9. Yo pierdo dos dólares. 10. Tú vuelves a casa con nosotros. **Exercise IV.** 1. Nosotros no empezamos la comida ahora. Ella sí que empieza la comida ahora. 2. . . . no almorzamos . . . almuerza . . .3. no entendemos . . . . .entiende . . .4. . .no comenzamos a comer . . . comienza a comer . . . 5. . . . no movemos . . . mueve . . . 6. . . . no cerramos . . . . . . cierra . . . 7. . . . no queremos . . . . . . quiere . . . 8. no podemos comer . . . . . . puede 9. no volvemos . . . . . . vuelve . . . 10. no jugamos . . . juega . . . **Exercise V.** 1. ¡No pierda Ud.! 2. ¡No perdamos! 3. ¡No piensen Uds.! 4. ¡No pensemos! 5. ¡No cuente Ud.! 6. ¡No contemos! 7. ¡No defiendan Uds.! 8. ¡No defendamos! 9. ¡No vuelva Ud.! 10. ¡No volvamos! **Exercise VI.** 1. (Yo) pienso en el trabajo. 2 (Yo) comienzo 3. (Yo) no entiendo. . . 4. (Yo) pierdo . . . 5. Yo cierro . . . 6. Yo quiero . . . 7. Yo almuerzo . . . 8. Yo recuerdo . . . 9. Yo vuel-vo . . . 10. Yo muestro . . . **Exercise VII.** Ad lib.

Work Unit 21:
Answers to Reading Exercises: Quiero ser rico
Exercise I. (A) 1. Teodoro va a graduarse. 2. Está allí cinco años. 3. Quiere ser rico. 4. Tiene miedo de los aviones. **Ex. I. (B)** 1. Voy a terminar. . . 2. Quiero ser. . . 3. Quiero ser rico porque. . . 4. Como médico (abogado etc.) voy a recibir un buen sueldo. **Exercise II.** 1. Finalmente va a graduarse. 2. Quiere encontrar trabajo lo más pronto posible. 3. Quiero ganar mucho dinero. 4. Quiero un trabajo fácil para descansar. **Exercise III.** Ad lib.

Answers to Grammar Exercises: The Complementary Infinitive: The Infinitive after *ir a*, *tener que*, and *para*
Exercise I. 1. (Yo) tengo que comer. 2. (Tú) tienes que . . . 3. Juan tienen que . . . 4. Uds. tienen que . . . 5. Ud. tiene que . . . 6. Ana y yo tenemos que . . . 7. Juan y Ana tienen que . . . **Exercise II.** 1. Los tíos no van a leer esta noche. 2. Susana no va a . . . 3. Tú no vas a . . . 4. Uds. no van a . . . 5. Marta y yo no vamos a . . . 6. Yo no voy a . . . 7. Él no va a . . . **Exercise III.** 1. ¿Estudiamos para comprender? 2. ¿Sabemos más después de estudiar? 3. ¿Charlamos antes de dormir? 4. ¿Compramos flores para alegrar a la madre? 5. ¿Necesitamos dinero por ser pobres? **Exercise IV.** 1. Por amor 2. Por suerte 3. Para mis hijos 4. Para salir 5. Para 6. Por 7. Para 8. Por **Exercise V.** 1. — 2. para 3. a 4. que 5. — 6. a 7. — 8. a (para) 9. — 10. — **Exercise VI.** Ad lib.

Work Unit 22:
Answers to Reading Exercises: ¡Qué vida tan cruel!
Exercise I. (A) 1. A las doce todas las mujeres miran un programa en la televisión. 2. Alfonso y Adela llevan una vida triste. 3. Alfonso trae una mala noticia. 4. Raúl y Rodrigo están ahora en la

prisión. 5. Gustavo vuelve temprano a la casa. **Ex. I. (B)** 1. Mi papá se sienta en el sillón y lee el periódico. 2. Tengo que guardar cama. 3. Hay dinero dentro de mi cartera. 4. Puedo comprar un disco, ropa, etc. 5. Una persona pierde su empleo, está enferma, va al hospital, etc. **Exercise II.** 1. Llora constantemente durante toda una hora. 2. Tengo una mala noticia para ti. 3. Nuestros hijos son adorables pero estúpidos. 4. Todos tenemos que buscar otro empleo. **Exercise III.** 1. a, h 2. f 3. b 4. d, f 5. c, e **Exercise IV.** Ad lib.

Answers to Grammar Exercises: Prepositional Pronouns

Exercise I. 1. Compran el regalo con él y es para él. 2. . . . con ellos . . . para ellos. 3. . . . con ella . . . para ella. 4. . . . con ellas . . . para ellas. 5. . . . conmigo . . . para mí. 6. . . .contigo . . . para ti. 7. . . . con Uds. . . . para Uds. 8. . . con nosotros . . . para nosotros. 9. . . . con vosotros . . . para vosotros. 10. . . . con Ud. . . . para Ud. **Exercise II.** 1. Vivo cerca de ellos. 2. . . . sin ellos. 3. . . . para ellas. 4. . . . a Uds. 5. . . . con nosotros. **Exercise III.** 1. Trabajo dentro de la oficina. 2. Escribo sin computadoras. 3. Hay mucho tráfico delante del edificio. 4. Hay mucho ruido arriba de los techos. 5. Deseo vivir más cerca del trabajo. **Exercise IV.** 1. ¿Para mí? Gracias. 2. ¿Conmigo? . . . 3. ¿Sin mí? . . . 4. ¿Cerca de nosotros -as? . . . 5. ¿Con Vds? . . . **Exercise V.** 1. Sí. Asisten conmigo. 2. . . . con nosotros. 3. . . . conmigo. 4. . . . con Uds. 5. . . . contigo (con Ud.). **Exercise VI.** 1. Compran el regalo para mí y para él. 2. El niño juega conmigo y con mi amigo. 3. Ella corre a él, no a Ud. 4. El hombre trabaja sin nosotros y sin ella. 5. Ella vive cerca de ti, Pedro, y al lado de ellos. **Exercise VII.** Ad lib.

Work Unit 23:
Answers to Reading Exercises: ¡Vamos a construir una casa!
Exercise I. (A) 1. Esmeralda tiene seis años. 2. Está sola y está cansada de jugar con su muñeca. 3. El padre trabaja, los hermanos están en la escuela y la madre está en la casa de una vecina. 4. Hace mal tiempo. Hace frío y llueve. 5. Su muñeca, Pepita, va a estar sola. **Ex. I. (B)** 1. Miro la televisión, leo un libro, etc. 2. Estoy aburrido en mi clase de . . . porque . . . 3. La puerta sirve para entrar y salir. 4. Vivo en . . . 5. Hay mapas, cuadros, etc. en las paredes. **Exercise II.** 1. caja 2. lados 3. paredes 4. techo 5. puerta 6. entran 7. salen 8. puerta 9. ventanas 10. aire 11. árboles **Exercise III.** Compositions are Ad lib.

Answers to Grammar Exercises: Direct Object Pronouns
Exercise I. 1. Sí que los tienes. 2. . . . lo toman. 3. . . . la tiene. 4. . . . las sabe. 5. . . . lo tienen. **Exercise II.** 1. Me necesitan a mí en el jardín. 2. La ven a Ud. . . . 3. Lo observan a él. 4. Te permiten a ti. 5. Los hallan a Uds. 6. Nos describen a nosotros. 7. Las buscan a ellas. **Exercise III. (A)** 1. Sí que la invitan a ella. 2. . . . lo prefieren a él. 3. . . . las quieren a ellas. 4. . . . los ven a ellos. 5. . . . los escuchan a ellos. **Ex. III. (B)** 1. Sí, los ven a Uds. 2. . . . lo necesitan a Ud. (te necesitan a ti). 3. . . . me comprenden a mí. 4. . . . nos visitan a nosotros 5. . . . me observan a mí. **Exercise IV. (A)** 1. No deseo leerlo. 2. ¿No quiere visitarlos? 3. No vamos a comerte. 4. ¿No pueden vernos? 5. No deben mirarme. 6. No voy a construirla. **Ex. IV. (B)** 1. No te esperamos ver. 2. ¿No las sabes hacer? 3. No la prefiere contestar. 4. ¿No me pueden comprender? **Exercise V.** 1. Sí, los llevo. 2. Sí, las llevo. 3. Sí, te llevo. 4. Sí, las llevo. 5. Sí, la llevo. **Exercise VI.** 1. ¡No lo enseñe Ud.! 2. ¡No me llame Ud.! 3. ¡No la visiten Uds.! 4. ¡No nos miren Uds.! 5. ¡No los invitemos! **Exercise VII.** 1. ¡Visítelo Ud.! 2. ¡Mírennos Uds.! 3. ¡Contestémosla! 4. ¡Úselos Ud.! 5. ¡Imítenme Uds.! **Exercise VIII.** 1. Sí, yo la veo. 2. No, ella no me mira. 3. Sí, lo saluda ella a él. 4. Él la lleva mucho al cine. 5. Sus padres no lo saben. 6. No quiero saludarla. 7. ¡Salúdela Ud.! 8. No. ¡No la salude Ud.! Yo voy a saludarla mañana. 9. ¡Entonces, saludémosla juntos! **Exercise IX.** Ad lib.

Work Unit 24:
Answers to Reading Exercises: Un hombre moral
Exercise I. 1. el trabajo 2. despacho. . .abogado 3. varios papeles. . .clasificarlos 4. esquina. . . mal vestido 5. cartera. . .bolsillo. . .pantalón 6. dejó caer. **Exercise II.** 1. 5, 2, 4, 3 **Exercise III.** 1. f 2. i 3. m 4. a 5. h 6. b 7. c 8. o 9. l 10. d 11. n 12. k 13. e 14. j 15. g **Exercise IV.** 1. h 2. d, a 3. b, f 4. g 5. c, e. **Exercise V.** Compositions are Ad lib.

Answers to Grammar Exercises: Indirect Object Pronouns

Exercise I. 1. Los mariachis me cantan. 2. . . .le 3. . . .le 4. . . .te 5. . . .le 6. nos. . . 7. les . . . 8. les. . . 9. . . .les 10. . . .les **Exercise II.** 1. El les da el violín a Pedro y a Anita. 2. Ella les dice . . . a los alumnos. 3. . . . les escriben . . . a Ana y a María. 4. . . . nos traen . . . a nosotros. 5. . . . les explica . . . a Elisa y a Ud. **Exercise III. (A)** 1. No les deseo leer. 2. No nos quieren hablar. 3. No te puede mostrar. 4. ¿No me van a cantar? 5. ¿No le debemos decir? **Ex. III. (B)** 1. No quiero hablarles. 2. No deseo cantarle. 3. No espera escribirme. 4. No pueden explicarte. 5. No van a cantarnos. **Exercise IV.** 1. ¡Hábleme Ud.! 2. ¡Escríbanos Ud.! 3. ¡Respóndannos Uds.! 4. ¡Léannos Uds.! 5. ¡Vendámosle! **Exercise V.** 1. ¡No nos muestre Ud.! 2. ¡No nos lea Ud.! 3. ¡No me enseñen Uds.! 4. ¡No les escriban Uds.! 5. ¡No le respondamos! **Exercise VI.** 1.a. Estoy escribiéndoles. b. Les estoy escribiendo. 2.a. Estamos mandándolos. b. Los estamos mandando. 3.a. Están pagándola. 3.b. La están pagando. 4.a. Mi madre está dándole. 4.b. Le está dando. 5.a. Mi hermana está distribuyéndolo. 5.b. Lo está distribuyendo. . . . **Exercise VII.** 1. Favor de decirme. 2. ¡Claro! Papá siempre te da dinero. 3. ¿Y tú me das regalos a mí? 4. Sí, eso es darnos alegría. 5. Favor de darles algo fantástico. **Exercise VIII.** Ad lib.

Work Unit 25:
Answers to Reading Exercises: No me gustan la hamburguesas

Exercise I. (A) 1. Está contento porque sale con Beatriz. 2. Julio pregunta: —¿Quieres ir a tomar algo? 3. Julio tiene solamente diez dólares, y la paella cuesta veinte dólares. 4. Es una mezcla de arroz, pollo, mariscos y legumbres. 5. Él no tiene bastante dinero. **Ex. I. (B)** 1. Mi comida favorita es . . . 2. Algunos refrescos son: la leche, el vino, la Coca-Cola, el té, y el café. 3. Generalmente como papas fritas con una hamburguesa. 4. Necesito . . . dólares **Exercise II.** 1. mariscos 2. arroz 3. camarero 4. huevo 5. plato 6. duro(s) 7. caro 8. noche 9. sábado 10. cine 11. más 12. año 13. muy 14. qué 15. un 16. ojo. **Exercise III.** Compositions are Ad lib.

Answers to Grammar Exercises: *Gustar* to be pleasing, to like

Exercise I. 1. No le gusta el arroz. 2. . . . no le gustan. . . 3. no le gustan . . . 4. no le gusta . . . 5. no le gustan . . . **Exercise II.** 1. A nosotros no nos gustan las peras. 2. A Ud. no le gustan . . . 3. A Uds. no les gustan . . . 4. A mis hermanas no les gustan . . . 5. A su amigo no le gustan . . . 6. A Luisa y a Juan no les gustan . . . 7. A ti no te gustan . . . 8. A mí no me gustan . . . 9. A Pedro no le gustan . . . 10. A Lola no le gustan . . . **Exercise III.** 1. A nosotras sí nos gusta tomar café. 2. A Juan sí le gusta el tenis. 3. A las maestras sí les gustan las clases. 4. A mi amiga sí le gusta ir. 5. A mí sí me gustan . . . 6. A ti sí te gustan . . . 7. A Ud. sí le gustan . . . 8. A los chicos sí les gusta . . . 9. A nosotros sí nos gustan . . . 10. A Uds. sí les gusta bailar. **Exercise IV.** 1. —Me gusta mucho. 2. —Nos gusta . . . 3. —Me gustan. . . 4. —Nos gustan . . . 5. —Me gusta . . . **Exercise V.** 1. —A nosotros no nos gusta. 2. —A él no le gusta. 3. —A ella no le gustan. 4. —A ellos no les gustan. 5. A ellas no les gusta. **Exercise VI.** 1. te gusta 2. me gusta 3. A . . . les gusta 4. . . . él . . . le gusta . . . ella . . . le 5. . . . mí me gusta **Exercise VII.** Ad lib.

Work Unit 26:
Answers to Reading Exercises: Una noticia confusa

Artículo (p. 261): 1. criminales 2. 21 3. prisión 4. desesperados 5. descubrieron 6. garaje 7. descripciones 8. 36 9. cien 10. ladrones 11. automóvil 12. libertad. **Exercise I.** 1. Toma asiento en un sillón, fuma su pipa y lee el periódico. 2. Nota que falta un gran número de palabras. 3. Teresita cortó una docena de palabras del artículo. 4. Tiene que poner las palabras en los espacios. 5. Se escaparon en un viejo coche Chevrolet. **Exercise II.** 1. e 2. c 3. a 4. b 5. d **Exercise III.** Ad lib. **Exercise IV.** 1. h, a 2. g, b 3. d, e 4. c 5. f.

Answers to Grammar Exercises: The Preterite Indicative: Regular Verbs

Exercise I. 1. Juan entró a las tres y salió a las cuatro. 2. Tú entraste . . . saliste . . . 3. Tú y yo entramos . . . salimos . . . 4. Ud. entró . . . salió . . . 5. Uds. entraron . . . salieron . . . 6. Mis amigos entraron . . . salieron . . . 7. Yo entré . . . salí . . . **Exercise II.** 1. Ud. recibió la carta anoche. 2. Yo corté . . . 3. Yo rompí . . .4. Nosotros encontramos . . . 5. María buscó . . . 6. Uds. terminaron . . . 8. Pedro y Juan escribieron . . . 8. Tú respondiste . . . 9. Él y yo perdimos . . . 10. Tú describiste . . . **Exercise III.** 1. a. —Sí, usé el sombrero. b. —Mi madre usó el sombrero también. 2. a. . . . aprendí . . . b. —Mi hermano aprendió . . . 3. a. . . . invité . . . b. Los padres invitaron . . . 4. a. . . . recibí . . . b. —Ud. recibió (tú recibiste) . . . 5. a. . . . bailaron . . . b. —Mi prima bailó . . . 6. a. . . . bebimos . . . b. —Las chicas bebieron . . . 7. a. . . . visitó . . . b. —Tú y yo visitamos . . . 8. a. . . . comió . . . b. —Ellas comieron . . . 9. a. . . . saludaron . . . b. —Yo saludé . . . 10. a. . . . Ud. recibió (tú recibiste) . . . b. —Nosotros recibimos . . . **Exercise IV.** 1. Juan entró en la cocina. 2. Tomó . . . 3. Comió . . . bebió 4. . . . llegaron . . . 5. Comieron . . . 6. . . . salieron . . . aprendieron . . . 7. Escucharon . . . practicaron . . . 8. contestamos 9. aprendimos . . . escribimos . . . 10. . . . estudié . . . asistí . . . **Exercise V.** Ad lib.

Work Unit 27:
Answers to Reading Exercises: ¡Los muchachos de hoy son horribles!
Exercise I. (A) 1. F 2. F 3. F 4. C 5. C **Ex. I. (B)** 1. La generación de hoy (no) tiene . . . 2. (no) doy mi asiento a un anciano. 3. Yo leo . . . 4. Mis padres (no) tienen siempre razón. **Exercise II.** 1. entró 2. Vi . . . molestó 3. quiso darle 4. sacaron, empezaron 5. necesitaron **Exercise III.** 1. Entra en la sala 2. Tengo algo aquí que va a ser interesante para Ud. 3. Nadie quiso darle el asiento. 4. La pobre señora tuvo que estar de pie. 5. Soy mejor hombre por eso. 6. ¿No cree Ud. que es un poco exagerado? **Exercise IV.** Compositions are Ad lib.

Answers to Grammar Exercises: The Preterite Indicative: Irregular Verbs
Exercise I. (A) 1. Yo tuve la carta ayer y la puse en la mesa. 2. Pedro tuvo . . . puso . . . 3. Pedro y yo tuvimos . . . pusimos . . . 4. Ud. tuvo . . . puso . . . 5. Los chicos tuvieron . . . pusieron . . . **Ex. I. (B)** 1. Uds. hicieron la tarea y la trajeron a la clase. 2. Ud. hizo . . . trajo . . . 3. Yo hice . . . traje . . . 4. La alumna hizo . . . trajo . . . 5. Nosotros hicimos . . . trajimos . . . **Ex. I. (C)** 1. Mi madre dijo que sí y dio las gracias. 2. Ud. dijo . . . dio . . . 3. Yo dije . . . di . . . 4. Nosotros dijimos . . . dimos . . . 5. Los abuelos dijeron . . . dieron . . . **Ex. I. (D)** 1. La niña fue buena cuando vino a la clase. 2. Yo fui bueno . . . vine . . . 3. Tú fuiste bueno . . . viniste . . . 4. Ellas fueron buenas . . . vinieron . . . 5. Ellas y yo fuimos buenos . . . vinimos . . . **Ex. I. (E)** 1. Yo fui al teatro donde vi una buena comedia. 2. Diego fue . . . vio . . . 3. Diego y yo fuimos . . . vimos . . . 4. Mi amiga fue . . . vio . . . 5. Tú fuiste . . . viste . . . **Ex. I. (F)** 1. Los primos leyeron la frase y la creyeron. 2. Nosotras leímos . . . creímos. 3. Yo leí . . . creí 4. Tú leíste . . . creíste. 5. Ud. leyó . . . creyó. **Ex. I. (G)** 1. María oyó gritos cuando estuvo . . . 2. Ellos oyeron . . . estuvieron . . . 3. María y yo oímos . . . estuvimos . . . 4. Tú oíste . . . estuviste . . . 5. Yo oí . . . estuve . . . **Ex. I. (H)** 1. Juan anduvo mucho y supo que pudo hacerlo porque quiso hacerlo. 2. Juan y yo anduvimos . . . supimos . . . pudimos . . . quisimos. 3. Juan y Ana anduvieron . . . supieron . . . pudieron . . . quisieron. 4. Yo anduve . . . supe . . . pude . . . quise. 5. Tú anduviste . . . supiste . . . pudiste . . . quisiste. **Exercise II.** 1. Las piedras cayeron. 2. Las niñas vinieron. 3. Nosotros tuvimos tuvimos razón. 4. Nosotros hicimos los viajes. 5. Ellos hicieron los viajes. 6. Ellas trajeron las revistas. 7. Uds. fueron a los cines. 8. Nosotros fuimos excelentes. 9. Uds. dijeron las frases. 10. Uds. dieron ayuda. 11. Ellos oyeron los discos. 12. Uds. creyeron los artículos. 13. Ellas leyeron los cuentos. 14. Ellas fueron bonitas. 15. Nosotros fuimos a los mercados. **Exercise III.** 1. Mis amigos estuvieron . . . 2. Fui a la tienda. 3. Traje tres dólares. 4. Yo hice las compras. 5. Nosotros pusimos las compras en la mesa. **Exercise IV.** 1. Vine a la casa de Anita. 2. Fue . . . 3. Ella tuvo . . . 4. Ellos le dijeron . . . 5. Luego oyeron . . . 6. Pudieron . . . 7. Quise . . . 8. . . . tuve que . . . 9. Anduve . . . 10. Supe que fue . . . **Exercise V.** Ad lib.

Work Unit 28:
Answers to Reading Exercises: La justicia siempre triunfa
Exercise I. 1. Hay una docena de espectadores. 2. Chocó con la bicicleta de un muchacho. 3. Dice que Ramírez es un hombre honrado. 4. Protesta porque el testigo dio su opinión. 5. El juez está enojado porque el testigo no vio el accidente. **Exercise II.** 1. ¿Qué puede Ud. decirnos en su defensa? 2. El señor es un hombre honrado. 3. Aquí no nos importan las opiniones. 4. El accidente ocurrió a las diez. **Exercise III.** 1. abogado 2. acusado 3. drama 4. coche 5. juez 6. testigo 7. borracho 8. fiscal 9. menos 10. acto 11. todo 12. como 13. diez **Exercise IV.** 1. e, g 2. a 3. c 4. b, d 5. f. **Exercise V.** Ad lib.

ANSWER KEY

Answers to Grammar Exercises: *Nunca, nada, nadie* in Emphatic and Unemphatic Negation:
Exercise I. (A) 1. Nadie comprende todos los idiomas. 2. Nadie estudia . . . 3. Nadie lee . . .
Ex. I. (B) 1. Nunca como despacio. 2. Nunca estoy . . . 3. Nunca tengo . . . **Ex. I. (C)** 1. Los chicos
nada compraron para el viaje. 2. Ellos nada recibiron . . . 3. Juan nada comió . . . **Exercise II.**
1.a. No quiero ni dormir ni descansar. b. Tampoco quiero escuchar música. 2.a. No puedo ni
comer ni beber. b. Tampoco puedo andar. 3.a. No me gusta ni leer ni mirar T.V. b. Tampoco me
gusta salir al jardín. 4.a. No es posible asistir ni al cine ni al teatro. b. Tampoco es posible
asistir al concierto de jazz y salsa. **Exercise III.** 1. María y yo no leímos nada. 2. No mira nadie
la televisión cuando lee. 3. María no quiere tomar ni la sopa ni la ensalada. 4. No desea comer
unas frutas tampoco. 5. No quiere comida ninguna. **Exercise IV. (A)** 1. a. ¿Siempre? Yo nunca
canto en casa. b. Yo no canto nunca. 2. a. Ud. nunca toma el desayuno temprano. b. Ud. no
toma nunca el desayuno temprano. 3. a. Laura y Antonio nunca pasan el verano en la escuela.
b. Laura y Antonio no pasan nunca el verano en la escuela. **Ex. IV. (B)** 1. a. ¿María? Nadie vino
a mi casa con esquíes. b. No vino nadie. 2. a. ¿La familia? Nadie fue a esquiar en el invierno. b.
No fue nadie a esquiar. 3. a. ¿Ellos? Nadie tiene esquíes. b. No tiene nadie esquíes. **Ex. IV. (C)**
1. a. ¿Algo? Él nada sabe de México. b. Él no sabe nada. 2. a. ¿Algo? Él nada contestó a la pro-
fesora. b. Él no contestó nada. 3. a. ¿Algo? Los niños nada oyen. b. No oyen nada. 4. a. ¿Algo?
Los turistas nada necesitan. b. No necesitan nada. **Ex. IV. (D)** 1. a. Ningún regalo compraron. b.
No compraron ningún regalo. 2. a. Ningunas flores llevaron. b. No llevaron ningunas flores. 3. a.
Ni el padre ni la madre fue con ellos. b. No fue con ellos ni el padre ni la madre. 4. a. Tampoco
fue la hermana con ellos. b. La hermana no fue tampoco. **Exercise V.** 1. Nadie prepara un
desayuno como nuestra madre, ¿verdad? 2. Nuestro padre y yo nunca preparamos el desayuno.
3. Pero mi hermana nada toma para el desayuno ni tú tampoco, ¿verdad? 4. Tú no comes ni
tomas jugo de naranja, ¿verdad? 5. Tú no tomas nada (tú nada tomas). ¡Solamente café! Ningún
desayuno es malo para la salud, ¿verdad? **Exercise VI.** Ad lib.

Work Unit 29:
Answers to Reading Exercises: ¿Loco o cuerdo?
Exercise I. (A) 1. Se proponían leer las aventuras de Don Quijote. 2. Se reían mucho. 3. Don
Quijote entró en la discusión. 4. Representaba a los malhechores. 5. Era buscar su juventud,
remediar las injusticias y defender a los indefensos. **Ex. I. (B)** 1. El . . . es más cuerdo. 2.
Podemos remediar grandes injusticias . . . 3. Me gusta más . . . 4. Porque . . . 5. Don Quijote está
. . . . **Exercise II.** Ad lib.

Answers to Grammar Exercises: Imperfect Tense
Exercise I. 1. Eran las ocho de la noche. 2. Estábamos en la calle. 3. Yo esperaba a mi familia.
4. Yo veía a alguna gente. 5. Nosotros todos íbamos al festival en la calle Ocho. 6. Queríamos
mirar los fuegos artificiales. 7. Todos celebrábamos el Cuatro de julio. 8. Verdad, no sabíamos
nada del crimen ni conocíamos a los malhechores. **Exercise II.** 1. Ya la sabía antes. 2. Ya lo
entendía antes. 3. Ya lo tenía antes. 4. Ya los conocíamos antes. 5. Él ya estaba allí antes de las
cuatro. **Exercise III.** 1. Íbamos a veces. 2. La veíamos repetidas veces. 3. A menudo com-
prábamos entradas caras. 4. Otros estrenos eran buenos de vez en cuando. 5. Algunas veces
nos gustaban las rositas de maíz que comíamos. **Exercise IV.** Ad lib.

Work Unit 30:
Answers to Reading Exercises: Luna de miel
Exercise I. (A) 1. Proponen regalar para la luna de miel un paseo a la estación espacial. 2.
Costará cuarenta millones de dólares. 3. Unos pocos millonarios ya hicieron un viaje a la estación
espacial. 4. Prefiere una casa moderna y bien equipada. 5. Tienen el problema de no tener
bastantes millones. **Ex. I (B)** 1. Desearía ir a . . . 2. Es posible ver planetas, satélites y la luna.
3. Aceptaría para una boda . . . 4. Es mejor . . . porque . . . **Exercise II.** Ad lib.

Answers to Grammar Exercises: The Future and the Conditional Tenses
Part One: Exercise I. 1. Todos los millonarios viajarán al espacio. 2. La gente usará carros eléc-
tricos. 3. Nosotros comeremos sólo píldoras. 4. Yo iré a la luna. 5. Nadie será ignorante. **Exercise**

II. 1. Mañana todos tendremos que tomar el tren a las seis. 2. Tú te pondrás el abrigo y saldrás a las cinco. 3. Los otros saldrán temprano también. 4. Yo vendré a la estación antes que todos. 5. Así valdrá la pena ir al campo por un fin de semana. **Exercise III.** Te diré más mañana. 2. Habrá mucho mañana. 3. Podrás (podrá) hacerlo pasado mañana. 4. Sabré explicártelo pronto. 5. Algunos sí querrán ayudarnos. 6. Posiblemente cabremos todos en un solo carro. 7. Haremos el viaje en dos carros. **Part Two: Exercise I.** 1. Amaría . . . 2. llevaría . . . 3. asistiríamos . . . 4. Recordarían . . . 5. caminarían . . . **Exercise II.** 1. De tener . . . la familia volaría a Puerto Rico. 2. De tener . . . leeríamos algo de la isla antes. 3. De tener . . . tú recibirías (Ud. recibiría) tarjetas de cada ciudad. 4. De tener una buena razón pospondría el viaje. 5. Todos obtendrían sus visas a tiempo. 6. Nosotros saldríamos pronto. 7. Valdría la pena ir por un mes. 8. La familia querría vivir allí. **Exercise V.** Ad lib.

Work Unit 31:
Answers to Reading Exercises: Número equivocado
Exercise I. (A) 1. Quieren arreglar asientos vecinos en el avión. 2. Perdió el papelito con el número de teléfono y la dirección de María. 3. Marcó un número equivocado tres veces. 4. Tuvo que esperarlo en la calle y llegar sola al aeropuerto. 5. Va a buscar ocasión para explicarse o en el vuelo o en su vida con ella más tarde. **Ex. I. (B)** 1. Voy al aeropuerto de . . . 2. Digo, "Usted tiene el número equivocado." 3. Estoy . . . 4. Uso más . . . **Exercise II.** Ad lib.

Answers to Grammar Exercises: The Reflexive Verbs
Exercise I. 1. Yo me despierto y me levanto. 2. Tú te afeitas y te peinas. 3. La familia de arriba se lava y se baña. 4. Nos quitamos el pijama y nos ponemos la ropa para el día. 5. Las familias ya se sientan a la mesa y se desayunan. 6. Uds. se van y se apuran. 7. De noche nos sentimos bien y nos divertimos. 8. Luego todos se acuestan y se duermen a las diez. **Exercise II.** 1. ¡Acuérdense de la mala noticia! 2. ¡Apúrese Ud. ahora!. 3. ¡Póngase la chaqueta nueva! 4. ¡Quitémonos el sombrero! 5. ¡Siéntense en el sofá! **Exercise III.** 1. Sí, los hermanitos están bañándose. 2. Sí, mi hermana está vistiéndose. 3. Sí, mi papá está afeitándose. 4. Sí yo estoy apurándome. 5. Sí, estamos preparándonos para salir ahora. **Exercise IV.** 1. Sí, quiero despertarme a tiempo. 2. Todos pueden levantarse temprano. 3. Debemos quitarnos el pijama y vestirnos rápido. 4. La familia desea desayunarse o en casa o afuera. 5. Voy a divertirme junto con la familia. **Exercise V.** Ad lib.

Work Unit 32:
Answers to Reading Exercises: Mi nieto, el medico
Exercise I. (A) 1. El nieto le pide consejo para su abuela. 2. El nieto mismo, José Mercedes, causó los dolores de la abuela. 3. No duerme porque José toca música rock desde las nueve de la noche hasta la una. 4. José cambió su conducta en ocho días. 5. José escribió las recetas que curaron a su abuela. **Ex. I. (B)** 1. Pienso estudiar para . . . 2. Prefiero tocar y escuchar música . . . 3. Llego a tiempo para tener éxito. 4. Quiero mucho a . . . **Exercise II.** 1.b. 2.c. 3. d. 4. a. **Exercise III.** Ad lib.

Answers to Grammar Exercises: IR Stem-Changing Verbs. Class II and Class III
Part One: Exercise I. (A) 1. Las niñas duermen nueve horas. 2. Yo duermo ocho horas. 3. Nosotros dormimos siete horas. 4. Mi abuelo duerme diez horas. 5. Los padres duermen ocho horas. **Ex. I. (B)** 1. Me siento mal. Siento dolor de cabeza. 2. Nosotros todos nos sentimos enfermos. Sentimos dolor de estómago. 3. El otro equipo se siente así-así. Siente dolor de pie. 4. Todos los futbolistas no se sienten muy bien. Sienten dolor de pecho. **Exercise II.** 1. Los primos se divierten y mueren de risa de los chistes. 2. Beatriz se divierte y muere de risa. 3. Yo me divierto y muero de risa. 4. Nosotros todos nos divertimos y morimos de risa. **Exercise III. (A)** 1. Prefiero . . . No miento. 2. Nosotros todos preferimos . . . No mentimos. 3. Mis amigos prefieren . . . No mienten. 4. Elena prefiere . . . No miente. **Ex. III. (B)** 1. Nos vestimos elegante y nos sonreímos al espejo. 2. Los jóvenes se visten . . . y se sonríen . . . 3. Mi amiga se viste . . . y se sonríe . . . 4. Usted se viste . . . y se sonríe. **Ex. III. (C)** 1. Algunos invitados piden un helado de . . . y lo sirven a otros. 2. El hermanito pide un helado de . . . y lo sirve a otros. 3. Yo también pido un

helado de . . . y lo sirvo a otros. 4. Nosotros pedimos un helado de . . . y lo servimos a otros. **Ex. III. (D)** 1. Los amigos repiten los chistes y ríen otra vez. 2. Nosotros repetimos . . . y reímos . . . 3. También el amigo triste repite . . . y ríe . . . 4. Yo repito el chiste y río . . . **Exercise IV.** 1. siente. 2. siento . . . sirvo. 4. pido. 5. divierte. 6. Se divierten. 7. sonreímos. 8. río. 9. siento. 10. prefieren. 11. despiden. 12. servimos.

Part Two: Exercise I. (A) 1. ¡Imposible! Usted no durmió doce horas anoche. 2. . . . Ud. no sintió frío en la playa. 3. . . . Ud. no pidió un millón al banco. 4. . . . Ud. no rió en el cine hasta morir. 5. . . . Ud. no repitió de memoria todo el libro. **Ex. I. (B)** 1. ¡Imposible! Uds. no vistieron en oro a la niña. 2. . . . Uds. no mintieron mil veces ayer. 3. . . . Uds. no prefirieron perder la lotería. 4. . . . Uds. no sirvieron vino en la fiesta. 5. . . . Uds. no murieron de hambre ayer. **Exercise II. (A)** 1. Pero yo dormí mucho ayer. 2. . . . yo sentí dolor ayer. 3. . . . pedí dinero ayer. 4. . . . reí mucho ayer. 5. . . . repetí todo ayer. **Ex. II. (B)** 1. El chico ayer también prefirió jugar. 2. Ellas . . . sirvieron helado. 3. El chico sonrió . . . 4. El chico casi murió de dolor . . . 5. Ellas lo sintieron . . . **Exercise III.** 1. sirvieron. 2. servimos. 3. sentí. 4. murió. 5. ¿Pidió? 6. pedí 7. sirvió. 8. prefirió. 9. murió. **Exercise IV.** Ad lib.

Work Unit 33:
Answers to the Reading Exercises: ¡Festival en la calle Ocho!
Exercise I. (A) 1. Está llenando solicitudes para ingresar a la universidad. 2. Le han prohibido ir al festival. 3. Carolina ha salido y ha completado la solicitud con Marcos. 4. Piensan que Carolina no ha salido al festival. 5. Va a gozar de la libertad. **Ex. I. (B)** 1. El *sweet sixteen* es similar a la quinceañera hispana. 2. Son en la calle Ocho. 3. Yo llenaría solicitudes para las Universidades de . . . 4. Preferiría ingresar a la Universidad de . . . 5. Debo cumplir con . . . **Exercise II.** Ad lib.

Answers to Grammar Exercises: Present Perfect Tense
Exercise I. 1. Yo las he cerrado. 2. Nosotros la hemos atendido. 3. Nosotros lo hemos llevado. 4. Tú se la has dejado. 5. Él las ha traído. **Exercise II.** 1. Las he abierto y las he leído. 2. La hemos oído. 3. Les he dicho mucho en inglés. 4. La familia las ha visto. 5. Ellos las han hecho. 6. Todos se la han puesto. 7. Mis padres les han escrito. 8. Ella ya ha vuelto a casa antes de ellos. **Exercise III.** 1. No me ha parecido útil (a mí). 2. He pedido un buen libro sobre dietas. 3. No me ha gustado. Es demasiado pequeño. 4. Ud. no me ha entendido (comprendido). 5. He estado flaco (delgado). Necesito un libro más grande para ganar peso. **Exercise IV.** Ad lib.

Work Unit 34:
Answers to Reading Exercises: Puesto vacante
Exercise I. (A) 1. La compañía necesita una secretaria. 2. Debe conocer taquigrafía, mecanografía y las máquinas de oficina. 3. Es un viejo que se duerme en las conferencias. 4. Tiene que usar el procesador, tomar dictado y mandar por fax. 5. Es el dueño de la compañia. **Ex. I. (B)** 1. Los busco entre los anuncios clasificados. 2. Son la computadora, la máquina de fax, la fotocopiadora y la calculadora. 3. El gerente dirige el trabajo de la oficina. 4. Es importante para resolver problemas y proveer y guardar información. 5. En el teléfono celular podemos hablar desde cualquier lugar. **Exercise II.** Ad lib.

Answers to Grammar Exercises: Familiar Commands
Exercise I. (A) 1. ¡Habla su idioma! 2. ¡Aprende sus costumbres! 3. ¡Vive como ellos! 4. ¡Bebe solamente agua mineral! 5. ¡Usa el transporte del pueblo! **Ex. I. (B)** 1. ¡Ten paciencia! 2. ¡Ponte zapatos cómodos! 3. ¡Vé por todas partes! 4. ¡Diles buenas cosas! 5. ¡Sal para el aeropuerto! 6. ¡Sé un buen embajador! 7. ¡Ven a casa pronto! 8. ¡Haz bien a todos! **Exercise II.** 1. ¡No te hagas dificultades! 2. ¡No salgas a solas de noche! 3. ¡No tengas miedo! 4. ¡No te pongas tu mejor ropa! 5. ¡No vengas ni vayas sin el mapa del área! 6. ¡No les des una mala impresión! 7. ¡No les digas "hola" a todos! 8. ¡No seas desagradable con todos! 9. ¡No estés de mal humor todo el día! 10. ¡No tomes agua corriente! **Exercise III.** 1. ¡Búscalo entre los anuncios clasificados! 2. ¡Dile al gerente! 3. ¡Decide cuánto necesitas! 4. ¡No digas eso al gerente! 5. ¡Ponte tu mejor ropa y habla bien! **Exercise IV.** Ad lib.

Part Two: Idioms and Dialogues

Unit 1. **Exercise I.** 1. a 2. c 3. b 4. a 5. c 6. a 7. c 8. a 9. b 10. a **Exercise II.** 1. a, b 2. a, d 3. c, d 4. b, d 5. b, c 6. a, b 7. a, c 8. c, d **Exercise III.** 1. a 2. c 3. c 4. a 5. a 6. b 7. a 8. a 9. d 10. c. **Exercise IV. (A)** 1. c 2. b. 3. a **Ex. IV. (B)** 1. c 2. b 3. a **Ex. IV. (C)** 1. b 2. d 3. a 4. c **Exercise V.** 1. ¿Cómo se llaman ellos? 2. ¿Qué tal? 3. ¿Cómo está Ud.? 4. ¿Cómo te llamas? 5. ¿Cómo está tu familia? **Exercise VI.** 1. Buenas. 2. señor 3. favor 4. da 5. Cómo 6. está 7. enfermo 8. gracias 9. qué 10. Qué 11. Sin 12. está 13. estoy 14. Con 15. noches 16. Adiós **Exercise VII. (A)** 1. Nosotros le damos las gracias por el favor. 2. El maestro le da las gracias por la bienvenida. 3. Sus amigos le dan las gracias por su invitación. 4. Tú le das las gracias por los regalos. **Ex. VII. (B)** 1. Yo le doy la mano al profesor. 2. Nosotros le damos la mano a la vecina 3. Tú le das la mano a mi padre. 4. Los oficiales le dan la mano al astronauta. **Ex. VII. (C)** 1. Señora, ¡haga Ud. el favor de responder a la carta! 2. Caballeros, ¡hagan Uds. el favor de entrar! 3. Señor, ¡haga Ud. el favor de salir ahora! 4. Señoritas, ¡hagan Uds. el favor de poner la mesa! **Ex. VII. (D)** 1. Ana, ¡haz el favor de escuchar al maestro! 2. Chico, ¡haz el favor de leer el cuento! 3. Prima, ¡haz el favor de llegar a tiempo! 4. Hijo, ¡haz el favor de dar las gracias a mamá! **Ex. VII. (E)** 1. ¡Den Uds. la mano, por favor! 2. ¡Escriba Ud., por favor! 3. ¡Conteste Ud. en español, por favor! 4. ¡Vengan Uds. acá, por favor! **Exercise VIII. (A)** 1. ¡Hagan Uds. el favor de dar la mano! 2. ¡Hagan Uds. el favor de tomar asiento! 3. ¡Hagan Uds. el favor de salir más tarde! 4. ¡Hagan Uds. el favor de escribir su dirección! 5. ¡Hagan Uds. el favor de hablar menos aquí! **Ex. VIII. (B)** 1. ¡Haga Ud. el favor de dar las gracias! 2. ¡Haga Ud. el favor de tomar café! 3. ¡Haga Ud. el favor de poner el libro aquí! 4. ¡Haga Ud. el favor de recibir este dinero! 5. ¡Haga Ud. el favor de comer más! **Exercise IX.** 1. ¡Haz el favor de aprender la lección! 2. ¡Haz el favor de abrir la ventana! 3. ¡Hagan Uds. el favor de no hablar en la clase! 4. ¡Pasen Uds. al otro cuarto, por favor! 5. Les doy las gracias a los padres.

Unit 2. **Exercise I.** 1. Sí, está muy fresco en el otoño. Yes, it is very cool in autumn. 2. Sí, hace mucho frío y mucho viento en el invierno. Yes, it is very cold and very windy in winter. 3. Sí, hace mucho calor en el verano. Yes, it is very warm in summer. 4 Sí, hace mucho sol en Puerto Rico. Yes, it is very sunny in Puerto Rico. 5. Sí, llueve mucho en abril. Yes, it rains a lot in April. 6. Sí, está lloviendo mucho ahora. Yes, it is raining hard now. 7. Sí, nieva mucho en diciembre. Yes, it snows a lot in December. 8. Sí, está nevando hoy. Yes, it is snowing today 9. Sí, hace muy buen tiempo en mayo. Yes, it is very good weather in May. 10. Sí, hace muy mal tiempo en noviembre. Yes, it is very bad weather in November. **Exercise II. (A)** Hace mucho frío en el invierno. 2. Hace mucho calor en el verano. 3. Está muy fresco en el otoño* 4. Llueve mucho en abril. 5. Hace muy buen tiempo en la primavera. 6. Hace muy mal tiempo en febrero. 7. Nieva mucho en enero. 8. Hace mucho viento en marzo. **Ex. II. (B)** 1. Hace poco sol. 2. Hace poco frío. 3. Está poco fresco. 4. Hace poco viento. 5. Llueve poco. 6. Nieva poco. 7. Hace poco calor. **Exercise III.** 1. No nieva mucho en la Florida. 2 No llueve mucho en el desierto. 3. No está lloviendo dentro de la casa. 4. Está fresco en la primavera. 5. No está nevando dentro de la casa. 6. No hace mucho calor en Alaska. 7. No hace mucho frío en África. 8. Hace mucho sol en Puerto Rico. 9. No hace buen tiempo en Londres. 10. No hace mal tiempo en California. **Exercise IV.** 1. Hace mucho calor en el verano. 2. Hace mucho frío en el invierno. 3. Llueve mucho en abril. 4. Nieva mucho en diciembre. 5. Hace mucho viento en marzo. 6. Hace mucho fresco entre el frío de invierno y el calor de verano. 7. Está nevando ahora. 8. Está lloviendo mucho en este momento. 9. Hace muy buen tiempo en mayo. 10. Hace muy mal tiempo en noviembre. **Exercise V.** 1. Nosotros tenemos sueño aquí. 2. Tú tienes frío sin abrigo. 3. Juan y Carlos tienen calor ahora. 4. Ud. tiene un dolor de cabeza hoy. 5. Anita tiene sed y bebe. 6. Yo tengo hambre y como. 7. Uds. tienen miedo del agua. 8. Luis tiene dolor de dientes hoy. 9. Ud. y yo tenemos dolor de estómago. 10. Luis y Ud. tienen interés en ella. **Exercise VI.** 1. Ella tiene hambre si no come. 2. Ella tiene sed si no bebe. 3. Ella tiene miedo si no estudia. 4. Ella tiene calor si no va al lago. 5. Ella tiene dolor de muelas si no va al dentista. 6. Ella tiene dolor de cabeza si no toma aspirinas. 7. Ella tiene frío si abre la puerta. 8. Ella tiene dolor de estómago si come mucho. 9. Ella tiene quince años si hoy es su cumpleaños. 10. Ella tiene sueño si no duerme. **Exercise VII.** 1. Sí, tengo mucho frío. 2. Sí, tenemos mucho calor. 3. Sí, ellos tienen mucho interés. 4. Sí, María tiene mucha hambre. 5. Sí, Pepe tiene mucha sed. 6. Sí, Ud. tiene (tú tienes) mucho miedo. 7.

Sí, tengo mucho sueño. 8. Sí, tengo mucho dolor de cabeza. 9. Sí, hace muy buen tiempo. 10. Sí, hace muy mal tiempo. **Exercise VIII.** 1. hace 2. tengo 3. hace 4. hace 5. tenemos 6. hace 7. hace 8. tiene 9. tienen 10. está 11. tienes 12. está 13. — 14. — 15. hace. **Exercise IX.** 1. d 2. c 3. a 4. b 5. b 6. b 7. d 8. a 9. a 10. b **Exercise X.** 1. Ud. tiene mucha hambre. 2. Tú tienes mucha sed. 3. Yo tengo mucho sueño. 4. Nosotros no tenemos mucho frío. 5. Y está nevando mucho. 6. Claro, hace mucho sol. 7. ¡No quiero porque no está lloviendo mucho! 8. ¿Tiene él dolor de estómago y de cabeza? 9. Yo tengo quince años y mis hermanos tienen quince meses. 10. Siempre hace muy mal tiempo en noviembre.

Unit 3. Exercise I. 1. At what time do you eat lunch? a. (1) ¿A qué hora vas a la cama? (2) At what time do you go to bed? b. (1) ¿A qué hora comemos? (2) At what time do we eat? c.(1) ¿A qué hora estudian? (2) At what time do they study? 2. We leave at six P.M. a. (1) Salimos a las once de la noche. (2) We leave at eleven P.M. b. (1) Salimos a las ocho de la mañana. (2) We leave at eight A.M. c. (1) Salimos a la una de la tarde. (2) We leave at one P.M. 3. They study in the evening (at night). a. (1) Estudian por la mañana. (2) They study in the morning. b. (1) Estudian por la tarde. (2) They study in the afternoon. c. (1) Estudian por la noche. (2) They study in the evening. 4. What is today's date? a. (1) ¿A cuántos estamos hoy? (2) What is today's date? b. (1) ¿Qué fiesta cae hoy? (2) What's today's holiday? c. (1) ¿Qué día es hoy? (2) What day is today? 5. Today is the first of May. a. (1) Hoy es el dos de junio. (2) Today is the second of June. b. (1) Hoy es el veinte y uno de noviembre. (2) Today is November 21st. c. (1) Hoy es el veinte de octubre. (2) Today is October 20th. 6. Today is April 2 nd. a. (1) Estamos a primero de abril. (2) Today is April 1st. b. (1) La fiesta cae el primero de abril. (2) The holiday falls on April 1st. c. (1) Mañana es el dos de abril. (2) Tomorrow is April 2 nd. **Exercise II.** 1 Es la una. 2. Son las dos. 3. Son las tres. 4. Son las cinco y cuarto (quince) de la tarde. 5 Son las seis y media de la mañana. 6. Son las siete menos cuarto (quince) de la noche. **Exercise III.** 1. Como a las ocho de la mañana. 2. Salgo de la clase a la una de la tarde. 3. Regreso a casa por la tarde. 4. Estudio a las nueve y media de la noche. 5. Son las once menos veinte en punto cuando voy a dormir. **Exercise IV.** 1. La fecha es el cuatro de julio. 2 Estamos a veinte y cinco de diciembre. 3. La fecha es el doce de octubre. 4. Estamos a primero de enero. 5. La fecha es el primero de abril. 6. Estamos a catorce de abril. **Exercise V.** 1. La Navidad cae el veinte y cinco de diciembre. 2. Es el dos de. . . 3. Son las dos. 4. El Día de la Raza es el doce de octubre. 5. El Día de la Independencia norteamericana cae el cuatro de julio. 6. El Día de Año Nuevo cae el primero de enero. 7. El Día de las Américas cae el catorce de abril. 8. El Día de la Independencia española cae el dos de mayo. **Exercise VI.** 1. ¿Cuál es la fecha de hoy? 2. ¿A cuántos estamos hoy? 3. ¿Qué hora es? 4. ¿A qué hora comen? 5. ¿Cuándo celebramos la Navidad? **Exercise VII.** 1. Qué 2. Cuál 3. Cómo 4. cuántos 5. qué **Exercise VIII.** 1. estamos 2. es 3. llama 4. es 5. es 6. es 7. Es 8. Son **Exercise IX.** 1. el 2. — 3. la 4. — 5. la; la 6. las; la 7. las 8. la; las; la **Exercise X.** 1. ¿Qué hora es? 2. Es la una de la tarde. 3. ¿Qué hora es ahora? 4. Son las dos. No es la una. 5. ¿Son las cuatro en punto? 6. Son las cinco menos veinte. 7. ¿Son las cinco y treinta ahora? 8. Sí, son las cinco y media **Exercise XI. (A)** 1 son, 2 1as, 3 1as **Ex. XI. (B)** 1. la, 2 la, 3 y, 4 Son, 5 las, 6 en **Ex. XI. (C)** 1 qué, 2 las, 3 de, 4 la, 5 la, 6 la, 7 la, 8 las, 9 la, 10 A, 11 qué, 12 las, 13 de, 14 la, 15 a, 16 de, 17 la, 18 a, 19 las, 20 de **Ex. XI. (D)** 1 por, 2 por, 3 por, 4 por, 5 la.

Unit 4. Exercise I. 1. I love my mother. a. (1) Tú quieres a la maestra. (2) You love the teacher. b. (1) Nosotros queremos a los amigos. (2) We love the friends. c. (1) Juan quiere a la chica. (2) John loves the girl. d. (1) Ana y Pepe quieren a sus hermanos. (2) Ann and Joe love their brothers (and sisters). e. (1) Yo quiero al compañero de clase. (2) I love the classmate. 2. They know how to play the piano. a. (1) Yo sé cantar la canción. (2) I know how to sing the song. b. (1) María sabe bailar la bamba. (2) Mary knows how to dance la bamba. c. (1) Tú sabes hablar español. (2) You know how to speak Spanish. d. (1) Tú y yo sabemos jugar al tenis. (2) You and I know how to play tennis. e. (1) Ellos saben tocar el violín. (2) They know how to play the violin. 3. Louis and Peter are standing. a. (1) Yo estoy de pie. (2) I am standing. b. (1) Ud. y yo estamos levantados. (2) You and I are standing. c. (1) Ud. está sentado. (2) You are seated. d. (1) Tú estás de pie. (2) You are standing. e. (1) Los chicos están de pie. (2) The boys are standing. 4. I do well in (pass) the examination. a. (1) Tú sales mal en la clase. (2) You do poorly in (fail) the class. b. (1) Juan y yo salimos bien en el examen. (2) John and I do well on (pass) the examination (test). c. (1) Los alumnos salen mal en sus estudios. (2) The pupils do poorly (fail) in their studies. d. (1) Yo salgo bien en los exámenes. (2) I do well on (pass) the examinations. 5. What does the word mean? a. (1) ¿Qué quieren decir las frases? (2) What do the sentences mean? b. (1) ¿Qué quieres decir tú? (2) What do you mean? c. (1) ¡Qué quiere decir Juan? (2) What does John mean? 6. I believe so. a. (1) El y yo creemos que no. (2) He and I believe not. b. (1) La madre cree que no. (2) The mother believes not. c. (1) Tú crees que sí. (2) You believe so. **Exercise II.** 1. de 2. de 3. sé 4. sé escribir 5. en 6. quiero a 7. decir 8. dice; se 9. hay que 10. verdad 11. Es; que sí 12. cree; no 13. creo que 14. por; presto 15. ¡concedido! **Exercise III.** 1. a 2. c 3. a 4. a 5. c **Exercise IV.** 1. Estoy en una clase de español. I am in a Spanish class. 2. La maestra está de pie. The teacher is standing. 3. Sí, sé cómo se dice *book* en español. Yes, I know how to say "book" in Spanish. 4. Yo sé de quién es el libro. I know whose book it is. 5. Yo sé leer el español. I know how to read Spanish. 6. Sí, yo presto atención. Yes, I pay attention. 7. Hay que trabajar en la clase de historia. One must work in the history class. 8. Salgo bien en los exámenes. I do well in (pass) the examinations. 9. Quiero mucho a la maestra. I love the teacher very much. 10. Es verdad que la maestra cree que sí. It is true that the teacher believes so. **Exercise V.** 1. b 2. d 3. a 4. a 5. c 6. a 7. b 8. d 9. b 10. a **Exercise VI.** 1. d 2. a 3. e 4. c 5. b.

Unit 5. Exercise I. 1. I go horseback riding. a. (1) Tú das un paseo a pie. (2) You take a walk. b. (1) Uds. dan un paseo en automóvil. (2) You take a car ride. c. (1) Nosotros damos un paseo en bicicleta. (2) We take a bicycle ride. 2. We get off the train. a. (1) El piloto baja del avión. (2) The pilot gets off the plane. b. (1) Los amigos bajan del coche. (2) The friends get out of the car. c. (1) Yo bajo del autobús. (2) I get off the bus. 3. Everyone attends the theater. a. (1) Yo asisto a la escuela. (2) I attend the school. b. (1) Ellos asisten al cine. (2) They attend the movies. c. (1) Nosotros asistimos a las fiestas. (2) We attend the parties. 4. I set the table with the tablecloth. a. (1) Tú pones la mesa con vasos. (2) You set the table with glasses. b. (1) Ana y yo ponemos la mesa con cucharas. (2) Ann and I set the table with spoons. c. (1) Marta pone la mesa con cuchillos. (2) Martha sets the table with knives. d. (1) Yo pongo la mesa con servilletas. (2) I set the table with napkins. 5. You and I enter the movies. a. (1) Ud. entra en la casa. (2) You enter the house. b. (1) Ud. y Juan entran en la clase. (2) You and John enter the class. c. (1) Yo entro en la escuela. (2) I enter the school. 6. I go for a walk everywhere. a. (1) Yo voy de paseo al parque. (2) I go for a walk to the park. b. (1) Tú vas de paseo a casa. (2) You go for a walk home. c. (1) Ellos van de paseo al cine. (2) They go for a walk to the movies. d. (1) Tú y yo vamos de paseo al centro. (2) You and I go for a walk downtown. **Exercise II.** 1. Asisto a la escuela los lunes. I attend school on Mondays. 2. Voy de paseo al parque. I go for a walk to the park. 3. Subo al tren para ir al parque. I get on the train to go to the park. 4. Bajo del tren y entro en el parque. I get off the train and enter the park. 5. Primero doy un paseo a pie y luego en bicicleta. First, I take a walk and then a bicycle ride. 6. Sé tocar un instrumento como el violín. I know how to play an instrument like the violin. 7. Todo el mundo está por todas partes del parque. Everyone is everywhere in the park. 8. Salgo del parque para ir a casa. I leave the park to go home. 9. Pongo la mesa antes de comer. I set the table before eating. 10. Toco la guitarra, el piano y el violín en casa. I play the guitar, the piano and the violin at home. **Exercise III.** 1. Todo el mundo asiste a la escuela. 2. Sé tocar bien la guitarra. 3. Hay mucha gente por todas partes de la ciudad. 4. Antes de comer pongo la mesa con un mantel. 5. Doy un paseo en bicicleta a la playa el sábado. 6. Salgo de la escuela a las tres. 7. Subo al ascensor para llegar al piso del vecino. 8. Regreso a casa a pie. 9. Doy un paseo a caballo por el parque. 10. A las ocho de la mañana entro en la clase. **Exercise IV.** 1. b 2. a 3. a 4. a 5. b **Exercise V.** 1. a 2. c 3. b 4. b 5. a **Exercise VI.** 1. d 2. c 3. b 4. a 5. e **Exercise VII.** 1. a 2. en 3. en 4. del 5. de 6. a 7. al 8. a 9. en 10. en **Exercise VIII.** 1. a 2. asisto 3. vas 4. de, a, en, doy, a 5. dar, paseo

Unit 6. Exercise I. 1. (1) Asisto a fiestas a menudo. (2) I attend parties often. 2. (1) Fui a muchas fiestas el mes pasado. (2) I went to many parties last month. 3. (1) Llego muchas veces a tiempo. (2) I often arrive on time. 4. (1) Deseo ir de nuevo. (2) I want to go again. 5. (1) Quiero ir en seguida. (2) I want to go right away. 6. (1) Termino el trabajo para la clase más tarde. (2) I finish the work for the class later. 7. (1) Estudio pocas veces este año como el año pasado. (2) I rarely study this year like last year. 8. (1) Aprendo poco a poco. (2) I learn little by little. 9. (1) Trabajé mucho toda la semana pasada. (2) I worked hard all last week. 10. (1) Voy a México el año próximo como todos los años. (2) I'm going to Mexico next year like every year. 11. (1)

Celebro el cumpleaños la semana próxima. (2) I'll celebrate the birthday next week. 12. (1) Voy al campo otra vez el mes que viene. (2) I'm going to the country again next month. 13. (1) Doy una fiesta esta semana como todas las semanas. (2) I'm having (giving) a party this week like every week. 14. (1) Salgo esta noche como todas las noches. (2) I leave tonight like every night. 15. (1) Asisto a las clases hoy como todos los días. (2) I attend classes today like every day. **Exercise II.** 1. a 2. b 3. b 4. c 5. a **Exercise III.** 1. c 2. a 3. a 4. a 5. b **Exercise IV.** 1. b 2. a 3. c 4. b 5. b **Exercise V.** 1. a 2. veces 3. esta 4. En, esta 5. a 6. las, de, próxima.

Index

Numbers refer to pages.

adjectives:
  bueno—malo, 161–162
  demonstrative, 188–189
  descriptive and limiting, 141–143
  possessive, 179–180
adverbs, 197–198
alguno, 71–72
almorzar, 207
AR-ending regular verbs:
  conditional tense, 301
  future tense, 301
  imperfect tense, 293–294
  present indicative tense, 40–41, 54, 93, 206–208
  present perfect tense, 324–325
  preterite indicative tense, 264, 271–272
arithmetic examples, 77

caer, 92
cantar, 54, 264
cerrar, 207
clothing, 85–86
comer, 54, 264
conocer, 93
contar, 206
commands, 331–332
comparisons, 156–157, 162

dar, 93, 272, 301–302
decir, 94, 271
defender, 207
definite articles:
  plural, 30–32
  singular, 2, 19–21
direct commands, 170–171
dormir, 314, 318

entender, 207
ER-ending regular verbs:
  conditional tense, 301
  future tense, 301
  imperfect tense, 292–293
  present indicative tense, 50–51, 54, 92–94, 207–208
  present perfect tense, 324–325
  preterite indicative tense, 264, 271–272
escribir, 54, 264
estar **(to be),** 132–134, 136–137, 271

gustar, 253–255

haber, 325
hacer, 92, 271
human body, 12

indefinite articles, 4, 70–72, 77–78
infinitive, complementary, 217–220

interrogative words, 61–62
ir, 93, 272, 294
IR-ending regular verbs:
  conditional tense, 302
  future tense, 301
  imperfect tense, 293–294
  present indicative tense, 50–51, 53–54, 94
  present perfect tense, 324–325
  preterite indicative tense, 264, 271–272
irregular verbs:
  past participles, 325
  present indicative tense, 92–94, 122, 132, 206–208, 314–315
  present progressive tense, 136–137
  preterite indicative tense, 271–272, 318

jugar, 208

leer, 272, 293

mover, 207

negation, emphatic and unemphatic, 282–284
ninguno, 71–72
nouns:
  plural, 30–32
  singular, 19–21
numbers:
  cardinal, 77–78, 152–153
  ordinal, 161

oír, 94

pedir, 315, 318
pensar, 206
poner, 92, 271
prepositions:
  a, 101–103
  de, del, 111–113
  para, 219
  por, 219–220
  use with the infinitive, 218–220
pronouns:
  direct object, 234–236
  indirect object, 244–245, 253–255
  prepositional, 226–227
  reflective object, 307
  subject, 40–41
pronunciation guide, xiii–xiv

questions, formation of, 41

reír, 315, 318
reflexive verbs, 307–308

saber, 93, 271
salir, 92

sentir, 314, 318
ser (to be), 122–123, 132, 272, 294
subject pronouns, 40–41
simple negative, use of, 41, 61
stress in Spanish words, xv
superlatives, 162

tener, 93, 271
terms for:
  age, 346
  classroom, 361–363
  courtesy, 336–338
  dates, 354–355
  food, 210–211

sensations, 346
telling time, 78–79, 353–354
weather, 345–346
time:
  days, 79
  months and dates, 80, 153
  seasons, 80
traer, 92, 271
tratar, 293

venir, 93, 271
ver, 93, 294, 301–302
vivir, 293, 301–302
volver, 207